JN412119

고요한 아침의 나라

DR. NORBERT WEBER O.S.B.
ERZABT VON ST. OTTILIEN

IM LANDE DER MORGENSTILLE
Reise-Erinnerungen an Korea

Translated by PARK Il-Young & CHANG Chung-Ran

분도출판사 창립 50주년 기념도서

고요한 아침의 나라
2012년 5월 초판 | 2022년 7월 2쇄
옮긴이 · 박일영/장정란 | 펴낸이 · 박현동
펴낸곳 · 성 베네딕도회 왜관수도원 ⓒ 분도출판사
찍은곳 · 분도인쇄소
등록 · 1962년 5월 7일 라15호
04606 서울 중구 장충단로 188(분도출판사 편집부)
39889 경북 칠곡군 왜관읍 관문로 61(분도인쇄소)
분도출판사 · 전화 02-2266-3605 · 팩스 02-2271-3605
분도인쇄소 · 전화 054-970-2400 · 팩스 054-971-0179
www.bundobook.co.kr
ISBN 978-89-419-1203-3 03900

성 베네딕도회 오틸리아 연합회
노르베르트 베버 총아빠스

고요한 아침의 나라

박일영 · 장정란 옮김

분도출판사

성 베네딕도 수도회 문화 사업의
고결한 후원자이신
바론 폰 크라머클레트 님께
순명과 감사의 마음을 담아
이 책을 바칩니다.

1. 이 역서는 성 베네딕도회 오틸리아 연합회 노르베르트 베버 총아빠스가 1911년 2월부터 6월까지 넉 달 동안 한국을 여행하면서 기록한 기행문 *Im Lande der Morgenstille*를 완역한 것이다. 이 책의 독일어 초판본은 1915년 Herdersche Verlagshandlung에서 출간되었으나, 번역 대본으로 삼은 것은 1923년 Missionsverlag St. Ottilien에서 출간된 재판본再版本이다.

2. 18장까지는 초판본과 재판본의 내용이 크게 다르지 않으나, 19장만은 저자가 재판본을 내면서 새로 썼다. 이 역서에는 초판 19장도 부록으로 옮겨 실었다.

3. 원서 초판본에는 329매, 재판본에는 345매의 그림과 사진이 수록되어 있다(지도 포함). 재판본에 더 추가한 것도 있고 더러 뺀 것도 있는데, 이 역서는 두 판본의 그림과 사진들을 구분 없이 망라하여 텍스트와 최대한 가까운 자리에 실었다. 원서 초판본에는 있고 재판본에는 없는 사진과 그림은 ①로 표시하고, 초판본에는 없으나 재판본에 새로 수록된 사진과 그림은 ②로 표시하여 구분했다. 초판본과 재판본에 함께 수록된 사진이나 그림에는 아무 표시도 하지 않았다.

4. 원문의 Korea는 '한국'으로, Seoul은 '서울'로, Chosen은 '조선'이라 옮김을 원칙으로 했다. 저자는 특정한 맥락에서만 의도적으로 Chosen이라는 단어를 썼다. 이 책에서 저자는 서울의 당시 행정 명칭 '경성'京城을 한 번도 쓰지 않았다. Korea가 일반적으로 '한국'을 지칭하지 않고 각 시대의 특정 국호로 쓰일 때는 시대에 따라 '고려', '조선' 등으로 옮겼다.

5. 19장 각주 6을 제외한 모든 각주는 역주다. 본문에 가끔 나타나는 저자의 착각이나 오류를 그대로 살리면서 역주를 통해 사실 관계를 밝혔다. 기타 참고 사항이나 추가할 내용도 역주에서 보완했다. 다만 저자의 사견에 대한 가치 판단이나 평가는 되도록 삼갔다.

6. 저자가 의도적으로 독일어로 번역하지 않고 우리말 음역으로 표기한 보통명사는 정확성 여부를 불문하고 수정 없이 괄호 속에 병기하거나 역주에 명시했다. 예: 공소(Kongso), 엿(Yod), 품앗이(Pumasi), 혼백(Honpäk) 등.

7. 특별한 의미가 있는 경우를 제외하고 한국 인명 · 지명의 알파벳 병기는 생략했다.

8. 이해를 돕기 위해 저자 자신이 보충한 문구나 단어는 괄호 속에 병기했다. 예: 팔월 보름(9월 중순), 개성(송도) 등.

9. 독자의 이해를 돕기 위해 역자가 보충한 문구나 저자의 독일어식 표현을 우리말로 설명하는 단어는 대괄호로 묶어 문장에 삽입하거나 병기했다. 예: 예순 번째 생일[환갑], 1597년 일본의 재침[정유재란], 기름에 구운 해초[김] 등.

10. 본문에서 외국어 음역은 괄호 없이 알파벳이나 한자를 병기했다. 예: 비아 사비나Via Sabina, 아이리스 게르마니카Iris Germanica, 나가사키長崎, 한커우漢口 등.

11. 필요한 경우, 원어를 괄호 속에 밝혔다. 예: 영혼(Seele), 교원양성기관(Lehrerseminar) 등.

12. 각주의 한자와 외국어는 괄호로 묶어 병기했다. 예: 뤼순항(旅順港), 고도모노히(こどものひ), 파더본(Paderborn), 선창자(Vorsänger) 등.

13. 성 베네딕도회 수도명의 발음 표기는 분도출판사에서 간행한 『분도통사』(2009)를, 그 밖의 세례명과 수도명의 표기는 교회사연구소에서 간행한 『한국 가톨릭 대사전(부록)』(1985)과 한국 천주교 주교회의 매스컴위원회에서 간행한 『천주교 용어 자료집』(2011)을 기준으로 삼았다.

14. 다만 저자의 수도명 Norbert만은 '노르베르토'가 아닌 통상적 표기법에 따라 '노르베르트'로 표기함으로써 혼란을 피하고자 했다.

15. 시대성과 현장성을 살리기 위해 본문이나 역주에 '방지거'나 '도마' 등 당시 표기를 살려 둔 곳도 더러 있다.

16. 색인은 원서에 따르지 않고 이 역서를 위해 새로 만들었다.

17. 저자의 연보를 간략히 정리하여 부록에 실었다.

18. 여행 경로와 일정을 따로 만들어 부록에 실었다. 이때 옛스런 분위기를 살리기 위해 저자의 지도를 차용하여 바탕으로 삼았다.

서언

1911년 초, 한국에서의 최근 선교 사업이 몹시 염려스러워 나는 거친 바다로 나아갈 수밖에 없었다. 극동행 배가 아덴 항을 떠나자 신천지가 열리기 시작했다. 싱가포르, 홍콩, 상하이에 제대로 적응하려면 콜롬보에서부터는 동방의 낯선 햇살에 서서히 길들여져야 할 것이다. 증기선은 외로이 파도를 갈랐다. 이제 나의 펜도 평온한 시간을 찾았으니, 급격한 변화에 쉬 날아가 버릴 인상들을 능히 붙잡아 둘 수 있겠다.

그렇게 극동행 항해는 계속되었고, 매일 새로운 볼거리들이 나를 매혹시켰다. 동아시아도 이제 더는 서양의 정신 앞에서 넘지 못할 장벽 뒤로 숨거나 죽음의 포고령으로 다스려지는 닫힌 세계가 아니다. 그래도 유럽과 아시아 문화 사이에는 여전히 색다른 세계가 존재한다.

먼발치에서 동방의 문화 세계를 관망한 소심한 관찰자에게, 몇십 년 전까지만 해도 (1882년까지 한국에 입국하는 모든 외국인은 사형으로 다스렸다) 이 거대한 동방 제국들은 곧 멈추어 버릴 둔중하고 거대한 기계처럼 보였다. 그런데 지금은 어떤가! 피스톤은 분주히 움직이고 바퀴는 힘차게 돌아간다. 아시아 문화라는 이 수천 년 늙은 거인은 서양에서 접합봉 몇 개를 빌려다 쓰고는, 새로운 기운으로 젊은 유럽과 그보다 더 젊은 아메리카를 뒤좇아 가고 있다. 유구한 문화, 신성한 전통, 온존溫存하는 제도들일랑은 서둘러 밟아 뭉개 버렸다. 오래고 오랜 기억들이 수레바퀴에 깔려 으스러진다.

분명 새로운 삶이 싹트고 있다. 그러나 전혀 다른 삶이다. 하룻밤 사이에 사라져 버릴 옛것들을 윤곽이나마 원색의 붓놀림으로 잡아 두는 것도 보람된 일이 아닐까?

특히 인구 1,800만의 작은 나라 한국(공식 연감 「조선의 개혁과 진보에 관한 연례 보고서」Annual Report on Reforms and Progreß in Chosen 1921년판 15쪽에는 한국 인구가 1,728만 8,989명으로 나와 있다)은 아시아 거대 민족들의 틈바구니에서 존재감이 거의 희박해졌다. 지난 수백 년 동안 점차적 영락의 길을 걸으면서도 고유의 독자성을 잃지는 않았으나, 최근 몇 년 사이 주권을 잃고 일본 제국에 병합되고 말았으니 이 격변기에는 자신을 지키기도 어렵게 되었다. 한국은 일본의 속국으로서 억지로라도 새 지배자에게 굴신해야 할 뿐 아니라, 겨레가 낯선 이민족에게 급속히 동화되는 모습까지 보아야 할 처지가 되었다. 한반도 병합 이후 속절없이 흐른 몇 년 사이에 숱한 한국 민속이 사라져 버렸다. 아직 남아 있는 것들도 급격히 그 전철을 밟을 것이다.

나는 변혁이 막 시작된 이 머나먼 한반도, 고요한 아침의 나라를 주유周遊했다. 나의 지칠 줄 모르는 펜과 내가 찍은 사진들이 많은 걸 기록할 수 있었다. 처음에는 이렇게 모은 자료들을 힘겨웠던 내 과업에 대한 상급으로 여겼으므로, 귀향할 때 가지고 가서 나 혼자만의 아름다운 추억으로 간직하고 싶었다.

내가 받은 인상과 옛 기억에서 건진 것들을 공개하라고 부추기는 사람들도 있었지만, 나는 이 압박을 꽤 오래 견뎌 냈다. 그러나 황급히 퇴락하는 옛 문화의 흥미롭고 가치 있는 잔해들을 세상에 알릴 수 있겠다는 생각에, 결국 내 고집을 꺾고 말았다. 나는 이런 생각을 떨쳐 버릴 수 없었다: 한 민족의 문화 수준을 그 민족의 풍속과 관습에 대한 애정과 관심으로 재단하려는 사람들에게는 비통한 일이지만, 일본이 한국을 확고하고 평화롭게 점령하려 들겠다면 기왕 시작한 동화 정책을 계속 추진해야 할 것이다. 일본인들이 그 일에 쏟아 붓는 에너지로 보아 이 정책은 수년 내 완결될 것으로 보인다.

일본 기업의 과잉 생산, 한반도 종단 철도, 신설 공장들은 이 폐쇄적인 은자隱者의 나라가 간직해 온 민속의 잔흔들을 조속히 말살시키는 데 일조할 것이다.

새로운 풍조가 몰려왔다. 옛 성곽이 무너졌다. 장중한 성문도 헐렸다. 이로써 도성의 역사적인 면모가 달라졌다. 문화의 증거들은 포악하게 짓눌려 으깨졌다. 현대식 건물 사이로 우뚝 솟은 공장의 굴뚝들이 새 시대의 도래를 알렸다.

한국의 엄격한 옛 관습들은 자기네 섬나라 관습을 들여온 지배 민족의 강력한 영향 때문에 느슨해졌다.

모든 것이 가고 또 오며, 사라지기도 하고 새로 생기기도 한다.

행운이 잇따라 찾아와 준 덕분에, 나는 몰락 위기에 처한 문화사적 가치들을 마지막 순간에 생생하게 포착할 수 있었다. 이것이 얼마나 큰 가치를 지닐지는 장차 친애하는 독자들이 판단할 일이다. 나는 여기 수집된 자료 대부분이 다시는 이 정도 규모로 발견되거나 입수되기 어려우리라 감히 확신한다. 또 일부는 전혀 찾지도 못할 것이다. 이유는 간단하다. 새 시대의 문화가 한국 고유의 중요한 옛 가치들을 너무나 신속하고도 무참하게 파괴시켜 버릴 것이기 때문이다.

순수 학술서를 쓸 생각은 아니어서, 이 책은 일기 형식을 취한다. 민속학의 영역을 적절한 방법으로 충분히 천착하지 않았다는 비판도 이로써 쉽사리 면할 수 있겠다. 표현을 너무 매끄럽게 다듬으면 현장감이 죽는다. 사실 길 위에서 쓴 적도 많았다. 때로는 조랑말 위에서, 때로는 가파르고 험준한 산마루에서도 썼다. 당연히 글이 거칠고 서툴다. 그럼에도, 내가 가슴에 품고 돌아온 한국과 그 백성에 대한 나의 사랑이 이 책에서 읽혀지기를 바란다.

내가 직접 찍은 사진이 아닌 것은 작가 이름을 밝혔다. 그런 사진은 몇 장 안 된다.

1914년 6월 6일, 상트 오틸리엔에서

저자

재판 서언

다들 그렇듯이 이 책도 전쟁[제1차 세계대전] 통에 사라져 버릴까 노심초사했는데, 역경을 이기고 적잖은 친구까지 얻었다. 어려운 시기지만 감히 용기를 내어 다시 세상에 내놓는다. 책의 외양은 거의 변하지 않았다. 독자들의 요청과 조언을 고맙게 받아들여 부분적으로 내용에 반영했지만, 저자의 의도를 벗어난 것도 없지 않아 다 충족시킬 수는 없었다. 미래를 희망차게 예견한 초판 마지막 장은, 그간의 정황이 완전히 달라졌기에 그냥 내는 것이 도리가 아닐 터이다. 아예 빼 버리면 제일 좋았겠지만, 극동 베네딕도 수도회 선교 사업의 전개 상황을 간략히 소개하는 내용으로 대체했다.

1923년 3월 21일, 상트 오틸리엔에서

저자

■ 차례

부록

Mukden
Japanisches Meer
Gelbes Meer
Stiller Ocean
JAPAN
Nord
Gjöng Do
Hum
Süd
Nord
Phjöng - An Do
Süd
Söng-Mjon
Phjöng-jang
Gensan
TSCHINAMPO
Mähuton
ANAK
Sinchon
Hwang
Hai-Do
Hajdju
Kang Wön Do
Kiöng-Kwi Do
SÖUL
Haukekä
Souwon
Ansong
Ost
West
Nord
Tschung-Tschöng-Do
Kongjou
Kiöng-Sang Do
Nord
Süd
Tschol-La-Do
Masampo
FUSAN
Süd
Tsu-Shima
Quelpart
Kioto
Kobe
Osaka
Schimonoseki
Moji
Saga
Sasebo
Kumamoto
Nagasaki
KoKubu
Grenze der 13 Provinzen
Koreanische Eisenbahnen
Japanische, chinesische Eisenbahn.
ÜBERSICHTSKARTE VON KOREA
M. 1 : 5 000 000

제1장

일본 내해를 지나다

2월 17일

마지막 독일령 칭다오[1]에 황해의 밀물이 부딪혀 부서지고 있었다. 어언간에 칭다오 항이 뒤로 멀어졌다. 상념은 한동안 칭다오를 맴돌다가 그새 고향으로 휘돌아 온다. 우리가 탄 배의 돛대를 할퀴는 삭풍은 고향의 전나무 꼭대기도 훑으며 지나가겠지.

떠나올 때 친구가 말했다. "칭다오에 가거든 조차지 행정 청사를 한번 보게. 그 많은 돈을 건물 하나에 쏟아 붓다니 기막힐 노릇이지. 식민지 건설이 어디 대궐 짓는 일이라던가. 그 돈 있으면 더 좋은 데나 쓰지."

과연 그 조차지 행정 청사를 본 적이 있다. 지금도 그것은 내 마음에 생생하여, 고향의 설경도, 발아래 이는 뱃길의 소용돌이도 잠시 잊었다. 나는 외투를 걸치고 배 난간에 몸을 기댄 채 깊은 생각에 잠겨 있었다.

그 친구에게 이런 편지를 쓸 것이다. "이보게, 우리는 극동의 유구한 문화민족들과 마주하고 있네. 이곳에서는 우리의 대표자를 기품 있는 청사에 거할 수 있게 하는 민족으로 보여야 하지 않겠나. 동양 문화는 우리 문화에 수천 년 앞서, 우리의 감성으로

1 중국 산둥성(山東省) 동부의 항구도시. 1897년 독일이 강제 점령 한 후 1898년 3월 6일 청과 자오저우만 조차조약(膠州灣租借條約)을 맺으면서 독일의 조차지(租借地)가 되었다. 따라서 칭다오(靑島)는 일본이 독일에 선전포고를 하고 1914년 11월 칭다오를 차지할 때까지 사실상 식민지 개념의 독일 영토였다.

는 그 깊이를 가늠하기 어렵다네. 우리 문화가 존경과 영향력을 얻고, 아시아인들에게 우리 문화의 깊이를 알리려면 무엇보다 외형적인 것으로 감명을 주어야 하네. 그러니 위풍당당한 탑과 장엄한 건축물 앞에서 너무 겸손 떨지 말아야지. 그러지 않아도 동양 사람들은 유럽의 젊은 문화를 얕잡아 보는 경향이 있는데, 자조自嘲가 정당화되면 점점 더 강화될 뿐이지. 게다가 내가 보기에 이 건물은 사치스럽지도 과분하지도 않네."

칭다오 조차지 행정 청사

아침 첫 햇살에 깨어난 섬과 암초들이 반짝이는 파도 위로 고개를 내밀고 햇볕을 쬔다. 이 수줍은 섬들을 차가운 겨울 바다로 내몰기라도 할 것처럼 옅은 안개가 그 사이를 감돈다. 오랫동안 동경했던 섬나라의 첫인사다.

작은 섬들이 갈수록 당돌하게 우리 배로 접근하더니 10시쯤에는 코앞까지 다가왔다. 짙푸르게 무장한 섬들은 용맹한 우리 배를 포위하고 항진을 막아서기라도 할 것 같았다. 초목이 드문 섬들이었다. 한낮의 따사로운 태양은 황량한 섬 꼭대기에도 어김없이 내려앉았다. 배는 항진을 계속했다.

칭다오 가톨릭 선교원

칭다오 6년제 김나지움

정크선[2]들이 열대의 태양 아래 부화하는 나비처럼 한껏 부푼 돛으로 흔들리고 있었다. 물마루 사이를 헤집으며 나아가는 모양새가 마치 나비가 첫 봄꽃을 음미하는 듯했다. 조반 찌꺼기를 노린 갈매기 떼가 돛대 주위에 크고 부드러운 원을 그렸다. 녀석들은 탐욕스럽게 끼룩거리며 배 자국을 좇았다.

2 돛이 셋이고 바닥이 넓은 중국 배. 연해나 하천에서 승객과 화물을 운송하는 데 쓴다.

뱃전에서

칭다오 사람들

시모노세키下關 해협이 바로 눈앞이다. 구릉은 꼬리에 꼬리를 물고 빗장처럼 파도를 가로지르며 손에 잡힐 듯 다가온다. 해안 구릉 너머로 연기가 기둥처럼 피어올랐다. 뒷산 그림자가 짙어서 연기 기둥이 한결 도드라졌다. 배가 저지대를 지날 때 얼핏 보인 골짜기 하나가 수수께끼를 풀어 주었다. 그것은 치솟은 공장 굴뚝들이었다. 불과 수십 년 사이에 일본은 공업국이 된 것이다.

왔다가 멀어지는 산맥들이 이제는 무서웠다. 어디로 빠져나가야 할지 모르겠다. 하지만 도선사導船士가 함께 타고 있으니 수많은 해안 돌출지를 무사히 피해 갈 것이다. 조타할 때는 늘 계산이 정확해야 한다. 해안가에 즐비한 표지판도 뱃길을 잡아 준다.

점심을 먹는데 동쪽 해안으로 시모노세키가, 그 맞은편으로 모지門司가 모습을 드러냈다. 모지는 연기를 내뿜는 공장 굴뚝들을 눈여겨보려고 산꼭대기에서 좁은 해안까지 내려와 있는 것 같았지만, 거기엔 굴뚝들이 제대로 늘어설 공간도 없었다. 그것은 미카도[3]의 왕국에 막 들어서는 이방인이 일본의 문화적 약진을 인정할 수밖에 없도록 만드는 일종의 자기과시였다. 이곳에 용광로를 설치한 것은 독일 기술자들이다. 이 상승 지향적 문명국은 그을음이 지독한 자국산 석탄과 인근 광산의 철광석으로 탱크와 철로를 생산하고, 이를 기반으로 대동아 주도권을 장악하려 한다. 일본의 자존심은 독일 기술자들의 장기 체류를 허하지 않았다. 일본이 서구로부터 뭔가를 배워야 한다는 인상을 줄 수는 없는 노릇이었다. 그래서 굴뚝도 일본의 관리 책임하에 연기를 내뿜고 있는 것이다. 이 자긍심의 퍼레이드는 나가사키長崎에서 조립되는 대규모 전함과, 공업학교에서 자랑스럽게 내세우는 방사선 촬영 장비로 이어진다. 그들은 원산지를 숨긴 일본 상품을 자랑스러워한다. 이러한 과시는 여러모로 매력적인 광영일지언정 기실 속 빈 껍데기다. 일본이 고유의 문화로 이룩한 것 중에는 유럽이 거의 이루지 못했거나 전혀 꿈도 꾸지 못할 것들도 있다. 일본의 섬유와 도예 산업은 절정의 수준으로 완숙했다. 유럽 공예는 일본의 칠기나 상감象嵌 기법에 감히 견주지 못한다. 그러니 광고용 맥주에서 스웨덴제 성냥에 이르기까지 외래 문물의 가치는 초라하게 위축될 수밖에 없다. 맥주라면 한번 마셔 본 후 기꺼이 망가질 각오가 된 일본 애호가들만 마실 것이고, 화력이 너무 센 성냥은 간혹 통째로 불이 붙기 때문에 일본의 겉치레 서양 문화에 익숙한 사람이 아니라면 손가락을 데기 십상이다.

비슷한 일이 자주 일어난다. 달걀들이 서로 비슷비슷하듯 제품의 모양새야 유럽 것과 닮았다. 속이 비었을 뿐이다. 속을 채울 시간이 없었다. 문화가 견실하게 발전하는 데는 시간이라는 요소가 무엇보다 중요하다. 외래문화의 일본 적응력이 일본인의 외래문화 수용력보다 클지라도, 그것만으로는 유기적 발전을 기약할 수 없었다. 일본의 문화 발전에는 동화同化의 시간이 부족했다. 일본에는 유럽처럼 하나하나 돌을 쌓고

---

3 일본 왕을 뜻한다. 미카도(御門)는 본디 궁궐에서 왕이 드나드는 문을 뜻하는데, 왕을 직접 지칭하는 것을 피하기 위해 헤이안(平安)시대부터 에도(江戸)시대까지 쓰던 표현이다.

일본 내해 ①

다듬어 형성시킨 중세가 없다. 유럽은 그런 중세를 거쳐 왔다. 유럽의 근대는 이 돌로써, 그리고 이 돌 위에서 성취되었다. 그래서 그토록 빠르고 높이 성장했던 것이다.

해협 동쪽에는 시모노세키의 잿빛 가옥들이 해안 쪽으로 몰려 있었다. 마치 뒷집이 앞집을 바다 속으로 밀어 넣을 듯 위태로워 보였다. 집들은 2, 3미터 높이의 암벽에 매달려 있었고, 더러는 바다 속에 박힌 말뚝 위에 버티고 서 있기도 했다. 지나가는 배에서 보면 마을 한 모퉁이는 수상 가옥촌으로 보인다.

그러나 이 작은 잿빛 오두막들을 바다 속에 처넣으려 하는 자 있다면 큰코다칠 것이다. 울창한 숲 위로 헐벗은 고지에는 해안포들이 아래를 겨누고 있다. 절벽을 따라 감시초소가 늘어선 판국에, 이 구불구불한 해협으로 안전하게 진입하기란 아마 쉽지 않을 것이다.

오랜 항해 끝에 좁은 수문이 열렸다. 우리 배가 빠져나가자 정크선들은 다소곳이 옆으로 비켰다. 그 모양이 마치 복도에서 귀한 손님과 마주친 허름한 차림의 하인들 같았다. 잠시 후 배가 선회하자 수문이 저절로 닫혔다. 눈앞에 넓은 내해가 펼쳐졌다. 돌아보니 방금 옆에 있던 산과 암벽들이 작은 아치를 그리고 있었다. 좁은 모래톱이 보이고, 요술 나라 입구를 가리기라도 하듯 빛바랜 촌락에서 연기가 피어올랐다. 위

일본 내해 진입

로는 짙은 전나무 숲이 무겁게 내리눌러, 이리 보니 푸른 하늘에 저리 보니 황톳빛 암벽에 뚜렷한 윤곽선을 그렸다.

내해는 배들로 붐볐다. 어선 수십 척이 부표 근처에 떠 있는데, 그곳은 증기선에서 멀찍이 떨어져 안전하고 수심이 얕아 어획량도 넉넉할 터였다. 한껏 돛을 부풀린 정크선들은 공업 도시들을 왕래하며 운송을 담당한다. 저들에게는 이 넓은 뱃길이 편안할 것이다.

희미한 산봉우리 몇 개가 수면 위를 헤엄쳐 다채로운 배경 속으로 천천히 사라졌다. 거기에는 갖가지 색깔이 뒤섞인다. 깎아지른 절벽은 황톳빛으로 빛나고 민둥머리 산정에는 연보랏빛 미풍이 스치운다. 명멸하는 조명등의 가녀린 빛줄기는 검은 파도를 따라 바다와 육지를 가르는데, 그 위로 초록 짙은 숲이 층을 지어 만과 계곡에 짙푸른 그림자를 드리우고 있었다. 다가올 봄 햇살을 서둘러 마중 나가듯 마른 겨울 토사가 산허리에서 흘러내리고, 초가지붕들은 퇴락한 잿빛을 한낮의 햇살로 하릴없이 데웠다.

이런 색색의 빛깔들이 차차 뒤섞이더니 시나브로 아련한 유리색으로 덮이고, 그 투명빛은 점점 짙어져 기어이 안개 낀 수평선 너머로 사라졌다.

그사이 또 새로운 섬들이 다가왔다가 멀어져 갔다.

노을 붉게 물든 동쪽 해안선이 긴 성벽처럼 다가왔다. 서쪽으로는 햇살 아래 곱게 굽이친 곳이 짙푸른 그늘을 드리운 겨울옷을 입고 손에 잡힐 듯했다. 저 멀리 하늘과 바다가 장엄한 고요 속에서 합쳐졌다. 오후 내내 눈길을 붙들어 맸던 경이로운 풍광 위로 천천히 밤의 장막이 내렸다. 좌우 여기저기 등댓불이 반짝이기 시작했다. 어둔 밤의 보호 아래 섬들이 꼬리를 물고 스치며 지나갔다. 어둠을 뚫고 명멸하는 별빛과 불빛들이 닻 내릴 곳으로 우리를 인도할 것이다.

고베

2월 18일

보통 때는 정확히 아침 식사 시간을 알리던 새벽종이 오늘따라 한 시간 반이나 일찍 승객들을 깨웠다. 검역소에 도착한 것이다. 이제 예외 없이 페스트 검역을 받아야 한다. 만주에 창궐한 페스트가 아시아 전역에 거침없이 확산될 거라는 불안하고 끔찍한 소식이다. 일본은 최근 병합한 한국과 만주 간의 국경을 폐쇄하고 감시를 강화했다. 이런 판국에 이보다 더 합당한 예방 조치가 어딨겠나 싶었다. 이 스산한 역병을 북방의 먼 국경에서도 단호히 막아 내는데, 활짝 열린 자유항을 통해 이주하는 중국인들을 따라 대책 없이 들어오게 놔두겠는가?

서양 문화의 외적인 것만 취하려는 일본인들이 유독 의학에서는 심원한 것을 성취하다니 특이하다. 가령 한국에서는 어딜 가나 일본 의사가 미국 의사보다 더 대접받는다. 주로 독일에서 교육받은 의사들은 그들의 지식과 능력을 독일에서 습득했음을 고맙게 여긴다. 이 점 더욱 놀랍다. 다른 분야에서는 이런저런 문화를 유럽에서 배웠다고 자인하는 것을 일본의 수치로 생각하는 까닭이다.

닻이 내려졌다. 극동과 서양을 잇는 일본의 요충항 고베神戸에 당도한 것이다. 작고 뾰족한 조각배들이 우리 배를 잽싸게 에워쌌다. 누런 사공이 넓은 선미에서 독특하게 생긴 노를 저어 배를 이리저리 다루고 있었다.

산 아래 도시에는 운무가 자욱했다. 굽이진 산등성이가 아침 향기를 머금었다. 산꼭대기 바위틈에는 아직 잔설이 잠자고 있었다. 삼각형으로 솟은 산꼭대기가 도시를 굽어보았다. 숲은 거대한 닻이 먼 곳을 내다보는 형국으로 베어져 있다. 이 상승 지향적 민족이 세계사의 파고 속에 닻을 내리려던 곳, 이곳에 그리스도교 신앙이 정착했더라면!

일본 정치인들은 지금 암중모색 중이다. 그들은 당연히 국민의 확고한 기반을 종교에서 찾는다. 최근에는 열병식이 포함된 장엄한 군중대회를 열려고 했다. 도덕의 고양과 국력의 강화를 위해서는 종교적 역량도 국가 목표에 이바지해야 한다는 것을 보여 주려 함이었다.

대표적 전통 민간신앙인 신도神道와 불교가 힘을 보태고 국가적 사고로 자기 쇄신을 단행하고자 했다. 미국 개신교도 위대한 민족을 정신적 · 도덕적으로 고양시킬 이 큰 행사에 동참하기를 원했다. 일본 정부가 국민의 안녕과 국가의 미래를 놓고 각 종교 대표들과 협의하려는 이 장엄한 군중대회였다. 그런데 수많은 승려와 성공회 주교들 사이에서 가톨릭교회의 깃발은 왜 보이지 않는가? 속속들이 물질주의에 물든 일본이 싫어서일까? 그럴지도 모르겠다. 아니면, 순교자의 유혈이 일본 정부를 침묵 속에 책망하여 소심하게 몸을 움츠리게 해서일까? 그럴 수도 있겠다. 아마 가장 근본적인 이유는 무엇보다 모든 일본인이 일본 국가교회[4]에 대해 지닌 민족주의적 성향 때문일 것이다. 대표적으로, 일본의 관습에 대해 프랑스어로 쓴 한 논저에서 혹자는 이렇게 말한다: "외부 영향에서 벗어나, 몇몇 유럽 국가에서처럼 시대와 정황에 따라 지

---

4 신도(神道)를 지칭한다. 일본의 전통 신앙이자 의례인 '신도'가 국가의 비호 아래 국교화된 것을 저자는 "국가교회"(Nationalkirche)라 표현한 듯하다.

속적 변화가 가능한 방식으로 천황의 가르침에 전적으로 복종하는 일본 국가교회가 설립된다면, 그리스도교는 아마 더 쉽게 전파될 것이다"(J. Hitomi, *Le Japon*, Tokyo 1901). 그래서 일본에서는 흔히 가톨릭교회를 민족의 적으로 규정하고, 가톨릭 신자는 좋은 일본인이 될 수 없다고 학생들에게 가르치는 것이다. 모든 청소년 교육과 민족의 총체적 지향점은 고도의 민족 감정으로 뚜렷이 각인되어 있다. 종교도 민족적이어야 한다. 어린 시절부터 가정과 학교에서 그렇게 주입된 것은 사회생활을 하면서도 툭하면 표출된다: 그리스도교는 미신일뿐더러 반민족적이기까지 하다. 이런 상처가 얼마나 깊은가! 러일전쟁 승전 후 끝도 없이 증폭된 일본인의 민족적 자존심에, 너무 쉽게 믿어 버린다고 조롱당하고 조국을 배신했다고 멸시받는 것보다 더 참담한 일이 어딨겠는가. 그리스도교의 발전을 가로막는 저해 요인은 주로 여기에 있다. 게다가 세금 부담이 엄청났다. 평민은 납세에 지쳐 고결한 생각을 할 겨를이 없고, 지배층은 종교에 관심조차 없다. 이럴진대, 사제가 아무리 애써 봐야 일년에 고작 두어 명만 세례성사를 받을 따름이라 한들 놀랄 일도 아니다. 물론 미국에서 온 개신교 20여 교파의 선교 활동이라고 더 쉬울 리도 없다.

한 무리 정크선의 흔들리는 돛대 사이로 대형 증기선 몇 척이 보였다. 아련히 눈을 던지니 아침 햇살에 잠을 깬 작은 돛단배들이 물결에 얄랑거리고 있었다. 차가운 공기가 도시를 감싼 서늘한 안개를 천천히 걷어 냈다. 늘어선 집들이 아침 욕조에서 떠오르듯 천천히 차례로 넓은 산허리를 휘감아 오른다.

9시경, 서울 백동수도원[5] 수도원장 겸 원산대목구장으로 새로 임명된 보니파시오 사우어 신부[6]와 파리 외방전교회 선교총무 파지Fage 신부가 승선했다. 이제 막 긴 항

---

5 1909년 한국에 진출한 독일 성 베네딕도 수도회가 서울 백동(현 혜화동)에 설립한 한국 최초의 베네딕도회 수도원.

6 Bonifatius Sauer(1877~1950). 한국명 신상원(辛上院). 성 베네딕도회 상트 오틸리엔 수도원 출신의 주교 아빠스. 뮈텔 주교의 초청으로 1909년 한국에 들어와 서울 백동에 수도원을 건립하였고, 초대 원산대목구장, 함흥대목구장을 맡아 사목 활동과 교육 사업을 전개했다. 1950년 평양 인민교화소에서 순교했다.

해를 끝내고, 그리던 목적지가 코앞인데 또 쓸데없이 일본에서 지체해야 할지 망설여졌다. 일본은 귀국 길에 들르면 될 일이다. 한국 가기 전 어차피 일본 땅에 붙들린 바에야 이 며칠을 알차게 보내야겠다.

점심을 먹고 바로 길을 나섰다. 고베를 둘러볼 참이었다. 유럽인 구역(약 3,000명 거주)에서 출발한 전차가 일본의 일상 속으로 달렸다. 산업의 수레바퀴가 얼마나 숨 가쁘게 돌아가고 있는지 한눈에 들어왔다. 상점들은 작지만 물건이 차고 넘쳤다. 공급이 수요에 앞서 상점 간에 경쟁도 치열하다.

점포보다 더 큰 광고판이 살짝 들린 기와지붕의 심심한 잿빛에 변화를 주고 색깔을 입혀 멋들어지다. 여기는 크고 푸른 꽃우산이 공중으로 치솟고, 저기는 주류 회사 광고판이 서 있는데, 앞면에는 꽃무늬 전통 의상의 일본 여인이 실물보다 크게 그려져 있지만, 뒷면으로 가면 그림은 거대한 술병으로 바뀐다. 이렇게 수건 가게, 함석 가게, 석유 램프 가게, 약종상 등이 꼬리를 물고 늘어서 있다.

거리는 사람들로 붐볐다. 추위에 익숙한 일본인들도 요즘 같은 강추위에는 손과 팔을 독특한 방식으로 보호한다. 빳빳하게 안감을 댄 통소매는 몸에서 길게 늘어뜨리고, 팔은 빼서 소매에서 갈려 나온 넉넉한 자루 속에 집어 넣는다. 지시판 부러진 이정표처럼 볼품없는 차림으로 거리를 활보하는 것이다. 검은 머리를 틀어 올린 키 작은 여인들이 딸깍거리는 나무 샌들[게다]을 신고 아슬아슬하게 균형을 잡으며 인파를 헤집고 다닌다. 두꺼운 외투를 입은 아이들은 또 어떤가. 마치 머리를 얹고 뒤뚱거리는 다리를 붙여 놓은 귀여운 단지 같아 우스꽝스럽다.

다음 행선지는 시끌벅적한 시장이다. 영화관 서너 너덧 개가 연이어 있고, 바로 그 옆으로 공연장 서넛이 보인다. 일본만큼 영화가 대중의 마음을 빨리 사로잡는 나라도 없을 것이다. 지치고 고단한 하루 일이 끝난 후 영화와 오락을 즐기는 것은 일본인의 삶에 필수 불가결했다. 그러나 향락이 국민을 중독시킬까 봐 경찰은 얼마나 철저히 감시하는지! 외설적인 장면이 단 하나라도 있으면 영화관은 바로 폐쇄된다.

신사 입구의 '기둥 문'(도리이)

시장 거리 양편 더 깊숙한 곳은 펄럭이는 깃발들에 가려 보이지 않았다. 빨래가 바람에 펄럭이는 이탈리아에서처럼, 긴 끈에 매달린 작은 깃발들이 거리 위에서 나부껴 그 아래서 벌어지는 삶의 다채로움과 상거래의 야단법석들을 부추겼다.

혼잡을 피해 다시 전차에 올랐다. 우리는 난코楠公 신사神社로 간다.

민족주의 일본은 위대한 민족 정신을 신사에서 영속화하려 했고, 신사는 이런 민족 정신의 버팀목이 되었다. 난코 신사도 마찬가지다. 이 신사는 천황에 대한 충성심을 기리기 위해 건립되었다. 다른 신사들처럼 여기도 신사로 드는 길목에는 특색 있는 목조 '기둥 문'[도리이鳥居]이 서 있다. 한 여인이 그 앞에서 기도한다. 합장한 채 중앙과 좌우로 번갈아 절하며 걸어간다. 신사의 그늘을 즐기는 한 무리 비둘기에게 먹이를 주는 사람도 있다. 신사 입구에는 술이 달린 굵은 밧줄이 드리워져 있는데, 이 밧줄은 타종구와 연결되어 있다. 신사의 동종銅鐘은 종의 바깥 면을 친다.

주위에는 노획한 대포들도 눈에 띈다. 초석 하나가 땅 위로 수줍게 솟아 있었다. 러일전쟁 승전 후 이토 후작[7]이 몸소 세우려 했던 기념물이다.

---

7 이토 히로부미(伊藤博文, 1841~1909). 일본 총리대신. 추밀원 원장. 1884년에 후작, 1907년에 공작이 되었다. 1905년 초대 조선 통감. 저자는 이토 통감이 1909년 공작 신분으로 하얼빈에서 안중근에게 피살된 후 일본을 방문했다.

받침돌은 서 있네만

조각상 비용은 누가 댈지

하늘님만 아시네.

승리의 영웅, 그 위대한 정객이 이 명예의 계단을 오르기나 할까? 기단 상부에 청동 고정못 두 개가 조각상을 기다리고 있다.

포트 아서Port Arthur[8]에서 노획한 거대한 해안포도 나란히 전시해 두었다. 신사 전역을 둘러싼 작은 석등들은 처연한 소나무 옅은 그늘 아래에 그림처럼 숨어 있다. 넓은 신사 앞뜰은 각종 상점들이 차지했다. 그 사이를 아이들이 뛰어다니며 논다. 대체로 신사는 경건한 성지라기보다 오히려 즐거운 유원지 같았다.

시청 옆에는 크고 아름다운 법원 건물이 있다. 이 두 건물 맞은편에 늘어선 대서소代書所에는 먹과 붓으로 무장한 대서사들이 나지막한 탁자에 쪼그리고 앉아 있다. 고객들이 차례를 기다려 용건을 말하면 대서사는 이 문맹자들이 관청에 제출할 서류를 정확하고 깔끔하게 꾸며 주는 것이다.

굽이진 길을 따라 도시 외곽에 도착했다. 가톨릭 성당이 있었다. 신축 건물이라 외관이 정갈했다. 마음에 꼭 들었다. 성당 중랑中廊 벽을 떠받치는 목조 기둥묶음(集合柱)이 흥미롭다. 수려한 쪽매널마루는 이음매가 깔끔하여, 일본인들의 섬세한 솜씨를 유감없이 드러냈다. 이 유일한 본당의 일본인 신자는 400여 명이다. 항구 주위의 위풍당당한 건물 뒤편, 교황 대리구청과 함께 다소곳이 자리한 이 작은 교회를 찾는 사람들은 별로 없다.

도시의 집들이 한눈에 내려다보이는 고지대로 향했다. 40만 주민이 고지대와 항구

---

8 청 왕조 북양 함대의 근거지였던 뤼순항(旅順港). 청일전쟁 후 러시아가 조차하여 대규모 군항을 건설하였으나, 러일전쟁에서 일본이 승리하자 포츠머스 조약(1905년)에 따라 일본에 귀속되었다가, 제2차 세계대전 후 중국에 반환되었다.

주변에 다닥다닥 붙어 산다. 인근에 중국인 천여 명이 모여 사는 중국 절을 그냥 지나칠 수 없었다. 도회 속의 안식이 여기 있었다.

붉고 비스듬한 기둥 위에 높이 누운 가로들보 아래를 지났다. 전형적인 절 입구다. 화강암 계단을 한참이나 올라 열린 목조 대문들을 쉼 없이 지났다. 이 목조 대문들은 절 초입의 주문主門보다 현격히 단순하다. 나뭇가지가 계단 위와 대문 사이로 드리워져 이 숲 속 성지를 찾는 순례자들에게 부드러운 그늘을 만들어 준다.

단조로운 계단을 벗어나 산 중턱 오솔길로 들어서니, 위로는 전통 민간신앙에서 유래한 신도神道의 성지다. 오랜 세월 풍화된 석등이 길도 잡아 주고 성지에 가까이 왔음을 알리기도 한다.

다시 목조 대문이다. 성지는 숲의 고요 속에 서 있다. 마지막 대문 기둥 옆 석대 위에는 실물 세 배 크기의 여우 석상 두 개가 버티고 앉았다. 화려한 대문 장식이 여우 신사(마야산摩耶山)[9]가 임박했음을 알린다. 여우는 신령한 지혜의 상징이자 치유의 전령으로 알려져 이곳에는 도움이 아쉬운 사람들의 발길이 끊이지 않는다.

산허리를 깎아 만든 20여 제곱미터의 좁은 평지에 신사를 세우고 산 쪽으로 좁은 우회로 하나만 열어 두었다. 깎아 낸 산허리에 기대어 예쁘고 아담한 오두막 열두 채가 이 화환처럼 우회로를 둘러싸고 있었다.

신사 본전本殿 입구 양쪽에 붉은 수건을 목에 두른 큰 여우 상이 보였다. 한 마리는 두루마리를, 다른 한 마리는 구슬을 물고 있다. 두루마리는 신에

석등과 일본 소나무

여우 신사 가는 계단

게 치유를 비는 청원서 구실을 한다. 다른 여우가 문 구슬은 건강을 기약하는 치유의 영약靈藥이다.

여기저기 순례자들의 발원發願이 적힌 종이 띠들이 빛바랜 낙엽 위에 내린 아침 서리처럼 덤불과 가지에 매달려 펄럭인다.

한 남자가 신사 앞에서 몸을 웅크리고 손뼉 치고 종줄 당기기를 반복하며 소원을 빈다. 종소리는 둔탁했다. 그는 신을 깨우려는 것이다. 한 여인이 다가왔다. 역시 손뼉을 치고 합장하여 신사에 절한 다음 한동안 무릎 꿇고 조아리고 있었다.

한 남자가 신사 순례를 시작했다. 약 2미터 높이의 이 축소판 신사들은 대체로 같은 모양새지만 세부적으로는 조금씩 다르다. 각 신사 앞에는 목제 시주함이 놓이거나 걸려 있는데, 더러는 유럽 집 앞에 설치된 작은 편지함과도 비슷하게 생겼다. 이 남자

9 오곡(五穀)의 신인 우카노미타마노카미(倉稻魂神)를 모시는 이나리진자(稻荷神社). 오곡신의 사자인 여우상을 신사 앞에 세워 둔다. 현대에는 상업의 번창을 기원하는 상인들의 신사로 성격이 바뀌었다.

는 쌀자루를 들고 있었다. 그는 각 신사 앞에 잠깐씩 멈춰 기도하고 세 손가락으로 집을 수 있을 만큼의 쌀가루를 매번 시주함에 넣었다. 그 무엇도, 어느 누구도 그의 기도를 방해하고 그의 믿음을 흔들지 못한다. 주위의 번잡과 수다에도 아랑곳없이 기도에 몰입하는 이들의 진지함에 경의를 표하지 않을 수 없었다.

본전 외벽에는 '봉납 현판'[에마繪馬]이 숱하게 걸려 있는데, 그 내용뿐 아니라 소박한 만듦새까지 유럽 순례 성당에서 보는 것들과 착각할 정도로 비슷하다. 현판에는 무릎 꿇고 합장한 어머니가 자주 등장한다. 병든 자식이 낫기를 간절히 비는지도 모른다. 신사 가는 길에 본 것과 똑같은 목조 기둥 문 모형이 도처에 공양물로 걸려 있다.

기도하던 사람들이 사라진 틈을 타 신사 본전을 잽싸게 들여다보았다. 앞에는 공양미가 넉넉히 들어갈 목제 시주함이, 뒤쪽 높은 강단 위에는 발원이 적힌 쪽지들이 놓여 있다. 나지막한 석등들 사이로 작은 여우 석상이 수도 없이 널렸다. 안에서 볼 만한 것은 이것이 전부다.

막 순례를 마친 남자가 30센티미터쯤 되는 깡통을 달그락달그락 흔들더니 미래를 점지해 줄 점괘를 뽑았다.

앞마당에는 둥글고 나지막한 주물 화로 열두 개가 소박한 모습으로 가지런히 늘어서 있다. 그 위에 걸린 둥근 무쇠솥은 공양미로 밥을 짓는 데 쓰인다.

신사과 신사 마당을 품은 테라스는 탁 트인 정면을 향해 아치를 그린 갖가지 형태의 석등에 둘러싸여 있다. 석등은 대칭이 아름답고 선이 곱다. 굽은 소나무 가지 너머로 펼쳐지는 도시의 전경이 신비로웠다. 소나무들도 힘겹게 산에 올라 신사에 이른 듯 보였다. 그리스도의 정신은 이 도시 사람들을 현세적 심연에서 더 높은 이상으로 고양시키고 진정한 영원성을 추구하도록 일깨우기 위해 사투를 벌이고 있는 것이다.

우리는 버려진 공동묘지를 지나 다시 시내로 내려왔다. 키 작은 소나무 숲 아래 숨은 무덤들은, 잘 다듬은 화강암 석관에서 안식하며 부활을 기다리는 이의 이름을 새긴 묘비나 사각 석판 위의 십자가만 없을 뿐, 우리네 묘지 풍경과 크게 다르지 않았다. 좀 더 지체 높은 묘에는 석조 울타리를 둘러쳤다. 묘역 입구에는 어른 키 반만 한 신상神像 여섯 개가 고딕식 석판에 돋을새김되어 미라처럼 조문객을 맞는다. 목에 노란 수건이 감겨 있었다.

시내로 내려오니 뉘엿뉘엿 잠자리에 들려던 해가 다시 한 번 그 빛나는 눈을 크게 뜨더니 친절하게도 우리를 위해 토어 호텔을 비춰 주는 것이었다. 호텔에 독일 국기가 휘날렸다. 독일이 '후견자' 영국의 억지 포옹을 기어이 뿌리치고 싶어 한다는 것을 알리려는 듯했다. 영국계 스트랜드 호텔은 이런 욕구를 달가워하지 않겠지만, 적어도 독일인들끼리 독일어로 말하고 싶어 독일인들이 한데 뭉치는 것쯤은 내버려 둬야 할 것이다.

거리에서 한 남자가 유럽의 '집시 마차'를 본떠 만든 수레에서 뜨거운 차를 팔고 있었다. 집에 오니 온몸이 노곤했다. 내일이 주일이라 이것저것 챙길 것도 있다. 밤 늦게 오사카大阪에서 손님이 왔다. 그곳 마리아 형제회(Frère de Marie) 장상인 니콜라우스 발터Nikolaus Walter 신부님이었다. 그가 우리를 오사카로 초대하는 바람에 내일 일정이 모두 틀어지고 말았다.

오사카

2월 19일

오사카까지는 30킬로미터, 급행 전철로 족히 한 시간이면 간다. 교통은 활발했다. 일본인들은 주일을 지키지 않지만, 우리의 길고 멋진 전차는 몇 정거장도 못 가서 승객으로 가득 차, 마주 보는 좌석 사이 공간에까지 사람들이 서 있어야 했다. 일본인들은 호기심이 많다. 모든 것을 봐야 직성이 풀린다. 더구나 매달 1일과 16일은 근로자들이 쉬는 날이다. 전날 임금이 지급되어 이날은 일하지 않는다. 이 임금의 상당액을 챙길 수 있으니 철도공사로서는 기분 좋은 일이다. 철도공사는 오사카와 고베 중간 지점에 각종 위락 시설과 앙증맞은 집들을 갖춘 놀이공원을 여럿 만들어 놓고 사람들의 호기심을 자극했다. 그랬더니 과연 양쪽 도시에서 사람들이 몰려들어 하루를 즐기다 가는 것이었다.

그렇지 않아도 이 두 도시 간에는 산업 교류가 활발하다. 고베는 유럽과 아메리카에서 오는 대형 증기선의 정박지다. 오사카 항도 6천 톤까지는 수용할 수 있지만, 그 이상은 수심이 얕아 정박이 불가능하다.

잿빛 마을들이 스쳐 지나간다. 지금은 겨울이라 메마른 강줄기를 따라 전차는 흔들리며 달려간다. 강둑이 높다. 우기에는 가까운 산에서 엄청난 양의 물이 흘러들기 때문이다. 지금은 여름 비가 실어 나른 모래와 자갈만 눈에 띈다. 강둑 아래 논에는 벌써 물이 찼다. 지난 추수 때 벤 벼 밑동이 퇴락한 다발로 물 위에 고개를 내밀고 있다.

오사카에 도착했다. 오사카는 일본의 상공업 중심지다. 인구는 작년 한 해 약 60% 증가하여 130만에 달했다. 우아한 급행 전철에서 내리자 비좁은 시내 전차가 우리를 맞았다. 전차는 나지막한 집들 사이로 달린다. 상점들이 스쳐 지나간다. 지진 때문에 목조 단층집밖에 못 짓는다. 현란한 간판, 치솟은 광고탑, 화려한 포스터, 형형색색의 네온 글씨만 없었던들 도시의 이미지는 음울하고 처량했을 것이다. 이 모든 것이, 성장 일로에 있는 일본의 공업도시에 정말로 와 있음을 확인시키는 증거로 다가온다. 이 도시는 절묘하게 유럽을 베끼고 그 위에 참신한 동양의 색깔까지 덧입혔다. 유럽의 온갖 신문물이 이곳에 정착하여 오색영롱한 동양 옷을 입고 민족적 고유성에 적응했지만, 그래도 삶은 속속들이 일본스럽다. 맞은편에 앉은 아

주물 찻주전자. 상트 오틸리엔 수도원 박물관 소장

이들의 옷 색깔은 얼마나 다채롭게 빛나고 있는가: 짙푸른 바탕 위의 주홍색, 넓은 소맷자락의 강렬한 노랑, 칙칙한 상의를 가로지르는 넓은 꽃무늬의 대비, 햇볕에 그을린 장딴지 아래의 짧은 흰 양말. 가느다란 눈꺼풀 사이로 까만 작은 눈이 세상을 내다본다. 소풍날이라고 겨우 얻어 신은 듯한 엄마의 '게다'가 아이에게 다소 크지만 오히려 안정감 있어 보인다.

첫 방문지는 대성당이다. 역에서 그리 멀지 않다. 이 아름다운 석조 건물의 골격은 목재다. 지진 때문에 그렇게 지어야 한다. 일본인 신자들에게 장궤틀은 없어도 된다. 그들은 바닥에 꿇어앉거나 쪼그려 앉는 걸 더 좋아한다. 그래서 통로를 사이에 두고 '다다미'를 깔았다. 다다미는 짚을 정갈하게 엮고 나무로 테두리를 친 깔개다. 집에서 그리하듯이, 일본인들은 교회에서도 입구에서 신발을 벗고 버선발로 조용하고 경건하게 성전으로 들어간다. 열심한 신자들은 기도서를 수건에 싸서 다다미 위에 둔다.

우리는 '지극히 존엄하신' 샤르트롱Chârtron 주교님을 잠시 방문했다. 이곳에서 25년 동안이나 수고롭고 근심 많은 성무를 수행해 오신 존경하올 어른이시다. 그분의 직무는 고되다. 과거는 험난했고 미래는 불안하다. 관할 교구 사제 하나가 갖은 고난을 무릅쓰고 창조적 애정을 기울여 몸소, 혹은 독실한 신자들을 통해 교화 · 강연 · 자선을 베풀며 숱한 세월 한결같이 고군분투해도, 25년이 지난 지금 이 쓰라린 노력의 성과라 해 봤자 고작 50명도 안 되는 개종자라니. 가히 땀과 눈물로 뿌린 씨앗이다. 풍성한 수확의 날은 언제 오려나? 은혜로운 이슬과 하늘의 태양이 키우고 무르익힐 일이다. 그럼에도 이윤을 좇기에 바빠 종교에 무심한 이 거대 공업도시에서 주교님께 모인 그리스도인만 당당 천 명을 헤아린다. 1,700만 인구를 관할하는 교구에 각 본당 신자를 다 합쳐도 3천 명이다.

아직 정정하셔야 할 주교님 얼굴이 나이 들고 근심 많아 깊이 주름졌다. 낯선 도시의 거리에서 시간은 빨리 흘렀다. 오후에는 일본의 정신 문화를 접했다. 붐비는 인파를 헤치고 긴 중앙로를 따라 전차는 시텐노지四天王寺10▶로 향한다. 중앙로는 좁고 굽

시텐노지의 사슴

이진 골목들이 뒤엉킨 구역을 양분한다. 이 천년 고찰古刹 시텐노지는 일본인들의 종교적 심성을 이 덧없는 시대에까지 전해 주고 있다. 이 절의 역사는 1,300년이 넘고 일본 민족은 이 절이 창건될 때 이미 2천 년의 역사를 가지고 있었다. 그동안 많은 변화가 있었지만 민족의 본질적 특성만은 치솟은 탑의 역동적 선처럼 고스란히 간직되었다. 160년 전 모든 것을 앗아 간 화마火魔 속에서도 탑의 형태는 고이 보존되었음이 새삼 감명 깊다. 그래서 우리가 태고의 걸작품을 비교적 새로운 모습으로 마주하고 있는 것이다.

이 짓눌린 도시를 용케 견디고 서 있는 나무 몇 그루 사이로 기둥과 명문銘文들이 꿈처럼 모습을 드러내면서, 우리가 벌써 경내에 들어섰음을 알린다. 곧바로 대들보 둘을 떠받치고 선 기둥 문 앞에 당도했다. 사람들이 물결치고 있었다. 날아갈 듯한 기와 대문을 지나자 담장 안은 절 마당이다. 증기선의 타륜舵輪처럼 생긴 법륜法輪 한 쌍

◂10 593년 쇼토쿠(聖德) 태자가 건립한 일본 최초의 불교 사찰 사천왕사. 백제의 건축 기술자 유중광[柳重光, 공고 시게미츠(金剛重光)] 등 세 사람이 건축에 참가했다고 전한다. 저자는 사천왕사를 Tennoji-Tempel로 표기하고 Vier-Himmels-Könige-Tempel이라고 설명했다.

이 담벼락 적당한 높이에 박힌 짧은 축을 중심으로 회전한다. 대문 너머로 사람들이 공양물 가게를 지나며 웃고 떠들었다.

지붕은 기품이 있었지만 불당은 통나무집 같아 보였다. 불당들이 문을 활짝 열어 놓은 채, 탑과 금당金堂 주위에 계통 없이 서 있었다. 여기는 신성한 나무가, 저기는 빈 터가, 또 그 옆에는 신령한 연못이 있어서 불당을 자꾸 새로 지어야 했던 것이다.

탑에 이르기 전에 팔각형 불당 한 채가 길을 막아선다. 몇 계단 위 석조 기단基壇 위에 지었다. 입구 아래 나지막한 격자문 뒤로 큰 불상이 보인다. 그 양쪽으로 한 쌍의 작은 입상이 서 있고, 문 앞에는 구유 모양의 목제 시주함이 놓여 있다. 공양물은 주로 쌀가루인데, 무단 전용이나 절취를 막기 위해 나무 창살 너머로 시주한다.

바로 다음 문에서 한 노인이 웅크리고 앉아 방생물로 쓰일 자라를 판다. 사람들은 자라에게도 자라 장수에게도 무심할 뿐이다. 한 뼘 높이의 대나무 위에 배가 묶인 불쌍한 자라들이 발과 대가리를 바둥거리며 힘겹게 허공을 휘젓고 있다. 풀려나고 싶은 게다.

엷은 하늘이 탑을 휘감아 돈다. 부러진 소나무 한 그루가 탑에 짙은 얼룩을 남긴다. 처마 끝이 하늘로 살짝 들린 층층의 지붕은 위로 갈수록 약간씩 작아진다.

자라 장수

가파르게 골을 파 낸 지붕 아래 부분은 풍상을 견딘 어둡고 강인한 색조로 안정감과 견고성을 더해 준다.

바로 옆이 금당이다. 스님 몇 분이 화기火氣 은은한 향로 앞에서 엎드려 절했고 가끔 향로에 향을 뿌렸다. 그분들의 친절한 배려로 우리는 법당 안을 천천히 둘러보았다. 절 입구처럼 정면은 탁 트이고 나머지 삼면이 목조 벽으로 둘러싸인 사각형 구조다. 짚으로 짠 발이 반쯤 쳐져 있고, 두 개의 시주함 뒤로는 놋쇠 촛대와 꽃병으로 소박하게 꾸민 불단이 보인다. 법당 외벽은 더욱 흥미롭다. 푸른 하늘에 떠도는 흰 구름 사이로 오색영롱한 등신대等身大의 신神들이 노닐고 있다. 신들은 대체로 기이하게 생겼다. 장신구의 채색과 모양이 대단히 낯설다. 엄격한 규범에 따라 구성되었지만 뿜어내는 감정은 생동감 넘치고 자연스럽다. 특히 눈에 띄는 것은 머리 셋 달린 신이다. 멀리서 보면 가운데 머리가 좌우의 머리 둘을 조금씩 가리고 있다. 좌우 머리에 달린 팔들도 각각 한 개씩만 보인다. 전면의 두 팔은 구슬을 들고 있는데 그 구슬 위로 작은 약초가 자란다. 좌우 두 팔은 붉은 잎이 달린 나뭇가지나 삼지창 같은 것을 들고 있다. 머리 셋에는 이마 한가운데 눈이 하나씩 더 달렸다.

이 그림 맞은편 통로에는 국보가 진열되어 있다. 채색과 금 장식은 화려하고 생동감 넘치는데, 얼굴이 추하고 일그러진 열 개의 목상木像이다.

경내 그 많은 불전과 불당을 일일이 살필 시간이 없어서 중요한 것들만 가려 보기로 했다.

노루 한 마리가 몸도 돌릴 수 없이 좁은 우리 안에서 목숨을 겨우 이어 간다. 저 위에서는 둔탁한 종소리가 울렸다. 그쪽으로 걸음을 옮겼다. 격자 울타리를 친 작은 불당에 보살 상이 서 있고, 그 앞에서 한 남자가 무릎을 꿇고 염불을 외운다. 울타리 앞에는 커다란 종이꽃잎이 달린 팔뚝 굵기의 종줄이 드리워져 있는데, 남자는 몇 번이고 종을 치면서 발원의 간절함을 알린다. 인공 연못은 벽돌로 막아서 물이 적고 더럽다. 이 연못에서 영물靈物로 대접받는 자라들이 죄다 진흙 속에서 추위를 피하고 있다.

일본의 무희

시텐노지 오층 목탑

어느 불당의 전실前室에는 작은 좌불상이 모셔져 있다. 이 불당은 아무나 편하게 들어와 참배할 수 있는데, 주로 아픈 사람들이 즐겨 찾는다. 머리가 아프면 머리를 불상 머리에 기대면 되고, 팔에 신경통이 있으면 불상의 팔을 문지른 수건으로 자기 팔을 문지르면 된다. 그래서인지 불상 의자 등받이에는 때 묻은 수건들이 알록달록 걸려 있다. 신성한 공간은 나지막한 칸살로 둘러쳤고 천장에는 망사형으로 깔끔하게 세공한 청동 닫집이 매달려 있다. 닫집의 붉은 촛불과 등불들이 제단 위에 그림자를 던진다. 뒤에는 신주함이 어둠의 정취 속에 모습을 드러낸다.

입장료를 내야 하는 불당도 있다. 여기에 설치된 거대한 기념물은 국력과 문화적 성취를 기리는 일본인들을 매료시킨다. 세계 최대의 종이 바로 그것이다. 114톤의 종이 불당 대들보에 매달려 지상 2미터 높이에 떠 있다. 높이 8미터, 폭 5미터, 두께 50센티미터의 이 타원형 종에는 뭔가 특별한 게 있거니와, 그 타종 방식이 특히 신기하다. 실제로 종소리를 들은 사람은 아직 없다. 아마 종의 균열을 때우고 난 후 옛 종의 운명을 닮아 또 깨질 것을 염려한 때문일 것이다. 대들보에 사슬로 매단 통나무를 벽에 파진 구멍으로 튀어나오게 설치하고, 이 통나무로 종을 쳐 소리를 냈을 것이다.

마지막으로 들른 건물도 사찰 양식으로 지어졌으나 폭이 더 넓다. 안에는 박물관도 있다. 개방된 전실前室의 그늘에는 우람한 북 두 개가 괴물의 눈깔처럼 숨어서 쏘아보고 있다. 1,200년이 넘은 북이다. 지름이 족히 2.5미터는 되는 가죽 울림막에는 한국의 [태극] 문양紋樣이 무섭도록 검게 그려져 있다. 힘차게 굽이진 선이 원을 색이 다른 두 영역으로 나눈다. 이 옛 약탈물에 그려진 태극 문양은 큰 올챙이 두 마리가 엉켜 있는 것 같다. 나무 북통은 불타오르듯 강렬하게 채색되어 섬뜩한 느낌을 더한다.

박물관에는 귀한 소장품이 많다. 천황 친필 문서들은 유리장에 보관되어 있고 벽에는 30~40센티미터의 필력 좋은 족자가 걸려 있다. 일본 문자를 고안한 콥타이신[11]의 글씨라고 한다. 그 옆에는 멋진 제례복과 표정 일그러진 가면들이 수집되어 있는데, 이것들은 불교 의식 행렬에 사용되어 왔고 지금도 사용되는 것이다. 유리장 안에는 석가모니의 유골을 모신 금제 사리탑이 여섯 개의 작은 조각상에 둘러싸여 있다. 석가모니 눈에서 자라난 뼈라고 한다. 소전시실 끝에는 실물보다 큰 목상 네 개가 둘씩 마주 보고 서 있다. 노랑, 빨강 얼굴이 각각 하나씩, 파랑 얼굴이 둘이다. 이 목상들은 시텐노지를 지키는 사천왕인데 하나같이 발 아래 조아린 마군魔軍들의 머리를 밟고 있다. 해충으로부터 보호하려고 이리로 옮겨 놓은 듯하다. 이 목상들은 도쿄에서 멀지 않은 도시 가마쿠라鎌倉의 유명한 장인 운케이運慶[12]가 800년 전에 만든 것이다.

---

11 실체 불명의 인물이다. 일본 글자는 5세기경 한자를 도입한 후 9세기경 한자의 자형과 음을 차용하여 만든 히라가나와 가타카나다.

12 가마쿠라 막부 시대(1192~1333) 일본의 대표적 불상 조각가.

어느덧 해는 늙은 녹나무 둥치 아래로 천천히 내려앉아 바위 옥좌에서 아래를 굽어보며 거북 못을 지키는 석불에 짙은 그림자를 던진다.

해 지기 전에 언덕 위의 신사에서 도시 전경을 보고 싶었기에 서둘러 시텐노지를 빠져나왔다. 점포가 늘어선 골목으로 들어섰다. 저녁이 되니 낮에 장을 보지 못한 사람들로 복잡했다. 비포장 길이 화강암 보도로 바뀌었다. 벌써 경내로 들어온 것이다. 떠드는 소리든 뭐든 온갖 소음을 집어삼킬 듯 요란한 게다 소리 때문에 굳이 바닥을 안 봤어도 그런 줄 알았을 것이다.

작은 신사 마당 석조 난간에서 항구를 향해 남서쪽으로 뻗은 도시를 내려다보았다. 황량한 집들이 뿌연 파도처럼 발아래 뒹굴었다. 공장 굴뚝들이 먼 바다 증기선 굴뚝마냥 저문 도시의 지평선까지 빼곡이 솟아 있었다. 마지막 금빛 햇살에 눈부신 곡선의 잿빛 기와가 먼 바다 물결을 꿈꾸게 한다. 도심에는 아직 공장이 들어서지 않았다. 도시의 암울한 잿빛을 그나마 부드러운 빛으로 녹이려고 부서지는 햇살이 적이 수고롭다.

신사 마당에 등불이 켜졌다. 보통은 진입로에 세우는 붉은 기둥 문이 이곳에는 통나무집처럼 여기저기 30~50개씩 모여 서 있다. 문 하나를 지날 때마다 한 번씩 면죄를 받을 수 있기 때문에 한 번 지나가면 바로 50번의 면죄를 받게 된다.

아기를 등에 업은 젊은 엄마가 점괘통을 흔들어 점괘를 뽑았다. 어린 여동생이 미심쩍은 듯 웃었다. 경내에는 새로 태어난 아기를 신에게 잠시 봉헌하는 집이 있다.

도시 전경을 놓치지 않으려고 서두르는 통에 그냥 지나쳤던 돌 수조水槽를, 나갈 때는 찬찬히 들여다보았다. 수조는 관을 통해 물을 받았고 수조 위에는 검은 글씨를 새긴 각양각색의 수건이 저녁 바람에 나부끼고 있었다. 성수에 씻은 손을 닦는 수건이다. 이곳이 일본 남부에서 제일 유명한 신사라는데 서둘러 떠나게 되어 아쉬웠다.

저녁 기도를 하기 위해, 우리의 멘토이신 발터 신부님은 종이 등이 마법 같은 불빛을 드문드문 던지는 어두운 골목길을 따라 우리를 마리아 형제회로 인도하셨다. 이 수도원 학교는 남으로는 시텐노지, 북으로는 옛 성에서 각각 3킬로미터 정도 떨어져 있다. 속세의 번잡 속에 자신을 잃어 가는 이교의 거대 도시에서 이곳은 도시의 소음이 비켜 가는 아름다운 곳에 자리 잡고 있다. 하늘에 가까울수록 하늘은 더욱 쉽게 축복을 내리려나. 잿빛으로 저문 하늘을 배경으로 톱니 모양의 시텐노지 오층 목탑과 성의 정원이 검은 윤곽을 드러냈다. 이 학교가 서 있는 언덕도 전에는 성의 정원이었다. 천 년 동안 가장 높은 곳에서 이 구릉 도시를 지배했던 두 유적지 사이에 학교가 비집고 들어온 것이다. 학교가 설립되어 막중한 역할을 위임받은 데는 영향력 있는 장관과 정계 거물들이 소속된 일본의 한 위원회 덕이 컸다. 이 학교는 그리스도교인들을 위해 마리아 형제회가 소임을 실현하는 데 중요한 수단이다. 국력을 일신하고 유지하기 위해 일본은 그들의 종교적 갈망을 십자가에 걸 것인가? 이 문제의 해법에 이 학교가 기여하는 바가 결코 적지 않을 것이다.

이 유명한 상업학교의 재학생 500명 중 가장 성실하고 재능 있는 학생 80명이 자발적으로 예비신자가 되어 다른 학생들이 신나게 노는 자유 시간에 신부님들에게서 열심히 종교교육을 받는다. 종교 수업을 정규 교과과정에 넣을 수 없던 차에, 수사 선생님들은 일본이 강조하는 순수 세속 과목과 일반 윤리 과목 외에 구원의 가르침과 진리의 빵을 전하는 어려운 길을 이렇게라도 찾아낸 것이다. 이 힘든 노력의 결실은 연평균 30명의 세례로 맺어졌다. 일본 교회가 참으로 힘겹고 느리게 발전되어 왔고 앞으로도 사정이 달라지지 않을 것이라는 것을 생각하면, 마리아 형제회의 헌신적인 활동과 보람된 성과는 더욱 환영받아야 한다. 존경받고 영향력 있지만 그리스도 신앙과는 거리가 먼 식자층에 그리스도교가 흡수되어 그들의 편견을 조금씩 없애 가기 때문에 더욱 그렇다. 이런 변화는 졸업생이나 외교인外教人들이 옛 스승에게 보내는 친근한 인사를 통해서도 감지된다.

학교를 오래 둘러볼 시간은 없었다. 마지막 석양빛이 산등성이에 조용히 내려앉았기 때문이다. 산맥은 동쪽으로 세 시간 거리에서 검은 빛 건물군을 지그시 내리누르고 있었다. 수사들은 텅 빈 두 개의 대운동장을 지나 우리를 어느 작은 집으로 안내했다. 수도원에 비하면 다소 초라한 감이 없지 않은 그 집에 수사들이 산다. 고베로 돌아가기 전에 여기서 식사를 했다.

어둠을 뚫고 바다를 향해 달리던 전철은 고장으로 멈추었고, 우리는 내려야 했다. 가까운 중간 역에 다른 열차가 와서 다행이었다. 9시 반이 되어서야 고베에 도착하여 고베 교황 대리구청의 작은 손님집으로 돌아왔다.

놋화로. 상트 오틸리엔 수도원 박물관 소장

제2장

해협을 건너다

2월 20일

출발 시간이 정확히 명시된 열차 시간표 덕분에 이국적 분망함에서 놓여날 수 있으니 어찌 기쁘지 아니한가! 온갖 새롭고 신기한 것들로 인해 한동안 내 눈과 상상력에 과부하가 걸렸다. 변화가 너무 강렬했다. 6주간의 긴 항해 끝에 섬나라 일본의 중심부 고베에 도착했을 때는 마치 진녹색 숲 그늘에서 오랫동안 배회하다가 갑자기 눈부신 햇빛이 농축된 숲 속 빈 터에 들어선 것 같았다. 모든 것이 한순간에 달라져 버린 것이다. 모든 것이 살아 움직였다. 잔잔한 바다 물결의 편안한 고요가 사람 물결, 색깔 물결로 바뀌고 세상이 돌연 부산스러운 만화경이 되어 버렸다.

긴 항해 끝에 맞닥뜨린 신세계는 한없이 매혹적이고 소란스럽고 색다르고 흥미로워서, 마치 팔팔 뛰는 동화 속 세상 같았다. 이 새로운 것들을 전부 받아들이느라 내 눈이 바빴다. 연필이 일기장 위를 부지런히 날아다녔다. 번잡한 길 위의 글쓰기에도 익숙해진 지 오래다. 굵은 선 몇 개만으로 성급히 휘갈긴 스케치들도 간간이 행간에 자리 잡았다. 연필을 한가롭게 놀리기에는 신사 길을 밝히는 석등과 성스러운 길 위의 붉은 문이 너무 우아했고, 작은 나무들이 너무 신기했고, 전통 의상이 너무 인상적이었다. 나는 이 모든 것을 기억 속에 붙잡아 두고 싶었다. 게다가 귀국 길, 예정에 없던 체류로 일본의 첫인상을 심화시킬 기회가 생길 줄 내가 어떻게 알았겠는가.

내가 본 모든 것을 기차 안에서 차분히 정리할 여유를 누리나 싶었는데, 그것도 아니었다. 지금도 스쳐 지나가는 풍경들 때문에 내 눈과 일기장은 편히 쉴 수가 없다.

순식간에 일본 본토 남서단이다. 우리는 차라리 '내해'라 불러 마땅할 바다를 따라 한참을 달리고 있다. 짚으로 지붕을 인 작은 마을들이 빠르게 스쳐 지나간다. 황량한 들판에는 작년 추수 때 짚단들이 둥글게 쌓여 있다. 나무들은 볏짚을 둘러 이른 봄 추위를 막았다.

바다가 물러서자 이내 산악 지대다. 민둥산은 아니지만, 계절이 계절인지라 [이탈리아의] 압루첸Abruzzen 지방을 연상시킨다. 깊은 골짜기 험준한 암벽들이 달리는 기차에 부딪칠 듯 달려든다. 개울물이 부식토를 날라 온 곳에 오두막이 호젓하다. 이 집 사람들은 척박한 땅에 의지하여 눈물겨운 삶을 살 것이다. 깊이를 알 수 없는 일본의 국고에 힘겨운 수확의 절반을 세금으로 쏟아 부어야 하니 삶이 갑절로 어려울 수밖에 없다. 넓은 들에는 벌써 논일을 시작한 농부들로 분주하다. 남자들은 인공 수로의 양수기 바퀴를 밟아 논에 물을 댄다.

역들이 하나씩 차창 곁을 스쳐 간다. 난쟁이 소나무들이 호기심 많은 아이처럼 늘어서 있다. 일본인들은 자연스럽고 편안하게 자라는 나무보다는 혹처럼 튀어나온 둥치, 뒤틀린 가지, 그 위에 무겁게 얹힌 검고 어린 곁가지 덩어리를 더 좋아한다. 이 나무들도 일본의 '기형 예술'에 찬사를 보내 달라고 은근히 바라는 것 같다. 방 안 탁자 위의 분재盆栽야 나름대로 품위가 있겠지만 하느님이 창조하신 자연 속에서는 그 모습이 슬플 따름이다. 인간의 오만과 어긋진 취향으로 학대받는 나무들을 볼 때마다 중국 여인들의 가엾은 전족纏足이 떠오른다.

오코야마[1]에는 초록빛 정원의 다이묘大名의 성이 있다. 다소 비좁게 들어서 있긴 하지만 봉건시대의 옛 영화榮華를 잘 간직하고 있다. 이 요새화된 성에서 지방 영주는 카

1 오카야마(岡山)를 오코야마(Okoyama)로 잘못 표기한 듯하다.

다이묘의 성

를 대제Karl der Große처럼 영지를 다스렸다. 3시쯤 또 다른 다이묘의 성이 보였다. 최근에 특히 성 주변에서 일어난 제반 문화적·국가적 변화를 이 성들이 보았다면 아마 경악을 금치 못할 것이다.

3시 반, 바다가 잠시 보이는가 싶더니 이내 신비스러운 언덕 뒤편으로 숨어 버린다. 가지를 운치 있게 드리운 소나무들이 푸른 하늘에 검은 구름을 그렸다. 기암절벽이 밀려오더니 또 금세 바다가 푸른 눈을 익살스럽게 반짝인다. 이런 숨바꼭질이 대관절 몇 번째더냐. 풍광은 계속 바뀐다. 매번 새롭고, 새삼 새로울 것도 없지만, 보기에 질리지는 않는다. 오두막들은 해안을 따라 굽이쳤다. 바다 저편에는 부드러운 흙색의 황량한 바위산들이 수면 위로 멀어져 가고, 다시 울창하고 거대한 초록 덩어리가 성큼 다가선다. 죽은 듯 텅 빈 포구가 고요하고 평화로운 자태를 드러내다가도 금세 바다는 돛을 한껏 부풀린 정크선들로 북적인다. 매 순간 마법에 걸려 알프스 호수에 온 것 같은 느낌이다. 나는 지금 피어발트슈테터 호숫가Vierwaldstätter See의 찰랑이는 물결 소리를 듣는다. 스위스 리기Rigi 산이 수면 위로 솟아오르고, 뤼틀리Rütli 목장도 보인다. 눈길은 코헬Kochel을 떠나 드넓은 호수 건너 아득히 먼 대지 위를 꿈처럼 방황한다. 곁을 스치는 산들을 보고 알프스 자락의 호수를 떠올리노라니 갑자기 마법에 걸린 듯 모든 것이 산 사이에 끼인 발헨 호수Walchensee로 변해 버렸다.

넓은 평야가 물을 가득 머금고 눈앞에 펼쳐졌다. 산들이 내리눌러서 바다는 사라졌다. 산이 너울을 쓰고 물길 좋은 평야를 막아섰다. 기차를 타고 밀라노를 지나는 느낌이다. 거뭇한 초가나 차가운 점판암 지붕의 집들에도 북이탈리아에 온 것 같은 착각이 든다. 장대 위 작은 짚더미에서 까마귀 한 마리가 균형을 잡고 있다. 정말 고향 가까이 온 것일까? 다시 바다가 몰려왔다. 바로 이때 무서운 힘이 우리의 풍류를 시샘했다. 터널이다. 터널에서 빠져나오자, 우리와 맑은 바다 사이에 초록빛 산들이 장난꾸러기처럼 줄줄이 끼어들어 전망을 방해했다. 우리는 이 녀석들을 들쑤실 카메라 한 번 꺼내지 않았는데 …. 검은 전함 한 척이 먼 바다에서 내해로 항진하고 있었다.

기차가 역에 당도하니 아름다운 풍광을 죄다 붙들어 두고 싶었던 스케치 연필도 따라 멈추었다. 외치듯 노래하는 건지 노래하듯 외치는 건지 모르겠지만, 어쨌든 고양이 연주회 같은 불협화음이 뒤범벅되어 열차 승강장을 오르내렸다. 작은 대나무 광주리에 담은 과일, 나무 도시락에 담은 밥, 가늘게 쪼갠 대나무 손잡이의 도기 주전자와 그림 없이 붓글씨 몇 자만으로 장식된 작은 황토색 도기 찻잔의 더운 차, 이런 것들을 팔려고 외치는 소리다. 몇몇 일본인 여행객은 벌써 이것으로 식사를 시작했다. 그들은 식사하기 편하도록 약간 넓혀 놓은 차창 가 식탁에서 책상다리를 하고 앉아 밥을 먹었다. 좌석은 유럽의 궤도 열차처럼 좁은 객차 양옆으로 길게 배치되어 있다. 여기서 승객들은 젓가락으로 시가 상자처럼 생긴 도시락을 먹고, 차를 마시고, 귤 껍질을 바닥에 버렸다. 잠깐 사이에 객차 바닥이 청과물 시장 바닥으로 변했으나 청소하는 소년이 바삐 움직이자 다시 깨끗해졌다. 그 소년은 예닐곱 차례나 나타나서 이 나라 백성의 청결감을 과시했다. 소년이 열심히 비질하는 것을 보노라니, 독일 황태자가 페스트 때문에 일본을 방문하지 않겠다고 했을 때 투덜대던 일본인들의 분노를 이해할 만하다. 일본은 세계에서 가장 청결한 나라이고, 무엇보다 중국과는 격이 다르다는 것이다. 그러나, 음식물 쓰레기나 차 찌꺼기를 아무 데나 버리지 않는 것이 차라리 더 깨끗하고, 쓰잘 데 없는 빗자루 먼지를 일으키지 않는 것이 위생에 더 좋다는 것을 국민적 청결감에 도취된 일본인들도 언젠가는 깨닫게 될 것이다.

기차는 다시 증기를 내뿜었다. 이탈리아의 레테 아드리아티카Rete Adriatica[2]에서 본 듯한 풍경, 작은 어선과 돛단배로 빼곡한 하구 모랫둑이 차창에 그린 그림 같다. 금빛 과일 풍요로운 오렌지 농원 뒤로, 늙은 야자나무와 유칼리나무 늘어진 가지 아래 꼭 이탈리아식 빌라가 숨어 있을 듯하다. 그런데 아니다. 초록빛 너울이 갈라져 있다. 그것은 길고 경사진 지붕을 인 '프랑스풍'의 낯선 집이었다. 검은 기와로 덮인 쪽마루가 지붕 아래 그늘을 드리웠다. 지붕은 뿔 모양으로 살짝 굽어 있다. 검은 지붕 아래 하얀 담장이 초록빛 나무 그늘에 어리어 부드러운 매력을 뿜어낸다. 전형적인 이 지방 가옥이다. 외딴 오두막들은 소나무 사이 사이에 그림처럼 숨어 있고, 돌집들은 물길을 따라 바쁘고 탐욕스레 웅크리고 있다.

봄이 오려나 보다. 희고 붉은 꽃들이 가벼운 봄옷 차림으로 가느다란 나뭇가지에서 그네를 탄다. 인구는 많고 세금에 등골은 휘고, 살아 내려면 손바닥만 한 땅뙈기라도 일궈야 하는 이 나라에도, 화사한 꽃과 등 굽은 난쟁이 나무와 검은 솔방울은 얼마나 아름다운가! 파도 같은 산맥들이 바다를 뚫고 당당하게 솟구치니, 더러는 숲이요 더러는 농지다. 만 안쪽 해안 작은 마을 지붕마다 노을이 스치운다.

5시다. 노을 진 바다가 긴 언덕 뒤로 사라졌다가, 30분 후 저무는 저녁 햇살이 자아내는 찬란한 경관을 선사하는 것으로 작별을 고한다. 밤은 우리를 감싸 안고 선교단

---

2 이탈리아 남부의 철도망.

의 교황 전권 대리 사제가 근심 걱정을 털어놓을 시모노세키 항으로 안내했다. 그는 한국행 선편을 알아보았다. 약 반 시간 동안 시모노세키 항을 헤맨 끝에 작은 증기선이 아직 승객을 받는다는 것을 알았다. 열세 시간의 철도 여행 뒤의 산책은 정말 좋았다! 작은 연락선을 타고 증기선으로 향했다. 해협 건너편의 모지 항에서도 부산 가는 승객들이 오는 바람에 객실이 모자란다. 우리 선교사 일행 아홉 가운데 다섯만 객실에서 자고 나머지는 식당 칸에서 잘 수밖에 없다. 증기선이 해협을 지나 먼 바다로 나아가는 동안 차를 한 잔 마시고 잠자리에 들었다. 파도가 잔잔하여 배가 흔들리지 않았다. 이렇게 우리는 잠들고 다가올 날들을 꿈꾸며, 수년 전 러시아 해군을 삼킨 쓰시마對馬島의 무서운 심연을 지나, 새 모국에 대해 그다지 알고 싶어 하지 않는 일본의 식민지로 향했다. 내일이면 우리는 반도에 갇힌 작은 단일 민족의 나라에 상륙한다. 외세에 둘러싸인 이 민족은 잦은 침략에도 수천 년 동안 고유성을 지키고 있다.

한국이 보인다

2월 21일

모자 쓴 아이

새벽 어둠, 수면을 감도는 안개를 헤치고 육지가 졸린 눈으로 인사를 건넨다. 육지는 점점 뚜렷해지더니 조반 무렵에는 부산항의 민둥바위산이 두 팔을 벌려 우리를 맞는다. 바위산은 황량했다. 백성들이 해마다 나무의 잔가지를 치고 갈퀴로 풀을 긁어 땔감으로 쓰기 때문이다. 온 나라의 실상이 이러한바, 이는 한국인의 난방 방식[온돌]과 관련이 있다. 한국인도 옛 로마인처럼 지하 난방을 한다. 땅바닥에서 약 50센티미터 높이에 얇은 돌판[구들장]을 깔고 부엌의 작은 아궁이를 통해 방바닥으로 불기가 전해진다. 열기와 연기는 방바닥 밑의

꾸불꾸불한 통로를 따라 약 1미터 높이의 집모퉁이 굴뚝으로 빠져나간다. 큰 장작이나 석탄으로는 어렵다. 구들장이 타 버리거나 반질거리는 기름 장판과 돗자리가 상하기 때문이다. 그래서 한국인들은 잔가지로만 불을 땔 수밖에 없고, 도시 인근 숲은 남벌 때문에 자라지 못하는 것이다.

땔감 채취

그래도 뒤쪽 민둥산에는 식목 흔적이 더러 보이는데, 이것은 일본이 병합한 한반도 전역에서 열심히 추진하는 사업이다. 소나무와 아카시아를 함께 심는 식목 방식은 대단히 효과적이다. 아카시아 뿌리가 자라면서 토양을 부드럽게 해 주기 때문이다.

지금 우리는 한국의 관문 앞에 서 있다. 이 땅의 지배자인 일본인들은 다소 미심쩍어하면서도 우리를 자기네 식민지에 들여놓을 참이었다. 일본인들이 앞날을 약빠르게 예측하고 이곳에 자리 잡은 이래(러일전쟁 발발 직전), 부산은 제법 쓸 만한 항구로 급속히 성장했다. 일본으로서는 절호의 기회였다. 한국이 몇몇 항구를 외세에 개방할 수밖에 없게 되자 러시아는 곶 몇 개 건너 인접한 마산포를 골랐다. 그러나 러시아의 정박 시설이 들어설 항만 부지를 매입하러 러시아 상인들이 왔을 때는 일본의 '개인' 기업들이 벌써 부지 매입을 완료한 상태였다. 일본이 국면 주도권을 선점한 것이다. 사정이 이러하니 수세기 동안 일본의 작은 식민지였던 부산에서 같은 실험이 반복된 것은 어쩌면 당연한 일 아니겠는가?[3]

3 조선 시대 부산포에 왜관(倭館)을 두어 왜인들이 외교적 업무나 통상을 할 수 있게 했는데, 저자가 이것을 식민지로 잘못 이해했다.

땔감 조달

이제 일본은 이곳을 기점으로 한국 종단 전략 철로를 건설하고 러시아와의 접경 기지를 육상에 확보할 수 있게 되었다. 일본이 부산의 재건에 열을 올리고 있는 것은 이곳을 교두보로 삼아 대륙의 더 많은 영토를 획득하기 위함이다. 인구 과잉, 채무 초과, 그리고 권력욕은 일본의 추동력이었다. 한국은 일본의 과잉 인구를 흡수할 수 없었고, 무엇보다 텅 빈 국고를 채워 줄 수도 없었다. 오히려 지금까지 일본은 한국을 지배하고 육상 작전 기지로 개조하는 데 거액을 쏟아 부어야 했다. 사회주의 이념이 지속적으로 섬나라 일본에 유입되는 이 시점에서 대부분의 일본인들에게 이런 지출(1912년에만 약 1억 마르크가 승인되었음)은 불만스러울 수밖에 없었다. 사회주의 이념을 법적으로 차단하기도 어려웠을 것이다. 사회주의가 세금에 허덕이는 민중에게 비옥한 이념적 토대를 제공한다손 치더라도, 민족의식을 고취시키는 전쟁을 일으켜 관심을 바

4 도쿠가와 막부 성립 이래 265년간 지속되던 봉건제도를 타파하고, 최초의 통일국가인 천황제 절대주의 국가를 수립한 일본 역사상의 대변혁, 메이지 유신(明治維新, 1868)을 뜻한다.

부산 거리

깥으로 돌린다면 이런 풍조는 막을 수 있을 것이다. 천황제의 복원으로 인해 천황은 신적 상징성을 벗어던졌고, 그 권위에 대한 맹신 또한 옅어지기 시작했다.[4]

이 모든 판세 때문에 한국의 운명은 일본과 더욱 밀접히 얽히게 될 것이다. 지난 세기 말까지 중국이 한국에 구사한 봉건적 방식과도 다르고 과거 한때 일본이 취한 한반도 정책과도 다르게, 일본은 지금 한국을 병합하고 피정복 민족을 동화시켜 그들의

일본의 항만 간척 사업 ①

부산 부두 접안 시설 ①

조력으로 동양의 지도적 강국이 되려는 것이다. 특히 한반도 북반부에서 일본이 펼치는 구애의 달콤함보다는 병합으로 한국인들이 입은 상처가 더 크고 아프지만, 일본은 모든 난관(특히 재정난)을 극복하고 목적을 이룰 것이라는 느낌이 든다.

부산은 일본의 이런 계획에 안성맞춤이다. 종단 철도의 종착역과 항만 시설 개조에 필요한 부지 확장 공사가 여기서 진행되고 있다. 산비탈과 바다 사이의 공간이 절대적으로 부족하다. 산이 해안까지 밀고 나와 철로를 가설할 땅은 띠처럼 좁다. 일본인들은 산 두 개를 허물어 바다를 메우는 간척 사업에 총력을 경주하고 있다. 이렇게 하면 바다 양쪽으로 부지가 확보된다. 거대한 공사다. 산은 인부들로 붐벼 마치 개미집을 들쑤셔 놓은 것 같다. 수많은 천공기가 작동하고 발파 굉음도 울린다. 돌 조각들은 산기슭 보행자 보호벽까지 옮겨진다. 산 하나는 벌써 절반이 깎여 나갔고, 다른 하나에는 정상에서 중턱까지 잘라 내는 절벽이 조성되었다. 800만 마르크의 투자로 완공될 수 있을까?

부산항은 일본풍 일색이었지만, 다수의 일본인 틈새에 그나마 한국인이 섞여 있었다. 얼마나 확연히 대비되던지! 일본인들은 이곳에서 주인 행세를 하지만 체형이 왜

소하다(일본 정부는 지난 수십 년 동안 일본인 평균 신장이 2센티미터 작아졌다는 사실을 확인하고 경악했다). 제 나라에서 하인으로 몰락한 한국인의 풍모가 오히려 더 의젓하다. 그들은 크고 날씬하며 보무도 당당하다. 어느 모로나 제왕의 풍모다. 한국인은 발에 딱 맞는 짚신을 신어 걸음걸이가 우아한데, 일본인은 끈 달린 나무 샌들에 엄지발가락을 끼워 넣고 다녀서 질질 끌거나 종종걸음 칠 수밖에 없다. 일본 남자들의 탁한 회색 옷들 사이로 한국 촌로들의 눈부신 흰옷이 섞여 들기 시작했다. 이 흰옷은 먼지나 오물이 묻어도 햇빛처럼 밝아서 어디서나 특이한 친근감을 자아낸다. 남자들은 정수리에 튼 상투(한국인에게 이것은 잊혀진 옛 고향 만주의 추억이다)5▶를 보호하기 위해, 말총이나 가늘게 쪼갠 대

일본인들이 허문 산

나무를 엮어 만든 원통형 검은 모자[갓]를 자랑스럽게 쓰고 다닌다. 처음 볼 때는 웃음이 나지만 전체적으로 풍기는 분위기가 고상하다.

다채로운 옷차림의 아이들이 여기저기서 뛰논다. 내 눈은 기모노의 떨리는 꽃 장식을 금세 잊고, 어느새 한국 아이들의 선명하고 풍요로운 색상을 따라가고 있다.

10시 40분, 우리는 한국의 수도 서울로 가는 기차를 탔다. 객실은 유럽 기차와 비슷한 분위기다.

기차는 산모롱이를 휘감아 도는 강을 따라 한참을 달린다. 연이은 산들 사이에 넓은 평야가 펼쳐지는데, 보기에도 인공 수로를 조성하여 벼농사만 짓는 듯했다. 작은 초가집들은 산자락에 옹기종기 모여 있다. 비옥한 논과 수로를 확보하기 위한 배려

일할 때 쓰는 삿갓 / 사모(관리의 모자) / 상중에 쓰는 삿갓

하인 모자 / 감투 / 갓 / 관(양반의 모자)

다. 들에는 흰옷 입은 사람들로 붐빈다. 강은 산굽이를 따라 평야로 흘러들고 기차는 그 강을 따라 천천히 거슬러 올라간다. 잿빛 겨울옷으로 갈아입은 산허리의 초가집들은 산과 거의 구분되지 않는다. 산비탈도 비옥한 밭이 되는 걸 보면 이 돌 많은 반도에 작은 땅뙈기라도 얼마나 소중한지 짐작할 만하다. 돛단배 한두 척이 하류로 흘러가고, 작은 어선들은 황토색 모래톱에서 햇볕을 쬔다. 어부들은 우리를 등지고 강변에 앉아 작은 금속 부리가 달린 긴 담뱃대로 담배를 피운다. 기차에는 관심도 없다. 그들은 주절대듯 흐르는 푸르른 강물을 꿈꾸듯 바라본다. 이런 걸 '구경'(Kukyong)이라고 한다. 다니며 감상한다는 뜻이다. 한국인들은 이러기를 좋아한다. 외딴 농가가 숨은 협곡 위로 벗은 암벽이 돌출되어 있다. 장마에 작은 밭이 개울물로 넘치면 욕심 없는 백성들의 끼니도 해결된다.

노인

경작되어 수익을 남길 만한 재배지가 국토의 13분의 1밖에 안 된다니 손바닥만 한 땅뙈기라도 야무지게 활용해야 한다. 좋은 터는 조상 묘가 다 차지했다. 문중 묘지와 가문의 역사를 기록한 묘비는 대개 산 중턱 토지 한복판에 있다. 후손들도 죽으면 이곳 조상 곁에 묻힌다. 묘지까지 운구하는 데도 족히 수 시간은 걸릴 것 같다. 대구가 두 개의 교회 첨탑[6]을 앞세워 우리를 맞이했다. 인구 2만에 가톨릭 신자가 1,500명으

◀5 한국인의 머리 맵시를 만주의 변발과 혼동한 듯하다.

6 계산동 주교좌성당.

소 등에 땔감을 싣고

지게를 진 한국인

로 훗날 한국 남부의 대목구가 된 도시다. 서울에 저녁까지 도착하려면 여기서 지체할 수는 없다.

가난한 산간 지방으로 들어섰다. 골짜기마다 흙으로 둑을 쌓아 논에 물 댈 만한 곳이면 어디든 마을이 숨어 있다. 쏟아지는 빗물에 화강암이 으깨져 흙이 되었다. 농가에는 성긴 싸리울타리가 둘러쳐져 있다. 얕게 괸 논 물 위로 추수 끝나고 남은 그루터기들이 고개를 내민다. 얇은 얼음이 햇빛을 피해 논 귀퉁이에 움츠리고 있다.

산 중턱은 키가 1미터 남짓한 소나무 숲이다. 흰옷 입은 한 무리의 남자들이 지게를 지고 내려온다. 지게에는 잔 나뭇가지가 잔뜩 실려 있다. 가까운 언덕 위로 높은 산꼭대기가 솟아올라 독특한 대조를 이룬다. 응달에는 겨울눈이 파르라니 빛나고, 눈 녹은 양지에는 햇살이 잿빛 바위를 데운다.

온 산 중턱을 나지막한 봉분封墳들이 뒤덮었다. 산에 작은 조개들을 조각해 놓은 것 같다. 부자들은 산등성을 깎아 묘를 쓰고 평평한 터에 화강암 기둥 두 개를 세운다.

백동수도원

이 두 기둥 사이에 돌로 된 제단[상석床石]이 있다.

다시 밤이 되었다. 8시쯤 드디어 한국의 수도에 도착했다. 반가운 재회다. 카시아노 신부[7]가 교외로 한 정거장을 마중 나와 우리를 맞았다. 역전에는 도시를 종횡무진 누빌 인력거들이 길게 늘어서 있다. 우리는 어느 웅장한 대문[숭례문]을 통해 성내로 들어갔다. 우리를 태운 인력거꾼이 잰걸음으로 동물원과 박물관이 있는 언덕을 넘는 데는 40분이 걸린다. 낮이라면 여기서 우전방에 성 베네딕도회 수도원이 보일 것이다. 내 눈이 그쪽을 더듬고 있다. 언덕 위 수도원 창문이 반짝이며 손짓하는 것이 아니다. 별밤 온 하늘이 어두운 언덕을 배경으로 다채롭게 명멸하고 있는 것이다. 다른 동아시아인들이 그렇듯이, 어쩌면 이다지도 한국인들은 종이등 조명에 능숙한가! 형형색색의 불꽃놀이가 마술처럼 하늘에 화려한 정원을 만들 듯이, 멀리서 은은한 등불은

7 Cassianus Niebauer. 성 베네딕도회 오틸리아 연합회 선교사. 1906년 10월 21일 첫 서원, 1909년 7월 23일 사제 수품, 1909년 11월 7일 선교 파견.

노모

화단을 비추며 어둡고 경사진 밤 언덕을 밝힌다. 저 언덕 위에 수도원이 있다. 길가의 소담스러운 화단을 따라 십자가 하나가 영롱한 광채를 내며 온 도시를 따뜻하게 비추고 있다. 우리는 언덕 밑에 인력거를 세우고 호기심과 경외에 찬 군중 사이를 지나 언덕을 올랐다. 바람에 흩날리듯 먼 길을 달려온 작은 꽃들이 이제 새 생명을 얻는다. 작은 불빛들이 커다란 십자가로 변했다. 신자들이 촛불을 들고 십자가 행렬을 만들었던 것이다. 이토록 아름다운 촛불 행렬은 지금껏 본 적이 없다. 이교의 어둔 밤을 꿰뚫고 나아가는 빛나는 십자가를 상징하듯 행렬은 서서히 수도원 쪽으로 움직였다. 그것은 백동(우리 수도원이 있는 언덕의 한국 지명) 수도원장 신부님이 내게 선물한, 부러진 십자가만큼이나 뜻이 깊었다. 이 십자가는 형장으로 가는 어느 한국인 순교자에게 담대한 믿음과 순교 정신을 불어넣어 준 것이었다고 한다. 서울에서의 첫날, 우리는 순교자의 땅에 감도는 장엄한 기운을 받아 순교의 기억을 마음 깊이 새겼다.

제3장

서울에서의 첫날

2월 22일

붉은 겨울 해가 수도원 동쪽 정원과 손 내밀면 닿을 듯한 성벽 위로 서서히 떠오르며 내가 묵은 집 위로 인사를 하더니, 뾰족뾰족한 산봉우리들을 건너 옮겨간다. 산들은 당당하게 반원을 그리며 발아래 수도를 감싸 안았다. 나는 한국에서의 첫 밤을 이 집에서 달게 보냈다. 멀리 서쪽으로 북한산이 구름 속에 솟아 있다. 성벽은 북한산을 감돌아 북으로 뻗었다가 다시 남으로 이어진 봉우리들을 따라간다. 돌밭은 산기슭에서 위쪽으로 힘겹게 펼쳐지고 작은 소나무 숲들은 민둥산을 내려온다. 잔 가지 덤불들이 아침 햇살로 붉게 타오르며 이 사이를 가른다. 언 나뭇잎들이 가지에 매달려 바람에 떨었다. 사이 사이로 검은 초가집들이 겨울잠에 빠져 있다. 우리의 사범학교[1]와 실업학교[2]는 언덕 기슭 서남쪽에 있다. 그 너머로 한국인 18만 명, 일본인 6만 5천 명, 중국인 2천 명이 사는 회색 단층집 바다가 나지막이 펼쳐지는데, 가벼운 겨울 안개가 하얀 이불처럼 그 위를 덮었다. 이 도시의 초가집들 위로 유럽인 100여 명의 거주지가 언뜻 눈에 띄는가 싶다가도 이내 아시아의 가옥 형태에 묻혀 사라져 버린다. 멀리,

1 백동수도원이 1911년에 설립한 숭신학교(崇信學校).

2 백동수도원이 1910년에 설립한 숭공학교(崇工學校).

서울 전경. 멀리 명동성당이 보인다

거의 도시 반대편 끝에, 가톨릭 주교좌성당[명동성당]이 안개를 뚫고 우뚝 서서 어두운 이교의 골짜기에 빛과 온기를 전해 주고 있다. 커다란 수도원 건물이 남쪽 원경을 가로막는다. 이 건물은 백동 언덕에서 도시를 조망할 수 있는 단 하나의 아름다운 곳에 터 잡고 있다. 그 아래 약 10헥타르의 운치 있는 수도원 농장은 수도원뿐 아니라 사범학교와 실업학교의 혈기 왕성한 학생들에게 먹거리를 제공한다. 농장을 가로지르는 작은 골짜기에는 아담한 연못도 있고 조잘대는 여울도 있다. 이 아름다운 정경을 완성하는 것은 소나무 그늘과 기괴한 바위들이다. 뒤로는 나무가 듬성듬성한 언덕들이 연이어 있다. 나무 사이로 성벽의 네모난 돌들이 어두운 빛깔로 돌출되어 있다. 환한 아침 하늘을 가르는 동소문[혜화문惠化門]의 검은 곡선 지붕이 눈길을 끈다.

오전 늦게 주교님과 독일 영사를 방문하려고 다시 시내로 가는 인력거에 몸을 실었다. 인력거는 최근 서울에 급속히 보급되었다고 한다.

동소문

싸리덤불 장수

대성당까지는 족히 45분이 걸린다. 먼 길을 걷지 않아 다행이다. 낮은 위도(서울은 시칠리아보다 위도가 낮다)의 늦겨울 태양이 밤새 얼어붙은 거리의 쓰레기를 금세 녹여 버리기 때문이다. 한국의 겨울은 매섭고 건조한 대륙성 기후인데, 밤에는 독일보다 더 추운 경우도 잦다. 대륙성 기후는 남부 지역에서 더 뚜렷해져, 여름에는 열대처럼 불쾌하고 후덥지근한 장마철로 이어진다. 내 고향의 여름과 겨울은 난류 덕분에 제법 부드러웠다. 이곳의 급격한 기후 변화가 그래서 우리에게 특히 더 두드러지는 것이다.

도로는 보행자에게 그리 매력적이지 않다. 하나의 오물을 능란하게 피했다 싶으면, 아침에 길가에 그냥 내다 버린 쓰레기를 또 밟기 일쑤이기 때문이다.

오물과 쓰레기를 아무렇게나 길가에 버리는 것은 오랜 습관이다. 한국인들을 더럽다고 욕하는 여행객도 많다. 그러나 이것은 한국인 나름의 강한 청결 의식을 드러내는 것이라 보아야 옳다. 적어도 나는 그렇게 생각한다. 한국인은 자기 집안의 불결함을 참지 못한다. 특히 장판이나 돗자리를 깐 방바닥이 더러워지는 것은 못 견딘다. 방바닥은 하얀 무명 버선으로만 딛고 다녀야 한다. 굽 높은 신발[나막신]은 오물을 피하기 위해 밖에서만 신고, 방에 들어올 때는 벗는다. 아낙네들은 온갖 정성을 들여 장판을 보호한다. 담뱃대에서 불똥이라도 떨어지면 아이들이 잽싸게 달려와 손으로 끈다. 돗자리는 구멍 하나에도 못 쓰게 되기 때문이다.

가마는 한때 한국에서 가장 보편적인 교통수단이었다. 가마가 사라져 가는 것을 우리는 단순히 실용적인 이유로 환영한다. 흔들리는 좁은 상자 안에서 책상다리를 하고 앉아 있는 것이 이방인에게는 정말 괴롭기 때문이다.

인력거꾼에게 몸을 맡긴 채 우리는 두 개의 바퀴 위 높은 좌석에서 길게 스쳐 가는 도시를 '구경'했다. 집들이 낮아서 지붕 너머가 훤히 보였다. 그렇다. 새 세상이 요동치는 넓은 중심가로 접어들자 길가 오두막들은 제 모습을 숨기고 싶어 하는 듯했다.

벌써 볼거리가 더러 나타난다. 가장 흥미로운 것은 길모퉁이의 커다란 종[보신각 종]이다. 아침에도 둔중한 종소리를 들었다. 보호 울타리 너머로 보이는 종의 긴 형태는 아마 중국에서 전래된 듯하다. 목조 종각 안, 바닥에서 불과 몇 피트 높이로 걸려 있다. 일본 종처럼 외표면을 치는 타종 방식이다. 이미 과거지사지만, 이 종에 얽힌 흥미로운 사연이 있다. 백성들의 정서를 잘 보여 주는 옛 서울의 흐뭇한 관습이다. 저녁 종소리가 울려 퍼지면 남자들은 절대 바깥출입을 해서는 안 된다. 이들이 서둘러 귀가하여 거리를 비워 주면 아녀자들은 방해받지 않고 편안히 외출할 수 있었다.

일본의 침입으로 이 오랜 관습은 사라졌다. 그러나 아녀자들을 배려하는 지엄한 예절은 경박한 일본 예절의 영향을 무릅쓰고 아직 보존되고 있다. 한국인은 자신의 나라를 존중한다. 길에서는 부인이나 과년한 처녀에게 절대 말을 걸지 않는다. 길을 묻는 일도 없다. 누군가 말을 걸면, 이 땅의 법도를 모르느냐고 반문할 것이 뻔하다. 한국의 예법은 여인들이 길거리에서 [외간 남자와] 말하는 것을 금한다. 이에 대한 가시적 표현으로 여인들은 장옷 가장자리를 입으로 단단히 물고 다닌다. 장옷은 일종의 머리 덮개로, 흰옷 위를 면사포처럼 흘러내린다. 여인들의 장옷은 얼마나 잘 어울리는지, 그 찬란한 배색은 흰옷 일색의 남자들 사이에서 또 얼마나 두드러지는지! 부드러운 연녹색 비단 장옷과 주름 사이로 간간이 빠져나온 붉은 끈이 매혹적인 보색 조화를 연출한다. 장옷은 동정으로 이마를 감싸고 짙은 자홍색이나 밝은 청색의 천을 머리 위에 걸쳐 드리움으로써 화려함을 더한다. 소매는 아래로 처지고, 하얀 소매 끝

장옷 입은 여인. 서울 근교

동은 한 쌍의 강한 빛으로 전체 외관에 뚜렷한 윤곽을 드러낸다. 여기에 주로 흰색과 푸른색, 흰색과 초록색, 흰색과 빨강색이 어우러진 우아한 무늬의 신발[꽃당혜]이 전체 그림을 완성시킨다. 모든 것이 맑고 순수하고 섬세한 색감으로 조화 · 통일되었다.

한국 여인들은 독특한 모순을 경험한다. 사회적으로, 심지어 가정에서도 여인들은 아무것도 아니다. 그러나 다른 한편으로는 큰 존경과 배려를 한몸에 받는다. 딸의 출산이 중국에서만큼 불운은 아니지만, 그렇다고 그리 반기는 편도 아니다. 이는 딸들에게는 이름을 지어 주지 않는 것만 봐도 알 수 있다.[3] 그들은 그저 '안 씨 딸, 오 씨 딸'일 뿐이다. 결혼하면 이 이름마저 잃는다. 그냥 '이 씨의 아내, 홍 씨의 아내'다.[4] 부모가 출가한 딸을 부를 때도 '어느 지방, 어느 도시에 사는 딸'이라고 한다.[5]

한국 사회의 중하층 아낙들은 무거운 가사 의무를 지지만 남편이 대소 가정사나 바깥일로 아내에게 조언을 구하는 일은 결코 없다. 부잣집 마나님들도 비교적 막일은 적은 대신 엄격히 안채에만 갇혀 산다. 그들이 이웃집 농사꾼 아낙보다 더 큰 권리를 누린다고는 말하기 어렵다.

전반적인 여성 비하와는 대조적으로 여성들은 공공 생활에서 크게 존중되는데, 이미 언급했듯이 길에서 부녀자에게 말을 걸지 않는 예절 말고도 섬세한 배려는 더 있다. 한국인들은 길에서 부녀자와 마주치면 스스로 비켜서서 그들에게 더 좋은 길을 터 준다. 신분의 차이는 말투에서도 엄격히 드러나는데, 최하층 신분인 뱃사람, 옥리, 백정, 무속인에게 쓰는 말투를 부녀자에게는 쓰지 않는다. 최하층 신분의 옷차림을 하고 있어도 부녀자에게는 오히려 경칭을 쓴다. 모친상을 당한 아들의 비통함은 감동적이다. 아들은 부친상과 똑같이 2년 동안 상복을 입고 어머니를 추모한다.

이렇듯, 여성에 대한 공경과 존중을 보여 주는 많은 특징은 여성이 사회적으로 열등하다는 인상을 불식시킨다.

대성당이 지척이다. 거리 풍경도 달라졌다. 한옥은 사라지고 큰 시가 상자처럼 생긴 일본식 가옥들이 즐비하다. 겉은 한옥보다 다소 번듯해 보이지만 그 사이로 큰불이라도 한번 나 보라지, 전 구역이 몇 분 안에 화마에 사라질 것이 분명하다.

---

3 저자는 일반 백성들이 딸 이름을 언년이, 간난이 등으로 막 지어 부르는 것을 염두에 두었지만, 사실 여인들도 엄연한 이름이 있었다.

4 이실(李室), 홍실(洪室) 등으로 부르는 것을 말한다.

5 금산댁, 여주댁 등으로 부르는 것을 말한다.

극빈자들

여기에 상점들이 몰려 있다. 일본인들은 한국 땅에 발을 딛기 무섭게 상권을 장악했고, 한국인들에게는 진취적 기업 정신이 없었다. 한국인들은 이 구역에서 점차 밀려났고, 일본인들은 그들 구역 밖으로 꾸준히 세력을 확장했다. 한국인들이 하나 둘씩 사라졌다. 일본인과 상대하기 싫은 이들은 헐값에 집을 처분하고 떠났다. 이런 식이라면 몇 년 안에 대성당 가까운 지역은 모두 일본인 소유가 될 것이다. 교통과 상권에서 제법 떨어진 백동에는 도성 안인데도 아직 땅이 많이 있다. 한국인들이 자기네 수도에서 완전히 내몰리지 않도록 거기에 한국인 집결지를 조성해 주는 것이 우리 수도원에 주어진 과제인가 싶다.

교외에서

오후에 성벽 앞을 잠시 산책했다. 초가집들이 군데군데 모여 있었다. 그 뒤로 어두운 총안銃眼이 뚫린 오래된 화강암 성벽이 어른 키 높이로 지형을 따라 뻗어 있다. 무너진 성벽이 보수되어 시든 단풍나무의 불타는 갈색 사이로 푸르게 빛난다.

몇 걸음 더 가자 끊긴 성벽이 길이 난 평지로 내려앉았다. 그곳에 정방형의 육중한 동소문이 아치를 드러내며 길 위에 서 있다. 그 위에 성루와 약간 굴곡진 지붕을 빙 돌려 인 작은 목조 건물이 얹혀 있다. 뒤쪽 먼 언덕 위로 다시 성벽이 보였다. 성벽은

전형적인 서울 외곽 풍경 ①

서울 근교

서울 성곽

소나무 숲 너머 북쪽으로 계속 나타났다. 여기까지 익혀 두고 다시 집으로 향했다.

성문을 통과하자 경관이 순식간에 바뀌었다. 경사진 흙벽에 달라붙은 것 같았던 작은 성벽은 뒤에서 밀어 대는 흙덩어리를 견고히 받치는 큰 바윗덩어리로 자라 있었다. 그래서 옛 병사들이 활과 창으로 쉽게 넘볼 수 없었겠구나. 이 성벽은 태조[6]의 작품이다. 1392년 고려, 백제, 신라 등 삼국을 통일하자마자[7] 그는 국내외 정세를 새롭게 정비 · 강화하는 정책을 강력히 추진했다. 그는 서울을 새 왕국의 수도로 정하고 수세기를 견딜 강력한 요새를 건설하여 침략에 대비했다. 통일된 중앙 집권 체제를 수립하고 전국을 팔도八道로 나누었는데, 이는 지금까지 존속되고 있다. 또한 중국의 관리 임용 시험을 본받아 과거科擧를 시행했다. 그는 용단을 내려 산신과 해신에게 산 사람을 제물로 바치던[8] 오랜 미신을 폐했다. 한국인들은 이를 고마워해야 한다. 태조는 불교를 단호히 배척하고 유교를 국교로 받들었다. 그는 백성의 지지를 등에 업고 온 나라에 중국의 두발과 복식을 따르도록 명했다. 그래서 이곳 한국에는 지금까지 명대明代의

6 태조 이성계(李成桂, 1335~1408, 재위 1392~1398).

7 이성계는 삼국을 통일한 것이 아니라 고려를 멸망시키고 조선을 세웠다. 1392년은 조선 건국 연도다.

8 산 사람을 제물로 바치는 설화나 『심청전』 같은 고전 소설의 내용을 사실로 받아들인 듯하다.

옛 복식이 전해 오고 있으나, 정작 중국에서는 명 왕조 멸망 후 중원의 새 지배자 만주족이 중국인에게 새로운 복식과 변발을 강요함으로써 종속의 표시로 삼았다(1637). 한국은 항복의 대가로 태조가 수용한 옛 관습을 그대로 유지할 수 있었다. 태조가 국가와 수도를 위해 이룬 업적들은 재위 6년 동안의 일이다. 1398년 전위(傳位)와 함께 그의 강력한 철권 통치의 고삐를 놓았다. 이 거대한 성벽이 그의 위대함을 소리 높여 기리는데, 우리는 지금 그 그늘 아래를 거닐고 있는 것이다.

아직은 고지다. 도로는 평지를 향해 급경사를 이루고 평지는 저 멀리 산속으로 사라진다. 우리는 구릉의 성벽 그늘 아래서 쉰다. 키 작은 나무들, 아담한 분지, 한두 개의 무덤이 변화를 준다. 성벽 굽이진 곳에서 바위 계곡이 내려다보인다. 성벽은 가파른 정상을 향해 현기증을 내며 기어 올라간다. 힘겹게 꿈틀거리는 큰 뱀의 형상이다. 저 아래 계곡에 여울물이 바위에서 바위로 요란하게 흐른다. 초가집이 잿빛 외투를 걸치고 이 죽은 계곡에 새 생명을 잉태할 초록 봄을 기다리는 듯 엎드려 있다. 벌써 옅은 꽃들이 봄의 첫 전령인 양 잠든 자연을 깨우고, 들판의 흙빛 풀들은 화사한 봄빛으로 갈아입고 햇살 고운 봄의 생기와 정취로 초대한다. 그러나 그것이 아니었다. 봄꽃처럼 화사하고 매혹적인 아이들의 옷이었다. 부드러운 아네모네의 흰빛과 수줍은 제비꽃의 보랏빛, 다홍치마와 파랑 저고리, 이 모든 것이 붉고 푸르게 빛나는 풀모나리아 꽃처럼 조화를 이루는 것이다. 저기 한 아이가 초록잎 위에 나부끼는 연노랑 앵초 같은 옷을 입고 있다. 금세

아이들

다시 연두와 주황이 되었다가 여기에 보라, 초록, 빨강이 뒤섞인다. 저기 긴 초록 옷은 어느새 연두로 변해 있고 흰색 끝동이 달린 주황과 자줏빛 옷 위로는 검은 댕기머리가 춤추고 있다. 젊은 봄기운과 흥겨움만이 마법을 걸어 만들 수 있는 색채의 향연이다. 물론 옷 군데군데 흙먼지와 때도 묻어 있다. 그러나 그것조차 소나기에 흙이 튄 작은 봄꽃 같다. 비록 몇 주 전 한 독일 신문기자가 조잡한 자연색의 배합이라고 표현했지만, 그래도 한국 아이들 옷의 아름다움은 현란한 색상에서 단연 독보적이다.

우리는 곧 어느 후미진 계곡으로 내려왔다. 이곳에 사는 이들은 분명 착한 사람들일 것이다. 자연이 이들에게 고독한 평화를 선사할 테니까 말이다. 집들이 드문드문 떨어져 있다. 빛 고운 옷을 입은 아이들이 마당에 모여 논다. 어느 집 앞에는 매끈한 갈색 아마포 승복에 작은 고깔을 쓴 탁발승 둘이 서 있다. 그들은 목탁을 두드려 주의

목탁을 든 스님

분홍 두루마기를 입은 소년

를 끌었다. 아이들의 다채로운 옷과 자못 심각한 승복의 대비가 재미있다.

맑은 냇가에는 아녀자들이 쪼그리고 앉아 팔뚝만 한 방망이로 빨랫감을 두드린다. 빨래는 부엌일과 함께 여인들의 주된 과업이다. 한국인은 남녀 불문하고 흰옷을 많이 입는다. 지금 같은 겨울에 흰옷을 깨끗이 빠는 건 예삿일이 아니다. 게다가 무명 버선에 이르기까지 겨울옷은 대부분 겹으로 되어 있고 그 사이를 솜을 채웠으니 빨려면 매번 뜯어내야 한다. 그러므로 돌이 물을 조금이라도 가두는 곳이라면 냇가 어디나 여인네가 모이는 것은 당연한 이치다.

아이

우리는 초가집들을 지나왔다. 맑은 하늘로 피어오르는 푸른 연기만 집 있던 곳을 알려 준다. 계곡이 넓어졌다. 덤불 사이 오솔길을 한참 동안 걸었다. 덤불은 논가에 두터운 울타리를 만들어 주었다. 그러고는 논두렁이다. 논두렁은 논을 경계 짓고, 물의 범람을 막고, 논에 댈 물을 모아 준다. 먼 길을 돌아 출발점인 동소문 앞길에 당도했다. 접어들면 바로 밝은 황톳빛 언덕으로 향하는 오솔길이다.

산등성이 등불은 우리를 내려다보며 무슨 생각을 할까? 한국인은 자연을 사랑한다. 눈을 크게 뜨고 자연을 바라보기도 하지만 반쯤 감은 눈으로 장엄한 자연 속에 꿈꾸듯 빠져 들기도 한다. 그들은 이방인들이 보물만 찾고 있다고 생각한다. 보물은 산의 수호자다. 유럽인은 산속에 묻힌 금광에만 관심 있는 사람들이라는 것이다. 실제로 지하자원 탐사가 많이 이루어졌지만 별 재미를 보지 못했다. 성공한 광산은 미국이 개발하는 것 정도다. 지층이 특이하여 시굴갱試掘坑과 성층成層을 기준으로 내리는

빨래터

추론은 빗나가기 일쑤였다. 금은 대개 소광층小鑛層에서만 발견되는데, 한 곳을 시굴한 후 그 대응점을 찾아 갱도를 만들라치면 짐작했던 연결점은 수평갱에서 간데없이 사라지고, 차갑고 허접스러운 돌덩이만 황금 욕심을 짓궂게 비웃을 뿐이었으니 정말 불쾌하고 실망스런 노릇이었다.

남자들이 성내로 가고 있었다. 필수품인 담뱃대는 입에 물거나 오른팔 소맷자락을 접어 끼워 넣었다. 그러면 손을 쓰지 않고도 긴 담뱃대를 입으로 가져갈 수 있다. 골무만 한 작은 반원형의 담배통에서는 푸르고 향기로운 담배 연기가 꼬불꼬불 피어올랐다. 담배는 고산 지대에서 자라는 질 좋은 자경작물이다. 남자들 중에 가톨릭 신자가 있었다. 그는 우리를 보자 담뱃대를 밭으로 멀리 던져 버렸다. 손아랫사람이 손윗사람 앞에서, 아들이 아버지 앞에서 담배를 피우거나 담뱃대를 들고 있는 것은 허락되지 않는다. 한국의 범절이 그리 엄하다. 여인들도 공공장소나 남편 앞에서는 절대 담배를 피우지 않는다. 그러나 혼자 있거나 여인들만 있는 곳에서는 진정한 한국인의 후예로서 담배를 즐긴다. 그들도 예순 번째 생일[환갑]이 지나면 공공장소에서 담배를 피우지 못한다는 성가신 관습에서 해방된다. 그래서 노상에서 끽연하거나 전차 한구석에 앉아 담뱃대에서 피어오르는 구름을 보며 즐기는 양반댁 부인들이 심심찮게 눈에 띈다.

환갑의 기쁨은 담뱃대로 그치지 않는다. 이 잔칫날에는 아들딸과 손자 손녀, 친척과 친지들이 모두 부모 곁에 모인다. 다들 찾아와 축하 인사를 건넨다. 물론 이 땅에 다른 주인[일본]이 다른 법도를 들여온 후에는 민족 정서를 마음껏 표출했던 옛 풍습이 많이들 사라졌다. 옛날에 왕과 왕비의 환갑잔치는 가장 성대한 축제였다. 이날은 축제의 기쁨이 거센 파도처럼 방방곡곡에 넘쳐흘렀다. 아마 이런 시절은 두 번 다시 돌아오지 않을 것이다. 죄수가 부모의 환갑잔치에 참석하기 위해 잠시 석방되었다가 잔치가 끝난 후 정직하게 다시 돌아와 수감되는 불문율 또한 새로운 체제하에서는 받아들여지기 어려울 것이다.

서울 성곽과 소나무

그 가톨릭 신자는 우리에게 인사를 마치자 아까 내던진 담뱃대를 밭고랑에서 다시 주워 들고 제 갈 길을 갔다. 그동안 담뱃불이 꺼지지 않았기를 바란다. 담뱃불이 꺼졌다면 낭패 아닌가. 한국인들은 거리를 셈할 때도 쓸 만큼 담뱃대와 친숙하다. 1리는 약 400미터다. 30분이면 5리를 간다. 그동안 담뱃대의 담배가 다 타고 새 담배를 채워 넣어야 한다. 낯선 이가 성내까지 얼마나 더 가야 되느냐고 물으면, 10리쯤 남았으니 한 시간 정도 걸릴 거라는 대답 대신 담배 두 대 거리라는 대답이 돌아오곤 한다.

작은 숲을 지나 고즈넉한 넓은 장소에 당도했다. 우리는 재미있는 이정표 앞에서 발길을 멈추었다. 곁길 어귀에 우뚝 서 있는 두 개의 핏빛 나무 기둥[장승]이었다. 꼭대기에는 길고 괴이한 두상이 새겨져 있었다. 몇 걸음 떨어진 숲속의 사찰에 이르기까지 우리는 그 두 기둥과 옆의 다른 두 기둥을 지나야 했다. 기둥들은 그런 모습으로 절을 찾는 나그네를 맞이하고 있었다. 타는 듯한 붉은 빛은 소나무의 짙은 초록을 뚫고 강렬한 빛을 내뿜으며 바스락거리는 마른 잎 사이로 불타오르는 것이었다! 이것이

장승. 수채화

외로운 나그네에게 절 있는 데를 알려 주는 한낱 이정표일 뿐이겠는가? 그럴 리 없다. 깊이 새겨진 글씨를 보니 이 멋들어진 기둥들은 필경 민간신앙과 관련이 있다. 그것이 악귀를 막아 준다고 한다. 몇 차례 붓을 놀려 그림을 그리려는데, 인기척을 느낀 스님 한 분이 다가와 붓놀림이 끝나기를 기다리더니 친절하게도 우리를 처소로 안내했다. 푸르고 향기로운 숲 아래 아늑한 바위 사이로 냇물이 재잘거리고 있었다. 어쩌면 그들은 늘 이리 아름답고 품위 있는 곳에 자신들의 보금자리를 마련할 수 있는지!

절 입구

스님을 따라 순한 산길을 오르니 디귿 자 건물이 나타난다. 규모가 좀 더 커 보일 뿐, 말발굽 모양[디귿 자 구조]의 구조는 여느 한옥과 다르지 않다. 위로 돌계단이 나 있다. 탁 트인 마루로 양 날개 건물을 잇는 연결부가 사찰 식당이다. 대문 맞은편 유리장 안에는 불상 하나가 좌우로 작은 조각상의 보필을 받으며 앉아 있다. 유리장 테두리는 종이 연꽃으로 꾸며 놓았다. 기다란 식당의 좁은 한켠이 부엌이다. 원시적인 돌부뚜막에 커다란 솥이 걸려 있고 솥 뒤편 흰 벽에는 검은 글씨가 씌어 있다. 부엌을 지나면 안마당이다. 부엌은 창이 뚫린 한국식 문을 통해 방과 연결된다. 창호지를 바른 나무 창살문을 뚫어 작은 정사각형 유리창을 내고 안팎을 들여다볼 수 있게 했다. 본채와 날개 건물을 잇는 좁은 마루 한켠에 약 1.2미터 높이의 동종銅鐘이 걸려 있다. 바닥과는 주먹 하나가 채 못 들어갈 간격으로 바닥에 앉은 스님이 종을 쳐서 예불, 노동, 공양 시간을 알린다.

넓은 안마당이 텅 빈 절과 산비탈을 경계 짓는다. 밖으로 살짝 치켜 뻗은 추녀는 목재 조각품과 단청으로 장식되었고 그 끝에는 작은 종들[풍경風磬]이 대롱거리고 있었다. 추에 매달린 양철 물고기가 바람에 나부껴 작은 종을 치니 그 울림이 청아했다. 계단을 오르면 법당이다. 불좌에는 작은 불상이 정좌하고, 그 왼쪽에는 팔이 수없이 달린 더 큰 불상[천수관음보살상]이, 오른쪽에는 왕관 비슷한 걸로 치장한 다른 불상이 보인다. 전부 금을 입힌 목조 불상이다. 불좌 위에 닫집이 달려 있는데, 녹색보다는 붉은색과 금색을 많이 썼다. 벽을 따라 상자 모양의 갈색 좌대를 디귿 자로 놓았고 벽 상단은 그림으로 채웠다. 일부는 역동적 구도의 대형 벽화이고, 일부는 큰 틀을 아홉 이상의 소구획으로 나누어 채운 작은 그림들이다. 목재 천장과 서까래도 짙고 풍성하게 채색했는데, 흰색으로 정교하게 구분된 빨강과 파랑이 주조를 이룬다.

짙붉은 기둥으로 구획 지은 법당의 목재 외벽에는 빛 바랜 인물화가 그려져 있다.

마당이 넓어지는 곳에서 약간 비켜 또 하나의 작은 법당이 있다. 이 법당에 모셔진 불상이 약간 더 크긴 하지만, 연꽃 위에 가부좌를 틀고 앉은 자세는 전형적이다. 모든 것이 반짝이는 금빛으로 장식되었다. 장엄한 평정심平靜心과 진지하고도 부드러운 표정이 매혹적이다. 깊은 명상에 잠겨서도 스승으로서 큰 가르침을 주시려 한 손을 들어 올렸다. 살짝 닿을 듯한 엄지와 검지가 멋스럽다. 이마에는 수정 구슬이 불타는 눈처럼 빛나고 있었다.

불상 양옆으로는 작은 조사 상祖師像들이 의자에 앉아 있다. 합장한 손과 책을 보아 하니 기도와 명상을 표현하려는 듯하다. 디귿 자 구조 법당의 세 면을 따라 불단으로 이어지는 긴 좌대에는 명상, 설법, 기도 등을 상징하는 보살 상들을 세워 모셔 놓았다. 천장에는 성긴 목재 닫집을 매달아 이 보살 상들을 장식했다.

풍경. 실물의 1/3

그렇게 사찰은 번잡한 속세를 벗어나 숲의 고요에 은둔하며 고독과 평화 속에서 신을 구하고 있었다. 그럼에도 평온한 느낌이 들지는 않는다. 이 고요한 고독에는 그리스도교 성전과 성지 위를 감도는 숭고한 신성함이 없다. 한때는 대단히 막강했던 불교 승려의 명망과 영향력도 한국에서 사라진 지 오래다. 그들은 수도권에서 축출되었다. 아마 왕조에 대한 적대감 때문이었을 것이다. 이 왕조는 서울[한양]을 수도로 정했다. 수도 서울에는 조상숭배를 위해 세운 사당들만 남아 있다. 이 사당들은 위대한 군주나 장군들의 영웅적 업적을 추모하기 위한 것이다.

최근 일본은 외견상 친불교적 종교 운동을 전개함으로써 (그들이 조선이라 부르는) 식민지 한국에 영향력을 강화하려 든다. 일본의 종교적 지향을 이식하여 국가 의식을 강조하고 문화적 활동을 확고히 하려는 것이다. 한일병합 후 채 1년도 되지 않은 짧은 기간에 서울을 제외한 각 도에는 무려 133개소의 불교 사찰과 성지가 일본의 입김으로 조성되었다. 포교사들은 3,750명을 개종시키는 성과를 이룩했다. 물론 이 경우 개종이란 유럽처럼 어떤 종교, 가령 유교와 추상같이 결별하여 다른 종교에 귀의한다는 뜻이 아니다. 그저 불교와 사찰의 보호자나 후원자가 되었다는 뜻으로 이해하면 된다. 승려가 아닌 바에야, 민중들은 종교 행위를 가리는 법이 없다. 때로는 불교의 탑을 돌고 때로는 유교의 사당이나 민족의 성지를 찾아 나서는데, 제일 좋기

불단

로야 이교적 자연 숭배지가 단연 으뜸이다. 오랜 우물신이나 산신을 찾아가 영험한 나무 밑에 돌을 놓거나 소원을 적은 쪽지를 가지에 매단다.

붓다와 공자에도 아랑곳없이 숱한 신들이 유구한 민속신앙으로 간직되어 왔다. 몇 가지만 들면 이렇다: 깊은 바다 화려한 대궐에는 용왕이 산다. 용왕은 물에 빠져 죽은 사람을 데려와 새 삶을 살게 한다. 집집마다 특별한 그 집 귀신이 있다. 조왕(Tjo-ong)[9]이라는 부엌 귀신을 특별히 섬기는데 이 신은 중국에서 전래되었다. 토종 귀신인 독신瀆神(Tuoksin)[10]은 밭작물을 지켜준다. 벼농사는 도깨비가 도와주어야 한다. 도깨비에게는 주로 밤에 제물을 바치는데, 돼지 대가리나 소대가리가 제격이다. 우물이나 샘에 있는 귀신[물할머니]에게는 쌀을 바친다. 출산 때나 아기가 아플 때는 삼신三神(Samsin)[11]에게 빈다. 이때는 깨끗한 물 한 사발[정화수]만 있으면 된다. 삼신은 좋은 일만 만드는 창조의 신이다. 무서운 호랑이를 막기 위해서는 산신(Sansin)에게 작은 사당[산신각]을 지어 바치고 그곳에 산신 상을 모셔 둔다. 온화한 웃음을 머금은 산신령의 발치에는 그의 자애로 길들인 호랑이가 엎드려 있다. 사람들은 산신령의 환심을 사기 위해 음식을 바치고 향을 피운다. 질병도 귀신의 농간이다. 악귀가 질병을 불러 일으킨다. 마마 귀신인 호구별성戶口別星(Hokupyolsong)[12]▶이 특히 그러하다.

상좌 스님

9 부엌을 관장하는 가신(家神)인 화신(火神)으로서 조왕각시, 조왕대신, 부뚜막신이라고도 한다.

10 강을 주관하는 신.

11 아기를 점지하고 산모와 산아를 돌보는 세 신령.

애 보기

한국인이 정성을 다하여 조상을 기리는 데는 예외가 없다. 동양의 거대 민족들에서 대개 그렇듯이, 한국인의 종교관도 그리 뚜렷한 분별이 없어서 종교를 여럿으로 나누지 않고 종교 전체를 공통된 한 덩어리로 묶어서 생각한다. 그래서 개인이든 집단이든 오늘은 불교 축제에 몰입하다가도, 또 한동안은 형편 돌아가는 대로 다른 종교의 이념을 좇는다.

사실 한국인들은 불교에 그리 열광하지 않는다. 오히려 반감이 있는 편이다. 그러나 설사 그들이 불교를 배척하고 불교에 맞서려는 행동을 할지라도, 일본 정부의 지원을 받고 지배층이 후원하는 불교의 포교 활동으로 인해 그리스도교의 전파는 많은 어려움을 겪을 것이다. 오히려 이런 어려움은, 다른 민족과 달리 그리스도교를 쉽게 수용할 태세가 아닌 듯한 이 민족이 그 방황에서 헤어날 수 있도록 우리에게 더 진지하고 집중적인 선교 사업을 촉구한다.

한국 불교는 많은 종단을 형성했고 저마다 소수의 신도를 확보했다. 서울 성곽 인근의 우리 수도원 정원에도 얼마 전까지 한 불교 종단의 작은 사찰과 처소가 있었다. 그들은 사찰을 우리에게 팔고 다른 곳에서 신도를 모으고 있다. 불단은 우리 성당의 제대가 되었다.

어느덧 사찰의 적막과 이별할 시간이다. 우리와 도심 사이를 가르는 산이 문득 가팔라졌다. 거대한 모래 언덕 같은 능선들이 서로 겹치며 보이지 않는 먼 곳까지 물결

◀12 집집마다 찾아다니며 천연두를 앓게 한다는 여신.

승려

서울 동소문 앞, 돌무더기에 둘러싸인 당산나무

쳤다. 열대성 호우豪雨가 깊은 고랑을 팠다. 언덕에서 내려다보니 아래는 온통 거친 황토 물결로 넘쳐 난다. 거대한 모래 물결은 푸른 산마루가 톱니 같은 지평선을 그리는 하늘가에서 끊기는 듯했다. 모래 물결은 우리 가까이에 이르러서야 어울려 춤추기를 멈춘다. 거기서 넓은 물결 골짜기가 거세게 솟구쳐 오른다. 뒤로 밀려난 다른 물결은 능선을 찢으며 위로 치솟는다. 물결들이 서로 싸우며 상대를 부수고 물거품을 흩뿌리는 형국이다. 마치 서해 바다에 사나운 태풍이 휘몰아 바다를 채찍질하자 모든 것이 미친 듯 움직이다가 갑자기 돌로 굳어 버린 것 같다. 해신의 분노가 심연의 해초들을 찢어 수면 위로 올려 보낸 양, 산물결 위에 드문드문 소나무 관목이 흩어져 있고, 깊은 계곡이 가라앉은 곳은 마치 온갖 생명과 암초와 낯선 초목을 품에 안은 바다처럼 보인다. 이때 절로 드는 생각인즉, 어린 소나무들이 모래 땅에 강건히 뿌리 내려 폭우와 거친 서풍에도 꺾이지 않는 곳, 도처에 튼실한 나무가 태풍을 견디는 곳, 승려가 제 살 곳으로 택하여 내밀한 거처를 감추어 둔 작은 계곡들, 어찌하여 이런 구릉 어디에도 아름다운 숲은 보이지 않는 것일까? 숲이 있다면 폭우에 논밭이 유실되지도 않을 것이고, 저 황량한 사막 풍경은 생장과 풍요의 평화롭고 품위 있는 그림으로 변모할 수 있을 터이다. 언젠가는 그런 날이 오겠지. 자연의 힘을 파괴하고 기죽이는 데 앞장선 존재는 지금까지 주로 사람이었다.

불교 사찰들은 우리에게 값진 교훈을 준다. 그들은 어린 소나무를 보호하고 숲의 생장을 지켜보았다. 삭막한 삶은 그들이 원하는 바가 아니었다. 절집 주위의 나무를 베느니 차라리 땔감을 구걸하는 편이 나았다.

우리는 하늘 높이 솟은 한 그루 나무 아래 섰다. 이 나무는 어떻게 인간의 분노로부터 자신을 구해 낼 수 있었을까? 나무가 스스로 그 연유를 말해 주었다. 사람 키만 한 돌무더기가 보호벽처럼 나무줄기를 둘러싸고 있는 것이었다. 사실 이 나무를 지킨 것은 돌무더기가 아니라, 돌무더기에 깃든 미신이었다. 이 나무는 기적의 나무요 마법의 나무[당산나무]다. 길가에 이런 나무가 심심찮게 눈에 띄었다. 지나가는 사람마다 옛 돌 위에 새 돌을 얹었다. 이런 나무는 감히 가지 하나도 손댈 수 없지만, 여느 나무의 사정은 딴판이다. 고작 50센티미터 정도 자라 첫 가지가 뻗기 무섭게 해마다 잘려 나간 가지들은 가엾은 불구의 몸으로 땅에서 죽음과 싸운다. 언덕을 깎아 여기저기 조성된 묘지나 큰 나무 그늘 아래, 또는 그리 넓지도 않은 국유림의 목초도 사정은 매한가지다. 가을과 겨울에 풀을 걷어 간다. 저만치서 한 노인이 망태기를 들고 나타났다. 노인은 여태 사람의 시선을 용케 피해 있던 풀덤불을 발견하고는 망태기를 내려놓더니, 짧은 자루에 구부러지고 날카로운 대나무 이빨이 부챗살처럼 달린 희한한 갈퀴를 재빨리 꺼내 마른 풀을 뿌리째 긁어모은 다음, 이미 잿빛 들풀로 반쯤 채워진 망태기에 쓸어 담았다. 이런 마구잡이 채취 행태는 앞서 말한 대로 한옥의 온돌 난방과 관계가 있다.

주민들이 해마다 생장을 방해하는 동안에도 자연의 힘은 늘 변화의 질서를 지키고 있다. 눈이 많지 않은 날, 겨울밤의 오싹한 서리는 땅속 깊이 스몄다가 한낮의 따뜻한 햇살에 녹아 편모암 덩어리를 완두콩 크기의 각진 자갈로 부숴 놓았다. 서리는 자갈

마저 비옥한 토양으로 분쇄시킬 것이다. 모래는 씨앗을 틔울 만큼 잘게 부서지기도 전에 여름 빗줄기를 못 이겨 계곡으로 쓸려 내려가고, 바람에 날려온 씨앗도 함께 떠내려간다. 사람들이 보호 덮개 구실을 하는 목초를 긁어 가 버렸기 때문이다.

희망 없는 산과 언덕에 나무를 심는 일본인들의 노력이 제발 결실을 맺어 한국의 경치를 바꿔 놓기를! 그 노력은 무엇보다 한국인들의 오랜 난방 방식이 사라져야만 성과를 거둘 수 있을 것이다.

마침내 발아래 계곡에 도읍이 모습을 드러냈다. 잿빛 성벽이 하늘까지 휘감아 오르려는 듯 남산을 감돌아 들더니, 도읍을 배경으로 거대한 요새를 구축했다. 풍화된 바위 덩어리 아래로 오솔길이 수줍은 듯 열려 있었다. 미끄러운 화강암 사이도 빠져나오고 버석거리는 석영 모래도 살살 통과하여 우리는 성벽의 어둠 속으로 다시 돌아왔다.

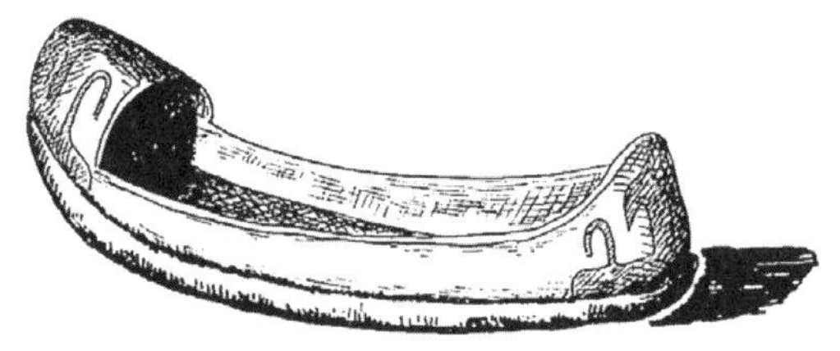

여인의 신발

제4장

산책

옛날과 지금

2월 23일

부드러운 한낮의 햇살이 꼬드기는 바람에 우리는 '북대문'으로 길을 잡았다. 이곳을 '북대문'이라고 부르는 이들은 유럽인뿐이다. 아마 방위에 낯선 탓일 게다. 실제로 이 문은 도시의 서쪽에 있다.[1] 시간을 벌기 위해 우선 몇 개 노선으로 도시를 가로지르는 전차를 타고 가다가, 도시의 경계까지는 인력거를 이용하기로 했다. 전차는 중국인과 한국인 상점들이 즐비한 중심가를 단숨에 지나쳤다. 갈아탄 인력거가 궁궐로 향하는 대로로 굽어들었다. 혼잡한 중심가를 약간 벗어나 있는 이 당당한 거리에는 궁궐을 가운데 두고 좌우에 관청 건물이 늘어서 있다. 멋스러운 옛 관청 건물들은 대부분 보잘것없는 유럽식 건물에 자리를 내주었다. 궁궐은 고립되었고 한적한 거리는 측량 학교의 실습장으로 변했다.

수년 전부터 매일 여기서 측량 실습을 하고 있다. 경위의經緯儀 세 개와 측량대 여러 개가 50미터 간격으로 작업 중이다. 측량 기기마다 실습생 서너 명이 달라붙었는데, 이들을 에워싼 구경꾼들은 듣도 보도 못 한 기술과 관管, 렌즈, 기포 수준기水準器 따위를 갖춘 측량 기기에 감탄을 금치 못했다. 이런 과학을 맘껏 뽐낼 수 있다니, 일본인

---

1 서대문. '신문', '새문'이라고도 한다. 서궐 서쪽 마루턱, 지금의 정동 신문로 언덕에 있었으나 1915년 일제의 '경성도시개발계획'에 따른 전차 복선화 조치로 강제 철거 되었다. 정식 명칭은 돈의문(敦義門)이다.

서울의 일본인 구역

측량 기사는 얼마나 큰 희열을 만끽하겠는가. 일전에 일본인 구역을 거닐다가 작은 광학기기점 쇼윈도에 이런 고가 장비가 네다섯 개 진열되어 있는 걸 봤는데, 지금 생각하니 그리 놀랄 일도 아니다.

길을 가로질렀다. 주먹만 한 화강암으로 무미건조하고 변화 없이 쌓은 궁궐 담장을 따라 한참을 걷노라니 지루했다. 길 왼쪽으로는 한국식 농가의 낮은 잿빛 담장이다. 가난한 오두막집 같더라니, 아닌 게 아니라 여기는 도시의 빈촌이다. 오두막집들 사이로 게딱지만 한 가게가 수줍게 모습을 드러냈다. 장사나 될지 걱정이다.

곧바로 도시의 끝자락이었다. 운치 있는 고갯길을 힘겹게 휘돌아 올랐다. '북대문'은 고갯마루를 타고 앉아 좌우 능선으로 톱니 모양의 성벽을 뻗어 보낸다. 도시는 엷은 안개너울을 쓰고 우리 뒤쪽 아래 깊이 잠겨, 물기 머금은 고갯마루의 그윽한 정취와 곱게 어우러졌다.

거기서부터 길이 굽이졌다. 도시를 벗어나자 길은 오만을 벗고 겸손한 소로小路로 변했다. 길은 갈수록 좁아지더니 갈라져 협곡에 이르렀다. 위에 걸린 바위가 굴러 떨어질 듯 위태로워 보였다.

시골 길은 너무 좁아서, 땔감을 잔뜩 싣고 성내로 가는 황소가 지게(등에 지는 운반 기구)에 똥거름[똥장군]을 지고 밭으로 가는 농부를 비켜 가지 못한다. 시선이 멈추는 고갯마루에는 성벽이 푸른 하늘의 짙은 가장자리에 테를 두르고 푸른 하늘과 반짝이는 모래를 선연히 갈라놓는다. 바위에서 떨어지는 물이 모래 위에 잔잔한 실개천을 만들고, 실개천이 합류한 넓은 개울을 따라 작은 마을이 자리했다. 마을에는 퇴락한 옛 군

성내에서 본 '북대문'[서대문]

영이 길게 늘어서 있었다. 나라를 잃었는데 군영이 무슨 의미랴. 물 위에 떠 있는 바위가 그림같이 아름답다. 바위 위에는 옛 군영의 장교들이 지은 작은 여름 정자가 있다. 지금은 이 외로운 정자도 빼앗긴 자유가 슬퍼서 갈라진 벽마다 아픔을 새기고 있다. 개울을 따라 걸었다. 외성 일부가 개울 쪽 절벽 아래로 가파르게 꺾여 내려가다가 단단한 암반을 딛고 다시 솟구쳐 올랐다.

성벽에는 우리 쪽에서 먼 도시를 향해 다리가 하나 놓여 있었다. 다리는 개울 아래쪽으로 방호벽 구실을 하도록 만들어졌다. 이런 요새가 이토록 먼 곳까지 — 우리는 도시에서 한 시간 거리에 있다 — 과감히 뻗어 있다니 놀라울 따름이다. 밖에서 보기에 성벽은 난공불락이나, 수비대가 적의 공격을 안에서 막지 못했을 때 적들은 간단한 장비만으로도 성벽을 범할 수 있었겠다. 군졸들은 어디에 배치되어 있었을까? 이런 장성長城에는 마땅히 병력을 배치할 공간이 있어야 하지 않을까? 아마 이 성벽은 엄청난 위용으로 겁을 주려는 것이었을 게다. 어찌 되었든 이 거대한 토목 공사를 일군 추진력만큼은 인정하지 않을 수 없다.

정자

이런 자연 석벽이 축조된 때는 지금과 다른 시대였다. 해마다 베이징의 중국 황제에게 사신을 보내 신년을 하례하며 복속服屬의 상징으로 신년 책력을 하사받기를 청하면, 무적의 중국은 승리를 만끽하던 시대였다. 지난 세기에 결정적 변화가 일어났다. 백성을 돌보고 전쟁의 선봉에 서야 할 귀족[양반]들

성벽의 다리. 베네딕도회 카니시오 퀴겔겐 신부 촬영

은 낙향하여 풍류나 즐기며 재산과 기력을 탕진하고 있었다. 저항을 포기한 지 이미 오래다. 백성은 지도자를 잃었다. 예외 없이 매관매직한 관리들은 관직을 사들인 가격에 높은 이자를 더한 금액을 관청과 억눌린 백성에게서 짜낼 궁리만 했고, 도무지 희생할 생각 따위는 추호도 없었다. 한국은 동서의 정복자들에게 옛날처럼 맞설 수 없었고, 이들의 죽은 먹잇감이 되는 시대가 도래한 것이다. 한국을 집어삼킨 일본은 이제 한국 귀족들이 기울인 노고 — 조국을 팔아먹은 범죄 행각 — 에 대해 섭섭지 않게 보상하거나 새로운 직책을 내리려 하고 있다. 귀족들은 도덕적으로 몰락했을뿐더러 가난해지기까지 했다. 새 정부하에서는 매관매직이 불가능해졌기 때문이다. 일본은 재정적으로 궁핍한 귀족들에게 약간의 연금을 지급하지만, 그것도 일본의 이익에 필요할 때까지만 그리할 것이다. 그러고는 마침내 그들이 자초한 운명을 맞게 될 것이다. 아직은 속이 비치는 뾰족 모자[관]를 귀족의 표시로 자랑스럽게 쓰고 다닐지 몰

흰 부처(미륵). 카니시오 퀴겔겐 신부 촬영

라도, 결국 오만한 거지와 진배없게 될 것이다.

계곡은 물굽이에서 좁아졌다. 절벽에 작은 암자가 보였다. 아래쪽 강가를 작은 불당이 삼엄하게 지키고 있었다. 사람들은 이것을 '흰 부처'라고 부른다. 강변 모래 위로 솟구친 육중한 바위 위에 자리한 불당은, 한국식 지붕을 단청 서까래로 치장하고 네 기둥으로 떠받쳐 사방을 틔워 두었다. 그 아래 사람 두 배 크기의 석불이 가부좌를 틀고 정좌했다. 색이 희어서 누런 돌과 쉽게 구분된다. 입술과 귀가 타는 듯이 붉고, 망토의 초록색이 짙어 흰 불상의 윤곽이 더욱 도드라진다.

나는 이 불당을 꼭 그려 두고 싶어서 물가의 화강암 바위에 올랐다. 곧바로 채석장 인부들이 나를 둘러싸더니, 급기야 암자의 주지승까지 우리를 보러 왔다. 이와 같은 석조 '흰 부처'(한국어로 '미륵')는 한국 전역에 널려 있고, 대개 그 규모가 엄청나다. 승려는 미륵불을 매우 공경한다. '미륵'은 변화무쌍한 삶의 윤회 과정 중 열반에 들지 않고, 즉 자신이 놀라운 방식으로 신이 되는 대신 중생을 제도하는 '구원자'로 세상에 나타날 것을 스스로 결심한 부처의 체현이다. '흰 부처'와 그것이 표상하는 구원자 사상은 불교 자체보다 훨씬 늦게 등장했다. 이 사상은 베스파시아누스[2]와 하드리아누스[3] 시대의 그리스 · 로마 미술과 함께 처음으로 북인도에 정착했고 거기서 극동으로 전파되었다. 구원자 사상이 그리스도교에서 차용되었으리라는 추측도 쉽게 내치기에는 개연성이 제법 크다. 불교는 지금도 차용에 익숙하다. 나는 서울의 한 성대한 장례식에서 성장盛裝한 일본 스님을 본 적이 있는데, 우리 주교관과 같은 모양의 관冠을 쓰고 있었다. 최근 일본의 한 주지승은 '대주교'(Archbishop, Erzbischof)라는 공식 직함을 쓰기도 했다.

흰 부처. 저자 그림 ②

귀로에 접어들었다. 베이징으로 가는 길이다. 이 길에서 중국 사신들을 맞이하던 옛 영화는 간데없고 지금은 쓰레기와 똥거름 냄새만 코를 찌른다. 먼 고갯마루에는 산길이 양쪽으로 성벽처럼 솟은 바위 덩어리 사이를 깊숙이 갈랐다. 산허리가 끊긴 곳에서 다시 도시의 정경이 눈에 들어왔다.

길은 급경사를 이루고 첫 마을에 닿았다. 성벽과 성문에서 제법 멀리 떨어진 이곳에 '독립문'이 서 있다. 예전에는 여기서 중국 사신을 맞아들이고 그들 편에 조공을 전했을 것이다. 청일전쟁과 시모노세키 조약(1894)[4]▶은 사신행차에 종지부를 찍었고 한

2 Vespasianus, Titus Flavius(9~79, 재위 69~79). 로마 황제.

3 Hadrianus, Publius Aelius(76~138, 재위 117~138). 로마 황제.

국인에게 '자유'를 선사했다.[5] 일본의 이 고결하고 위대한 업적은 [독립문이라는] 기념물을 통해 '영속될' 것이다. '독립문'은 아름답지도 세련되지도 않을뿐더러, 한국의 풍광과 주변 경관에 어울리지도 않는다. 게다가 짧은 독립조차 물 건너 간 지금, 밤사이 독립문인들 무너지지 않으랴. 이미 주위에 철조망을 둘러치고 행인들의 범접을 막고 있다. 붕괴 위험이 실제로 대단히 크기 때문이다. 갈라진 틈새가 벽을 가로지르고, 두 벽을 잇는 아치는 한쪽 벽을 밖으로 밀어내어 고정쇠가 버틸 수 없을 지경이다. 국력이 일단 쇠락한 뒤에는 이 '독립문'도 버텨 내지 못할 것이다. 한때 이 자리는 중국 사신을 영접하던 문[영은문]이었다. 머리 없는 거대한 돌기둥 두 개가 풍우에 맞서 그 시절의 흔적을 감추고 있다. 오히려 이 우뚝한 돌기둥이 다시금 생명과 힘을 얻을 날이 올지도 모를 일이다. 독립문 건립에 함께 관여한 제4의 국가는 바로 미국이다.[6] 미국은 독립문 건립을 환영했다. 분명히 싸게 짓지는 않았을 것이다.

독립문. 앞의 돌기둥은 영은문 일부

우리는 다시 성내로 들어왔다. 만물이 봄 햇살을 받아 저마다의 색채를 뽐내고 있다. 흰옷들이 맑은 엘베 강처럼 거리에 넘실대고 아이들의 옷은 알록달록 영롱하게 빛난다. 변발한 중국인의 검은 옷이 이 경쾌한 색채 속에서 굴뚝 청소부처럼 낯설다.

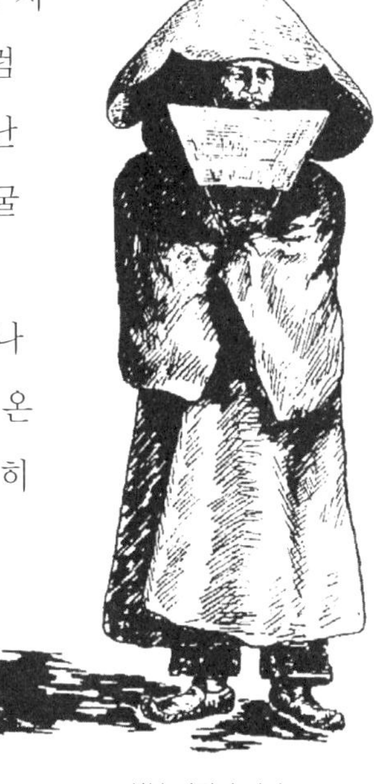
상복 차림의 남자

상복 입은 남자가 행인들 사이를 엄숙한 모습으로 지나간다. 한국 고유의 삿갓은 사라져 가는 추세라, 지금은 온전한 상복 차림을 보기 힘들다. 그런데 우리 앞에 완벽히 상복을 갖춰 입은 사람이 나타났다. 이 기품 있는 남자는 아마 상류층 사람일 것이다. 교살당한 조국을 애도하는 것일까? 그는 성글게 짠 누런 지푸라기 빛깔의 옷[삼베옷]으로 온몸을 감싸고, 머리에는 같은 빛깔의 삿갓[방갓]을 쓰고 있었다. 모자는 끝이 좁고 아래로 갈수록 넓게 퍼져 큼지막하고 무거워 보였다. 옷감과 동일한 소재의 거친 천을 두 개의 대나무 막대기에 감은 후 펼쳐서 얼굴을 가렸다. 상중에는 말을 삼갈 터이니 말을 걸지도 말라는 뜻이다.

외국인이 이 땅에 발을 들이면 죽음을 면치 못하던 시대에 상복, 특히 삿갓은 선교사들에게 좋은 변장의 도구였다. 얼굴을 완전히 가리지는 못해도 외국인이라는 것만큼은 숨길 수 있었기 때문이다. 당시 삿갓은 거의 어깨를 덮다시피 하여 그리스도교

◂4 시모노세키 조약은 1895년 4월에 체결되었다.

5 중국이 청일전쟁의 승전국 일본의 강요로 조선에 대한 종주권을 포기한 것을 저자는 "자유를 선사"한 것으로 긍정적인 해석을 내렸다.

6 독립문은 갑오개혁 이후 자주독립의 결의를 다지기 위해 영은문(迎恩門)을 헐고 그 자리에 세운 문이다. 미국 망명에서 돌아온 서재필(徐載弼)이 조직한 독립협회의 발의로 국왕의 동의와 국민들의 호응을 받아 1896년 착공하여 1897년 완공했다. 건립에 직접 참여하지 않은 미국을 "제4의 국가"라고 한 것은 서재필과의 관련성을 고려한 듯하다.

박해 시대에 중요한 보호 수단이 되었다. 그러나 바로 이 때문에 조정은, 삿갓이 적어도 얼굴의 하반부를 드러내야 한다는 취지로 규정을 손질했다.

지금은 주교가 된 뮈텔 신부[7]가 상복으로 변장하고 이 금단의 나라에 잠입한 것이 1880년이었다. 마지못해 미국과 통상조약[조미수호통상조약]을 체결한 1882년에야 한국은 쇄국의 빗장을 풀었고, 이어서 영국(1883), 독일(1884)[8]과 맺은 통상조약으로 허물어져 가는 옛 장벽의 마지막 잔재가 제거되었다.

왕비의 능

2월 25일

오후 산책지를 '왕비의 능'으로 정했다. 친러 정책을 펴다가 1895년에 시해된 왕비의 능이다.[9]

혼돈의 시대였다. 1894/95년 일본은 청일전쟁을 통해 한국을 중국의 손아귀에서 해방시켰으나, 이는 한국을 집어삼키기 위한 의도적 방책이었을 뿐이다. 시모노세키 조약으로 자유를 얻은 한국은 국가의 위상이 정점에 이르렀다고 믿었다. 한국은 황제국이 되었고(1896)[10] 해방자를 환호했다. 그러나 이들은 철군하지 않았다. 시모노세키 조약이 체결될 때, 러시아도 일본과 대륙에서 국경을 맞댄다는 것이 얼마나 불쾌한

7 Mutel, Gustave Charles Marie(1854~1933). 한국명 민덕효(閔德孝). 파리 외방전교회 선교사. 대주교. 제8대 조선교구장(1890~1933). 1880년 입국. 예수성심신학교, 종현성당, 약현성당 등을 준공하고 1925년에는 순교자 79위의 시복을 성사시켰다.

8 조독수호통상조약은 1883년에 체결되었다.

9 고종 황제와 명성황후 민씨의 합장묘 홍릉(洪陵). 1897년 황후는 한성부 동부 인창방(仁昌坊) 청량리에 묻혔으나, 1919년에 고종이 승하하자 경기도 남양주시 금곡동 현재의 위치로 옮겨 합장하였다.

10 고종이 조선의 국호를 대한제국, 연호를 광무(光武)로 정하고 황제에 오른 것은 1897년 10월 2일이다. 일본이 고종 황제를 폐위시킨 해는 1907년이고, 한일병합으로 대한제국이 멸망한 것은 1910년 8월 29일이다.

왕릉

노릇일지 감지했다. 러시아는 일본이 중국에게서 빼앗은 먹잇감을 다시 빼앗고 싶었다. 당시 사람들은 대체로 이 계획의 성공을 점치고 있었다. 뮈텔 주교가 러시아 공사에게 물었다. "러시아가 한국의 주인이 되면 가톨릭 선교 활동에 어떤 정책을 취하려 합니까?" 공사가 대답했다. "우리는 반도 내의 선교사들을 서서히 말살시킬 것입니다. 새 선교사도 더는 못 옵니다."

러시아 정교는 이미 대대적인 포교에 착수한 상태였다. 서울에만 다섯 명의 러시아 정교회 사제가 파견되어 있었다. 이들은 유리한 정치적 국면에 힘입어 많은 지지를 얻었다. 마을마다 러시아 기도서로 넘쳐 나고 민심은 러시아 정교로 기울어질 태세였다. 가톨릭 선교회로서는 겁나는 일이었다.

그러나 한국을 중국이라는 용의 발톱에서 놓여나게 한 해방자에 대한 열광도, 새로운 사태를 냉정한 시각으로 보자 황급히 휘발하고 말았다. 일 년 후에는 러시아에 대한 신뢰도 무너져 내렸다. 정교회 신부들은 귀향했다. 기도서는 담뱃대를 닦는 데나 쓰였다. 물론 가톨릭 선교사들에 대한 편견도 도처에 남아 있었다.

정세의 주역으로 자처하는 일본이 수수방관할 리 없었다. 무엇보다 러시아 쪽으로 기우는 듯한 (민씨 가문의) 왕비를 제거해야 했다. 1895년 10월 8일, 60여 명의 자객들이 궁궐을 범하여 왕비를 시해하고 시신을 밖으로 끌어내 멍석과 옷가지를 덮은 후 불을 질렀다.[11] 모든 것이 순조롭게 진행되었다. 자객들이 은밀히 잠입하여 일을 치른 후 탈출할 수 있도록 일본군 수비대가 사전에 적절히 배치되어 있었기 때문이다.

정말로 운명은 한국을 러시아에 떠넘기려는 듯했다. 왕은 궁녀로 변장하고[12] 러시아 공사관으로 피신한 후[13] 거기서 11개월 동안[14] 국사를 돌보았다. 오직 외국 사신을 접견할 때만 궁궐로 돌아왔다.

이 첨예한 긴장은 8년 후에야 러일전쟁으로 해소되었다. 그것은 러시아가 가장 원치 않았던 결말이었다. 경쟁자를 한국 땅에서 영원히 축출함으로써, 일본에게는 드라마의 종장을 서둘러 끝내 버릴 길이 열린 것이다. 그것은 바로 고종 황제의 폐위와 한일병합이었다. 러시아의 승리가 가톨릭 선교회에 호의를 기약하지 않았지만 프랑스 선교사들은 처음부터 러시아의 무운을 기원하는 경향이 있었다. 그러나 한국의 방인 사제들은 일본이 이기면 더 많은 종교적 자유를 누릴 수 있으리라 기대하면서 은근히 일본의 승리를 빌었다. 두 경우 모두, 인종人種 의식도 그들의 진심 어린 소망에 적지 않은 영향을 미쳤을 것이다. 아시아의 강국이 유럽의 강국을 이기고, 그와 더불어 승리자 일본의 오만함이 하늘을 찌를 때 동양에서 유럽인의 체면이 곤두박질친 것은 섭섭한 일이지만, 선교와 문화를 생각하면 이런 결과가 전혀 애석하지 않다. 어쨌든 일본은 지난 수년간 보여 주었듯이, 비상한 각오와 역량으로 한국의 문화적 과제들을

11 을미사변(乙未事變). 1895년 일본 공사 미우라 고로의 사주를 받은 낭인 집단이 경복궁에서 자행한 명성황후 시해 사건.

12 궁녀로 변장한 것은 아니고, 궁녀의 교자를 타고 궁궐을 빠져나갔다.

13 아관파천(俄館播遷). 을미사변 후 신변의 위협을 느낀 고종과 세자가 정동의 러시아 공사관으로 거처를 옮긴 사건. 일본 세력에 대한 친러 세력의 반발로 일어난 사건으로, 이를 기화로 친일 내각이 붕괴되었으며 각종 경제적 이권이 러시아로 넘어갔다.

14 1896년 2월 11일부터 이듬해 2월 20일까지 1년이 넘는 기간이다.

해결해 나갈 것이다. 러시아의 의도와 능력과는 차별화될 것이다. 순교자의 피가 스민 이 영광된 나라가 하마터면 러시아의 가톨릭 박해 때문에 종교적으로 황폐해질 뻔했다.

나막신

이것이 '왕비의 능'으로 가는 내내 들었던 생각이다. 왕비는 한국에서 가장 중요한 여인 가운데 한 명이었다. 분명 조국을 사랑했고, 집요한 일본인보다는 러시아인이 다루기 더 쉬울 거라고 생각했을 것이다.

꽤 먼 거리다. 언덕에서 다음 전차 정거장까지 족히 20분은 걸어야 한다. 좌우로 작은 집들이 보인다. 아래로는 작고, 어둡고, 허름한 지붕의 가게들도 늘어서 있다. 상품은 길 쪽에서만 볼 수 있다. 몇 전(1전 = 2페니히)에 살 수 있는 것들이다. 식료품이 대부분이지만, 글씨 쓰는 작은 붓, 값싼 도자기, 짚신, 나막신 등도 판다. 비슷한 굽이 있다는 것만 빼면, 한국 나막신은 일본 나막신과 판이하다. 일본 나막신은 두 개의 굽을 나무 밑창에 덧대지만, 한국 나막신은 통나무를 깎아 만든다. 섬 원주민들이 나무 둥치를 파서 뭔가를 만드는 것과 유사하다. 나막신이 발 전체를 감싼다. 이 둔한 신을 처음 신으면 몸이 앞뒤로 기우뚱거려 몹시 위태롭다. 그러나 한국인의 몸놀림은 나막신을 신고도 안정적일뿐더러 우아하기까지 하다. 게다가 아이들은 이 신을 신고 한 발로 팔짝팔짝 뛰면서 땅바닥에 그린 동그라미 안에 돌을 던져 넣는 놀이까지 즐긴다. 이 괴상한 나막신과 달리, 여자와 아이들의 신은 색감이 곱

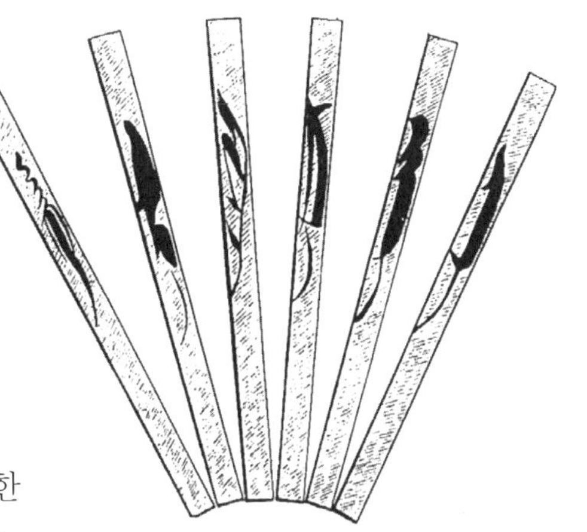

종이로 만든 투전. 실물의 1/3

고 모양새가 우아하며 문양도 단순하고 아름답다. 짚신은 통상 마른 날 많이 신는데, 며칠 후에는 내게도 필수품이 되었다. 짚신은 가볍고 편해서 도보 여행에 좋고, 자갈 투성이의 험한 산길에도 제격이다. 산행이 가볍고 잘 미끄러지지도 않는다.

어느 집 앞에서는 장기판이 한창이었다. 그들은 우리가 흥미롭게 사진 찍는 것을 즐기면서도 장기판에서 눈을 떼지 않았다. 한국인들은 장기를 좋아한다. 움직임이 빠르고 정열적이다. 장기에는 체스의 '말'(Cavallos)보다 더 멀리서 더 자유롭게 공격하는 '코끼리'(象)가 있다. 그래서 체스보다 더 어렵다.

전차가 동대문을 지나 도시를 벗어났다. 거리는 집과 상점과 사람들로 한참을 더 복닥거렸다. 드디어 교외로 나왔다. 한쪽으로는 논이 펼쳐지고, 다른 쪽으로는 왕릉 보호림이 조성되어 있었다. 넓은 길에서 꺾어 숲으로 30분가량 들어가니 문득 '왕비의 능'이었다. 외로이 서 있는 집 한 채와 몇몇 아이들이 숲길의 분위기를 바꿔 주었다. 아이들은 땔감으로 쓸 풀과 나뭇가지를 특이한 갈퀴로 긁어모으고 있었다.

길모퉁이에서 벌어진 장기판

고즈넉한 숲 속에 공터가 있고, 그 뒤로 숲 가장자리에 언덕이 기대 섰다. 공터는 아직 나무 사이로만 보인다. 우리는 벌써 묘역 입구에 다다랐다. 길 좌우에 기둥을 높이 세우고 그 위를 가로질러 들보로 이어 놓은 일종의 문이다[홍살문]. 이 들보에 화살 모양의 나무 막대들을 수직으로 꽂아 왕실의 위엄을 드러내고 참배객의 경외심을 자아낸다.

왕릉 아래의 재실[정자각]

이 기둥 문 사이로 재실齋室[정자각丁字閣]이 보인다. 단청 장식의 나무 기둥과 하단부를 반원형으로 마감한 박공판이 검고 무거운 기와지붕을 받치고 있다. 용마루와 추녀마루에는 토기로 만든 잡상들이 올라탔다. 재실 좌우로는 들보 구조물의 조각과 채색을 비슷한 양식으로 처리한 작은 집 두 채가 있다. 이 집들은 각목 울타리로만 둘러싸여 있어서 그 사이로 비석이 보인다. 검은 화강암 비석 앞면에는 왕비 민씨의 이름만 새겨져 있고 뒷면에는 왕비의 생애가 작은 글씨로 상세히 기록되어 있다. 안에 비석 말고는 아무것도 없다.

재실 바로 뒤에 솟은 것이 능이다. 약 10미터 높이의 구릉에 지름 약 10미터의 평지를 조성하여 그 한복판에 능을 꾸몄다. 봉분은 지면 위로 높이 돋우고 잔디로 덮었다. 묘혈은 그 아래 있었다. 능의 배후를 반원형 담장으로 둘러쳐 봉분을 보호했는데, 봉분과 담장 사이의 공간은 사자나 양[15] 같은 큼지막한 화강암 동물 상을 세워 두기에 충분했다. 동물 상의 머리는 담장 쪽으로 향해 있었다. 이 동물들은 명부冥府에서 안식

15 봉분 주위에 세운 석호(石虎)와 석양(石羊)을 말하는데, 저자는 호랑이를 사자로 잘못 이해했다.

왕릉의 무인석

하는 왕비의 수호자로, 힘과 권력을 상징한다. 봉분 하단에는 석조 흉벽[병풍석屛風石]을 둘렀다. 트인 전면에는 육중한 제단[혼유석魂遊石]을 놓아 어둡고 깊은 묘혈 입구를 보호했다. 제단 앞 잔디 위에는 석등[장명등長明燈]들이 조화롭고 질서 있게 배열되어 있다. 담장이 끝나는 지점과 연하여, 투박한 동물 상 사이에 기골이 장대한 시종무관 상 두 기가 보였다[문인석文人石 · 무인석武人石]. 동물들은 머리를 봉분 쪽으로 두었다. 무거운 제복 차림의 석조 시종무관들은 왕비의 공덕이 기록되어 있을 법한 두루마리를 들고 있었다.[16] 손아귀가 억세 보였다. 능은 적막했다. 이 음울한 장소 위로 나뭇가지들이 장중한 침묵 속에 드리우고, 초록의 벽이 되어 뭇사람의 아우성을 방파제처럼 든든히 막아 주었다. 노을빛 불타는 먼 산봉우리만 이곳을 굽어보며 무덤 속에 잠든 왕비의 권력을 지켜 주고 있었다. 아무 소리도 들리지 않았다. 무엇보다, 공기가 여느 무덤과 달랐다. 공기는 바람을 타고 날아간다. 능의 안식을 방해할까 두려웠다.

궁궐과 고물상

3월 4일

"왕들이 예전에 살던 호랑이궁[경복궁景福宮]은 보셨겠지요." 이런 말 여러 번 들었다. 좋다, 오늘은 거기 가 보자. 급한 일들을 처리하느라 일주일을 집에만 갇혀 지냈으니,

16 문인석이 양 손에 쥐고 있는 홀(笏)을 두루마리로 잘못 이해했다.

소박한 외출이 반가울 수밖에 없다. 30분 후 광장에 도착했다. 광장 좌우 측면에는 나지막하고 격조 있는 몇 개의 문이 남아 있다. 옛 관청으로 통하는 문이다. 부질없이, 한때 백성들의 환호로 넘실대던 빛바랜 광영을 꿈꾸는 듯하다. 위압적이고 무미건조하기 짝이 없는 근대식 건물들 앞에서 이 문들은 수줍게 몸을 움츠린다. 이 불운한 '문화'의 산물을 급히 외면하고 대로 끝의 궁궐 정문[광화문光化門]에 시선을 고정시켰다. 이 문은 얕은 담장 위로 우뚝 솟아 있다. 검고 높다란 지붕은 날아오를 듯했고 그 아래 넓은 나무 대문은 닫혀 있었다. 그 옆의 좁은 곁문으로 들어가려면 먼저 얄궂게 생긴 두 개의 호랑이 상[17] 사이를 통과해야 한다. 부드러운 수염이 일그러진 주둥이를 감싸고, 넓적다리는 거북이 등껍질로 무장한 듯했다. 궁궐의 이름은 이 상에서 비롯되었다.[18]

양반

우리는 5전을 내고 광고지 비슷한 것도 사야 했는데, 거기에는 동물을 만지지 말라는 따위의 온갖 금지 사항이 미주알고주알 적혀 있었다. 넓은 정원과 궁궐 마당을 다 돌아 나올 때까지 정작 동물은 한 마리도 보지 못했다. 화강암 괴물 상, 머리를 잔뜩 숙이고 여차하면 뛰어오를 태세를 갖춘 호랑이 상, 돌로 만든 새 몇 마리, 웅크린 몸통에 하마 머리를 하고 있어서 발굽을 보고서야 겨우 말이라는 것을 알 수 있는 작은

17 호랑이 상이 아닌 해태 상이다.

18 저자도 어디선가 들은 말일 것이나, 호랑이든 해태든 크나큰 복을 뜻하는 경복(景福)과는 무관하다. 혹시 저자는 '호랑이궁'이라는 이름과 호랑이(실은 해태) 상을 연관지어 생각했을 수도 있다.

경복궁 흥례문 권역

화강암 말 두 마리, 창공을 선회하다가 방금 용마루 꼭대기 기왓장에 내려앉아 몸을 부르르 떠는 위풍당당 독수리, 지금은 지저분한 늪으로 변해 버린 옛 왕실의 연못에서 우리를 보고 화들짝 놀라 횅하니 도망치는 기러기 떼가 우리가 본 것의 전부였다. 그러나 이 모든 게 만질 만한 것은 아니지 않은가.

우리는 첫 번째 전각殿閣으로 갔다. 전각은 사방으로 꼬리에 꼬리를 물고 이어졌다. 나는 더 이상 전각을 세지 않기로 했다. 건물은 규모를 달리하여 변화를 주었을 뿐, 대체로 사찰 건축 양식과 유사한 특징을 지닌다. 첫 번째 전각의 앞뜰은 작은 물길을 통해 다른 공간과 분리된다. 다리의 화강암 난간이 아름답다. 다리 옆으로는 실물 크기의 호랑이[해태] 상 네 기가 수달처럼 머리를 조아린 채 물가에 잠복하고 있다. 층계 위에 단층 건물[근정전勤政殿] 하나가 우뚝 솟아 우리를 막아서는 것이었다. (한국 어디서나 주거용 건물은 단층이며 궁궐도 예외가 아니다.) 단순하지만 지루하지 않은 구조의 석재 난간이 회랑처럼 건물을 둘러싸고 시원스레 뻗은 지붕 아래에서 뜰과 건물을 경계 짓는다. 건물을 한 바퀴 둘러보고 드디어 장엄한 옥좌가 있는 방 앞에 왔다.

이 중요하고도 유일한 볼거리를 우리는 열쇠 구멍이나, 더 정확히는 종이 문살문에 뚫린 주먹만 한 구멍으로 들여다보아야 했다. 호기심을 못 이긴 누군가가 장난삼아 뚫어 놓은 것이었다. 샛바람이 들락거리는 구멍과 틈새로 들여다보지 않고 좀 더 편안하게 관람하려면, 입장권과 별도로 이 궁궐의 새 주인, 혹은 관리자가 기분 내키는 대로 발급하는 특별 서면 허가가 있어야 한단다. (어느 관청에서 발급하는지 누가 알겠는가.) 그래, 입장료도 싸다. 5전(11페니히)으로 뭘 그리 많이 바라겠는가? 급한 대로 옥좌 전각 내부를 문구멍으로 들여다보았다. 넓은 사각형 방은 사면이 문살에 창호지를 바른 대형 한국식 문으로 마감되었다. 문들은 서로 이어져 있다. 목재 천장은 화려하게 꾸몄고, 단청 서까래는 사찰 건물처럼 드러나 있다. 문틈으로 바람이 새 들어와 종이문을 흔들었다. 겁에 질린 소음이 빈 공간으로 흩어졌다. 옥좌는 건물의 긴 쪽으로 중앙부, 즉 전각 정문 맞은편 나지막한 기단 위에 간결한 모습으로 놓여 있었다. 위는 보개寶蓋로 장식되었다. 보이는 실내 구조물은 이것이 전부다. 바깥 석재 회랑의 네 모퉁이마다 약 1미터 높이의 청동화로를 세워 두었다. 한때 조명을 목적으로 설치한 것이다.[19]

입구에서 입장권을 살 때 안내받은 내용과 달리 경비원은 전각을 개방하지 않았다. 실망스러운 대로, 크고 작은 전각들을 차례로 둘러보았다. 저 뒤로는 벌써 파괴의 광기가 시작되고 있었다. 처참하게 시해당한 왕비의 궁[건청궁乾清宮]이 제일 먼저 헐려 나갔다. 다른 건물들도 하나씩 그 뒤를 따랐다. 이런다고 살육 행위가 역사의 기록에서 삭제될 수 있을까? 백성들의 기억에서 지워질 수 있을까?

연못 안쪽으로 담장이 기대어 있다. 한때는 견고하게 곧추서 있었겠지. 담쟁이덩굴이 벽을 타고 오르지만 벽을 지탱하기에는 역부족이다. 며칠 후에는 이 담장도 연못 속으로 허물어져 내릴 것이다.

---

19 청동향로로, 조명 목적으로 사용한 것은 아니다.

경회루

우리는 이 연못을 좀 더 보기로 했다. 연못이 사랑스럽고 소박하여 우리가 이곳에서 경험한 실망감을 다소 보상해 주었다. 그 정경을 보니 사라진 영화榮華가 더욱 가슴에 사무친다. 연못은 공권력에서 반쯤 벗어나 자연의 품으로 피신했다. 높은 화강암 벽은 본디 엄격한 측량을 거쳐 연못을 에워싸도록 시공된 것이었다. 네모난 돌들이 여기저기 물 속으로 미끄러져 들어가 이끼에 덮인 채 갈대의 새순 사이로 고개를 내민다. 돌이 있던 자리에는 푸르른 전나무가 바람에 흔들리고 있다.

땅 이끼가 돌 모서리를 타고 물을 향해 기어간다. 정갈하게 다듬어진 화강암 화분은 번개 무늬 장식이 정교하게 양각되거나 납작한 거북 등에 세워져 고풍스러운데, 지금은 풍우에 시달려 그을음으로 뒤덮였다. 화초는 간데없고, 며칠 전 내린 비에 짓이겨진 진흙만 화분 바닥을 채우고 있었다. 작은 석조 다리를 건너니 섬이었다. 이 섬에 아름다운 건물이 있다. 지붕이 어마어마한 누각이다[경회루慶會樓]. 어른 몸통 굵기에 약 4미터 높이의 통짜 화강암 기둥들이 누각을 떠받친다. 옛날에는 여기서 연회, 음악 공연, 서화 경연이 열리고 멋진 야외 축제가 숱하게 거행되었다. 이 건축물의 아름다움은 실로 독보적이다. 누각은 자신의 아름다움을 스스로 아는 듯, 눈부시게 매혹적인 기둥과 지붕의 채색 기와를 연못에 비춰 보고 있다. 누각 곳곳이 부서지고, 썩은 연꽃잎은 물웅덩이를 떠다니거나 진창에 쌓여 있으며, 군데군데 갈대가 자라고 있지만, 누각은 아랑곳하지 않는다. 이 물거울을 청소하고 수리할 사람이 없다. 이 연못에는 작은 섬이 또 하나 떠 있다. 한때는 어느 왕이 연회장이 있는 큰 섬과 이 작은 섬을 연결했을 것이다. 계단이 큰 섬에서 물밑까지 이어지다가 석벽으로 둘러싸인 이 작은 섬으로 통하고 있기 때문이다. 그러나 섬을 지탱하는 석벽은 이미 갈대와 진창 속으로 무너져 내렸고, 마지막 돌이 언제쯤 굴러 떨어질지, 흙덩이를 쓸고 내려갈 빗줄기는 또 언제쯤 쏟아질지, 비통함에 허리 꺾인 소나무만이 가련하게 지켜보고 있다. 그때쯤이면 소나무 자신도 자갈에 휩쓸려 습한 수렁에서 썩어갈 것이다.

궁궐 연못의 화분

그에 비하면 뒤편의 솔숲은 한층 무성하다. 조정에서 보호하고 가꾸어 온 숲이다. 미래에도 그리되기를 바란다. 일본인들은 나무를 좋아하니까 희망이 있다. 게다가 이미 유년기를 지난 숲이라, 자연을 환상적 불구로 만드는 일본인들의 장식벽에 억지로 끼워 맞춰질 염려도 없다.

유명한 '호랑이궁'의 버려진 공간, 무너진 건물, 황량한 폐허를 탐방하는 동안, 부지런한 상상력은 빛바랜 광채를 꿈꾸었으나, 그 옛날의 광영은 눈에 밟히지 않았다.

'호랑이궁'을 나와 곧바로 고물상에 들렀다. 거기도 사정은 다르지 않았다. '푸른 녹의 귀한 청동제품'을 비롯하여, 오래 써서 퇴락한 옛 물건들이 먼지를 뒤집어쓴 채 뒤죽박죽 걸려 있었다.

여행용 수저집[장도]

도톰하고 곱게 깎은 쇠뿔비녀와 투박한 몇 개의 은비녀는 어느 하나만 있어도 머리 치장에 부족함이 없겠다. 그 옆의 양철제 여송연 상자는 한자가 쓰여 있어도 미국산이 분명했다. 돌을 조각한 담배통은 먹받침으로 쓰이는데,[20] 한국산이 중국산 못지않다. 옛 동전에는 사각형 구멍이 뚫려 있고 구멍 주위에 글씨가 새겨져 있다. 지금은 여행용 수저집[21]과 호박琥珀 단추 사이의 틈새를 메우는 데 쓴다. 여행용 수저집은 녹슬기 쉬운 쇠칼과 금속 젓가락 한쌍이 든 나무통이고, 호박 단추는 둘씩 묶은 한쌍을 왼쪽 가슴에 달아 희고 짧은 저고리를 여미는 것이다[마고자].

이런 물건들 사이로 황동 군복 단추와 담뱃대 등이 굴러다닌다. 비단 관복과 사모紗帽(양쪽에 말총으로 짠 날개가 달려 있다), 나무를 구부려 만든 빳빳한 허리띠(한때는 근엄하게 착용했을 것이다)[각대角帶], 그리고 관복을 온전히 갖추는 데 빠져서는 안 될 괴상한 모양의 펠트 장화[목화木靴]까지 모두 몇 마르크만 주면 구할 수 있다. 별 특징 없이 질박한 찻주전자가 여기저기 널려 있고, 색색의 비단으로 섬세하게 엮어 늘어뜨린 여인들의 장신구[22]에는 손가락 크기의 귀여운 구슬 주머니가 달렸는데, 매만진 솜씨에서 기품이 느

20 벼루를 가리킨다.

21 저자는 장도(粧刀)를 수저집이라고 생각했다.

22 향주머니를 꾸미는 데 쓰는 노리개인 향낭단작(香囊單作)인 듯하다.

껴졌다. 한국인들은 향료를 머금은 작은 구슬들을 주머니 속에 넣고 다니며 향수병 대용으로 쓴다.

말끔하게 포장된 용장의 군모軍帽도 눈에 띄었다. 이 군모의 옛 주인은 한때 승리의 전장을 누볐거나, 적어도 그의 용맹한 부하들 앞에서 위엄을 과시한 무인이었으리라. 거친 말총으로 짠 둥근 펠트 군모 꼭대기에서 붉고 노란 술이 아래로 드리워지고, 앞쪽에는 부채꼴의 공작 깃털 다발이 이마를 가렸다. 턱끈은 진주로 장식되었다.

민속학적으로 흥미 있는 물건 몇 개를 구입했다. 고향의 우리 박물관[상트 오틸리엔 수도원 박물관]에 소장할 요량이었다. 꼼꼼히 다 뒤져 보고 선택한 것을 모아 전부 값을 매기도록 했다. 한국인이나 일본인에게 이 모든 걸 암산하라고 맡기는 것은 기적을 바라는 것과 같다. 아마 둘에 둘을 더하는 정도는 할 것이다. 그러나 숫자가 더 커지면 주판을 사용한다. 우리에게는 꽤 복잡한 도구다. 그들은 이 주판으로 덧셈 · 뺄셈 · 곱셈을 쉽고 빠르고 정확하게 해치운다. 일견, 우리나라 초등학교 예비반 아이들이 쓰는 계산기를 연상시키지만, 나는 이 유용한 도구의 비밀을 온전히 간파하는 데 실패했다. 평평하고 열린 상자의 여러 칸에 작은 주판알이 줄지어 있는데, 중간은 이등분되어 있다. 한 줄에 다섯씩 꿴 아래 칸의 알들은 자릿수를 나타낸다. 위 칸의 알은 각 자릿수의 다섯 배에 해당한다. 옆줄로 가면서 10자리씩 늘어난다. 주판에 정통한 사람이 운 좋게 계산 결과를 훔쳐보았다면 흥정에 성공할 수 있다. 장사꾼은 밑지지 않을 최저 가격을 계산해 놓고, 낯선 고객에게는 주판으로 셈한 가격의 곱절 정도를 부른다.

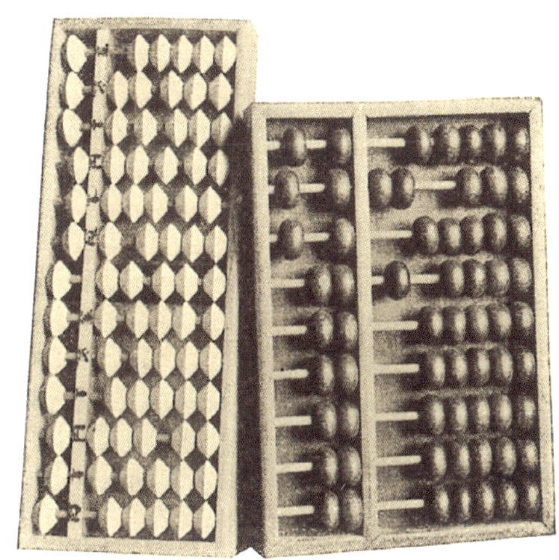

일본식 주판　　한국식 주판

마침내 계산서를 받았다. 단위가 냥(1냥 = 2전 = 4페니히)이었으니 망정이지, 다 합친 값이 수백을 훨씬 넘었다. 돈을 내자 영수증에 사각형 도장 몇 개를 찍어 주었다. 이 영수증은 구매한 골동품들과 함께 박물관으로 보내질 것이다.

석불의 파편

궁궐

제5장

그리스도교 발자취 따라

용산

3월 7일

우리가 용산에 간 것은 이곳이 수도 서울의 항구 역할을 했다는 기억 때문이 아니었다. 용산에서 한강을 따라 내려가면 서울은 바다와 이어진다. 그러나 교역이 없는데 한국에 수로가 무슨 소용인가. 뭍에서조차 우마차나 가마 말고 다른 교통수단을 위한 도로는 없어도 지낼 만했다. 일본인들이 세운 용산개발계획도 우리에게는 별 신통한 것이 아니었다. 그들은 용산을 시발점으로 하는 수도를 꿈꾼다. 남쪽이나 북쪽에서 상경하는 철도 여행자들에게는 제법 솔깃한 계획이다. 급행열차는 용산에서 오래 정차했다가 서울 시내로 진입하거나 산업 철로로 연결된다.

호화로운 총독 관저는 아직 비어 있다. 직선 도로에는 꽤 많은 상점들이 서둘러 들어섰지만, 지면에서 버섯처럼 솟아올라 빈 벽으로 황량한 도로를 노려볼 뿐이다. 물건을 사려는 사람도, 물건을 팔려고 점포를 지키는 장사꾼도 없다. 아직 진창길을 면치 못한 몇몇 거리에는 일본식으로 가볍게 지은 일본 상점들이 웅크리고 있다. 일본 집에 한국식 난방을 할 수도 없으니 입주자들은 겨우내 혹독한 한파에 시달릴 것이다. 여기서도 장사는 변변찮다.

용산 거주 일본인 만 명 가운데 대부분이 군인이고, 철도 종사자와 산업체 직원이 그 뒤를 잇고 있다. 약 150만 엔(300만 마르크)을 들여 대규모 관영 인쇄소가 설립되었다. 그러나 이러한 일본 기업은 근본적으로 실패한 설비라는 인상을 지울 수 없다.

우리가 용산에 끌린 이유는 한국 그리스도교의 역사 때문이었다. 그 역사의 대부분이 용산을 중심으로 이루어졌고, 그 역사의 가장 위대한 시기가 용산과 한강 사이의 백사장에서 전개되었다. 거기에 형장이 있었다. 형장이야말로 고문과 처형을 증언하는 장소다. 그리스도교는 바로 여기서 피바다에 휩쓸렸던 것이다.[1]

서울 북동쪽에서 출발한 우리는 서둘러 시내를 가로질렀다. 시내를 벗어나기 전에 유럽인 거주 지역을 둘러보았다. 썩 고급스럽지는 않아도, 초라한 한국식 초가집에 비하면 제법 위풍당당했다. 그중 가장 멋들어진 건물이 언덕 위의 프랑스 영사관이다. 이 집은 시해당한 왕비[명성황후]의 가까운 친척 되는 민씨[2]의 저택으로, 전에는 담장으로 둘러싸여 있었다. 일본과의 조약[3]이 체결되자, 그는 일본인이 되기를 거부하며 1906년[4] 어느 작은 집[5]에서 목동맥을 끊었다. (이것이 일본인의 할복에 비견되는 한국인의 자결 방식이다.) 그는 한동안 행방이 묘연했으나, 이 작은 집에서 찾아볼 생각은 아무도 하지 않았다. 마침내 그를 발견했을 때 핏자국에서 작은 관목[6]이 자라고 있었다. 한국인들은 이를 신통한 표지로 여기고 민씨를 순국지사로 기린다.

서울의 성문 밖에는 외곽 마을이 넓게 펼쳐져 있다. 거리는 대장간과 대장장이들로 넘쳐 났다. 그들은 '백동'白銅(Päckdong)이라는 일종의 구리 합금으로 화로(담뱃불을 붙이기에도 좋다), 작은 꽃병, 술통, 접시, 사발 등을 만든다. 모양이 소담스럽고 값도 저렴하다. 장차 이 수공품들이 수입산 유리 제품에 맞서 얼마나 더 버텨 낼지는 별개의 문제다. 이 나라에는 최근까지도 유리 제품이 그리 흔치 않았다.

---

1 새남터와 절두산의 순교 성지를 말한다.

2 명성황후의 조카 민영환(1861~1905). 을사조약 반대 투쟁을 벌이다가 1905년 11월 자결하였다.

3 1905년의 을사조약.

4 저자가 을사조약의 연도를 착각하였다.

5 회나무골 청지기 이완식의 집을 말한다.

6 정확히는 대나무, 그래서 혈죽(血竹)이라고 한다.

아이들의 해맑은 웃음 ②

전차는 활기찬 삶의 현장을 뚫고 잿빛 겨울처럼 우중충한 초가집들을 금세 지나쳤다. 초가집들은 언덕 하나를 온통 뒤덮고 있었다. 큰 골짜기가 모습을 드러냈다. 우리는 비탈길을 좀 더 걸어가 보기로 했다. 모든 물줄기는 결국 한강으로 흘러든다. 이는 여인들의 좋은 빨래터다. 근처 관목마다 널린 빨래들이 봄공기를 희롱하며 나부낀다. 여기는 벌써 봄기운이 완연하다. 아이들은 작은 바구니를 옆에 끼고 양지바른 언덕바지에서 파릇파릇 돋아나는 나물을 캔다. 작년 한 해 흉년이 들어 가난한 백성에게는 봄나물이 반가울 따름이다.

'섭정' [흥선] 대원군(Tai-won-kun)의 능은 숲으로 둘러싸여 있었다. 역사는 그의 이름을 네로에 비견한다. 1864년, 그는 조정을 뒤집어엎고 어린 임금 이태왕李太王[7]에게서

7 대한제국 순종 때 상왕인 고종을 이르던 말. 열두 살의 어린 고종을 '이태왕'이라 하지는 않았으나, 저자는 집필 당시의 칭호를 기준으로 I-thai-oang으로 음역했다.

통치권을 빼앗았다. 그는 외국인과 외래 종교인 그리스도교를 증오했고,[8] 자국의 위세 등등한 양반들을 장악하고자 했다. 1866년의 대규모 그리스도교 박해[병인박해]를 기점으로 국내 정세 전반에 걸친 그의 영향력은 장기화 국면에 들어섰다. 다블뤼[9]와 베르뇌[10] 두 주교와 파리 외방전교회 선교사 전원, 그리고 1만 명[11]이 넘는 그리스도인들이 참혹한 박해에 희생되었다. 잔학무도한 통치자 때문에 그리스도교가 말살되지는 않는다. 그럴수록 더 튼튼한 뿌리를 내리기 위해 그리스도교는 숨어서 나날이 성장해 갔다.

왕이 성년이 되면서 격변의 조짐이 보이고 있었다. 왕비는 먼 앞날을 내다보며 국익에 유리한 방향으로 내정의 개혁을 꾀했다. 왕비의 영향력 덕분에 1882년 대외 교역을 위한 문호가 열렸다.[12]

왕비와 그의 가문은 이 일로 한때 섭정이었던 대원군의 엄청난 미움을 샀다. 왕비만 제거하면 민씨 일가는 몰락할 테고, 근대화의 동력도 멈출 것이며, 실각한 대원군이 재집권할 수 있을 것이었다.[13] 섭정의 자객들이 중궁전에 난입하여 민씨 일족들을 척살하고 급기야 왕비의 침소까지 범했다. 충직한 궁녀가 왕비로 변복變服한 채 기다리고 있었다. 궁녀가 사약을 마시는 동안, 왕비는 왕과 함께 피신하여 청나라 조정에 도움을 요청했다.[14]

그 무렵 일본의 한국 진출을 견제할 목적으로 중국 함대가 제물포항에 정박 중이었

---

8 1866년의 병인양요, 1871년의 신미양요, 1866년 병인년부터 계속된 천주교 박해를 뜻한다.

9 Daveluy, Marie Nicolas Antoine(1818~1866). 주교. 한국명 안돈이(安敦伊). 제5대 조선교구장. 파리 외방전교회 선교사로 활동하다가 병인박해 때 순교하였다.

10 Berneux, Siméon François(1814~1866). 주교. 한국명 장경일(張敬一). 제4대 조선교구장. 파리 외방전교회 선교사로 활동하다가 병인박해 때 순교하였다.

11 역사에는 8천여 명으로 기록되어 있다.

12 1876년 강화도 조약의 체결로 대원군 일파의 쇄국정책이 끝나고, 명성황후를 중심으로 한 민씨 일파의 개화파가 득세하게 되었음을 말한다. 저자의 설명에는 강화도 조약(1876)과 임오군란(壬午軍亂, 1882) 사이에 착오가 있다.

13 1882년 임오군란으로 대원군과 수구파가 다시 전면에 등장한 사건을 말한다.

다. 중국 사신은 대원군에게 중국 함대를 둘러볼 것을 권했다. 대원군은 내키지 않은 걸음으로 초대에 응하긴 했지만, 당면한 상황을 바로 알아챘다. 시찰이 채 끝나기도 전에 함대는 황해 건너 중국 해안으로 출발했다. 대원군은 4년 동안 베이징에 억류되어 있다가, 다시는 정사政事에 관여하지 않겠다는 다짐을 한 후에야 귀향할 수 있었다.

일본은 이런 인물이 필요했고, 대원군이 중국에 대한 무분별한 적개심에 몰두해 주기를 바랐다. 그래야 그의 도움으로 한국의 완전 병합이라는 야망을 달성할 수 있을 것이었다. 하여, 이 폭군은 다시금 왕좌에 접근할 수 있었다. 1897년,[15] 겉만 화려하고 영예는 간 데 없는 무덤에 들 때까지 그는 일본의 한 대신大臣[이토 히로부미]이 대한제국의 황제 곁에서 실질적 통치자 노릇을 하는 꼴을 지켜보아야 했다.

대원군이라는 이름에서 우리는 한국 그리스도교의 과거를 떠올렸다. 그것은 전 그리스도교 역사를 통틀어 가장 영광된 시절이었다. 이것이 우리가 용산을 좀처럼 떠나지 못한 이유다. 이 역사, 정말 남다른 데가 있다.

18세기 말까지, 십자가가 단 한 번 이 은둔의 나라를 혜성처럼 짧게 비추고 지나간 적이 있다. 16세기 말이었다. 당시 일본에서 정점을 찍은 그리스도교는 참혹한 박해의 시대로 치닫고 있었다. 일본의 그리스도인은 이미 백만을 헤아렸다. 그러나 해협 저편 조선 땅에는 그리스도의 복음이 한 마디도 전해지지 못했다. 그리스도교가 중국에서 맺은 알찬 결실도 겁에 질려 빗장을 지른 반도의 경계를 한 톨도 넘지 못했다. 1592년, 일본이 조선 정벌을 시도할 때[임진왜란] 병사들 중에는 그리스도인이 허다했다. 예수회의 세스페데스 신부[16]가 그들을 따라왔지만, 전쟁은 그리스도교 전파에 좋

14 임오군란 당시, 궁녀로 변복한 민비는 여흥부대부인(驪興府大夫人) 민씨와 무예별감(武藝別監) 홍계훈(洪啓薰)의 도움으로 탈출하여 윤태준(尹泰駿)의 집에 은신해 있다가 광주(廣州) · 여주(驪州)를 거쳐 장호원(長湖院)의 충주 목사 민응식(閔應植)의 집으로 피신했다. 이 과정에서 고종이 명성황후의 피신길에 동행했다는 기록은 사실과 다르며, 궁녀가 대신 사약을 받았는지도 정확히 확인되지 않는다.

15 대원군은 1898년에 죽었다.

16 Céspedes, Gregorio de(1551~1611). 에스파냐 태생의 포르투갈 선교사. 일본에서 포교하다가 임진왜란 때 고니시 유키나가(小西行長)를 따라 조선에 입국했다.

은 기회가 되지 않았다. 게다가 세스페데스 신부도 적국을 정신적으로 정복할 의사가 전혀 없었다. 그렇다고 성과 없이 물러난 것은 아니었다. 일본으로 끌려간 조선인 포로들 중에는 그리스도교로 개종한 이가 많았다. 나가사키의 '거룩한 산'[17]이 그리스도인의 피로 물든 1622년과, 그리스도인 수천 명이 파펜베르크Papenberg 곶[18] 해안 절벽에서 물보라 속으로 몸을 날린 1637년에, 그들도 함께 순교의 월계관을 썼다.[19]

그 어느 때보다 어두운 영혼의 밤이 그 후 200년 동안 지속되었다. 동서양을 막론하고 십자가는 빛을 잃은 듯했다. 때는 1777년이었다. 조선의 몇몇 학자가 관습에 따라 불교 사찰에 모여 승려의 보살핌을 받으며 학문적 담론을 나누었다.[20] 책 한 권이 손에 들어왔다. 그리스도교에 관한 이 한문 서적은 그들에게 매우 풍부한 자료를 제공해 주었다. 이런 책은 가끔 사신들이 은밀히 숨겨 들여오곤 했다.

그 책에는 하느님과 영혼 불멸과 계명에 대한 흥미 있는 내용이 담겨 있었다. 공자 같은 학자도 이런 문제에 대해서는 어떤 깨우침도 주지 않았다. 공자의 가르침은 현세 종교에만 국한되어 있다. 임금과 신하, 부모와 자식, 윗사람과 아랫사람, 남편과 아내, 그리고 벗들끼리 지켜야 할 다섯 가지 도리[오륜五倫]에 대해서만 말할 뿐이다. 하느님과 내세에 관해서는 한마디의 단서도 남겨 놓지 않았다. 많은 것이 확연해졌으므로, 모임에 참석한 학자들은 그 책에 담긴 가르침에 따라 살기로 결심했다. 그들은 함께 아침기도와 저녁기도를 바쳤고 주일을 지켰다. 알아듣기 어렵고 신비스런 내용도 물론 많았다.

그 무렵 우리 학자들의 지인 가운데 한 사람이 베이징 연례 사신단의 일원에 임명

---

17 1622년 55명의 순교자를 낸 리츠야마(立山).

18 나가사키 만 초입에 있는 다카보코 섬의 서구식 지명이다.

19 1637년 10월 25일에 발발하여 이듬해 4월 5일에 막을 내린 시마바라의 난. 천주교 탄압에 항거하여 천주교 신자들과 농민들이 일으킨 봉기로 알려져 있으나, 실제로는 가혹한 세금에 시달리던 어부와 상인, 심지어 실직한 사무라이들까지 합세한 전쟁이었다.

20 권철신, 이벽, 정약전 등이 1779년 겨울 경기도 여주군 산북면 하품리에 위치한 주어사(走魚寺) 천진암(天眞菴)에 모여 행한 강학회(講學會).

되었다. 이승훈李承薰[21]이라는 이 사람은 중국의 수도에서 낯선 신학문을 배우고 익혀 올 참이었다. 그는 알렉산델 드 구베아Alexander de Gouvéa 주교에게서 '베드로'라는 세례명으로 세례를 받고 1784년에 귀국하여, 일군의 열심한 남자들과 함께 조선 그리스도 공동체의 초석이 되었다. 1785년, 그나마 몇 명 안 되는 그리스도인 가운데 김도마[22]라는 사람이 단말마의 고문을 당했다. 본때를 보여 주면 스스로 배교하거나, 적어도 다른 이들에게 위협은 될 터였다. 그는 유배 중에 고문 후유증으로 조선의 첫 순교자가 되었다. 이어서 엄격한 반그리스도교 문서[23]가 유포되었다. 누구나, 특히 그리스도인의 친지들은 그리스도인과 의절해야 했다.

어느 것도 신앙 운동을 멈추게 하지는 못했다. 그것은 유례없는 방식으로 자생했고 유례없는 방식으로 발전했다. 그리스도인들은 종교 지도자가 필요했다. 사제가 필요했던 것이다. 미사 성제는 사제가 올려야 한다고 교리서에도 쓰여 있다. 베이징에서의 기억을 되살려 [이승훈] 베드로가 스스로 팔을 걷고 나섰다. 베이징 체류 당시 뇌리에 새겨 두었던 모범에 따라, 그는 주교와 신부를 비롯한 각종 교회 직무와 제도를 마련했다. 그들 가운데서 주교와 신부가 선출되어 설교를 하고, 미사를 집전하고, 견진을 비롯한 칠성사를 베풀기 시작했다. 물론 그리해서는 안 될 일이었지만, 그런 생각은 눈곱만큼도 하지 않았다. 그렇게 그들은 이태 동안 열정적으로 직무를 수행했다. 그러다가 교리서에서 읽은 내용들이 조금씩 떠올랐다. 베이징의 주교가 확답을 주기 전까지, 그들은 모든 직책을 단호히 포기하고 더는 직무를 수행하지 않았다. 베

21 1756년 한양 반석방(盤石坊) 중림동(中林洞)에서 태어난 조선의 학자. 한국인 최초의 천주교 영세자. 1801년 신유박해(辛酉迫害) 때 순교했다.

22 김범우(金範禹, 1751~1786/7). 역관 출신으로, 1784년에 천주교에 입교하여 토마스라는 세례명을 받았다. 명례방(현재의 명동성당 부근)에 있던 그의 집에서 이승훈 등 남인 학자들과 집회를 갖던 중 관리들에게 적발되어 형조로 압송되었다. 이것이 을사추조적발사건(乙巳秋曹摘發事件)이다.

23 『승정원 일기』 등에 서학을 금하는 뜻으로 "방곡(坊曲)에 효유(曉諭)하였다"라는 기록이 나오는 것으로 보아 백성들이 깨달아 알도록 일러 주는 칙유가 공포되었음을 알 수 있다. 그러나 최초의 공식 반그리스도교 칙유는 진산 사건(신해박해) 이후인 1791년(정조 15) 11월에야 내려졌다.

이징 주교의 답신을 받으니 유효하게 서품된 사제가 더욱 절실했다. 그들은 사제를 보내 달라고 간곡히 청했다.

작고 미약하게 출발한 조선의 그리스도인 공동체가 4천 명으로 불어나자, 1791년 잔불 속에 숨어 있던 증오의 불씨에서 돌연 첫 번째 박해의 불길이 번지기 시작했다. 엄청나게 죽었다. 사제도 없이 신앙을 다져 온 이 가련한 사람들이, 친지들의 눈물과 탄식으로 마음이 약해졌다 한들 그게 어디 놀랄 일이겠는가? 그런데 놀랍게도, 이 영웅들은 조선의 야만적 관례에 흔히 있는 고문의 공포 속에서도 믿음을 지켰고, 그 믿음 하나로 기꺼이 죽음을 맞이하였다. 망나니 중 일부는 사형에서 종신형으로 감형된 범법자들이었는데, 그자들까지 그리스도인들을 괴롭힐 별별 고통의 수단들을 다 고안해 냈다.

1794년, 중국인 주 신부[24]가 갖은 고생 끝에 얼어붙은 압록강을 건너 무사히 조선에 잠입했다. 그의 등장으로 조선 교회는 급속히 성장했다. 몇 년 후에는 이 성인聖人 같은 사제 주위에 만 명의 그리스도인이 모여들었다.

원수들도 손 놓고 있지만은 않았다. 1801/1802년의 박해[신유박해]를 준비하고 있었다. 이 박해는 죽음을 두려워하지 않는 양 떼들을 열성적 목자에게서 떼어 놓았고, 향후 30년 동안 그리스도교 공동체를 사제 없는 '고아'로 만들어 버렸다. 그러나 이 박해야말로 고결하고 영웅적인 사연들로 충만했다. 사연 하나하나가 초기 로마 교회의 순교를 방불케 했다. 박해는 뜻하지 않은 방향으로 사태를 발전시켰다. 박해자의 잔혹성과 그리스도인의 강인한 용기는 지방에까지 전해져 뜻이 고결한 지방민들의 마음을 움직였다. 그리하여 그리스도교는 그 어느 지방보다 강원도와 경상도에서 특히 더 활발히 전파되었다.

1815년 경상도 지방 수도 대구에서 일어난 세 번째 박해가 1827년에는 서울로 번

---

24 주문모(周文謨, 1752~1801). 한국에 입국한 최초의 중국인 신부. 신유박해 때 새남터에서 순교했다.

졌다. 그리스도인들은 이 고난을 사제도 없이 겪어 냈다. 주 신부가 순교한 지도 어언 30년이 흘렀다. 그의 시신은 한강변 새남터 형장 깊은 모래 속 어딘가에 파묻혀 있다는데 정확한 위치는 알지 못한다. 그곳에는 범법자와 순교자들의 시신이 마구잡이 암매장되어 있다. 살아남은 사람들은 교황에게 애끓는 편지를 보냈다. "복음이 배를 타고 세상 끝 가장 먼 나라들에까지 퍼져 나갔다고 우리는 역사책에서 읽었습니다. 그런데 사람들은 이 세상 외딴 구석의 우리나라를 잊었습니다. 우리나라는 홀로 암흑 속에 묻혀 있습니다."

그리하여 1831년, 브뤼기에르 주교[25]가 조선교구 초대 대목구장에 임명되었다. 조선으로 가는 여정은 당시 선교 여행의 형편이 어땠는지를 보여 준다. 대목구장에 임명될 무렵 그는 샴[지금의 태국]에서 선교사로 활동하고 있었지만, 무려 4년이 지난 1835년 10월 20일에야 겨우 조선 국경 근처에 닿을 수 있었다. 그간에 겪은 고초는 이루 다 말할 수 없다. 그리던 나라를 눈앞에 두고 그는 수고로운 여정을 돌연히 마감해야 했다. 선교사들 가운데 모방 신부[26]가 서둘러 그 뒤를 이었다. 그는 [브뤼기에르] 주교의 장례를 치르고 1836년 조선 상복喪服 차림으로 입국했다.

3년 후 일어난 다섯 번째 박해[기해박해]에서 모방 신부와 그의 협력자 샤스탕 신부[27] 그리고 앵베르 주교[28]가 순교했다. 그들의 머리도 용산 앞 한강변의 누런 모래밭에 나뒹굴었다. 그리스도인들은 사랑하는 세 분 목자의 시신을 수습하여 강 건너편 산에다 모셨다. 그때부터 그 산을 삼성산, 즉 '세 성인의 산'이라고 부르기 시작한 것은 외교인들이었다.

---

25 Bruguière, Barthélemy(1792~1835). 한국 성은 소(蘇). 파리 외방전교회 선교사.

26 Maubant, Pierre Philibert(1803~1839). 한국명 나백다록(羅伯多祿). 1836년 겨울에 입국하여 전교에 힘썼다. 1839년 기해박해(己亥迫害) 때 충청도 홍주(洪州: 洪城)에서 체포되어 앵베르 주교, 샤스탕 신부 등과 함께 새남터에서 참수되었다.

27 Chastan, Jacques Honoré(1803~1839). 한국명 정아각백(鄭牙各伯). 파리 외방전교회 선교사.

28 Imbert, Laurent Marie Joseph(1796~1839). 한국명 범세형(氾世亨). 제2대 조선 대목구장. 파리 외방전교회 선교사.

1839년, 신앙의 열정으로 피 흘린 사람이 어디 이 세 분뿐이겠는가? 1801/1802년의 영웅들이 부활한 듯했고, 로마 카타콤바 시절의 순교자들이 다시 돌아온 듯했다. 그리스도인들은 앞 다투어 고문을 당하고 망나니의 칼날을 받았다. 양갓집 규수인 전 아가다[29]와 박 루치아[30]는 다리가 꺾여 뼈에서 골수가 흘렀다. 포악한 망나니들은 유 베드로(열세 살)[31]와 이 아나스타시아(열두 살)[32] 같은 아이들에게까지 온갖 수단을 다 동원하여 괴롭혔다. 놀랍도록 숭고한 고난이 유례없는 악을 이겨 냈다. 조선 교회는 수난을 통해 강해졌다.

1839년 대박해의 끔찍한 후폭풍은 지방에서 소규모 박해들을 양산했다. 그 와중에 최초의 한국인 사제 김[대건] 안드레아 신부가 검거되었고 1846년에 참수되었다.

가장 천인공노할 박해[병인박해]는 1866년에 일어났다. 여기서 섭정 대원군의 잔인성이 드러났다. 온 누리에 피가 강물처럼 흘러 넘쳤다. 얼마나 많은 그리스도인이, 특히 여자와 아이들이 눈과 얼음으로 뒤덮인 척박한 산속으로 피신해야 했던가, 또 거기서 얼마나 끔찍한 한파와 기아와 재난에 희생되어야 했던가?

이런 생각을 하며 우리는 강 건너편 언덕을 올랐다. 용산이 발아래였다. 시선은 회색 지붕들을 횅하니 건너뛰어 새남터 주위의 작은 집들 사이에 버려진 어느 누각에서 멈추었다. 고위 관리가 사형을 지휘하던 곳이다.

---

29 전경협(全敬俠, 1790~1839). 동정녀. 궁녀 생활을 하던 중 박희순을 따라 입교했다. 기해박해 때(1839년 4월 15일) 박희순 · 박큰아기 자매와 함께 체포되어 9월 26일 서소문 밖 형장에서 참수되었다. 1925년 7월 5일 비오 11세에 의해 복자품에, 1984년 5월 6일 요한 바오로 2세에 의해 성인품에 올랐다.

30 박희순(朴喜順, 1810~1839). 성녀 박큰아기의 동생. 궁녀로 간택되었으나 서른 즈음 입교했다. 퇴궐 후 언니 박큰아기와 조카 식구들을 입교시켰다. 기해박해 때 체포되어 전경협과 운명을 같이했다. 시복시성 일자는 앞의 주와 같다.

31 유대철(劉大喆, 1826~1839). 유진길(劉進吉) 아우구스티노의 아들. 저자는 서양 나이로 당시 "열세 살"이라고 밝혔다. 기해박해 때 부친의 뒤를 따라 순교를 결심하고 자수하여 1839년 10월 31일 포청옥에서 교수형을 받아 순교했다. 시복시성 일자는 앞의 주와 같다.

32 이 아가다(1823~1840)와 혼동한 듯하다. 성인 이광헌(李光獻) 아우구스티노와 성녀 권희(權喜) 바르나바 부부의 딸이며, 나이도 "열두 살"이라고 했으나 실은 열일곱이다. 1840년 1월 9일 김종한(金宗漢) 안드레아의 딸 김 데레사와 함께 포청옥에서 교수형을 받아 순교했다. 시복시성 일자는 앞의 주와 같다.

고문은 몇 주 동안 매일 계속되었다. 뼈가 으스러질 때까지 사지를 뒤틀고, 구멍 뚫린 판자로 발바닥을 때리고, 목봉으로 허벅지에 주리를 튼 후, 고위 관리 앞으로 끌고 왔다. 고문이 끝나면 다시 좁고 어두운 감옥에 처박혔다. 수십 년 동안 한 줄기 시원한 바람도 환한 빛도 든 적이 없는 곳이었다. 썩은 나무로 지은 감옥에서 휴식은 꿈도 못 꿀 일이었다. 채 부러지지도 못한 사지는 비틀리고 뒤엉켜 잠을 이룰 수 없었고, 쇠잔하고 굶주리고 목마른 육신은 힘없이 쓰러지기 일쑤였다.

고통에서 해방되는 길은 죽음밖에 없었다. 형장으로 끌려가기 전에 죽는 편이 오히려 나았다. 인간이기를 포기한 형리들은 수형자의 가족들에게서 돈을 뜯어낼 요량으로 틈나는 대로 매질하고 괴롭혔다. 참수형을 선고받은 사람들은 곧바로 수레에 실려 형장으로 이송되었다. 군중들은 함성을 질렀다. 귓불을 화살로 꿰뚫린 채 그들은 판결문 낭독을 기다렸다. 집행관이 신호를 하면 망나니들이 백사장에 꿇어앉은 사형수에게 달려들어 녹슨 칼을 목덜미에 내리꽂았다. 목은 대여섯 번의 칼질을 받고서야 떨어졌다. 형리는 잘린 머리를 집행관에게 가져갔다. 집행관은 사형의 전 과정이 완결되었음을 제 눈으로 확인했다.

이 음산한 살육극을 집행하던 작은 누각은 차마 형언하기 힘든 공포와 전율을 침묵으로 증언하며 그 자리에 묵묵히 서 있었다. 이 나라의 통치자는 제 백성에 대한 분노를 공포와 전율로 표출했다. 그러나 신비로운 사랑과 넘볼 수 없는 신앙의 수호자인 순교 영웅들은, 그 모든 공포와 전율을 아무도 돌보지 않는 무덤 속으로 가지고 들어갔다. 이 모든 것을 덮은 채 한강은 탁하고 누런 강물을 바다로 흘려 보낸다. 그 위로 삼성산이 빛나고 있었다.

계곡을 지나 길게 뻗은 제물포 방면의 철둑이 상념에 잠긴 시야를 가로막았다. 내 시선은 순교자의 피로 물든 그 장소를 찾고 있었다. 편협한 장사꾼 기질과 국가적 타산으로 수천 년 동안 폐쇄되어 있던 이 '죽은 백성'(peuple mort)에게, 이리도 숭고한 이상을 추구하는 삶과 영웅적인 힘이 충만하다는 것을 위대한 순교자들은 피로써 증거했다. 이런 힘이, 아니 이런 힘만이 죽어 가는 민족을 위대하게 만들 수 있는 것이다.

그 힘의 원천이 그리스도교다. 자신의 피와 생명을 기꺼이 바치는 영웅이 그리도 많았는데, 이 백성이 '죽은 백성'일 리 없다. 다만 생기 넘치는 발전 도상에서 어두운 감옥에 갇히고, 폭군의 압제에 시달리고, 양반들에게 착취당했을 따름이다. 감금과 고립과 죽음과 고문을 이기고 살아남을 수만 있다면, 이 백성은 그리스도교의 자유로운 하늘 아래 신선한 공기를 마시며 기쁨에 충만한 발전을 이룩할 수 있을 것이다.

산에서 내려오니 바로 프랑스 [파리 외방전교회] 선교사 묘지[용산성당 성직자 묘]다. 고요한 숲 속의 이 묘지는 젊고 생기발랄한 용산 신학교[용산 예수성심신학교] 학생들에게 '죽음을 생각하라'(memento mori)고 온화하게 속삭인다. 대부분 한창나이로 생의 한복판에서 일손을 놓아 버린 젊은이들이 소박한 돌 십자가 아래 한형제로 잠들어 있다. 가까이서 일본인들이 쏟아 내는 쾌락과 탐욕의 소음들을, 소나무들이 말없이 서서 차단시킨다. 조선의 거룩한 땅을 밟기도 전에 악성 티푸스로 선종한 우리 형제 마르티노 후버 수사[33]도, 우리 연합회의 첫 희생자로 파리 외방전교회 신학교의 영웅들과 이곳에 나란히 누워 있다.

언덕을 향해 몇 걸음 옮기자 바로 [파리 외방]전교회 소유지다. 신학교 성당[34]이 이정표가 되어 주었다. 언덕 위의 성당은 마치 기도에 침잠한 듯 침묵 속에서 평지를 훑고 삼성산을 응시한다. 이 성당은 어느 프랑스 부인이 이 방향으로 짓는다는 조건으로 기증한 것이라 한다. 산뜻한 고딕식 성당 바닥에는 첫 한국인 사제, 저 고결한 김대건 안드레아 신부의 유해가 소박한 대리석 판 아래 모셔져 있다. 신부는 여기 누운 채 바로 옆 신학교에서 사제 성소를 준비하는 젊은 동포 신학생들에게 거룩한 열정과 영웅적 희생 정신을 가르치는 것이다. 그는 신학생들에게 부디 순교자의 피를 잊지

---

33 Martinus Huber(1882~1910). 성 베네딕도회 오틸리아 연합회 선교사. 1908년 10월 4일 첫 서원. 1909년 11월 7일 선교 파견.

34 코스트(Coste) 신부의 설계로 1902년에 설립된 용산 예수성심신학교 소성당. 현 성심여자고등학교 내 원효로성당.

용산 예수성심신학교 소성당

말라고, 그대들의 혈관 속에도 순교자의 피가 흐르고 있음을 잊지 말라고 충고한다. 뮈텔 주교가 이곳을 눈여겨보고 방인 사제 양성의 요람으로 낙점했다는 사실에 우리는 놀랄 이유가 전혀 없다.

용산 신학교는 비좁은 한국식 석조 가옥 한 동으로 개교했으나 증축을 거쳐 한국으로서는 규모가 꽤 되는 건물로 발전했다. 그래도 통풍과 채광이 용이한 학교를 원하는 유럽인의 까다로운 취향에는 초라해 보일 것이었다. 교실의 나무 걸상들은 질박하고 거칠었다. 식당은 다소 어두운 듯했지만 연학실의 조명도 그런대로 쓸 만하고 침실도 그리 옹색하지는 않았다. 이 모든 시설을 보니 신학교가 궁핍과 힘든 싸움을 해나가야겠다는 생각이 든다. 먼 훗날 신학생들이 사목자가 되었을 때 실천해야 할 희생과 검약을 실생활 속에서 미리 훈련하는 셈 치면 되겠다. 그래도 오늘은 내가 특별히 신학교 교장의 허락을 받고 오후 휴강을 얻어 주자, 서른 명의 소년들은 뛸 듯이

용산 예수성심신학교 소성당

기뻐하며 운동장으로 내달렸다.

신학교는 신부 세 명이 맡고 있다. 이들이 라틴어 초급반부터 철학과 신학까지 전 과정을 담당하고 사제품까지 준다. 3년에 한 번씩만 신입생을 받기 때문에 부담이 조금은 덜하지만, 신부 셋이 감당하기에는 그래도 힘겨운 과업이다. 신학생들은 이렇게 대망의 목표에 한 걸음씩 다가가, 9년 뒤에는 그 뜻을 이루게 되는 것이다. 한국의 미래가 그들에게 달려 있다.

선교 전 분야에 사제가 턱없이 부족한 건 사실이지만, 그래도 교수 신부가 충원되면 좋겠다! 재원이 넉넉하다면 건물을 더 크게 지어 입학 정원도 늘릴 수 있을 것이다. 성소와 인재가 차고 넘칠 것이다. 선교 사업이 급속히 진전될 것이며, 그 기반은 더욱 공고해질 것이다. 그러나 어디나 그렇듯이 여기도 노력과 희생뿐 아니라 모든 것이 결여되어 있다. 그렇다고 용산 신학교가 정말로 문을 닫지는 않을 것이다. 행여 교수가 충원되지 않아 사정상 선교가 위기에 봉착하고 재원이 딸리면 한국 가톨릭교회에 없어서는 안 될 이 존경스런 학교가 몰락의 길을 걷게 되지나 않을까? 그러나 그리스도의 사랑은 순교자의 피로 축성된 한국 땅을 그런 운명에서 지켜 줄 것이다.

용산 신학교 출신 방인 사제 18명이 서울과 대구 대목구를 관할하는 46명의 파리 외방전교회 소속 사제들을 돕고 있다.

---

35 샬트르 성 바오로 수녀회에서 운영한 고아원.

36 당시 약현(藥峴)성당, 지금의 중림동성당.

서울의 그리스도교

3월 8일

오늘은 두 곳을 방문하여 그림을 완성시키자. 밑그림은 이미 용산에서 그렸다. 한 곳은 수녀들이 운영하는 고아원[35]이고, 또 한 곳은 서울 교외에 있는 성 요셉성당[36]이다.

고딕 양식으로 높이 솟은 주교좌성당에는 십자가가 하늘 높이 달려 도시를 비추고 있다. 십자가는 만백성을 빛으로 인도하는 이정표다. 몇 걸음만 더 가면 200여 명의 소녀들을 돌보고 가르치는 고아원이다. 본관에 다섯 명의 프랑스 수녀들이 살면서 방인 청원자들을 지도하고 있다. 자신을 하느님께 봉헌하고 몸 바쳐 사랑을 실천하려는 한국의 젊은 여인 마흔 명이 이곳에서 함께 생활한다. 이곳 출신 방인 수녀들이 벌써 여섯 도시에 파견되어 소녀와 환자들을 사랑으로 돌보고 있다.

서울의 주교좌성당

여학생들

수녀원장은 우리를 아이들 방으로 안내했다. 그들은 열심히 일을 배우고 있었다. 한국 아이들에게 이런 일은 전혀 낯설지 않다. 여성에게는 빨래 같은 가사 노동이 끝도 없이 주어지는 것이 보통이다. 열두어 살 소녀 삼사십 명이 긴 탁자 주위에 꿇어앉거나 쪼그리고 앉거나 의자 위에 책상다리를 하고 앉아 있다. 소녀들은 저마다 수예보를 하나씩 들고 재빠르고 능숙하게 바늘을 다루며 수를 놓았다. 이렇게 만든 수예품을 미국 부인들이 즐겨 산다고 했다.

아이들은 그룹 단위로 똑같은 전통 한복을 입고 있다. 우리가 들어간 방의 아이들은 초록 치마와 다홍 저고리를 입었다. 몇몇 아이는, 제법 일을 많이 한 티가 나는 작업복 저고리에 갓 다림질한 명절 옷을 입고 있어서 놀랐다. 방을 떠날 때 아이들은 한국식으로 인사를 했다. 팔을 드리운 채 수줍은 듯 다소곳이 다가와 천천히 손바닥을 바닥으로 향하게 한 다음 손가락 끝을 세웠다. 그러고는 손바닥이 바닥에 닿을 때까지 무릎을 구부리면서 머리와 상체를 최대한 깊이 숙여 큰절을 했다. 일어날 때도 몸을 숙일 때처럼 엄숙하고 천천히 몸을 곧추세우는 것이다. 같은 동작을 두세 번 되풀이했다. 한 번은 왼손으로, 또 한 번은 오른손으로 허리를 받치고, 남는 손으로는 바닥을 짚었다. 절은 네 번째 허리를 숙임으로써 마무리된다. 손바닥을 절 받는 사람 쪽으로 향하게 하고 두 손을 이마에 대면 손가락 끝이 이마 한가운데서 맞닿는다. 그렇게 한 후 손바닥이 바닥에 닿을 때까지 몸을 낮추면서 상체를 앞으로 숙이는 예의 느린 동작이 반복된다. 두 손은 계속 이마에 대고 있다.

절을 법도에 맞게 하면 온몸의 근육이 긴장되므로 많은 연습이 필요하다. 어머니들은 이처럼 까다로운 절을 딸에게 올바로 가르쳤다는 자부심이 크다. 이런 절을 잘할 수 있다는 딸들의 긍지도 그에 못지않다. 그러나 이 불쌍한 고아들에게는 어머니가 없다. 그들 대부분은 표정이 솔직했다. 감히 말하건대, 묘한 슬픔이 묻어나는 그 진지함에 더욱 마음이 쓰였다. 어린 가슴에서 샘솟는 아이들 특유의 쾌활함은 깃들 여지가 없는 듯했다. 꼭히 낯선 외국인 앞이라 그런 것 같지만은 않았다.

굳이 고아원이 아니라도, 촌색시들은 물 길으러 나가려고 대문을 열었다가도 남정네나 총각이 나타나면 수줍게 몸을 숨기곤 했다. 장성한 처녀가 아무에게나 자신을 드러내는 것을 금하는 것이 엄연한 한국의 법도다. 어린 소녀들도 예외가 아니었다. 그러나 이 고아원 아이들에게는 수줍음이 사라진 지 오래다. 가혹한 노예적 운명이 새겨

큰절하는 아이

진 표정들만 남아 있다. 외교인外敎人의 나라가 으레 그렇듯이, 한국 여성들도 수백 년 동안 종의 멍에를 지고 살았다. 어머니는 딸이 태어날 때부터 그런 운명을 대물림한다. 생은, 인간 존엄성이 무시되는 고통으로 점철된다. 쉽게 물러날 고통이 아니다. 그리스도교의 숭고함만이 비로소 그 어두운 그늘에 빛을 던져 줄 것이다.

이 방 저 방을 둘러보다가 마침내 유아방으로 들어섰다. 유아들이 우스꽝스럽게 줄지어 서서 낯선 방문객들을 올려다보았다. 유아들은 작은 한옥에서 지낸다. 기름종이[장판]로 방바닥을 깔았다. 제일 따뜻한 곳이 어딘지는 방바닥의 밤색 얼룩을 보면 알 수 있다. 옆방에 한 아이가 밤색 얼룩 위에 누워 있었다. 아픈 아이라는 것을 첫눈에 알았다. 따뜻한 방바닥에서 아이는 아늑할 것이다. 침대도, 부드러운 이부자리도, 깃털 베개도 아쉬워하지 않는다. 한국인들에게 이런 침구는 생소하다. 기껏해야 딱딱한 흙바닥[봉당封堂] 위에 볏짚으로 짠 돗자리를 깔고 긴 베개만 베면 얼마든지 깊이 잠들 수 있다. 베개 대신 목덜미를 나무토막[목침]으로 괴기도 한다. 그들은 3제곱미터 남짓한 낮고 좁은 방에 살지만, 방이 참 따뜻하다. 고아원의 그 아이가 유달리 호강하는 것은 아닌 셈이다.

이른바 '순교자의 문'이라는 남대문[37]을 지나, 성 요셉성당이 있는 교외로 나왔다. 바로 큰길을 벗어나 좁고 꼬불꼬불한 골목길로 접어들었다. 헤쳐 나가기도 힘든 길이었다. 여기서는 먼지투성이의 길바닥에 펼쳐 놓고 파는 음식물을 피해 갈 수 없다. 집들을 따라 길게 파 놓은 배수구의 진창길을 끼고 걸음을 옮겨야 한다. 마침내 언덕배기에 이르니 성 요셉성당이 내려다보였다.

그 어느 곳보다 빈한하고 곤궁한 동네였다. 가난한 오막살이마다 나날의 호구지책이 힘겨워 신앙생활도 음울한 삶의 격랑 속에 휩쓸리고 말았다. 한국인들은 일본이나 중국 사람들보다 훨씬 종교적이다. 16세기, 저 영광의 시대에는 일본 사람들도 그러

37 위치상 서대문이다. 사진에도 돈의문(敦義門)이라는 현판이 흐릿하게 보인다.

'순교자의 문'

하지 않았던가? 생활의 궁핍은 이상理想의 추구도 질식시켜 버렸다. 이곳도 가난에 짓눌려 그리스도교에는 눈길조차 주기 힘든 형편이다.

그래도 두세 신부[38]가 함께하는 그리스도교 공동체는 장하고 희생적이다. 그들은 피로 물든 한국 땅에 세워진 첫 교회에 모였다. 지칠 줄 모르는 두세 신부가 35년 전부터 이곳에서 사목 활동을 하고 있다. 박해 기간 동안에 참혹한 어려움을 이겨 내고 좀 더 나은 시기로 넘어온 몇 명 안 되는 양 떼는 10년 후 두세 신부 주위로 몰려들었다. 두세 신부가 돌봐야 할 신자가 지금은 3천 명으로 늘어났다. 그는 목자로서 양 떼를 위하여, 양 떼와 함께 산다. 외양도 영락없는 목자다. 마르고 수척한 얼굴에 성실

38 Doucet, Camille-Eugène(1853~1917). 한국명 정가미(丁加彌). 파리 외방전교회 선교사. 1876년 12월 23일 사제 수품. 1877년 입국하여 황해도와 충청도 일대에서 사목과 전교에 힘썼다. 1892년 약현성당 초대 본당신부로 임명된 후 선종할 때까지 이곳에 삶을 바쳤다.

시골 여학교[가명학교]

함과 온화함이 묻어 있다. 신자들이 진심으로 그에게 의지하는 것도 놀랄 일이 아니다. 그들에게 그는 전부다.

언덕 위의 성 요셉성당은 간결하고 소박하지만 정갈한 품위를 지키며 아랫마을 신자들을 굽어보고 있다. 그들은 외교인들과 섞여 산다. 성당은 고딕식 벽돌 건물이다. 성당 안팎 어디에도 특별히 흥미롭거나 예술적인 장식은 없다. 신자석에 남녀를 격리하는 목제 칸막이가 성당 길이대로 아직 설치되어 있다. 남녀유별은 한국의 오랜 관습이다. 한국 가톨릭교회가 태동하던 시대에도 이 관습은 사회를 지배하고 있었다. 이제 세월이 흘러 관습도 변했다. 그러나 칸막이는 한국 교회의 영광된 시대를 추억하는 뜻에서 그냥 남겨 두었다.

성당에서 조금 내려오면 평탄 작업을 한 부지 위에 여학교[39]가 있다. 이 학교는 한국인 수녀 둘이 운영한다. 교실은 작고 초라했다. 질박한 걸상들을 보니 그런 느낌이

숲 속의 소녀들 ①

더했다. 하지만 부지를 확장하고 시설을 개선할 경비를 어디서 끌어온단 말인가? 수녀들의 헌신적 사랑과, 기를 쓰고 공부와 수작업에 매달리는 착한 아이들이 그곳에 있었다.

그 옆에 작은 초가집이 보였다. 문득 내 어릴 때 살던 마을이 떠올랐다. 학교 가는 길목에 초라한 오두막집이 있었는데, 사람들은 그 집을 '목동牧童네'라고 불렀다. 나는 그 가난한 사람들을 볼 때마다 참 불쌍하다는 생각을 하곤 했다. 혹독한 가난 때문에 어쩔 수 없이 그 좁은 감옥에서 살 수밖에 없는 사람들이었다.

이곳에는 사랑이 있다. 수녀들은 그 비좁은 교실에서 제 나라 아이들에게 사랑을 쏟는다. 그 작은 초가집은 두 선생 수녀가 사는 '수녀원'이었다. 그들도 한때는 가족과

39 1901년 두세 신부가 약현성당에 설립하여 운영한 학교. 1906년 약명학교(藥明學校)라는 남학교를 설립하면서 종래의 여학교를 가명학교(加明學校)라고 명명했다.

학교

함께 자개장으로 치장한 부잣집에서 살았으나, 지금은 값진 금은 장신구일랑 자매들에게 넘기고 빈민들을 돕기 위해 스스로 청빈을 택했다.

언덕 맞은편 남학교[40]의 곤궁은 더욱 참담했다. 그러나 '마음이 가난한 사람은 행복하고, 복음은 가난한 사람들에게 선포되었다'는 것이 바로 그리스도의 위대한 가르침이다. 한국 가톨릭교회는 이러한 가르침을 기반으로 발전하여 지금은 9만 명이 넘는 신자를 가진 공동체로 성장했다. 진실로 한국 가톨릭교회에서 가난이 떠난 적이 없었다. 교회와 선교사들이 좀 더 풍요로웠더라면, 빈민들의 현실적 궁핍을 돌볼 수단을 더 많이 확보할 수 있었을 것이다.

선교 사업의 성취와 더불어, 1882년부터 가톨릭 선교사들은 피 흘려 일군 이 땅에서 선교지를 확보하기 위해 미국 개신교의 공격적 전교 활동과 치열하게 맞서야 했

40 1906년에 두세 신부가 설립한 약명학교. 1909년 이후 가명학교.

다. 조선이 문호를 개방하자 미국에게는 절호의 판로가 열렸고, 교역을 통해 개신교의 전교 활동을 후원했다. 미국의 대기업들이 개신교, 특히 장로교 선교사들을 꾸준히 지원했다. 선교사들에게 자금을 지원하는 미국 회사들의 종교적 동기를 의심하거나 평가절하할 이유는 없다. 우리가 선교 지원금을 조달하는 부차적 방안으로 교역에 관심을 기울인다 해도 나쁠 건 없다. 실용적인 미국인은 해외 선교사 한 사람이 수천 달러 이상의 광고 효과를 낸다고 솔직히 고백한다. 선교사들은 교역을 통한 국익 창출에 대단히 열성적이고, 미국에 대한 외국인들의 의존도를 높이는 데 기여하는 바 크다. 그럴진대, 미국 회사들이 자국 선교사를 지원하는 데 자금의 일부를 투자하지 않을 이유가 어디 있겠는가?

이런 이유에서 미국 개신교는 한국에 엄청난 물량을 쏟아 붓는다. 부인과 자녀 둘을 부양하는 장로교 선교사 한 사람의 급여가, 한국의 프랑스 선교사 46명의 급여를 합친 것보다 많다. 게다가 그들은 자선 · 종교 · 문화 사업에 엄청난 규모의 자금을 운용한다. 곳곳에 고급 병원과 명문 학교와 화려한 교회를 짓고, 재원을 풍족히 확보하여 가난한 신자들에게 분배해 주기도 한다. 미국 개신교의 영향력은 한국 북부 지방에서 특히 막강하다. 평양에는 기존의 고등교육기관 외에 6만 마르크를 들여 새로운 학교를 설립했다. 남부 지방 선교는 거의 가톨릭이 독점하고 있으며, 중부 지방은 가톨릭과 개신교가 고루 섞여 있다. 그럼에도 서울에는 개신교가 강세를 보인다. 기독교청년회(YMCA)는 이토 히로부미 후작 시절에 이미 연간 2만 마르크의 국고 보조금을 받아 내는 데 성공했다. 이 보조금은 현 총독인 데라우치 마사타케 공작 재임 기간에도 계속 확보되어 있다. 반면, 가톨릭 선교사는 단돈 500마르크로 자신의 생계를 꾸리

책을 든 선생님 ①

고 전교회장 · 복사 · 교사들의 급여까지 해결해야 한다. 이 돈이 가톨릭 선교사 한 사람의 연봉이며 더는 일체 없다. 그렇다, 그 돈에서 또 얼마를 남겨 궁핍하기 짝이 없는 교회에도 보태고 학교 운영 자금도 대야 한다. 급할 때는 가난한 이웃도 도와야 한다. 선교 활동을 촉진할 멋진 계획이 떠올라도 손발이 묶여 있으니 접을 수밖에 없다. 실현할 방도가 없기 때문이다. 공식 보고서에 따르면, 작년 한 해 동안 가톨릭 선교회가 운영하는 30여 개 학교가 '재정 악화'로 문을 닫아야 했다.

형편이 이리도 다르니, 한국에서 활동을 시작한 지 몇 년도 채 되지 않은 미국 개신교가 가톨릭 선교 활동의 성과를 이미 추월했다는 것이 놀랍지도 않다. 여러 교파로 나뉘긴 하지만, 개신교 신자들은 벌써 20만 명을 넘어섰다. 모든 개신교 신자의 신앙이 가톨릭 신자들만큼 독실하고 굳건한지는 장담할 수 없다. 한국의 가톨릭 신자들은 비참하고 가난한 삶에 대해 푸념도 늘어놓지만, 어떤 경우에도 그들의 신앙을 소중히

여신자들

학교

여기는 담대한 용기를 잃지 않는다. 개신교 신자들이 엄청난 물질적 혜택을 받는 걸 보면서, 그들은 이렇게 말하곤 했다. "신부님, 신부님께서는 우리 영혼은 잘 돌봐 주는데 우리 육신에게 해 주는 건 아무것도 없군요." 딴은 그렇지만, 신부들조차 우환투성이의 이 작은 마을에 함께 살면서 신자들과 수입을 나누는 처지요, 옹색한 초가집에서 그들과 똑같이 한줌 쌀과 보리로 연명하는 판국에, 불쌍한 신자들에게 줄 돈을 어디서 마련할 수 있겠는가?

선교사들의 희생은 끝이 없다. 설상가상, 도움이 필요한 이들의 어려움을 해결해 줄 수 없다는 무기력과 부담감이 어깨를 짓누른다. 어쨌거나 개신교의 선교 활동과, 무엇보다 선교를 촉진하기 위한 미국의 기꺼운 희생은 인정하지 않을 수 없다.

시내를 가로질러 귀갓길에 오르니 늦은 오후였다. 뉘엿뉘엿 서산에 지는 해가 음울하게 뒤섞인 집들과 분주한 거리 위로 푸른 그늘을 드리웠다. 잠시 짬을 내어 대한의

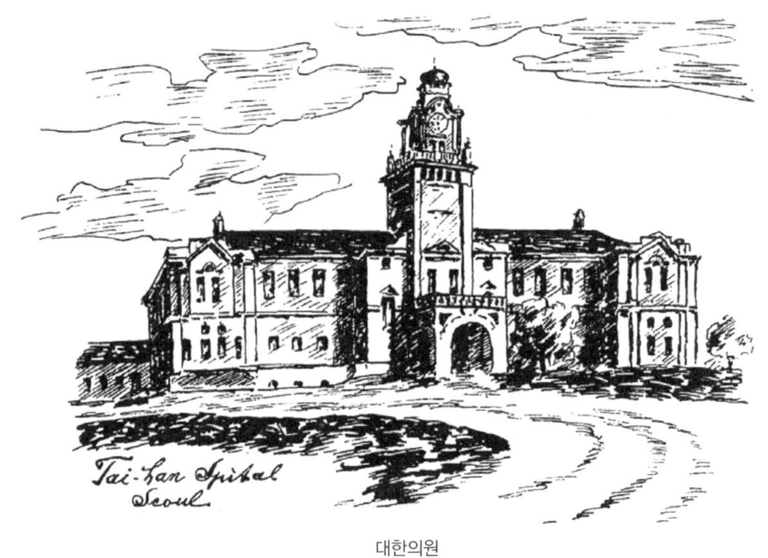

대한의원

원[41]에 들러 보기로 했다. 지금은 정부가 운영하는 이 병원을 그동안 종종 지나친 적은 있다. 적당한 높이의 구릉을 사이에 두고 우리 수도원에서 그리 멀지도 않다. 입구에서 한국인과 일본인은 신을 벗고, 유럽인은 구두 위에 헝겊 덧신을 신어야 한다. 덧신이 모자란 탓에 나는 그냥 구둣발로 그 '신성한 땅'을 밟고 입장해야 했다. 대한의원은 전적으로 일본인들의 관리하에 운영된다. 일본인 의사들은 대부분 독일에서 교육받았다. 독일 의학을 빛내는 사람들이다. 특히 외과 의사들은 동양인 특유의 차분함으로 능숙하게 수술을 집도했다. 일종의 '자원 봉사자'인 일본 간호부들은 부지런히 업무를 수행했고, 어머니가 자식을 대하듯 헌신적으로 환자를 돌보았다. 일본 여성들

41 최초의 국립병원으로 내부(內部)에 속하였으며 1899년 4월 광제원(廣濟院)으로 바뀌고, 1907년 3월 대한의원(大韓醫院)으로 개칭되었다. 1910년 9월 30일 조선총독부 의원관제 공포와 더불어 조선총독부의원으로 다시 개칭되었다. 1928년 현 서울대학교 병원의 전신인 경성제국대학 의학부 부속의원이 되어 현 건물 신축 전까지 서울대학교 병원으로 쓰이다가, 지금은 병원 박물관과 연구소로 활용되고 있다.

전교회장과 딸

은 그런 태도가 천성적으로 몸에 밴 것 같다. 유럽인들과는 달리 신경질 부릴 줄도 모르고, 문을 쾅쾅 닫아 환자를 놀래킬 줄도 모른다.

병원은 분관식分館式 복합 건물로 설계되었다. 살균 소독이 용이하도록 본관과 1층 부속 건물 여러 동을 일본식 나무 복도로 연결했다. 병원 건물 뒤의 아담하고 쾌적한 숲은 장차 공원으로 활용될 것이다. 대한의원을 유럽식 분위기로 탈바꿈시키려는 이 모든 시도가 이제는 거침없이 받아들여진다. 본관 앞의 넓은 자갈밭이 특히 이목을 끈다. 일본은 이 병원에 막대한 투자를 했다. 이 병원과 각 지방 군소 빈민 병원들에 연간 120만 마르크의 예산이 투입된다. 한국은 이러한 자선이 간접적으로는 그리스도교 덕분이라 여긴다. 유럽에서도 그런 생각을 하는 이가 사라진 지 오래다.

태극 문양이 새겨진 접시

제6장

예술과 재능

음악학교

3월 11일

오늘은 한국에서 독일 분위기에 흠뻑 젖게 될 것 같다. 에케르트 교장[1]의 초대로, 우리는 오늘 오전 그의 음악학교를 방문하기로 했다.

운 좋게도 날은 잘 잡았다. 야외 나들이는 엄두도 못 낼 궂은 날씨다. 산마루를 짙게 감싼 안개가 점점 내려앉고 있었다. 습하고 음울한 안개가 도처에 깔려 태양은 세상의 화려한 색채를 감히 드러내지 못하였다. 길 위의 모든 생명이 죽은 듯했다. 늘어선 지붕들도 안개 자락에 묻혀 그 어느 때보다 어두워 보였다. 희미하게나마 세상의 모든 색채가 창호지 문을 뚫고 집안으로 숨어들었다.

넓은 비 모자로 몸을 가린 아이가 길 위에서 이리저리 폴짝거리고 다녔다. 대나무 줄기로 머리에 고정시킨 그 기름종이 모자는 지름이 족히 1미터는 되겠다. 일을 보러 나온 행인이 홀로 걸음을 재촉한다. 그는 정교하게 짠 실린더 모양의 검은 모자[갓] 위에 작은 비 모자[갈모]를 덮어 썼다. 비 모자는 섬세하고 값비싼 갓만 가리면 되므로, 갓 가장자리에서 겨우 1인치 남짓한 여유만 두었다. 성인 남자가 우산이나 넓은 아동

---

1 Eckert, Franz von(1852~1916). 독일 슐레지엔 발덴부르크 출신의 음악가. 1901년 독일 영사 하인리히 바이페르트(Heinrich Weifert)의 초청으로 내한하여 한국인 연주자들을 양성하고, 궁궐과 파고다 공원 등에서 바그너를 비롯한 서양 작곡가의 음악을 정기적으로 연주했다. 1902년 대한제국 국가를 작곡했으나 국권 상실 후 사장(死藏)되고 말았다. 1916년 8월 8일 서울에서 사망, 양화진 외국인 묘지에 안장되었다.

용 비 모자를 쓰는 것은 한국의 풍습에 어긋난다. 그것은 여자와 아이들의 특권이다. 노란 기름종이로 만든 남자들의 비 모자는 큰 봉투 모양이다. 착용하지 않을 때는 부채 모양으로 접는다. 아래쪽에서 중국식 우산이 올라오고 있었다. 평평한 중국식 우산은 대나무 살 위에 기름종이를 팽팽하게 펴 발라 만들었다. 접으면, 고대 로마의 형사 집행관들이 법정에서 지참하던 표장標章을 연상케 한다. 오늘 같은 날은 나막신이 제격이다. 나막신은 굽이 높아 웬만한 흙탕물은 거뜬히 건넌다. 나막신을 신고 걷는 걸 진작 배워 둘 걸 그랬다. 전차가 구해 줄 때까지 우리는 진창길을 걸어야 했다. 난처한 곳이 여기저기 나타났다. 천신만고 끝에 음악학교에 도착했다.

우리를 안내할 한국인 둘이 앞마당에서 기다리고 있었다. 학교는 최소한의 설비만 겨우 갖춘, 작고 열악한 목조 건물이었다. 붉은 장식이 달린 검은 재킷에 붉은 바지 차림의 오케스트라가 연주 준비를 하고 있었다. 음악학교는 에케르트 선생의 업적이다. 선생은 10년 전 [고종] 황제의 위임으로 각고의 노력 끝에 이 학교를 세웠다. 고종 재위 때가 이 학교의 황금기였다. 당시 독일 군함에서 서양 음악을 들어 본 고종은 크게 감격하여, 중요한 연회 때마다 자리를 빛내 줄 그런 오케스트라가 있으면 좋겠다는 소망을 그 자리에서 피력했다. 100명의 단원을 자랑하던 전성기는 오래전에 지났지만, 그래도 서른 명의 젊은 음악가들이 아직 자리를 지키고 있다.

비 모자를 쓴 아이들

금관과 목관, 그리고 타악기로 구성된 오케스트라는 정확한 박자와 농익은 감정으로 군악 몇 곡을 연주했다. 지휘자가 어떻게 가르쳤기에 한국의 젊은이들이 생판 낯선 음악을 저토록 완벽하게 이해하여 연주할 수 있는지 놀라지 않을 수 없었다. 바그너의 「탄호이저」를 들어 보니, 지휘자가 자신의 오케스트라를 신뢰하지 않을 수 없겠구나 싶었다. 더 바랄 게 없을 만큼 완벽한 연주였다. 몇 곡을 더 연주했다. 행진곡과 가곡을 다양한 리듬으로 섞어 편곡한 메들리도 있었다. 오케스트라는 그런 곡도 너끈히 소화해 낼 만큼 연습이 잘되어 있었다. 선율은 지구를 반 바퀴 돌아 우리를 숲 속 고향 길로 데려다 주었다.

이것이야말로 진정 독일인의 작업 방식이다. 땀과 노고를 아끼지 않고 집요하게 성과를 이루어 낸다. 지난 10년 동안 에케르트 선생은 단원들과 동고동락했다. 외국 곡이 낯설었던 단원들은, 리허설 때 곧잘 하다가도 정작 공연이 닥치면 느닷없이 특정 악기를 거부하기도 했다. 리허설을 무난히 마치고도 공연은 망칠 수 있다는 걸 늘 염두에 두고 무대에 올랐다. 공연이 "성공리에" 끝날 때마다 기뻐하는 에케르트 선생의 마음이 충분히 이해되었다.

이임하기 전에 에케르트 선생은 부지휘자[2]에게 지휘봉을 넘겼다. 부지휘자는 빠른 템포의 이별 행진곡을 힘차고 열정적으로 연주했다. 그 한국인 부지휘자의 침착한 행동과 명쾌한 지휘를 보니 과연 훌륭한 스승에게 사사했음을 알 수 있었다. 학생들이 모두 모여 스승을 기렸다. 혹시 이 외국 음악이 좋

우산을 쓴 아이들

2 양악대 악사장 백우용(白禹鏞).

아서 모인 건 아닐까? 이러다가 각종 악기가 저마다 시끄러운 소리를 내는 그들의 전통 국악 연주에 더욱 흥미를 잃게 되는 건 아닌지 모를 일이다.

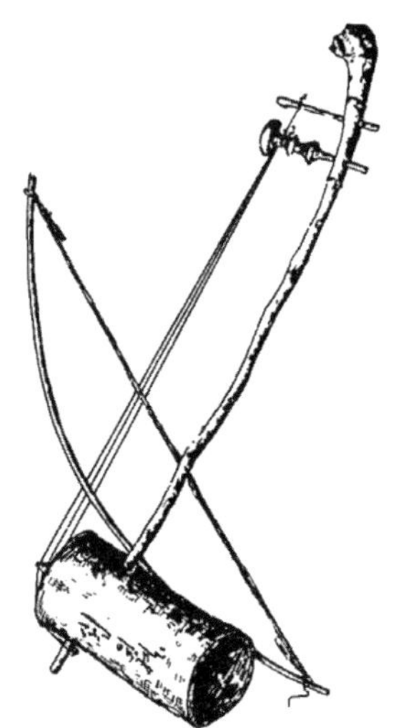

해금. 실물의 1/10

한국의 전통 오케스트라는 각종 트럼펫과 플루트, 호른에다가 일종의 하프와 큰 기타와 바이올린으로 편성되며, 이들을 소고小鼓와 북이 강력히 지원한다.[3] 너비 50센티미터, 길이 2미터 가량의 기타에는 육현금과 팔현금이 있는데, 아마 중국에서 유입되었을 가능성이 크다.[4] 그러나 바이올린은 한국 고유의 악기다.[5] 한국 바이올린은 키난다kinanda라는 아프리카의 원시 현악기와 여러 면에서 유사하다. 속을 파낸 나무 공명통 위에 두 줄 혹은 세 줄을 매어 쓰는데, 공명통에 꽂힌 굽은 나무 막대가 줄을 팽팽하게 당긴다. 형태와 구조에서 서양의 치터Zither와 매우 유사한 치터가 유입됨으로써 이 현악기는 더 이상 연주되지 않는다.[6] 주로 강세를 보이는 것은 관악기와 타악기다. 모든 목관 악기와 플루트, 북과 심벌즈는 오보에의 째지는 소리에 파묻혀 버린다.[7] 이 악기는 옛 독일령 동아프리카[탄자니아] 마툼비Matumbi 산의 펨베Pembe족 추장이 부는

3 저자는 해금을 스케치하고 '바이올린'이라는 설명을 붙이는 등, 나발 · 대금 · 피리 · 아쟁 · 거문고 · 가야금 등의 국악기들을, 자신에게 익숙한 유사 형태의 서양 악기 이름들로 표현했다.

4 육현금은 거문고다. 고구려 장수왕 때 왕산악(王山岳)이 진(晉)나라에서 전래된 칠현금을 개조 · 발전시켰다. 팔현금은 가야금이다. 대가야국 우륵(于勒)이 가실왕의 뜻을 받들어 중국의 13현금을 12현금으로 개량하여 보급시켰다. 삼한 시대부터 사용된 현악기가 가실왕 때 중국 쟁(箏)의 영향을 받아 발전했다는 것이 통설이다. 가야금을 팔현금이라 했지만 실은 12줄이다.

5 저자가 '바이올린'이라고 지칭한 해금은 고려 예종 때 송나라에서 들어와 처음에는 궁중의 당악과 향악에서 주로 연주되었으나, 훗날에는 민속악에도 널리 연주되었다.

6 저자는 해금을 "한국 고유의 악기"로 보고, 서양 악기 치터를 닮은 (가야금 · 거문고 · 아쟁 같은) 중국 현악기가 유입됨으로써 "더 이상 연주되지 않는다"고 했지만, 사실과 다르다. 해금도 근원적으로는 중국에서 유입되었고 아직도 연주되고 있다.

7 심벌즈는 바라, 오보에는 태평소로 추정된다.

고대 관악기를 연상시킨다. 구조는 매우 단순하다. 대통 하나에 구멍이 여섯 개 뚫려 있다. 그 구멍들을 막는 방식에 따라 소리가 다르게 난다. 한쪽 끝에는 작은 마우스피스가 달려 있고, 다른 쪽 끝에는 깔때기 모양의 금속제 개구부開口部가 있다. 이 악기는 엄청 시끄럽다. 개구쟁이들은 뺨을 한껏 부풀려 힘껏 불어제친다.

소규모 오케스트라는 제한된 악기들로 편성된다. 주로 여인들이 춤곡을 연주하는 일본과 달리, 한국에서는 남성 연주자들이 여인들의 춤을 반주한다. 여인들은 종종 독무獨舞도 추지만 대개는 열을 맞추어 원무圓舞를 춘다. 각 춤꾼의 동작은 저마다 우아하고 정적이며 부드러운 형태를 그린다. 섬세하고 절제된 몸놀림과 우아한 손짓으로 서로에게 다가갔다가 천천히 원을 그리기도 하고, 상큼한 박자에 맞춰 부채를 활짝 펼치기도 한다. 이 모든 동작이 청정하고 조화롭다. 무용이라고 하면 쉴 새 없이 휘몰아치는 것인 줄로만 아는 우리 유럽인들과는 사뭇 다른 예술적 취향과 감각이 아닐 수 없다.

공예 공방

3월 13일

서울을 원호圓弧로 둘러싼 산마다 샘물이 흘러 작은 시냇물을 이루고, 시냇물은 도시 한복판을 동서로 가로질러 한강에 이른다. 널찍한 하상河床이 제법 깊이 자리 잡고 둑은 튼실하게 강을 감싸서 열대성 호우에 단단히 대비하고 있다. 폭우가 쏟아지면 상류는 엄청난 양의 물과 자갈을 토해 낸다. 지금은 게으른 물줄기만 진흙탕을 뚫고 힘겹게 흘러갈 따름이다.

우리는 방금 커다란 석판 다리를 건넜다. 난간은 없고 둔중한 교각이 떠받치는 다리다. 붐비는 거리를 벗어나 강변의 좁은 오솔길을 따라 걸었다. 왼쪽으로는 은세공

장인들의 공방이 길게 늘어서 있다. 아마 작업에 유리한 입지 조건 때문에 이곳에 밀집해 있을 것이다. 남향으로 넓은 하상을 앞에 두니, 맞은편에 건물이 없어 충분한 일조량을 확보할 수 있기 때문이다.

오래전, 일거리가 넉넉하여 벌이가 제법 되던 시절부터, 은세공 장인들도 다른 수공업자들처럼 조합을 결성하여 함께 모여 살았다. 그러나 조합은 진작에 해체되었으며, 은공방들도 불경기에 큰 손해를 보고 줄줄이 도산했다. 공방은 죄다 고만고만하여 넓이는 3제곱미터를 못 채우고 높이는 겨우 2미터가 될까 말까다. 보통 두세 명의 장인이 함께 일한다. 왼쪽 구석에 길을 향해 쪼그리고 앉은 장인이 질박한 야로冶爐에서 은막대를 꺼내 모루 위에 올려놓고, 작은 망치로 두드려 모양을 낸다.

다른 장인은 나사 바이스 앞에 앉아 줄질을 한다. 뒤편 오른쪽 구석에는 또 다른 장인이 작은 접시 앞에서 몸을 숙이고 앉아 있다. 그는 접시의 유약을 고루 섞어 익숙한 손놀림으로 은 세공품에 슬슬 칠을 입힌다. 남은 한 자리는, 뒷벽에 붙은 낡은 서랍장에서 완제품들을 골라 사려는 손님 몫이다. 손님은 오른쪽 앞에 겨우 남은 마지막 한 자리를 비집고 들어가야 한다. 그쪽으로 작은 문이 열려 있고, 왼쪽 창으로 쏟아지는 햇살은 뒷공간까지 훤히 비춘다. 입구 건너편 뒷벽에는 집으로 통하는 문이 닫힌 채 있다.

이곳 공방들에서는 유독 은제품만 만드는데, 주로 여인들의 장신구다. 딱 한 군데 공방에서 장인이 조각칼로 금반지를 다듬고 있었다. 중국 사람 하나가 금반지를 사고 싶은지, 옆에 붙어 앉아 조각칼의 움직임을 뚫어지게 쳐다보았다. 나도 수공예 전성기에 제작된 옛 은제품 중 쓸 만한 게 있는지 한참을 뒤지고 다녔으나, 당대의 빼어난 솜씨를 제대로 보여 주는 몇 개 말고는 건진 게 별로 없다. 그중 몇몇 나비 노리개는 형태가 우아하고 상감象嵌이 깔끔하여 눈에 확 띄었다. 그 옛날 새색시가 수술에 매달아 치장하던 장식품이었다. 나는 그것들을 손쉽게 구입하여, 아마 백 년은 더 묵었을 법한 희푸른 녹을 과하게 부지런한 장인이 벗겨 버리기 전에 얼른 주머니에 넣었다.

나비는 얇게 도금되어 있었다. 순금은 가공과 매매가 금지되었다. 광물이 부족하지 않은 나라지만, 금은 발견되는 족족 임금에게 바쳐야 한다. 금을 국외로 반출하면 사형으로 다스렸다. 금수저 따위의 순금 제품을 쓸 수 있는 이는 오직 임금뿐이었다. 부자나 지체 높은 양반이라도 절반만 도금한 은수저에 만족해야 했다.

또 다른 냇가를 따라 난 소로에는 소목장小木匠들이 모여 산다. 길가에는 팔려고 내놓은 상자나 밥상들이 즐비했다. 웬만한 집의 살림살이를 다 모아 놓은 듯했다. 이곳은 백동 가는 길목이라 전부터 자주 오가며 진열된 가구들을 힐끗힐끗 보곤 했지만, 오늘은 시간이 넉넉하여 자세히 둘러볼 수 있었다. 가구는 제각각 크기가 다르나, 모양새는 판에 박은 듯 한결같았다. 장欌은 대개 세 짝이 한 세트를 이룬다. 폭 한 뼘 정도의 다리가 맨 아랫장을 받치고, 그 위로 두 개의 장이 포개진 모양새다. 조립이 거

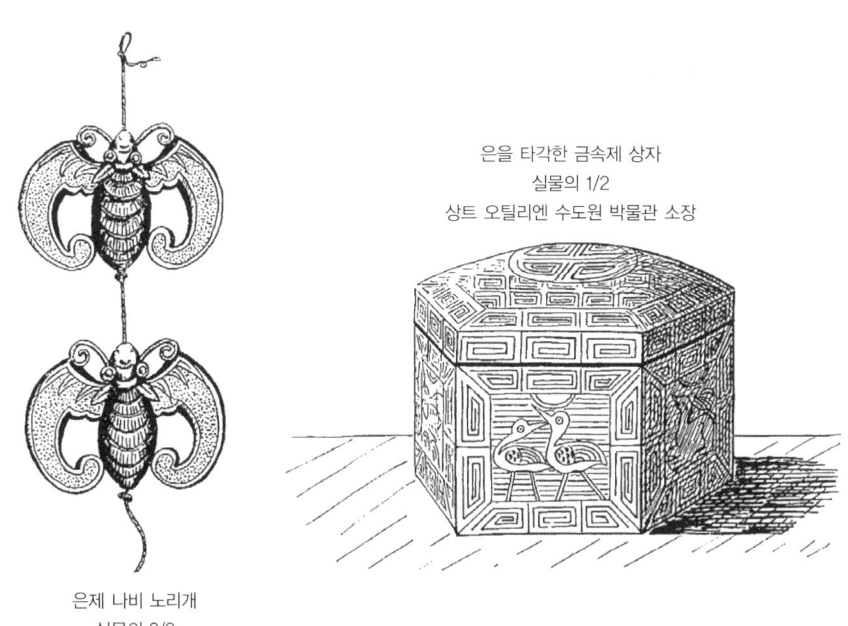

은을 타각한 금속제 상자
실물의 1/2
상트 오틸리엔 수도원 박물관 소장

은제 나비 노리개
실물의 2/3
상트 오틸리엔 수도원 박물관 소장

칠다. 칠세공은 솜씨가 빼어나지도, 색상이 다채롭지도 않다. 검은색 아니면 붉은색 일색이다. 소목 일은 과거 전성기에도 지금보다 크게 나을 것이 없었다.

오늘날과 매한가지로, 수공예 전성기에 최상품을 만들 때도 판자를 어지간히 매끈하게 대패질한 다음, 아교칠을 하거나 장부맞춤을 하는 대신 못질을 했다.8▶ 이음매를 붙일 종이는 충분했다. 미닫이는 틈새가 널널하여 열고 닫을 때마다 흔들렸다. 전에도 그렇게 만들었고, 지금도 여전히 그러하다.

소목 일은 그리 어렵잖게 전성기를 유지했다. 그러나, 좋았던 옛 시절의 소목장들은 칠장이와 상감 기술자의 도움을 받아 그들의 서툰 작품을 예술적으로 장식했을 뿐 아니라, 소목 가공의 부족한 부분은 철공이 놋쇠 장식으로 보완하도록 했다. 예나 지금이나 칠장이는 검은색과 자주색 말고는 안중에 없었고, 철공은 나비 아닌 다른 소재는 찾으려 하지도 않았던 것 같다. 그럼에도 수공예품은 선호하는 소재를 변화무쌍한 문양으로 가공했을뿐더러, 자연을 유심히 관찰하여 찾아낸 새로운 소재에 멋진 문

자개장. 베네딕도회 세베린 키퍼 수사 촬영

자개장 덮개. 실물의 1/6

자개장 문짝

양을 입히기도 했다. 머리와 목을 몸통에서 빼내도록 만든 거북 모양의 놋쇠 자물쇠도 자연에서 소재를 얻은 것이다. 목을 길게 뺐다가 다시 등껍질 속으로 감추는 거북의 움직임에 착안한 아이디어다. 섬세하고 감성적인 옛 물건들은 죄다 비슷한 방식으로 고안되었다.

그리고 그 자개장! 가게 한구석에 옛 문갑들이 여기저기 먼지를 뒤집어쓰고 있다. 사람들이 주로 값싼 근대식 상품만 찾으므로, 재료를 조악하게 가공한 근대식 자개장만 볼품없이 넘쳐 난다. 옛 물건들은 얼마나 다른 느낌을 주는가! 그것들은 완성도 높은 예술품이다. 구상을 공간적으로 형상화할 때, 장인은 사려 깊은 자기 절제로 무엇을 채우고 무엇을 비워야 할지 능수능란하게 가늠했다. 절제된 품격이 작품에 예술적 매력을 더한다. 선의 섬세함은 절제를 통해 도드라지며, 이 절제미로 인해 작품은 빛을 더한다. 장인의 솜씨로 다듬은 형태의 우아한 흐름이 이로써 힘을 얻는 것이다. 모든 것이 조화롭게 어우러져 눈에 거슬리는 획이 하나도 없다. 심지어 오색영롱한 자개가 유약을 만나니 더욱 오묘하다. 바라건대 여기서 보탤 것도 뺄 것도 없다.

과거와 현재가 이처럼 현저히 대비되면서 다른 문화유산들도 급격한 쇠락의 길을 걷고 있다. 한국은 늘 불운한 처지였다. 중국 문화가 극동 섬나라에까지 전해질 때는 한반도라는 다리를 건너야 했다. 첫 몇 세기 동안 일본은 이 다리를 통해 고대 문화유산 가운데, 전부는 아니라 할지라도, 대단히 많은 것을 중국에서 받아들였다. 한국에서 일본은 중국 문화와 긴밀히 교섭했을 뿐 아니라, 교두보 장악을 위한 중국과 일본의 이해관계가 충돌하기도 했다.

당시 한국은 삼국으로 나뉜 채 아직 통일 왕국을 형성하지 못했다. 동으로 일본과 면한 신라는 중국의 강력한 영향력하에 있으면서 난징에 조공을 충실히 바치고 있었다. 그 대가로 신라는 중국의 보호와 지원을 받아, 무력 침공의 야욕에 불타는 일본에

◀8 못질하지 않는다. 특히 최상품의 경우에는 일절 못을 쓰지 않는 것이 기본이었다.

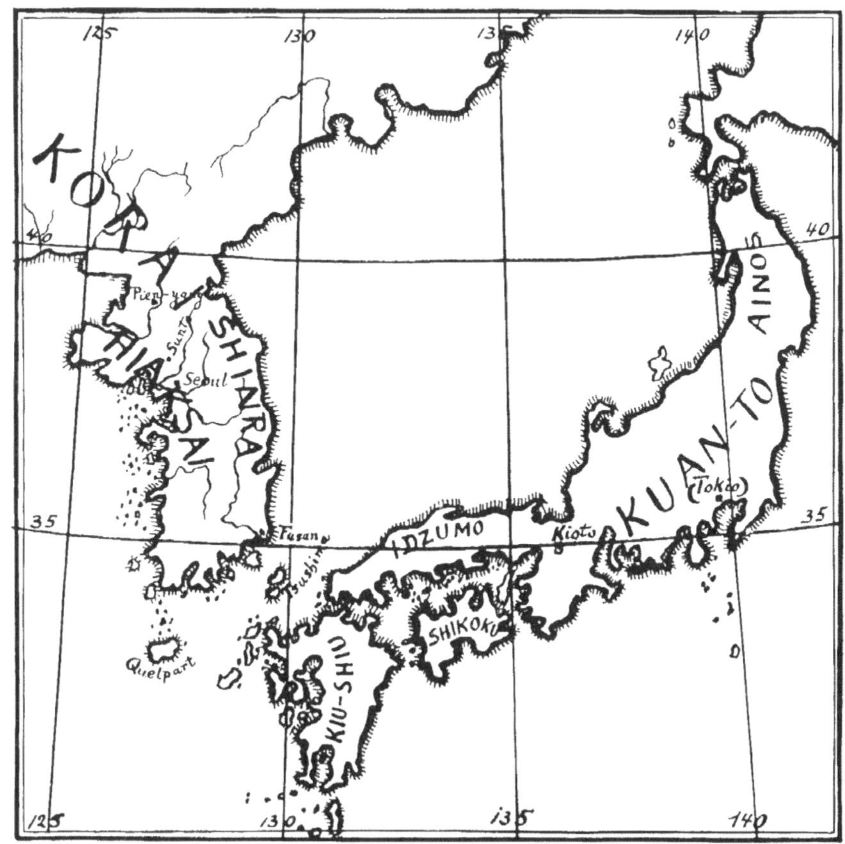

[저자가 이해한] 서기 900년경의 한국과 일본 ②

맞섰다.[9] 한편 한반도 서쪽의 백제와 북쪽의 고려[10]는 일본과 우호 관계를 유지했다. 그들은 일본 왕의 통치권을 인정했을뿐더러, 지속적 이민정책으로 유대를 강화해 나갔다. 670년에 백제인 2,400명이 일본으로 이주하여 간토關東 지방에 정착했고, 이어

9 중국 위진남북조(魏晉南北朝, 220~589) 시대에 신라가 난징(南京)과 장안(長安)을 대상으로 외교적 교류를 활발히 전개했던 것은 사실이나, 저자의 서술은 역사적 사실과 부합되지 않는다. 삼국통일 과정에서 신라가 당에 군사적 지원을 요청하고 나당연합군을 결성한 것을 뭉뚱거려 설명한 듯하다.

10 저자는 고구려를 고려로 오인했다.

서 710년에는 1,800명이 이주하여 현재의 도쿄 인근에 정착했다.[11]

934년 삼국이 통일되었다.[12] 건국 후 첫 수세기 동안 왕씨 왕조는 새로운 왕국을 강력한 통치하에 결속했다. 이 무렵 일본이 중국과 직접 교류하게 됨으로써 일본과 중국 간의 교량적 역할은 현저히 감소되었으나, 그렇다고 다리가 완전히 끊긴 건 아니었다.

따라서 이 시기에도 일본에 대한 한국의 영향력은 존속되고 있었다. 당시 문화사적으로 가장 중요한 사건은 인쇄술[13]의 발명이었다. 이는 훗날 독일이 이룩한 발전보다 한 세기[14]나 앞선 것이었다. 이미 오랫동안 연판鉛版 형식의 목판 인쇄가 시행되어 왔다. 예나 지금이나 나무, 금속, 수정에 도장을 파는 업종은 판로가 넓다. 한국인들은 집집마다 도장이 있을 뿐만 아니라, 외출을 할 때도 정교한 뿔도장을 작은 주머니에 넣어 허리춤에 차고 다닌다. 어디서든 날인할 일이 생기면 한국인들은 바로 도장을 꺼낸다. 그래서 도장은 필수적이다.

한국의 학자들은 이 모든 기술을 활용했다. 그들은 송나라의 수준 높은 정신문화를 수용하여 그 지식을 부분적으로 수 제곱미터가 넘는 목판에 새겼는데, 이것이 한국 인쇄술의 효시였다.[15] 한국의 목판 인쇄술은 12세기에 일본으로 전해졌다. 그러나 한국 최고最古의 인쇄본들 가운데 현존하는 것은 1317년에서 1324년 사이에 인쇄된 것뿐이다.

11 주로 5세기에서 6세기 중엽에 중국 대륙과 한반도에서 적지 않은 인구가 일본 열도로 이주했는데, 특히 6세기 중엽 이후에는 백제 이주민이 많았다. 간토 지방과 도쿄 인근에는 고구려인과 신라인이, 교토와 오사카 지방에는 백제인이 주류를 이루었다. 그러나 여기서 저자가 언급한 연도와 숫자는 근거가 불명확하다.

12 태조 왕건의 고려 건국은 918년, 신라 병합은 935년, 후백제를 복속시켜 통일을 이룬 것은 936년이다. 저자는 삼국과 후삼국을 혼동했다.

13 정확히 말하면 금속활자.

14 독일의 구텐베르크가 『구텐베르크 성서』를 인쇄한 것이 1460년경이고, 고려 인종 때 최윤의(崔允儀)가 『고금상정예문』(古今詳定禮文)을 금속활자로 찍어 낸 것이 1234년이므로 사실은 두 세기가 앞선다.

15 현존하는 한국 최고(最古)이자 세계 최고의 목판 인쇄물은 751년 이전에 찍은 「무구정광대다라니경」(無垢淨光大陀羅尼經)이다. 1966년 10월에 불국사 석가탑에서 발견되었다.

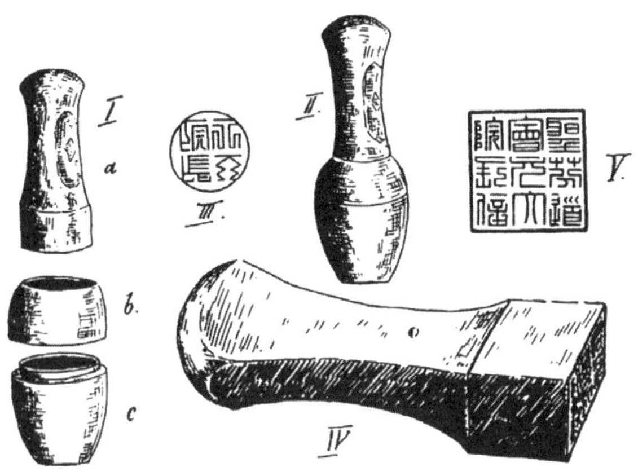

저자의 도장. 실물의 1/3
I. a. 뿔도장 b. 도장 뚜껑 c. 인주통
II. 각 부분을 합친 모습
III. 찍힌 모양
IV. 나무 도장
V. 찍힌 모양

목판본이 활자본으로 대체됨으로써 인쇄술이 결정적 진보를 이룩할 때까지는 그로부터 상당한 시간이 흘러야 했다. 학문과 예술의 열정적 후원자였던 태종 재위 기간(1400~1419)[16]에 금속활자가 처음 만들어져, 인쇄기가 목판을 대신하게 되었다.[17] 재위 3년에 태종은 금속활자의 발명을 공식 선포한다:[18]

> 조정에서 봐도 서적은 분명히 장점이 많다. 동쪽 나라는 바다 건너 있고, 중국에서 유입되는 서적도 흔하지 않다. 목판은 쉬 망가지고 무거워 하늘 아래 모

16 태종은 1418년까지 재위했다.

17 금속활자의 발명 연대에 대해서는 여러 학설이 있으나, 1234년 「고금상정예문」이 금속활자로 28부 인쇄되었다는 기록이 이규보(李奎報)의 『동국이상국집』(東國李相國集)에 나온다. 현존하는 세계 최고의 금속활자 인쇄본은 1377년 7월에 찍은 「불조직지심체요절」(佛祖直旨心體要節)이다.

18 태종 3년(1403)에 최초로 주자소(鑄字所)를 설치하고 금속활자인 계미자(癸未字)를 주조한 것을 말한다.

든 서적을 목판에 새길 수는 없다. 하여, 구리활자를 만들어 서적을 인쇄하도록 하는 것이 과인의 뜻이요 방침이니, 이로써 서적을 널리 유포하여 많은 이에게 읽히려 함이다. 과인은 이 일에 백성들이 세금을 부담하는 것을 원치 않기에 왕실 재산으로 그 비용을 충당하고자 한다. 금속활자의 범례로 옛 시집(주씨전)[19]과 좌씨전[20]을 펴낸다.

몇 달 후 수십만 개의 활자가 생산되었다. 40년 후 이 사업은 세종 — 혹은 다른 출전에 따르면 불교 승려[21] — 의 위대한 발명[22]으로 완성을 보게 되었다.

그때까지 학술 서적들은 한국에서도 독특한 상형문자인 한자漢字로만 저술되고 인쇄되었다. 한자는 글자마다 고유한 뜻이 담긴 문자[표의문자]다. 그러나 한국에서는 8세기 초 신라 시대 때 이미 나름의 표음문자가 통용되고 있었다. 이두吏讀라는 이 문자[엄밀히 말하면 표기법]는 고대 신라 왕국의 대학자 설총薛聰이 창안[23]했다고 한다. 그는 수도 경주의 왕실에서 관직[24]을 맡기도 했다. 중국어와 인도어에도 능통했으며 이두를 고안할 때는 아마 산스크리트의 영향을 받았을 것이다.

그러나 이두는 한 글자가 한 음절을 표기할 수 있을 만큼 더 간편해질 필요가 있었다. 옛 문헌이 전하는 바에 따르면 세종은 그래서, 스물다섯 글자[25]로 이루어진 쉬운 한글을 창제했다. 이를 언문이라고도 한다. 언문의 창시자가 불승 설총이라는 말도

---

19 저자는 Tju-si-tjon이라 음역했다. 주(周) 시대의 시전(詩傳), 즉 『시경』(詩經)을 말한다.

20 저자는 Tjoa-si-tjon이라 음역했다. 중국 노나라 좌구명이 『춘추』(春秋)를 해설한 『춘추좌씨전』(春秋左氏傳) 30권을 말한다.

21 여기서 저자는 훈민정음과 이두를 혼동했다. "불교 승려"는 설총을 염두에 두고 한 말 같은데, 설총도 승려 원효의 아들일 뿐 승려는 아니다.

22 한글 창제를 뜻한다.

23 "창안"이라기보다는 이전부터 통용되고 있던 표기법을 정리하고 집대성한 것이다.

24 한림(翰林). 신라 때 임금의 말과 명령을 글로 짓는 일을 맡아 하던 벼슬.

25 창제 당시는 스물여덟 글자.

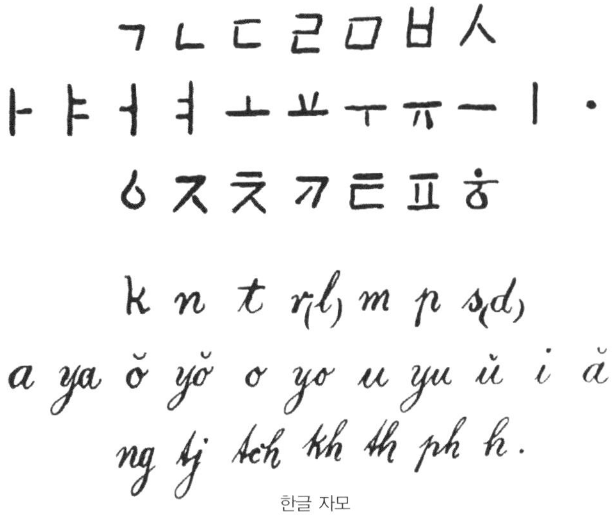

ㄱ ㄴ ㄷ ㄹ ㅁ ㅂ ㅅ
ㅏ ㅑ ㅓ ㅕ ㅗ ㅛ ㅜ ㅠ ㅡ ㅣ ·
ㆁ ㅈ ㅊ ㅋ ㅌ ㅍ ㅎ

k n t r(l) m p s(d)
a ya ŏ yŏ o yo u yu ŭ i ă
ng tj tch kh th ph h.

한글 자모

있다.[26] 창제자가 누구든, 한자의 지배로부터 벗어나겠다는 발상 자체가 이미 탁월한 문화적 성취라 하겠다. 책 한 권을 만들기 위해 수천 개의 한자를 새겨야 했던 서적 인쇄의 난점이 한글 창제와 더불어 해소되었다. 이 무렵 독일에서도 구텐베르크 Gutenberg가 활판 인쇄기를 발명했다.

후대와 달리, 한국이라는 작은 나라가 문화민족들 가운데 영예로운 한 자리를 차지하던 시대의 일이었다.

삼국 통일 이래 오랜 세월 섬나라 일본에 행사했던 평온한 영향력은 종말을 고했다. 개국 초, 통일 '조선'(Chosen)은 일본에 꼬박꼬박 사신을 보냈고, 일본의 실력자인 쇼군將軍은 근거지인 가마쿠라鎌倉[27]에서 이들을 성대히 영접했다. 그럼에도 한국

26 설총은 불승도 아니고 한글을 만들지도 않았다.

27 조선 전기에 해당하는 시기에 일본은 아시카가 막부(足利幕府, 1336~1573) 시대로, 근거지는 교토였다. 가마쿠라 막부(1192~1333)는 조선 건국 이전에 망했다.

(Korea)과 일본의 정치적 관계는 점점 소원해져만 갔다. 일본도 내정 문제로 복잡했다. 다이묘大名[28]가 교토京都의 왕실을 장악한 반면, 쇼군은 가마쿠라[29] 주변의 작은 영지조차 통치하기 버거웠다.[30] 이런 정세 속에서 조선 사신들의 존재는 점점 희미져 가다가, 1460년에는 파견이 전면 중단되었다.

1592년 예기치 않게 대규모 일본 군대가 눈사태처럼 한반도를 덮칠 때까지만 해도, 일본은 조선에 대한 오랜 야욕을 조용히 접은 듯했다. 일본군은 수도 서울까지 완벽히 궤멸시킨 후 북진을 계속하여 옛 도읍지 개성(송도)을 거쳐 평양까지 초토화시켰다. 여기서야 명나라 원병의 도움으로 효과적인 반격이 개시되었고 파괴와 살육의 거센 물결도 조금씩 잦아들기 시작했다. 1597년 제2차 침략[정유재란]으로 한반도는 다시 전란에 휩싸였다. 혹독한 겨울을 난 일본군 진영에 전쟁에 대한 회의懷疑가 팽배하자, 1598년 전리품이나 두둑이 챙겨 물러났다. 침략군이 고향으로 가져간 전리품 보따리에는 조선인과 중국인에게서 베어 낸 코와 귀만 20만 개 넘게 들어 있었다. 배에 실려 간 코와 귀는 교토에 있는 '귀무덤'에 바쳐졌다. 조선인 포로들 가운데는 비단 직조공과 도공도 있었다. 훗날 이들은 일본의 비단과 도예를 최고의 반열에 올려 놓게 된다.

특히 작은 섬 사츠마의 나베시마 다이묘[31]가 자기 고향으로 데려간 도공들은 빼어난 도예 기술로 사츠마의 명성을 드높였다. 이들 조선 포로들 덕분에 사츠마의 영주는 물론, 전 일본이 튼튼한 돈줄을 확보하게 된 셈이다. 오늘날에도 일본 도자기는 특히 미국으로 대량 수출되고 있다.

중국에서 유입된 선진 문물은 한동안 무난히 정착되는가 싶더니, 감자 재배 금지령

---

28 일본 헤이안 시대 말기에서 중세에 걸쳐 넓은 영지를 소유했던 봉건 영주. 무사 계급으로 그 지방 행정 · 사법 · 징세권을 장악하고 군부도 관할했다.

29 가마쿠라가 아니고 교토다.

30 전반적으로 사실에 부합되지 않는다. 세력을 키운 지방의 다이묘들이 영지 확장 전쟁을 시작했고 교토 왕실을 장악한 쇼군의 막부는 점차 쇠퇴했다.

31 나베시마 나오시게(鍋島直茂, 1536~1618). 일본의 무장으로 임진왜란과 정유재란에 참전했다. 이삼평(李參平)을 비롯한 많은 조선의 도공을 납치하여 아리타(有田)를 도자기의 명산지로 만들었다.

따위의 납득할 수 없는 조치가 내려지는 등, 위정자들의 쇄국 정책으로 파국을 맞았다. 정녕 백성의 복락보다는 조정에서 당파의 세를 불리는 데 급급한 간신배들은 선진 문물을 탄압했고, 백성을 치부의 수단쯤으로만 여기는 양반 경제는 그 숨통을 조였다. 지난 세기 동안 백성을 억압하고 오도한 실정失政으로 말미암아, 문화는 이 나라에서 황급히 자취를 감추었고 기술과 공예는 급격히 시들었다. 그 후로는 실용적인 일거리로 옹색한 생계를 유지하는 데 급급했다.

일본은 한국에서 유입된 문물을 깍듯이 수용하고 귀하게 다루었다. 그리하여 도예, 칠세공, 상감 기법 등, 다방면에서 유럽도 따라잡지 못할 최고의 경지에 이르렀다. 한국에서도 한때 이런 공예가 화려한 전성기를 구가했었으나 갑자기 명맥이 끊겨 지금은 희미한 기억만 처연히 남아 있다. 외형적 가치만 추구하지 않는 고급 문화, 그리스도교 문화로까지 승화될 그런 문화를 꽃피우고 발전시킬 날이 또 올 수 있을까?

한국이 일본의 물질문화에 숭고한 그리스도교 사상을 전파하는 교량적 소명을 수행한다면, 저 위대한 17세기가 일본에 다시 도래할지도 모른다. 한민족에게는 그리

조선 백자. 상트 오틸리엔 수도원 박물관 소장

스도교에 대한 심오한 종교적 갈망이 있다. 그러나 일본에서 물질주의가 이상의 추구와 고급 문화의 창달을 억압했듯이, 날로 가혹해지는 일본의 조세 정책이 한국인의 종교적 심성과 그리스도교적 성향을 압살해 버리지나 않을까? 수십 년이 흐르는 동안 이 문제는 한국 그리스도교의 발전 양상에 따라 100년 혹은 그 이상을 결정하게 될 것이다.

군신의 슬픔, 버려진 뮤즈의 사원

3월 14일

흥미진진했던 서울 구경을 끝낼 때가 되었지만, 아직 지방으로 내려가기는 이르다. 밤은 너무 춥고, 낮에도 일기가 고르지 않다. 부활절이 코밑이다. 부활절은 수도원에서 지내고 싶다. 게다가 오래 집을 비우기 전에 처리해야 할 숱한 일들이 발목을 잡는다. 나들이를 줄여야겠다는 생각이지만, 오늘만큼은 떨치고 나서 보기로 했다.

수도원을 나서면 집들이 줄줄이 늘어서 있다. 우리는 그 집들을 따라 정처 없이 돌아다녔다. 발길은 저절로 북쪽 언덕에서 우리를 내려다보는 사당으로 향하고 있었다. 진작부터 그 사당에 한번 가 보고 싶었는데, 잘됐다. 옛 전쟁 영웅을 모시는 사당[32]이었다. 한때는 나라에서 신격화하여 숭배하였으나 지금은 잊혀진 지 오래다. 버려진 그 성소聖所를 일본이 접수하여 자기네 식으로 새롭게 단장하려 하고 있다.

이 군신軍神[33]의 승리와 명성 덕분에 사태가 호전되었다는 사례를 나는 들어 보지 못했다. 뜻밖의 우연한 성공 말고, 군사 작전이나 부대 훈련을 실전에 효율적으로 적

32 1885년(고종 22)에 혜화문 근처 명륜동에 지은 관왕묘인 북묘(北廟)다. 1913년 동묘에 병합되었다.

33 나관중(羅貫中)의 『삼국지연의』(三國志演義)에 나오는 촉한(蜀漢)의 무장(武將) 관우(關羽, ?~219). 송나라 시대 이후 중국 민간신앙의 대상이 되었다. 한국에는 임진왜란 당시 조선을 지원한 명나라 군사들에 의하여 도입된 후, 민간에서 관우 신앙이 현재까지도 지속되고 있다.

용한 사례는 드물다. 한국은 전쟁 수행 능력이 미약하여 잦은 외침에 시달렸다. 작은 세 나라가 수많은 전쟁을 치른 끝에 겨우 통일된 뒤에도,[34] 조선은 중국의 영향력에서 벗어나거나 일본의 침략을 성공적으로 물리칠 만큼 강성하지 못했다. 중국 해적선만 물리쳐도 전승 축하연이 벌어질 정도였다. 16세기 말 일본이 조선을 침공했을 때, 조선군의 무기 체계는 무쇠 칼과 짧은 창에 불과할 만큼 허술했고, 군대 조직은 허술한 무기보다 더 형편없었다. 조선군은 초보적인 화기도 갖추고 있지 못했다. 조선제 화약은 너무 늦게 폭발했고, 화포는 목제가 주류를 이루었다.[35] 그러나 한국인은 절망 속에서도 수세기를 앞선 발명을 해내는 용기를 발휘하기도 했다. 그리하여 후장포後裝砲뿐 아니라, 물 밑으로 은밀히 접근하여 거대한 일본 전함을 침몰시키는 일종의 잠수함도 만들었다.[36]

한 일본인이 전하는 바에 따르면, 일본군이 점령한 성을 공격할 때 조선군은 목제 대포로 독毒폭탄을 발사했는데, 그 폭탄이 어마어마한 굉음을 내며 성안에서 폭발하면 끔찍한 참상이 벌어졌다고 한다.[37] 조선군은 성안의 일본군을 단숨에 괴멸시키고 성을 탈환했다. 국지전에서의 승리나 가끔씩 반짝이던 조선의 정신에도 불구하고, 조선은 지는 별이었고 조선의 몰락은 깊이를 더하여 마침내 19세기 초에는 국가적 파산을 맞게 되었던 것이다.

그 당시 양반들이 무기를 팔아 치부했다는 사실은 놀랄 일도 아니다. 병영에 실병력은 떠나고 부대는 서류상으로만 존재했다. 나라가 누란累卵의 위기에 처해도 전장에서 군사를 찾아보기 힘들었으니 더욱 한심한 노릇이었다. 이때 분연히 떨치고 일어

34 고려의 존재는 건너뛰었다.

35 사실과 다르다. 당시 조선은 천자총통(天字銃筒), 현자총통(玄字銃筒), 황자총통(黃字銃筒), 승자총통(勝字銃筒) 등 각종 크기의 고성능 철제 화포뿐 아니라 일종의 시한폭탄인 비격진천뢰(飛擊震天雷)까지 보유하고 있었다.

36 거북선 이야기를 듣고 쓴 듯한데, 거북선은 철갑선이지 잠수함이 아니다.

37 말 그대로 일본인의 전언에 불과하며 사실적 근거는 없다.

난 것이 의병이다. 이는 가히 티롤의 자유 수호군이었던 '최후의 소집'(letztes Aufgebot)에 비견할 만한 것이다. 의병들은 일본군의 보루를 하나씩 무너뜨렸고, 그들의 돌팔매질은 [조선의] 목제 대포 자리를 빼앗은 [일본의] 강철 대포들을 파묻어 버렸다. 개중에는 초기 후장포 같은 흥미로운 야포도 있었다.

호랑이 잡는 포수들도 대거 의병에 지원하여 사람들의 존경을 받았다. 그들은 특히 한국 북부 지방 출신으로, 화기를 다루는 데 능숙했고 담력이 세서 호랑이를 산 채로 잡았다. 그러니 조국을 위해서도 용감히 싸웠던 것이다.

옛 전장을 누비던 기마병은 이미 한 세기 전에 사라졌다. 기껏해야 장수 한 명 정도가 말 위에서 위용을 뽐낸다. 그는 보란 듯이 말 등에 높이 앉아 소매 없는 검은 두루마기를 말 잔등 양옆으로 늘어뜨리고 있다. 말 위의 장수는 둔중한 모피 장화를 신는데, 그것만으로도 말 타는 것이 정당화된다. 그 장화를 신으면 거동이 서툴기 때문이다. 두루마기의 검은색은 저고리 소맷자락의 진홍색과 어우러지고, 푸른 허리띠를 맨 비단 저고리의 불타는 노란색과도 잘 어울린다. 허리띠는 장검의 검대 기능도 한다. 이런 예복을 완성하는 것은 멋진 군모다. 챙이 넓은 그 군모는 둥글고 빳빳하며, 뒤쪽으로 붉은 말총을 드리우고 앞으로는 부채 모양의 공작 깃털 다발을 늘어뜨렸다. 진주 턱끈은 호박琥珀 구슬로 장식했다. 노란 부채가 장수의 지휘봉을 대신한다. 장수의 파격적이고 화려한 차림은 병장기의 소음이 난무하는 야전보다는 호기심 많은 구경꾼들에게 훨씬 더 잘 어울린다. 그것도 다 지난 시절의 이야기다.

한국인 하나가 사원지기 노릇을 하며 사당 옆 작은 집에 산다. 언뜻 보기에 영국 교회[성공회] 신자 같은데, 영어를 꽤 잘했다. 그가 우리를 안으로 안내했다. 작은 뒷문을 통하니 넓은 앞마당이었다. 양옆에 늘어선 집들은 전부 가정집으로 일본인들은 사당 내부를 개조했다. 나무 기둥은 불타는 진홍색으로 덧칠했고, 천장은 감청색으로 뒤덮여 육중한 느낌을 주었다. 기둥 사이에는 노란색 장막이 드리워져 있었다. 장차 제단으로 쓸 목제 가공품은 이미 완성되어 뒷마당에 보관 중이다. 한국 조상과 일본 조상을 사이좋게 함께 모시기로 했다는 것이다.

이렇게 일본은 한국 백성에게 양국 병합을 기정사실로 각인시키려 한다. 한국인들은 자국을 와해시켜 식민지로 병합한 일본의 유화 정책을 조심스럽게 경계한다. 양국 병합에 관한 소문은 늘 떠돌고 있었지만, 정작 경향 각지에서 공표된 병합 선언문[한일병합조약]은 제법 배웠다는 사람들도 못 알아들을 애매모호한 표현으로 점철되었다. 일본인들은 어려운 한문 혼용체를 사용한 덕을 톡톡히 보았다. 한국에서는 이런 문체가 인기다. 한문 표현을 되도록 많이 쓰는 것이 대단한 장점이자 박학다식의 표상으로 여겨진다. 이제 조선의 임금을 '황제'라 칭할 수는 없지만 그래도 그들의 '왕'이라는 사실은 변하지 않는다는 생각이, 항간에는 병합 후에도 오래도록 지배적이었다. 그사이 일본 정부가 그리도 바라던 '동화同和'가 이루어졌는지 자못 의심스럽다. 일본인들도 여기에 특별히 동의하지 않는 판국에 한국인들은 말할 것도 없다. 어쨌거나 일본 정부는 온갖 수단을 동원해서 백성들에게 병합 의식을 주입시키려고 안간힘을 쓴다.

여기만 해도 그렇다. 옛 영웅들과 그들의 무훈에 대한 기억이 이 사당에서 지워졌다. 다른 건 이미 다 빼앗기고 전쟁용 큰북 두 개만 문 옆에서 압류를 기다리고 있다. 하나는 지름이 4분의 3미터이고, 그보다 더 큰 북은 지름이 1.5미터가 넘는다. 북껍질에는 한

활쏘기. 한국화 모사

국 고유의 나선 문양[삼태극 문양]이 그려져 있다. 영정과 제물 등은, 다른 사당의 것들까지 합쳐, 동대문 밖의 동묘東廟로 옮겼다. 국민 감정을 돌본다는 구실로 동묘를 일종의 박물관으로 만든 것이다. 내일 그곳을 보러 갈 것이다.

친절한 안내인의 집에 잠시 들렀다가 정처 없이 발걸음을 옮겼다. 왕의 정원[38]이었다는 곳에 이르렀는데, 담이 허물어져 폐허로 변해 있었다. 정원은 도시 북쪽 북한산 기슭에 맞닿는다. 버려진 숲을 슬퍼하는 듯 적막하기가 무덤 속 같은데, 평온을 깨뜨렸다고 까치가 우리를 짜증스럽게 노려보았다. 시골집 한 채가 언덕 위에 외롭게 서서 즐거웠던 지난날을 회상한다. 정자亭子의 창호지는 매서운 바람결에 찢겨 나간 지 오래고, 녹슨 양철 물받이는 처마에 너덜너덜하게 걸려 있다. 간당간당한 물받이의 유일한 역할은 물길을 정원 담장 안으로 유도하는 것이나, 그 때문에 외려 정자가 무너지겠다. 하기야, 나라가 망해 버린 판국에 왕의 정자가 있은들 뭐하겠는가?

시내로 내려왔다. 도시는 혀처럼 산으로 파고들어 집들이 좁은 계곡으로 웅크려 들었다. 공자를 모신 사당[39]이 계곡 초입 명당자리에 볼썽사나운 면적을 차지하고 있지만, 황량하기는 매한가지였다. 몇몇 아이들이 사당 앞 공터에서 축구를 하고 있었다. 성지에 대한 공경심 따위는 아랑곳없이 그냥 웃고 소리치며 공놀이에 열중했다. 그곳은 도드라진 정방형의 광장으로, 거대한 화강암 담장과 깊이 파인 석조 테라스로 둘러싸여 있었다. 공터가 돌바닥이 아니고 잡초만 무성하다는 게 다를 뿐, '포룸 로마눔'의 연단과 인상이 겹쳐졌다. 예전에는 해마다 이곳에서 관리 선발 시험[과거科擧]이 장엄하게 치러졌다. 시험 과목은 주로 한문 경전과 시문詩文에 대한 지식이었다. 이제는 모두 흘러간 영광일 뿐이다. 그런 시절은 오래전에 지나갔다. 철부지 아이들은 화려한 행렬과 떠들썩한 시험에 관해 부모가 말하는 것을 들었다. 부모들도 그런 행사

38 창덕궁 내전 뒤쪽의 비원(秘苑). 『조선왕조실록』에 북원(北苑), 후원(後苑), 금원(禁苑) 등 다른 이름도 등장하는데 '후원'이라 부르는 경우가 가장 많다.

39 문묘(文廟). 선사묘, 성묘, 공자묘라고도 하며, 서울에는 성균관에 있다.

를 직접 보지는 못했다. 몇 해 전부터 조선의 위정자들은 이런 장소에서 공개 시험을 실시하는 것이 불필요하다고 판단했기 때문이다. 관리 선발 시험이 실시되던 시절에도, 그 제도는 백성의 복락을 위한 진지하고 공정한 경쟁이 아니라 허례허식에 가까웠다. 임금은 시험장[과장科場] 차일 안에서 몇몇 신료와 시관試官들에 둘러싸여 있었다. 수험생들은 마당에 앉아서 시제試題를 풀었다. 답지는 현장에서 채점하여 판정을 내렸다. 몇 시간이면 결과가 나왔다. 유능한 인재보다는 양반 자제들을 선호했음은 물론이다. 양반 자제가 아니라면, 몇 번씩 낙방의 고배를 마신 후 정말 운이 닿아 간신히 급제를 해도 관직 임용에서는 누락되기 일쑤였다. 어쩌면 관직에 나아가지 못한 것이 오히려 다행일지도 모른다. 적어도 부임 잔치는 면할 수 있고 그에 따르는 막대한 경비도 아낄 수 있으니 말이다.

관복 차림의 양반. 카니시오 신부 촬영 ②

급제하여 관직과 영예를 한 몸에 입은 행운아들은, 직책에 맞는 관복을 차려입고 말에 올라 조정 대신들과 후원자들 그리고 시관들을 알현하러 가야 한다. 이때 풍악이 따른다. 이 의식이 끝나면 또 다른 의식이 기다린다. 규정에는 없지만, 장차 출세 가도를 달리려면 누구도 피해 갈 수 없는 것이 신고식이다.

신고식은 종종 유치한 방종으로 치닫곤 한다. 그 점에서, 처음 적도를 항해하는 사람에게 장난삼아 베푸는 '적도 통과 의례'와 많이 비슷하다. 같은 부서의 '선참'이 '신참'의 신고식을 주도한다. 이 영광스러운 날, '신참'이 자신의 후견인이 되어 줄 부서 '선참'에게 최대한의 예를 갖추어 부복하면, '선참'은 근엄하게 다가와 '신참'의 얼굴에 먹칠을 하고 밀가루를 비벼 댄다. 뒤따르는 무리가 덩달아 그 짓거리를 되풀이하면서 '선참'과 그 일당이 주도하는 신고식이 마무리된다. 그들은 이제 오늘의 주인공이 베푸는 잔칫상을 받으러 가고, '신참'은 이때를 틈타 먹물과 밀가루로 범벅이 된 얼굴을 씻는다. 그러나 아직은 동무들과 즐겁게 어울릴 때가 아니다. 또 한 무리의 동무와 지인들이 들이닥치면 그들에게서도 밀가루 먹물 세례를 받아야 한다. 진수성찬에, 여흥까지 부담 없이 즐길 수 있는 잔치라 손님이 끊이질 않는다. 모든 비용은 젊은 신임 관리가 댄다. 잔치 손님들은 줄을 잇고, 신임 관리는 여덟 번에서 열 번을 씻고 또 씻는다. 손님들은 출세한 친구의 기둥뿌리를 뽑을 때까지 자리를 뜨지 않는다. 흥겨운 술자리에서, 호라티우스가 즐기던 포도주는 아니어도 금빛 청주가 찰랑이는 은 술잔과 백동 술잔을 기울이며, 아래와 같은 상념에 잠긴 손님들도 개중에는 더러 있었을 것이다.

Beatus ille, qui procul negotiis
Paterna rura bobus exercet suis
Forumque vitat et superba civium
Potentiorum limina. (*Epod* II. 1-8)

관직과 명예를 멀리하는 이들은 행복할지어다.
아버지의 토지를 손수 경작하는 사람들은 행복할지어다.
부끄러워 광장을 피하고,
권세가 들락거리는 성문을 피하는 사람들은 행복할지어다.

(호라티우스 『서정 시집』 II. 1-8)

동묘

3월 15일

안드레아 신부[40]와 함께 동대문 밖 '중국 사당[41]이라는 데를 찾아 나섰다. 300년 전, 전쟁 영웅[군신]들의 영을 모시기 위해 세운 사당이다. 그 후 더 많은 전쟁 영웅들과 학자들, 특히 의술에 기여한 인물들도 자리를 차지했다. 심지어 공자와 부처도 여기서 고요한 안식처를 얻었다. 그러나 그들이 받는 숭배는 정말 소박하다. 그저 동네 사람들 몇몇이 와서 둘러보고 간다. 그들은 이를 '구경'이라고 했다. 한국인들은 '구경'을 정말 좋아하지만, 그렇다고 이곳을 숭배하지는 않는 듯하다.

동묘 정문과 연결된 나지막한 건물들이 말발굽 모양으로 마당을 감싸고 있었다. 마당 넷째 면[디귿 자 구조의 열린 면]이 본청이다. 안을 들여다보니 나무 창살 뒤로 매우 아름다운 그림들이 걸려 있었다. 대부분 우리가 어제 방문한 군신의 사당에서 옮겨온 것들이다. 경내의 조상彫像들도 마찬가지다.

창살 너머 그림들을 제대로 보기에는 한계가 있었고 사진 촬영은 더욱 어려웠다. 촬영이 여의치 못하여, 창살 너머로 들어갈 수 있는 허락을 어디서라도 받아야 했다. 그림들은 정말 흥미로웠다. 그림을 보면서 우리는 수백 년 전 빛나는 회화의 왕국으로 거슬러 올라갔다. 혼란한 내정의 그림자가 예술의 영역까지 검게 드리워, 예술가

---

40 Andreas Eckardt(1884~1974). 성 베네딕도회 상트 오틸리엔 수도원 소속 선교사. 한국명 옥낙안(玉樂安). 1909년 12월 28일 입국. 백동수도원 숭신학교 교장, 원산본당 11대 주임, 팔도구본당 5대 주임을 역임했다. 1928년 7월 귀국 후 브라운슈바이크 대학에서 공부한 뒤 1931년 「한국의 학교 제도」(Das Schulwesen des Koreas)라는 논문으로 교육학 박사학위를 받고 같은 대학 교육학 연구소 동양학부 연구원으로 일했다. 그 후 뮌헨 대학에서 한국어와 한국 문화를 가르치다가 이 무렵 퇴회했다. 『조선어 교제 문전』(*Koreanische Konversation*)『한국 미술사』(*Geschichte der koreanischen Kunst*) 『한국 음악사』(*Koreanische Musik*) 『한국의 역사와 문화』(*Korea: Geschichte und Kultur*) 외에도 다수의 한국 관련 저술을 남겼다.

41 동묘(東廟). 관우에게 제사 지내는 묘로서 원래 명칭은 동관왕묘(東關王廟)다. 현재 서울특별시 종로구 숭인동에 있다. 동묘를 지은 것은 임진왜란 때 신령한 관우 장군께 덕을 입어 조선과 명나라가 왜군을 물리치게 되었다고 여겼기 때문이다. 동묘는 1599년에 짓기 시작하여 1601년에 완성되었다.

동묘

의 사려 깊은 안목에서 유쾌한 색조를 제거하고 창조적 손길을 마비시켜 버리기 전까지는, 한국인들도 화려한 색채를 편안해했다. 한국 예술의 황금기에 그려진 이 그림들은 일본 회화를 평가하는 출발점이 된다. 일본 회화는 한국에서 건너왔지만, 한국 회화가 이룩한 만큼의 높은 완성도를 이루어 내지는 못했다.

이 색채의 걸작품들은, 한국의 화가들이 색채를 표현하고 구성하고 조화롭게 배치하는 데 있어 중국이나 일본의 화가들보다 훨씬 뛰어나다는 것을 보여 준다. 색상의 생동감과 조화, 전쟁화에서의 적절한 공간 분할, 원근법의 파괴가 그 탁월한 재능을 입증한다. 이렇게 어색하고 부자연스런 느낌을 주는 그림도 드물다. 그림을 들여다보면, 화가가 사실성에 구애받지 않고 어떻게 화면을 처리했는지 알게 된다. 특이하게도 화가는 시점視點을 감상자 쪽으로 옮겨 놓음으로써 신기한 현상을 초래했다. 가령, 군대가 다리를 건너는 장면에서 다리의 먼 쪽이 더 넓어지는 것이다. 뭔가 확실하지

전쟁화

전쟁화

않을 때 화가는 이중의 시점을 채택했다. 즉, 하나의 시점은 감상자를 향하게 하고, 다른 하나의 시점은 사실적으로 멀리 이동시킨 것이다.

이와 비슷하지만 기교 면에서 좀 더 수준 높은 대작은 초상화의 인물 묘사다. 초상화들은 한결같이 가볍고 부드러운 톤으로 처리되었다. 붓 터치가 분명하고 모든 작업이 성실하고 깔끔하여 성긴 수염의 터럭 하나까지 셀 수 있을 정도지만, 억지스럽다는 느낌은 주지 않는다. 어디서든, 사찰의 벽이나 대웅전을 둘러싼 소전각들을 장식한 탱화에서 보듯이, 인물 묘사는 큰 매력을 발산한다.

산신도도 그중 하나다. 산신도는 신령한 그림으로, 고즈넉한 나무 밑 작은 전각[산신각]에 모셔져 있다. 매일 스님 한 사람이 화려한 색상의 승복 차림으로 공양 그릇을 들고 수호신에게 제물을 바치러 외딴 산신각을 찾는다. 산신도는 빛의 효과가 극대화된 작품이다. 백발노인이 구부정하게 앉아 깊은 생각에 잠겨 있다. 머리카락과 수염의 하얀 광채 때문에 얼굴의 홍조가 더욱 도드라진다. 놀라운 광채가 짙은 녹색의 공간에 드리워져 강렬한 색채와 광선의 효과를 표출한다.

물론 기괴한 인물과 왜곡된 형상들도 군데군데 배치되어 있다. 화가가 묘사한 호랑이 형상이 특히 그러하다. 화가는 생동감을 표현하고자 했겠지만 대부분 정도가 지나치다. 움직임이 과장되어 묘사가 흐트러졌다. 해부학적 오류 때문에 대상의 크기가 부자연스럽긴 하지만, 관찰력만큼은 남달리 뛰어나다. 게다가 구성이 대담하여 화가의 재능이 범상치 않음을 알겠다.

한국인들은 조형 예술에 그리 능하지 못했다. 중국을 거쳐 들어온 인도 불상들을 빼면, 사당의 조각상들은 대개 거칠고 투박하며 자세도 어색하다. 조각품의 색채가 형태의 조악함을 완화시키기는커녕 오히려 강화시킨다. 그래서 조형 예술에 관한 한 일본은 자기의 스승을 넘어설 수 있었다. 물론 일본 조형 예술의 전성기도 오래전에 지나가 버렸다. 물질주의가 예술적 창작도 방해했던 것이다. "금강산도 식후경."[42]

여러 사당에서 옮겨 놓은 조각상들이 예술적 흥취를 반감시키긴 하지만, 본사를 좀

동묘의 관우 상

더 둘러보기로 했다. 제단에는 실물 두 배는 됨직한 공자 상像[43]이 금빛 머리를 드러낸 채 노란 비단에 싸여 모셔져 있었다. 실물보다 큰 군신軍神 상 넷은 그 옆을 장식했다. 채색은 검붉다. 둘은 푸른 극戟을 들었고, 셋째는 아랫팔뚝을 양 소매에 집어넣은 채 팔뚝 아래 수평으로 검을 끼고 서 있었다. 넷째는 오른손에 붓을, 왼손에는 종이 한 장을 들었다.

관우를 모신 제단 앞에는 화려한 문양의 아연 촛대에 색색 밀랍 꽃으로 한껏 멋을 낸 초를 꽂아 두었다. 제단 앞 작은 탁자 위에는 향로를 놓고, 붉은 종이를 부채꼴로 펼쳐 불꽃처럼 보이게 했다. 제단의 촛불이 꺼지지 않도록 사각형 유리 상자들을 천장에서 길게 늘어뜨렸다.

42 저자는 "빵이 먼저고 그 다음이 예술이다"(Die Kunst geht nach Brot)라고 썼다.

43 공자 상이 아니라 관우 상이다.

지옥도

지옥도

염라대왕(지옥도 부분 확대)

왼편 벽 일곱 제단에는 전쟁 영웅들을 더러는 한 명씩, 더러는 여럿씩 함께 모셨고, 목조 보개 일곱 개로 각 제단을 장식했다. 각 제단 앞에 한 쌍의 촛대와 향로를 갖춘 제사상이 놓여 있다. 제단 뒷벽에는 그림들이 걸려 있었다. 전부 비단에 그린 그림이었다. 그림들은 위아래를 목봉으로 고정시킨 후 깃발처럼 늘어뜨렸고, 양옆을 붉은 술로 장식했다. 기교나 정교한 색감이나 구성 면에서 도저히 알 수 없을 예술 세계를 드러내는 그림들이 많았다.

우연히 불상도 하나 발견했다. 하얀 린넨 천에 싸여 한쪽 구석에 자리 잡고 있었다. 제사상을 받고 있는 모습이 어쩐지 영 불편해 보였다.

천장 우물반자의 색조가 제단이나 조상들과 멋진 조화를 이룬다. 검은 반자 칸칸마다 용 모양의 금빛 독수리(Pung)[44]를 앉혔다. 반자는 붉은색, 푸른색, 황금색 테두리로 구분되어 있었다.

상상 속의 새 두 마리가 목재에 금칠을 한 천장에서 아래로 곤두박질을 치더니, 기이한 뱀 모양의 금빛 구름을 향해 날아간다. 이 구름은 하늘을 상징한다. 전실前室은 전리품, 북, 장수의 차양막, 술이 달린 장막과 각종 장군기들로 넘쳐 난다. 그러니 마치 한국의 전쟁 박물관을 본 듯한 인상을 받고 이곳을 떠나게 되는 것이다.

◀44 저자는 봉황(鳳凰)을 독수리로 보았다. 괄호 속의 Pung은 봉황의 중국식 발음 Fenghuang에서 잘못 따온 것으로 추정된다.

제7장

수도원 소묘

기도하고 일하라!

3월 18일

내가 왜 일본 측량 기술의 신봉자들을 우습게 보았을까! 나는 지금 그 벌로 이틀째 우리 수도원 주변의 언덕을 오르내리며 기포수준기와 씨름하고 있다. 시공의 난점과 지형의 장애를 제거할 묘책을 짜 보지만, 한구석도 사정이 만만한 데가 없다.

가을에는 사범학교[숭신학교]를 열어야 하는데, 학교 부지에는 아직 벚나무가 무성하다. (이곳 벚나무는 우리 고향의 개암나무와 비슷하게 생겼다.) 학생들은 열의에 차서 몰려드는데, 실업학교[숭공학교] 작업장은 진작부터 턱없이 부족했다.

우리가 이 땅에서 선교 사업을 시작한 지 얼마 되지도 않았는데 학교 경당이 벌써 비좁다. 확장해야 한다.

육순의 신자 한 분은, 새벽 4시 30분 우리가 공동기도를 시작하기도 전에 매일 우리 성당으로 온다. 그는 바닥에 무릎을 꿇고 머리를 깊이 조아린 채 기도한다. 아니, 기도라기보다는 낮은 목소리로 가락을 넣어 가며 노래를 부르는 것이다. 가락은 대략 5음계를 오르내린다. 그는 자신만의 성무일도를 드림으로써 우리의 기도를 방해하지도, 자신의 기도도 방해받지 않는다. 그의 기도는 미사에 참석하러 오는 신자들로 성당이 가득 찰 때까지 계속된다. 그렇게 하루도 빠짐없이 기도하러 온다. 주일에는 작은 우리 성당이 기도하러 온 사람들로 입추의 여지 없이 꽉 들어찬다. 신자들은 대개

동소문

오전 11시까지 성당에 머무른다. 신자들은 수도자들의 성가와 전례에서 범상치 않은 매력을 느꼈다. 이 매력 때문에 심지어 외교인들까지 비좁은 성당에 들어차는 바람에, 정작 몇몇 신자들은 성당 밖에서 미사에 참례할 형편이다. 그들은 미사가 끝날 때까지 입구에 줄줄이 늘어선 신발들을 지킨다. 한국인들은 집 안에 신발을 들이지 않는다. 더구나 하느님의 집 안에 가지고 들어온다는 건 엄두도 못 낼 일이다. 그들은 공손히 조용조용 버선발로 들어온다. 예의가 바르다. 아이들의 잡담은커녕, 엄마 등에 업힌 아기의 옹알이조차 용납하지 않는다. 신자들은 그렇게 모였다가 새로운 한 주 동안 고된 일을 할 힘을 얻어 간다. 여신자들은 서둘러 외투[장옷]를 머리 위에 뒤집어쓰고 얼굴을 가린 뒤, 인사 따위는 하지도 받지도 않고 남정네들 곁을 지나쳐 간다. 집으로 걸음을 재촉하여 소박한 점심을 차려야 하는 것이다. 그동안 남자들끼리는 수도원 앞 공터에 모여 언덕 아래 골짜기에 있는 그들의 초가집을 내려다보며 잡담을 나누고 있다.

동소문에서 바라본 백동수도원

이 백성의 종교적 갈망이 얼마나 뿌리 깊은지 알겠다. 순교자의 피가 스민 이 땅에서 신앙의 열매가 자라나 이토록 풍성한 수확을 거둔 것이 결코 쉽지 않았으리라는 것도 느껴진다. 실로 한국은 시대의 전환점에 서 있다. 박해의 폭풍우도 지나갔다. 그 과정에서 그리스도교는 뿌리를 굳건히 내렸다. 이제 희망의 봄날이 찾아올 것인가?

일본 인구 과잉의 여파로, 하룻밤 사이에 식민지 한국은 일본의 이주지가 되고 말았다. 1910년에서 1920년 사이에 한국 거주 일본인은 17만 1,543명에서 34만 7,850명으로 증가했다(1921년 연감 15쪽).

일본인은 특히 서울에 많이 이주했다. 급변하는 정치적 · 사회적 상황은 경향 각지의 파리 외방전교회로 하여금 새로운 선교 노선을 취하도록 압박했다. 교통의 요지를 차지한 주교좌성당 인근에 일본인 거주지가 날로 확장되고 있었다. 이제까지는 온전히 신앙생활에 마음을 쏟는 이 단순하고 소박한 백성에게만 선교 활동을 집중해도 되었지만, 국력 신장과 세속적 부의 축적과 경제 성장을 위해 분투 노력하는 일본인의 물질주의적 정신은 선교 프로그램에 경제적 · 학문적 사안들을 그 어느 때보다 많이 수용하도록 강요하고 있다. 그리스도교가 존경과 영향력을 견지하려면 선교 사업은 가시적 문화 역량에서도 일본인들을 감동시켜야 한다. 최근 몇 년 사이 파리 외방전교회가 일본인 위주로 돌아가고 한국인들은 뒷전으로 밀리면서, 이러한 현안은 서울에서 긴급한 문제로 대두되었다.

한국인들은 잃어버린 땅을 포기했다. 그들은 일본인들과 함께 살 수도 없고 함께 살고 싶어 하지도 않는다. 우리는 서울의 다른 끝에서 신자들이 수도를 벗어나지 않으려고 우리 수도원 가까이로 이주해 온다는 것을 알아챘다. 그래도 그들은 변화된 환경과 새로운 경제 사정과 낯선 풍습의 영향에서 벗어나지 못할 것이다. 그들을 새로운 상황에 적응시키는 길은 어려운 환경에서 탈피하도록 돕는 것이다. 신자들에게 수도원 성당을 넓혀 소박한 자리를 마련해 주는 것만이 능사가 아니다. 따라서 실업학교와 사범학교 건축 계획은 성당 증축 계획과 늘 뒤섞이게 된다.

가파른 언덕배기, 수도원 방향으로 꼬불꼬불한 산길이 시작되는 곳에 실업학교가 있다. 얼마 전에 일부가 증축되었고, 그 옆에 꽤 넓은 부속 건물도 새로 들어섰다. 입학을 원하는 한국의 젊은이들이 나날이 증가 추세에 있어서 이 신축 건물도 머지않아 또 좁아질 것이다.

극동에서 선교 사업의 일환으로 실업학교를 설립한다는 것은 드문 일이었다. 문화민족에게 있어서 실업학교의 성공은 당연히 미심쩍을 수 있다. 그러나 [실업학교] 설립을 시도하지 않기에는 베네딕도회 모토[기도하고 일하라!(Ora et labora!)]의 '일'(Labora)과 '기도생활'(Ora)이 너무 밀접히 연관되어 있다. 여러 정황으로 미루어, 실업학교의 설립은 바람직할 뿐만 아니라 꼭 필요해 보였다.

유럽 각국에서 수요가 활발한 수공업품 중 한국에서 쓸 만한 제품으로 개발된 것은 거의 없었다. 백성들은 외국과 철저히 차단되어 있었다. 장벽은 일거에 무너졌다. 한국의 수공업은 적정 수요를 감당할 수 없었다. 삶의 질을 높이는 데 쇄국이 걸림돌이었다. 백성들은 가난했다. 그리스도인들은 빈자 중의 빈자였다. 그나마 한숨 돌릴 수 있을 뻔했던 시절도 너무 짧았다. 박해는 모든 것을 앗아 갔다. 이런 상황은 19세기 말까지 이어졌다. 1894년에도 조조 신부[1]가 그리스도교를 반대하는 동학군에게 살해되었다.

이 모든 저간의 사정은 실업학교가 설립과 함께 큰 성공을 거둘 수밖에 없는 탄탄한 기반을 제공해 주었다. 명민한 한국의 젊은이들은 배움이 빨라서 좋은 결실을 맺고 세간에 학교의 명성을 드높였다. 목공부와 철공부는 소박하게 출발했지만 신통한 마술을 부리듯 그리스도인들의 사회적 비중을 증대시키고, 그리스도교 자체의 명예도 빛내 주었다. 이제는 작업장과 교직원이 부족한 데다 증축 자금도 딸려, 급기야 지원자 가운데 수백 명을 되돌려 보내야 할 지경이다.

그리스도인들은 실업학교에서 생계 문제의 해법을 모색했다. 그들은 수공업의 활성화를 통해 삶의 기반을 다졌다. 박해 시대부터 이어져 온 그리스도인에 대한 외교인들의 존경심도 더욱 강화되었다. 한때 박해받고, 멸시받고, 빼앗기고, 내쫓겼던 사람들이 이제는 새로운 사회적 움직임을 주도하고, 산업 활동에 새바람을 불러 일으키고 있다. 외교인들은 박해의 시련 속에서 그리스도인들이 보여 준 영웅적 용기와 희생 정신에 감탄을 금치 못했듯이, 이제는 엄청난 경제적 성과도 창출할 줄 아는 놀라운 동력으로서 그리스도교를 존중하는 법도 배워야 한다. 이런 사회적 변모는, 어머니 교회가 자녀들의 일용할 양식을 돌보기 위해서도 얼마나 각고의 노력을 기울이는지 외교인들에게 보여 줄 것이다.

심지어 외교인들도 실업학교에 지원했다. 아마 평생 안정된 삶을 누리고 싶은 소망

---

1 Jozeau, Moyse(1866～1894). 한국명 조득하(趙得夏). 파리 외방전교회 선교사. 1889년 초 입국하여 1890년 부산본당 초대 주임으로 부임했다. 1893년 전라도 배재[梨峴]본당(현 수류본당)으로 전임했으나, 동학군의 습격으로 관할 구역이 위기에 봉착하자 뮈텔 주교에게 도움을 요청하기도 했다. 1894년 7월 27일 뮈텔 주교와 프랑스 공사에게 전황을 보고하러 상경하던 중, 공주 금강 장기(長岐) 나루에서 청국군(淸國軍) 패잔병에게 체포되어 피살되었다. (따라서 "동학군에게 살해되었다"는 저자의 진술은 사실과 다르다.)

숭공학교 목공부 학생들

숭공학교 제차부 학생들. 카니시오 신부 촬영

때문일 것이다. 그것이 장인의 기술을 익혀 신자 젊은이들과 한 번 겨뤄 보고 싶은 일차적 동기를 부여한다. 그러나 그들은 곧바로 신자 학생들의 '제자'가 되었다. 외교인 학생들은 저마다 손쉽게 신자 친구를 사귀었다. 신자 친구들은 마음을 다하여 그들을 도울 준비가 되어 있었고, 헌신적이었으며, 그리스도교의 진리를 친절히 설명해 주었다. 휴식 시간이면 삼삼오오 짝을 지어 마당 한구석 너럭바위 위에 걸터앉거나 소나무 그늘 아래 모여 큰 소리로 「천주경」을 외우곤 했다. 신자 학생들은 외교인들이 부처와 공자의 가르침을 가지고 그리스도교 교리를 반박할 때 이를 명쾌하게 설명하는 세련된 방법을 알고 있었다. 그 설명은 진리를 찾는 젊은 영혼들에게 깊이 흡수되어, 그들이 시골 고향으로 돌아갈 무렵이면 이미 그리스도인이 되어 있다. 그들은 굳건한 신앙과 숙련된 기술을 겸비하여, 고향에 가서도 열정과 영향력을 가지고 그리스도교를 위하여 헌신할 것이다.

게다가 실업학교의 지대한 사회적 공헌은 일본 정부도 찬탄해 마지않았다. 총독 데라우치 백작도 우리 실업학교의 업적과 유익한 영향력을 인정한다고 거듭 표명한 바 있다. 실업학교는 일 좋아하고 일 잘하는 계층을 양성할 것인즉, 그들이 평화롭게 생계와 노동에만 몰두하는 것이야말로 서구에서 여과 없이 유입되는 혁명 사상의 싹을 애당초 잘라 버릴 최선의 방책이 될 터였다.

그에 못지않게 중요하지만, 훨씬 수행하기 어려운 과업이 있었다. 사실 우리는 그 일 때문에 한국에 왔다고 해도 과언이 아니다. 그것은 독일의 교원양성기관(Lehrer-seminar) 같은 사범학교(Normalschule)를 세워 초등 교사를 양성하는 일이었다.

그 일이 아무리 바람직한들, 바로 착수하는 것은 현실적으로 불가능했다. 1909년 이 사업을 위해 상트 오틸리엔을 떠난 베네딕도회 신부 셋과 수사 넷은 극복할 수 없는 장애에 봉착했다. 현지어의 철저한 습득 없이 학교를 연다는 것은 무모한 일이었다. 외국인 교사에게 학교를 맡겨야 하기 때문이다. 신부들은 우선 책과 씨름해 가면서 언어를 배운 후, 유럽어가 통하지 않는 현장에서 능통해질 때까지 부딪쳐 보는 수

톱질

밖에 달리 방도가 없었다. 그러나 그것으로 끝난 게 아니었다. 한국에서 식자識者나 교사 노릇을 제대로 하려면, 구사하는 문장마다 한자말을 되도록 많이 써서 문자향을 물씬 풍겨야 한다. 극동에서는 아쉬운 대로 3, 4천 개의 한자에 통달해야 겨우 식자 대접을 받는다. 게다가 한국이 일본 식민지가 되는 바람에 교과과정에 일본말도 포함되어야 했다. 한국말만 해도 뉘앙스가 극도로 풍부하여 어렵기 짝이 없는데, 거기다가 일본말까지 한꺼번에 다 해결하기란 너무 힘든 일이었다. 그러나 정말 빠듯한 기간이었지만 2년여의 뼈를 깎는 노력 끝에 난관이 다소 극복되었다.

기존의 어려움들이 채 가시지도 않았는데, 국면은 사업에 불리한 방향으로 가파르게 전환되고 있었다. 보기에도, 지난 2년 동안의 변화는 예상보다 훨씬 급격한 것이었다. 한국은 정말 일본화되었다. 일본은 학교 관영화 의지를 천명했고, 한국인들의 뜨거운 교육열은 갑작스런 폭우로 차갑게 식어 버렸다.

목재 다듬기

한국의 교육열이 다시 타오르게 된 데는 짧은 역사가 있다. 과거 이 나라에는 초등교육기관[2]이 없었다. 중등학교는 말할 나위도 없다. 개항과 함께 옹색하나마 선교회가 운영하는 몇몇 학교가 문을 열고 소리 소문 없이 명맥을 유지해 왔다. 그런 학교는 백성들과 선교회의 소박한 욕구를 충족시키기에 적당했다. 선교회는 그저 교리교사 몇 명이 필요했을 뿐이고 선교사가 그들을 양성했다. 그러나 한국은 일본의 성공에 주목하기 시작했다. 일본의 명성은 점점 더 높아 갔다. 중국의 속국으로서[3] 늘 한계를 느꼈던 한국은 동쪽 이웃나라 일본의 상승 국면을 기꺼이 따라잡고 싶었다. 일본

2 원문 Volksschule는 '국민학교'로 옮길 수 있으나, 우리나라의 경우 명칭 변경이 거듭되어 여기서는 '초등교육기관'이라는 보편적 용어로 옮겼다. 이 책 집필 당시의 명칭은 '보통학교'였다.

3 저자는 20세기 초 유럽인의 안목으로 당시 한반도 정세를 이해했다. 한국을 "중국의 속국"으로 표현한 것은 저자가 당시에 지녔던 역사 의식의 한계를 반영한다.

볏짚 썰기. 곱게 채 친 석회와 잘게 썬 볏짚을 삶은 종이에 섞어 반죽하여 벽에 바른다.

만큼만 될 수 있다면 중국으로부터 홀로 서기를 할 터였다. 그래서 일본의 발전을 유심히 들여다보게 되었고, 일본인의 정신적 우월성은 국민교육에 기인한다는 것을 알게 되었다. 이제 한국에도 학교를 세워야 했다. 학교는 우후죽순처럼 생겨났다. 미국 개신교는 이런 기회를 활용하여 특히 북부 지방에 학교 망을 형성했다. 국립 중등학교도 설립되었다. 그러나 때가 늦었다. 백성들의 자발적 노력만으로는 나라의 몰락을 막지 못했다. 한국인들은 그들이 희망을 건 이 마지막 수단이 허사로 끝나는 것을 차마 볼 수 없었다. 와중에 교육열도 점차 식어 갔다.

아쉽게도 파리 외방전교회는 최고조에 달한 '교육 운동'의 호기를 제대로 살리지 못했다. 그렇다고 외방전교회를 탓하면 안 된다. 외방전교회 소속 사제 대부분은 엄청난 박해를 겪었고, 교육 사업과는 어울리지 않는 선교 방식에 익숙해 있었다. 그들은 동료 선교사들과 멀리 떨어진 각자의 선교 담당 구역에서 독자적으로 교리교육과 사목 활동을 수행했다. 그렇게 살아왔고 지금도 그렇게 산다. 담당 구역은 광활했다. 임종자를 돌보러 가는 데도 온종일을 걸어야 했다. 일 년에 두 번씩 담당 선교 구역을 순회 사목하려면 본당을 몇 달씩 비우고, 이 교우촌 저 교우촌을 전전해야 했던 것이다. 가는 곳마다 선교사 신부는 하루나 이틀씩 머물며 신자들이 신앙의 의무를 다할 수 있는 기회를 제공했다. 이런 선교 방식은 박해 시기부터 확립된 것이었다. 나중에 새로 입국한 선교사들도 이 선례를 따랐고, 지금까지도 그대로 유지되고 있다. 미래를 내다보는 긴 안목은 그래서 흐려졌을 수도 있다. 학교 설립의 당면한 필요성은 그리 중시되지 못했다. 있을 법한 일이었다. 그러나 학교를 열고 수업을 하고 싶어도, 그 간절한 소망을 억누를 수밖에 없는 더 심각한 이유도 있었을 것이다. 모든 신부가 겪는 일이기도 했다. 그들을 짓누르는 장애물은 바로 가난이었다.

석회 채 치기

가난은 박해 시대 때부터 신앙의 자유를 누리는 오늘날까지 프랑스 선교사들에게 대물림되어 온 유산이었다. 그들의 손발을 묶어 놓았던 가난은 지금도 여전하다. 교사를 양성하면 한국의 그리스도교에 가장 큰 선익을 줄 수 있을 텐데, 가난 때문에 좌절하고 포기해야 한단 말인가? 취업이나 생계에 보탬이 되지 않을 바에야, 교사 양성이 다 무슨 소용인가?

가뜩이나 열악한 상황인데, 일본 정부의 태도가 어려움을 배가시켰다. 일본 정부는 한국에서 고등교육이 실시되는 것을 탐탁하게 여기지 않았다. 기실, 당국이 한국에서의 교육 사업에 별 호의를 보이지 않는 것을 나쁘게 생각할 수도 없다. 한국인들이 설립한 학교는 일본의 계획에 정면으로 배치되는 것이었다. 일본의 계획은 한국의 완전 병합이다. 한국인들은 학교를 매개로 자유를 쟁취하려 했다. 이런 정신은 병합 후에도 학교에 계속 살아 있다. 학교는 당국의 요시찰 대상이었다. 한때 중국에 저항하는 정신적 보루였던 한국 학교들이, 지금은 항일 세력의 거점으로 성장하고 있다고 일본 당국은 짐작하는데, 사실상 그리 틀린 짐작은 아니다.

정치 현실에 대한 고등교육기관들의 삐딱한 태도는, 사태의 본질에서 빚어지는 현상으로 인해 더욱 불리한 여건을 조성할 수밖에 없었다. 반일 성향의 학교들은 해마다 불만 요소들을 한 아름씩 증폭시켰다. 감행해 볼 만한 것도 없고 그렇다고 잃을 것도 없었기에, 그들은 항일 사상에 쉽게 물들었다. 한국은 고등교육기관의 필요성을 전혀 느끼지 않았다. 한국은 세계와 고립되어 교역을 발달시킬 수도 없었다. 일본에서는 마리스타 수도회의 상업학교가 큰 성공을 거두었지만, 한국에서는 상업학교가 무슨 소용이겠는가? 산업이 발전하지 못했으므로 실업학교도 불필요했다. 일반 국민교육은 생각할 수 있는 가장 낮은 단계에서 이루어졌다. 마땅히 고등교육을 받을 만한 학교도 없는 데다가, 졸업생들을 위한 일자리는 더더욱 없었다. 어중간하게 공부한 얼치기들은 가진 것 없이 새삼 힘들고 고달픈 벼농사를 짓느니, 손쉽게 정부 전복 단체[4]에 가입하여 그들이 배운 지식을 기꺼이 써먹을 태세를 갖추고 있었다.

그래도 지속적 국민교육은 필요하다. 한국 땅 가는 곳마다 일본인들이 장악해서는 안 될 일이다. 이 판국에서 선교회가 뒤로 물러설 수는 없다. 그렇지 않으면 그리스도교가 사회 활동에서 배제될 것을 각오해야 한다. 그리스도교를 지향하는 백성의 원의를 헛되이 하지 않으려면 무엇보다 소학교와 사범학교가 필수 불가결하다. 자, 힘을 내서 사업에 매진하자!

---

4 항일 독립운동 단체를 가리킨다.

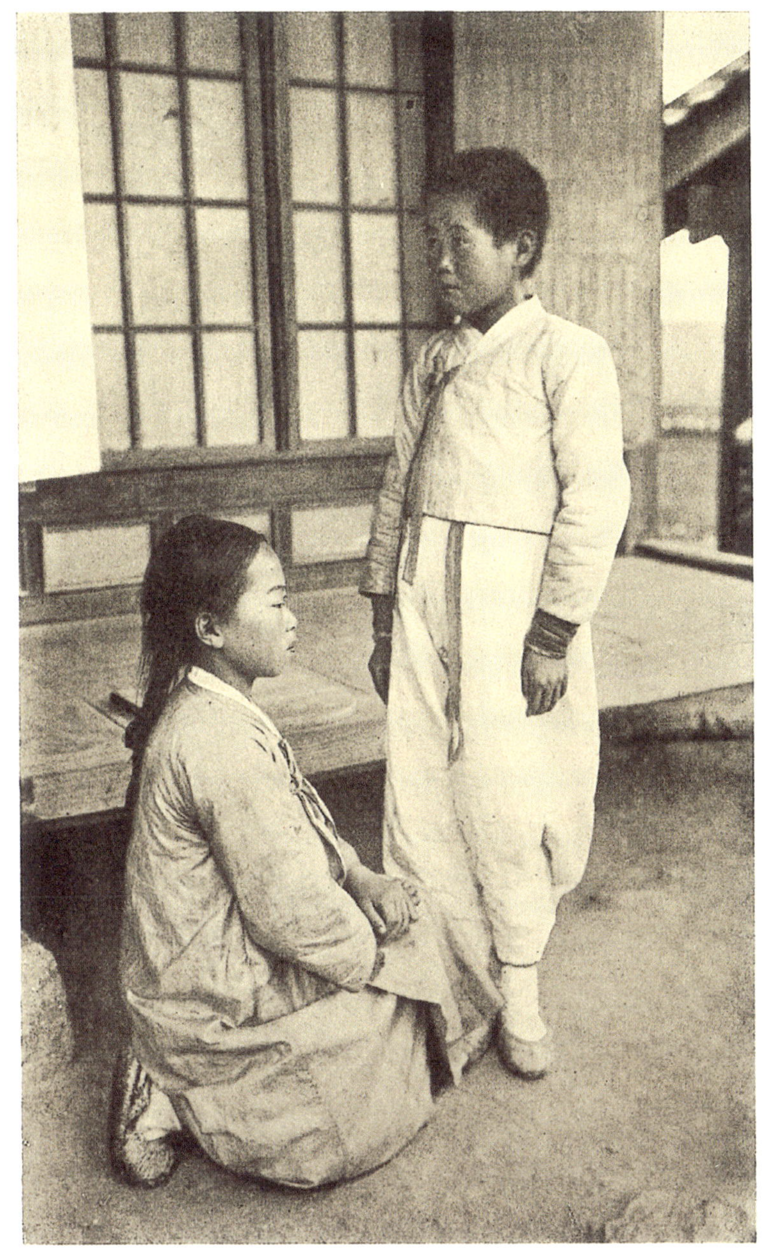

소녀들

제8장

산속으로

박해 시대의 유물

3월 24일

긴 지방 여행을 가려고 이미 수일 전에 짐을 꾸려 놓았으나, 눈이 오는 바람에 여행할 맛이 싹 달아나 버렸다. 꾸려 둔 짐은 방 한구석에서 청명한 날만 기다렸다. 미비한 장비는 오늘 서둘러 보충하되, 장거리를 이동해야 하니 사진 필름판은 특별히 여행 가방 두 개에 조심스레 나누어 넣어 무게를 줄여야겠다. 물감 상자와 스케치북도 가지고 가야 한다. 추억에 색깔을 입혀 간직하려면 오래 기다릴 수 없다. 안목이 시나브로 이국적 색상에 익숙해져 더는 새로움과 경이로움을 느끼지 못한다면, 그것을 그림으로 간직하고 싶은 유혹도 사라질 테니 말이다. 차라리 천연색 사진을 집중적으로 찍을 걸 그랬다. 천연색 필름판도 시베리아를 거치면 14일 만에 도착할 수 있지만, 페스트로 만주 지방이 봉쇄되어 통관이 불가능했다. 더구나 소독이 필름판을 손상시킬 수 있을 테니까 전염 위험이 사라질 때까지 기다릴 수밖에 없다.

부산 방면 남행열차[경부선 열차]는 교외의 늘어선 집들 사이로 내달렸다. 한강이다. 넓고 황량한 백사장 순교 성지 위로 전前 황제[고종]가 서울 방어용으로 구축하게 한 요새가 보였다. 안개 너울에 몸을 반쯤 숨긴 채, 요새는 외롭게 버려진 채 잃어버린 자유에 대한 희망의 잔재를 슬퍼하고 있었다. 기차는 긴 철교를 지나 순교자의 산으로 향한다. 저 너머 한강 좌안의 지세는 현저히 달랐다. 척박한 모래땅이 아니라, 넓고 풍요로운 들판이 양질의 옥토로 뒤덮여 있었다. 우리가 산기슭 언덕에 닿을 때까지, 이 지역은 비옥한 언덕 풍경을 간직한 채 완연한 초봄의 정취를 풍겼다. 우리가 가로지르는 작은 계곡으로부터 민둥산들이 차창 안으로 들이닥치며 호기심 어린 시선을 던졌다.

지금부터는 내릴 역을 지나치지 않도록 주의해야 한다. 일본인들이 이 나라 말을 어지럽혀 놓은 뒤로는 갑절로 조심해야 한다. 다른 한자도 마찬가지지만, 그들은 역 표지판의 한자 도시명과 역명을 한국인들과 다르게 읽는다. 그림책 한 권을 여러 나라 아이들이 읽는 것과 진배없다. 그림책 속의 나무를 독일 아이는 '바움'Baum, 이탈리아 아이는 '알베로'albero, 영국 아이는 '트리'tree라고 읽을 것이다. 옆의 한자는 나무를 뜻한다. 한국인도 일본인도 이 글자의 뜻을 알지만, 서로 다른 발음으로 읽는다. 심지어 중국에서도 방언마다 발음이 제각각이다.

木

차창 밖 역 표지판에는 유럽인 여행자들을 위해 'Suigen'이라는 라틴 글자를 한자 역명과 상하로 병기해 두었다. 차장은 객실을 돌면서 '수이겐'이라 외쳤다. 그러나 한국인 승객들은 미덥지 않은 듯 '수원'이라 또박또박 발음하며 고개를 저었다. 마치 독일의 시골 농부가 레겐스부르크Regensburg나 쾰른Köln을 지나다가 그곳을 라티스보네Ratisbone나 콜로뉴Cologne라고 부르는 것을 들었을 때 같았다.

종착역 군포조(Gun-pod-jo)[1]에 도착했다. 누가 봐도 쓸쓸한 역이었다. 역은 가난한 오막살이 마을의 외로움을 지켰다. 우리는 무거운 여행 가방 두 개를 들고 대합실에 서 있었다. 이제 어디로 가나? 수소문 끝에 짐꾼 한 명을 구했다. 이 사람이 채비를 하러 집에 다녀오는 동안, 근처에서 집 짓는 광경을 구경하기로 했다. 집 짓는 모습에서 우리가 시골에 온 줄을 첫눈에 알 것 같았다. 기둥뿌리는 이미 땅에 박아 놓았고, 서

---

1 군포정(軍浦町)으로 짐작된다. 군포조는 군포정의 일본식 발음이다. 군포는 안양 - 수원 - 과천 - 안산을 지나는 교통의 요지이며 남북으로 경부선이 지나는 곳이었다. 저자 일행은 하우현으로 가기 위해 이곳에서 내렸을 것이다.

집짓기

까래를 얼기설기 엮고 있는 중이었다. 그 모양새가 옛 독일령 동아프리카의 다르에스살람Daressalam에서 본 원주민 오두막과 쏙 빼닮았다. 기둥과 막대기를 땅에 박아 둔 걸 보니 우선 벽부터 만들려는 참인 듯했다. 주먹만 한 것부터 머리만 한 것까지, 둥글고 다듬어지지 않은 돌들을 산골 시냇가에서 가져와 쌓은 후 진흙으로 틈새를 메우고 나무 기둥을 새끼줄로 단단히 고정시킨다. 그러면 쉬 허물어지지 않을 것이다. 벽은 천천히 쌓는다. 적당히 두껍게 쌓아 추위를 막고, 돌 사이의 틈은 진흙으로 잘 메운다. 옆에는 지붕을 이을 볏짚 단이 준비되어 있었다. 공사는 곧 끝날 것 같다. 그래도 외교인들은 입주하기 전에 먼저 악귀를 몰아내고 아늑한 자리를 택하여 좋은 신[2]을 모시는 옛 풍속을 충실히 따를 것이다. 쌀 두 움큼을 쌀로 빚은 달근한 와인[3]에 불

2 전통 민간신앙에 따르면 집터는 터줏대감이, 집 안은 성주대감 혹은 성주신이, 부엌은 조왕신이 지켜 준다고 한다.

3 저자가 Reiswein이라고 표현한 이 술은 막걸리다.

볏짚을 엮어 초가지붕을 이다

린 다음, 엽전 몇 닢과 함께 희고 고운 종이에 싸서 문설주에 매달아 놓고 좋은 신에게 제물로 바치는 풍습이다. 또 한자로 큼지막하게 이런 축문을 써서 붙일 것이다: "봄바람 들 듯 이 집에 복 들어오고, 악귀는 물에 눈 녹듯 썩 물러가라".

역으로 돌아와 보니, 르 각 신부[4]가 보낸 짐꾼이 벌써 와 있었다. 그는 무거운 짐 두 개를 혼자서 지는 걸 자랑스러워했다. 매우 익숙한 손놀림으로 멜빵을 만들어 등짐을 졌다. 우리는 그를 따라 한참 철로를 거슬러 가다가 산속으로 굽어들었다. 짐바리 동물들이 좁은 산길을 내어 놓았다. 가다가 작은 마을에서 잠깐 쉬었다. 짐꾼은 막걸리 한 사발로 원기를 보충했다.

한 시간 반 뒤 산골짜기가 길을 열었다. 멀리 뒤로는 거산이 견고하고 푸른 벽처럼 귀로를 막았다. 앞쪽이 서서히 활기를 띠기 시작했다. 저쪽 산자락에 작은 하우고개 성당[5]이 있다고 했다. 한 무리의 아이들이 선생님을 앞세우고 우리 쪽으로 달려왔다. 맹렬한 기세로 뛰어오다가 우리 앞에 서더니, 이 나라 법도에 따라 무릎을 꿇고 이마

---

4 Le Gac, Charles Joseph Ange(1876~1914). 파리 외방전교회 선교사. 한국명 곽원량(郭元良). 1893년 입회, 1898년 9월 24일 사제로 서품되었다. 1899년 1월 황해도 재령(載寧)에 부임하여, 인근 봉산(鳳山), 서흥(瑞興), 신천(信川), 평산(平山) 등지에 공소를 세우고 모성(慕聖)학교를 설립했다. 1906년부터 5년 동안 하우현(下牛峴)에서 사목하다가 갓등이로 전임되었다. 1914년 5월 26일 장티푸스로 선종했다.

초가 이엉 엮기

를 땅에 조아리는 인사를 했다. 이어 남자들도 오고, 마을이 가까워질수록 사람들이 늘어나 긴 행렬을 이루었다.

다들 진지하고 엄숙한 마음으로 왔다. 풋풋한 젊은이들의 두 눈은 행복으로 반짝이고 있었다. 그들은 아직 삶에서 얼마나 많은 고초를 겪어야 하는지 알지 못하고, 무엇이 그들의 부모와 조부모를 이 황량한 산중 고독 속으로 내몰았는지도 알 턱이 없다. 그들은 가난 속에서 자랐고, 그런 환경에 만족한다. 남자들은 풍상에 단련되었다. 대부분 부모가 서울을 빠져나와 이곳에 은거할 때 따라온 사람들이다. 당시 그들의 부모는 세상을 버리고 이 미지의 산골에 터전을 닦았다. 그들은 고통과 궁핍 속에 자랐

5 저자가 하우고개(Haukokä)성당이라고 말한 이곳이 바로 하우현(下牛峴)성당이다. 1800년대 초반부터 박해를 피해 온 천주교인들로 교우촌이 형성되었다. 1893년에 공소가, 1900년에 본당이 설립되었다. 현재 수원교구 안양대리구 과천의왕 지구 소속이다.

하우현성당

여인과 소녀들이 공경하는 마음으로 먼발치에서 바라보고 있다

고 일용할 양식을 척박한 대지에서 힘겹게 얻었다. 그들의 부모는 일찍이 신앙을 위해 전 재산을 버렸다. 사랑하는 이들은 망나니의 칼에 피를 뿜었다. 쓰라린 빈곤 속에서도 신앙은 그들을 둘러싼 험준한 바위처럼 굳건했다. 존경스런 노인들도 오셨다. 뜨거운 믿음의 불꽃으로 타오르는 저 눈동자들! 이 산골짜기에서 신앙을 구했고 신앙은 그들의 전부였으니, 그들이 이 산골짜기를 얼마나 사랑하고 있는지 알 것 같다. 그 눈빛 하나가 그 어떤 교회사 책보다 더 많은 것을 말해 준다. 지금 다시 박해가 시작될지라도 이 그리스도인들은 한순간도 흔들리지 않을 것임을 증언하는 눈빛이다.

여인들은 멀찍이 떨어져 있었다. 예부터 엄격히 지켜져 온 한국인의 범절이다. 그래도 기쁨은 함께 나눈다. 소녀들과 함께 언덕 위에 모여 서서, 우리 행렬을 따라 성당에 들어가려고 기다리고 있는 것이다. 성당은 초가지붕에, 막돌과 진흙으로 궁색하게 벽을 쌓은 나지막한 토담집이었다. 우리는 몸을 굽혀 안으로 들어갔다. 실내는 좁고 초라했다. 천장에는 생나무 들보가 튀어나와 손을 뻗으면 닿을 정도였다. 울퉁불퉁한 기둥이 들보를 받치고 있었다. 장식이라곤 낡은 양탄자로 제대 네 면을 두른 것이 전부였다. 작고 소박한 갈색 십자가는 십자가의 길이 지닌 참된 의미를 깨우쳐 주는 듯했다. 문과 창문들은 가느다란 나무 격자로 되어 있었다. 문과 창문의 격자 위에 바른 창호지에 석양이 비치었다. 전면에 있는 제대 옆 창문 두 개는 붉은 색유리였다. 색유리를 통해 신비스러운 빛이 장엄한 어스름 속으로 들어왔다. 그 빛은 평화로운 얼굴로 기도하는 가난한 이들의 얼굴을 비추어 주었다. 견고한 후광을 띤 보석과도 같은 신앙의 열정이 그들에게서 뿜어져 나왔다.

인근 산등성이 하우고개의 이름을 딴 작은 마을 논토[6]에 르 각 신부의 거처가 있었다. 사방으로 반경 다섯 시간 거리의 여러 마을에 2,500명에 달하는 신자들이 살고 있었다. 르 각 신부는 황폐한 주거 환경과 가난의 고통을 신앙 안에서 신자들과 함께

6 저자가 논토(Nonto)라고 한 이곳은 둔토리(芚土里)를 가리킨다. 하우현은 둔토리에 있다.

엽전

나누고 있었다. 좁은 산골짜기의 눈과 얼음이 모두 녹자, 마치 바위만 무성한 수비아코Subjako[Subiaco][7]의 험준한 사막에 와 있는 듯한 기분이 든다. 신자들이 천진난만하고 친근한 태도로 그들의 영적 목자를 의지하는 모습은 감동적이었다. 사제관은 신자들에게 개방되어 있었다. 그는 신자들의 아버지였다. 한국에서는 자녀와 손자 등 모든 가족 구성원이 가장家長인 아버지를 중심으로 모여 산다. 이런 가부장적 삶의 태도가 본당 공동체의 영적 아버지에게도 똑같이 적용되었다. 백발이 성성한 아버지를 중심으로 아들딸과 그 자녀들까지 60여 명이, 또는 그 이상이 한데 모여 사는 일이 한국에서는 드물지 않다. 초가집을 붙여 짓고 조그마한 마당만 있으면 그걸로 족했다. 본당신부 집은 모든 신자에게 아버지 집이나 마찬가지였다.

우리는 늦은 점심상을 받았다. 남자와 소년들이 예를 갖추고 우리를 둘러쌌다. 본당신부에게 늘 그리하듯이 우리에게도 친숙한 동무가 되어 주고 싶은 것이다. 배고프

---

7 이탈리아 라치오 주, 로마에서 동쪽으로 75킬로미터 떨어진 도시. 500년경 베네딕도 성인이 이곳 사크로 스페코(거룩한 동굴)에 와서 제자들과 함께 수행생활을 하다가 525년 몬테카시노로 옮겨 갔다.

마당에서

고 피곤했지만 음식이 딱히 입에 맞지는 않았다. 우리가 맛있게 먹는 것을 보려고 사람들은 밥도 못 먹은 채 둘러서 있었다. 그들은 우리를 환대하느라 아직 아무것도 먹지 못했다. 우리와 함께 먹자고 권해 봐야 통하지 않을 것이다. 우리가 보는 데서는 아무것도 먹지 않는 것이 그들이 엄격히 따르는 옛 법도다.

골짜기를 거슬러 짧은 산책을 했다. 산등성이에서 시냇물이 흘러내렸다. 짙푸른 저녁 그림자가 서쪽 산벽을 타고 내려오는가 싶더니 어느새 동쪽 언덕을 서둘러 기어오르고 있었다. 우리는 마을로 돌아왔다. 한 무리의 아낙과 소녀가 시냇가에 쪼그리고 앉아 주일인 내일 쓸 면포를 서둘러 빨고 있었다. 옆집에서는 여인 둘이 마주보고 앉아 마른 빨래를 부지런히 다듬이질한다. 좀 떨어진 곳에서 그 소리를 들으면, 오래전 성탄 방학 추운 겨울날 아침 고향 집에서 듣던 빠른 도리깨질 박자와 흡사하다. 그것은 마치 아침 인사처럼 따뜻한 침대 속까지 파고들곤 했었다.

다듬이질

우리는 마당으로 들어섰다. 활짝 열린 모양새가 손님을 반갑게 맞는 듯했다. 주인은 우리를 안채로 안내했다. 보통 때라면 손님이 쉽게 들어갈 수 없는 곳이다. 좁은 툇마루가 직각으로 만나는 방들을 따라 지면에서 약 반 미터 높이로 이어지고, 종이 미닫이문이 마당을 향해 나 있다. 지붕은 튼튼한 기둥들이 떠받친다. 안방 문으로 드는 툇마루 한 귀퉁이에 어머니와 딸이 평평한 돌[다듬잇돌] 하나를 사이에 두고 마주 앉았다. 어린 소녀 하나가 곁을 지킨다. 문득 그들이 일손을 멈추고 긴 나무 방망이[다듬잇방망이]는 무릎 위에 내려놓은 채 호기심 어린 눈으로 우리를 쳐다보았다. 켜켜이 쌓인 빨래들을 오늘 중으로 다 다듬으려면 밤늦도록 두드려야 할 테니, 우리가 방해하면 안 된다. 하던 일 계속하라는 뜻으로 눈인사를 보냈다. 사실 우리는 바로 이 '다듬이질'[8]을 보려고 왔다. 다시 다듬잇돌에 개켜 놓인 빨랫감 위로 네 개의 방망이가 날아들었다. 곁에 앉은 어린 소녀는 빠르게 내리꽂히는 방망이에 손가락을 끼지 않고 능숙하게 빨래를 뒤집고 돌리는 재간이 있었다.

부인들이 조금만 시간을 더 내어 한국 전통 다림질 기술의 비밀을 남김없이 보여주었으면 싶었다. 한복감으로 널리 쓰이는 알록달록한 천[9]은 다듬잇방망이로 두드리지 말아야 한다. 그 옷에는 솔기가 없다. 손 너비[약 4인치]의 아마포亞麻布나 비단천을 띠 모양으로 접은 후, 접힌 가장자리에 밥풀을 바른다. 다리미가 그 위를 몇 번 잽싸게 훑고 지나가면 그 띠는 재봉틀 없이도 다음 빨래 때까지 단정히 붙어 있는 것이다. 여기 쓰는 다리미는 손가락 만한 총검銃劍처럼 생겼다[인두]. 다루기도 쉽다. 집주인이 빈 담뱃대에 새 담배를 채우고 불을 붙일 수 있도록, 놋화로는 늘 불씨를 간직한 채 방 한구석에 있다. 화롯재 밑에 숯불이 넉넉히 살아 있으니 인두 따위를 필요한 만큼 달구기에 족하다. 인두 몇 개를 화롯불 속에 꽂아 두고, 다림질하는 동안 인두가 식으면 바꿔 쓰면 된다.

밤이 이슥해서야 우리 셋은 좁은 방에 쉴 곳을 마련했다. 한밤의 고요를 깨고 다듬이 소리가 오래 울렸다. 내가 잠들고도 족히 15분은 더 계속되었을 것이다.

주일 정취

3월 26일

교중 미사는 9시 30분이다. 나는 신선한 아침 공기를 마시며 어제 살짝 맛본 작은 언덕을 다시 거닐었다. 길은 산등성이 아래까지 서서히 높아지다가 급격히 위쪽으로 굽이쳤다. 한 무리의 신자들이 벌써 내려오고 있었다. 사내아이들은 남자들과 어울리

---

8 저자는 '다림질'을 뜻하는 독일어 bügeln을 썼다.

9 색동일 수도 있고 결 고운 채색 비단일 수도 있다. 다듬이질은 광목이나 삼베처럼 올이 굵은 천에 한정된다.

고, 계집아이들은 여인들 틈에 섞였다. 주일 아침이다. 아이들의 순백과 꽃봉오리색 옷이 상큼한 봄 인사로 아직 잠든 자연에게 기쁜 생명을 선사한다. 등성이 저 너머 산들 사이로는 새로운 골짜기가 굽이쳐 내리는데, 내가 방금 떠나온 곳보다 훨씬 더 고적해 보인다. 어디나 가난한 오막살이는 차가운 겨울바람이라도 피해 볼까 하여 바위 돌출부 뒤에 숨어 있다. 손바닥 하나에 덮일 듯한 작은 논이 졸졸졸 흐르는 맑은 냇물로 목을 축인다. 신자들의 논, 이것이 궁핍의 증거물이다. 안타깝게도 이 언덕은 목초 재배나 목축에 적합하지 않다. 조림造林을 정기적으로 반복하면 산간 주민들의 빈곤은 확실히 개선될 것이다. 신자들의 빈곤이 외교인外教人들 눈에 좋아 보일 리 없다. 그래도 계곡이 넓고 비옥해진 곳에서는 그리스도인을 쉽게 접할 수 있어서, 매년 평균 80명의 외교인이 세례를 받는다. 외교인의 마음을 사로잡은 것은 아마 저 가난마저 빛나게 한 이곳의 고요한 평화일 것이다. 그것이 진정한 행복의 유혹이었다.

신자들은 모두 산등성이 뒤로 사라졌다. 나도 다시 산에 올랐다가 경당을 향해 서둘러 돌투성이 길을 내려왔다.

오늘 점심은 많은 사람이 함께 나누었다. 친교의 자리를 만들려고, 식후에는 사제관과 경당 사이의 뜨락에 커피를 마련했다. 검은 머리를 땋아 늘어뜨리고 얼굴이 밤색으로 그을린 아이들이 우리 주위에 모여들었다. 아이들의 어깨 너머로, 남자들은 우리가 한국식 장죽을 피우고 커피를 마시며 담소를 나누는 모습을 지켜보았다. 우리가 그들의 담배를 거절하지 않음으로써, 그들은 우리 앞에서 담배 피우지 못하는 처지를 충분히 보상받는다고 여겼다. 갑자기 내 뒤에서 줄이 흐트러졌다. 준수한 용모의 젊은이 하나가 빙 둘러선 사람들 속으로 들어서자, 다시 둥근 대형이 갖추어졌다. 그 젊은이 얼굴에 정신이 투명히 드러났다. 그는 우리의 방문에 대해서뿐 아니라, 백성들의 행복을 위해 서울에서 추진하는 우리의 선교 사업에 대해서도 감사의 뜻을 표명했다. 내가 답사를 채 끝내기도 전에 — 르 각 신부가 나의 프랑스어 답사를 한국어로 통역했다 — 부전교회장이 말을 거들고 나섰다. 그 또한 노련한 대중 연설가였다.

친교의 자리

그는 오늘 전교회장을 대리해야 한다. 모친상을 당한 전교회장은 전통 상례喪禮에 따라 공개 석상에 모습을 드러낼 수 없기 때문이다.

선교사들이 이 민족과 어우러져 살면서, 그리스도교와 그 교리에 합치하는 한 모든 관습을 용인할 뿐 아니라, 신자들에게 장려하기까지 하는 모습은 흐뭇한 감동을 준다. 사제들은 조상숭배에 맞서 싸우면서도, 돌아가신 부모의 장례를 성심껏 치르는 것은 매우 중요시했다. 많은 젊은이가 부친상 후 꼬박 2년[10] 동안 상제 두건 차림으로 외출하는 것을 귀찮아한다. 외교인들도 이 풍속을 진작부터 대수롭지 않게 여겨, 상복도 상례가 규정하는 만큼 엄격하게 갖추어 입지는 않는다. 선교사들은 부모 공경에서 비롯되는 옛 관습을 지켜 줌으로써, 효孝의 종교적 가치뿐 아니라 탁월한 민족적 역량까지 보존했다. 부모에 대한 효도야말로 위대하고 고귀한 한국인의 민족혼을 형성하는 한 요소이기 때문이다.

여인과 소녀들은 먼발치에서, 성당 부지 평탄 작업을 하느라 생긴 돌층계 위에 한데 모여 지켜보고 있었다. 흰옷과 색동저고리와 색동옷고름들이 환한 봄 햇살을 받아 마치 한 폭의 유쾌한 그림 같았다.

오후 기도를 하러 가기 전에 전교회장의 어린 딸 펠리치타스가 남동생을 데리고 왔다. 정갈한 한복 맵시와 색상 때문에 나는 두 아이를 잽싸게 그림으로 남기고 싶었다. 그런데 잠깐 사이에 꼬마둥이가 아장아장 걸어 나가는 듯싶더니 밖에서 애 우는 소리가 들렸다. 놀라서 분주한 붓놀림을 멈췄다. 펠리치타스가 뛰어나갔다. 동생이 넘어진 것이다. 펠리치타스가 동생을 데리고 들어왔고, 사태는 진정되었다. 그러나 꼬마둥이가 다시 스케치북 밖으로 사라져 버렸을 때, 나도 더는 어쩔 도리가 없었다. 게다가 딸아이까지 주위를 두리번거리고 옷고름을 잡아당기거나 산만하게 이리저리 꼼지락거리기 시작했다. 나도 기도 시작 시간에 맞추어 서둘러 스케치를 끝냈다.

---

10 돌아가신 해까지 쳐서 흔히 '삼년상'이라고들 하나 탈상까지는 통상 27개월이 소요된다.

하우현성당 전교회장 가족

기도를 마친 후 산책을 나갔다. 산 너머 북쪽에 보고 싶은 절이 있었다. 절은 고적했고 별 새로운 것도 없었다. 승려는 육체노동을 하지 않으므로 어느 절이나 일꾼이 몇 명씩 있다는 게 흥미로웠을 뿐이다. 그들은 법당 기둥으로 쓸 통나무를 둥글게 다듬는 중이었다. 법당 기둥이 썩어서 더는 지붕을 떠받치지 못할 지경에 이르렀기 때문이다. 날카로운 도끼로 네모지게 깎아 둔 통나무가 이제 막 팔각형으로 변하기 시작했으니 조만간 둥글어질 것이다. 근처에서는 다른 일꾼들이 널빤지를 만들 통나무에 톱질을 하고 있었다. 먼저 통나무를 높은 받침대 위에 놓고, 한 사람이 그 위를 밟아 단단히 고정시켰다. 다른 한 사람은 땅바닥에 앉아 둘이서 틀톱을 잡고 천천히 밀고 당기며 슬근슬근 톱질을 했다. 오랜 인내와 각고 끝에 겨우 널빤지 한 장이 만들어지는 것이다.

산속의 동굴

3월 27일

아침 식사 때는 재미있는 밥상머리 공부를 했다. 건장한 남자, 원기 왕성한 젊은이, 그리고 열두서너 살 먹은 소년 등 꽤 많은 신자가 모였다. 그들은 매년 두 차례씩 사제가 실시하는 교리 시험[찰고]을 치르고 싶어 했다. 대부분 읽지도 쓰지도 못하지만, 이 곤고한 사람들이 교리서를 술술 암송하고, 아이들까지 교리를 훤히 꿰고 있는 것을 보면, 그저 놀라울 따름이다. 자녀를 가르치는 것은 부모의 당연한 의무다. 밭일 나가는 엄마가 치맛자락에 매달려 아장아장 걷는 아이에게 신앙의 진리를 가르치는 모습을 자주 목격한다.

작은 산행을 하려고 음식을 장만했다. 1866년 병인박해 때, 볼리외 신부[11]가 잡혀 순교할 때까지 은신처로 삼은 동굴[12]이 저 산 어딘가에 있다고 했다. 우리는 그곳에 가 보고 싶었다.

낯익은 산길을 다시 걸었다. 첫 번째 초가집에서 길을 물었다. 박해 시대를 살아온 존경스런 노인들이 아이들을 가르치고 있었다. 아이들은 우리를 동굴 있는 데까지 데려다 주겠다고 했다.

계곡으로 조금 들어가다가 언덕을 올랐다. 밭농사를 짓고 있었다. 주로 담배 농사다. 산간 지방에서 도시와 마을에 내다 팔기 좋기로는 담배 농사가 으뜸이다. 아낙들이 낫처럼 생긴 괭이[13]를 가지고 일하고 있었다. 잡초를 뽑거나, 양식이 떨어졌을 때 먹을 만한 뿌리를 캘 때도 이 기구를 쓴다.

---

11 Beaulieu, Bernard Louis(1840~1866). 파리 외방전교회 선교사. 한국명 서몰례(徐沒禮). 1864년 사제 서품을 받고 그 이듬해 입국하여 경기도 광주 묘론리(卯論里) 지역에서 전교했다. 1866년 2월 27일 병인박해 중에 체포되어 3월 7일 새남터에서 참수되었다. 1968년 시복, 1984년 시성되었다.

12 경기도 성남시 수정구 금토동 둔토리 국사봉 등성이에 있다.

13 저자는 괄호 속에 이 농기구를 '호미'(Homi)라고 밝혔다.

디딜방아

가는 길에 빈 방앗간을 보았다. 빻을 쌀이 없어 벌써 몇 달째 방치되어 있는 것이다. 우리가 보이는 관심에 아마 방아조차 놀랐을 것이다. 방아는 사방이 트인 초가지붕 아래에 있다. 흙바닥 한복판에 일꾼 두서넛은 족히 몸 놀릴 만한 구덩이가 약 1미터 깊이로 파여 있고, 구덩이 바닥에는 평평한 화강암을 깔아 두었다. 방앗돌이다. 그 위를 나무 방아로 내리쳐 벼를 찧는 것이다. 방아는 지레의 무거운 한쪽 끝에 설치했다. 반대쪽 끝은 두 줄기로 갈라져 있다. 일꾼들이 이곳을 밟으면 짧은 두 기둥 위에 얹힌 나무 축에 의해 방아가 움직이는 것이다. 방아를 찧을 때 지탱할 수 있도록 지레는 천장에 새끼줄로 매달아 놓았다.

나는 사진을 찍으려 했다. 그런데 우리가 이 낯선 농기구를 살펴보는 동안, 동행한 아이들이 새끼줄을 헝클어 놓는 바람에 본디 모습을 되찾을 수가 없었다. 지게[14▶]를 진 젊은이 하나가 다가왔다. 우리에게 인사하지 않는 걸 보니 신자가 아닌 듯했다. 아이가 도움을 청하자 그는 즉시 지게를 벗고 디딜방아를 본모습대로 돌려놓았다. 나는 여행자들이, 손님에게 친절을 베푸는 한국인의 방식을 제대로 알고나 비난하는지 몹시 의심스러웠다. 그들은 가령 묵고 싶은 안방을 내주지 않는 등 만사가 제 뜻대로 되지 않을 때, 가정의 화목을 중시하는 이 땅의 법도를 존중하거나 유념하기는커녕, 이 백성들은 손님을 푸대접한다고 주인 탓만 하는 것이다.

방앗간을 떠나 길고 가파른 산길을 걸었다. 뒤틀린 소나무만 드문드문 서 있는 불모의 땅이었다. 사이사이 작은 조밭[15]이 보였다. 높이 오를수록 조밭도 점점 사라졌다. 발육부진의 어린 침엽수들만 무분별한 땔감 신세를 면한 채 그곳에 서 있었다.

마침내 능선이다. 찬바람이 우리를 맞이했으나 사방 경치는 빼어났다. 그것을 오래 즐기지 못해 아쉬웠다. 다시 바위 동굴로 걸음을 재촉했다. 시선이 사방으로 탁 트인 구릉을 따라 잠시 머물렀다. 구릉은 뒤쪽 깊은 골짜기에서 솟아올라 부드러운 지평선을 그었다. 발밑에는 황량한 골짜기가 심연처럼 아가리를 벌리고 있었다. 거대한 바위산이 한 덩어리로 솟구쳐 만든 골짜기였다. 그리스도인들은 박해자를 피하여 절벽에 오두막을 바싹 붙여 지었다. 박해자들 덕분에 이 외진 골짜기도 평화로운 주민들을 품을 수 있었다.

오두막 쪽으로 내려갔다. 부르면 들릴 만큼 가까이 간 줄 알았는데, 그게 아니었다. 우리가 내려오는 것을 보고 신자들이 집 밖에 나와 있었다. 남자 몇이 전나무 잔가지 더미를 헤쳐 길을 터 주려고 올라오고 있었다. 나는 그들이 올 때까지 기다리자고 했다. 동굴은 후측면 능선 상단부 근처일 거라 판단했기 때문이다. 그곳은 노인이 일러준 지점과도 일치했다. 내 추측은 옳았다. 우리에게 인사하기 무섭게 신자들은 우리를 다시 산 위로 안내했다. 어찌 보면 꽤 낭만적일 수도 있다. 가쁜 숨을 몰아쉬며 관

◀14 저자는 Tschike로 음역하고 괄호 속에 '나무 등짐'(hölzerne Kraxe)이라는 설명을 달았다.

15 저자는 조를 Cho로 음역하고 '쌀 떨어진 빈자의 양식'이라는 설명을 달았다.

논일

목 덤불과 돌길을 헤쳐 나갔다. 독일 숲이나 아프리카 밀림에서 그랬듯이 이곳의 가시덤불도 고대 독일의 룬Rune 문자[16]처럼 양손을 할퀴어 벌써 피가 난다. 박해에 쫓긴 그리스도인들에게 위로와 조언을 주려고 볼리외 신부의 영적 열정과 사도적 사랑이 이 길을 걸었다. 그러나 야만적 증오도 이 좁고 꼬불꼬불한 길을 찾아내어, 수배 중인 그리스도인들을 어두운 동굴에서 끌어낼 때까지 가시덤불을 헤치고 길을 여는 데 지칠 줄을 몰랐다.

지금 우리는 그 자리에 있다. 이끼에 덮이고, 검은 틈새로 마른 덤불이 삐져 나온 수직 암벽에, 높이 1.5미터, 너비 3미터의 어두운 구멍이 나 있었다. 관목과 담쟁이덩굴이 입구를 막았다. 안으로 들어가 보았다. 퀴퀴한 냄새가 나는 습한 바닥에 차갑고 음습한 바위들이 늘어서 있었다. 동굴은 약 5미터 깊이로 검은 쐐기처럼 암벽을 파고들었다.

1866년 초의 대규모 박해 때 젊은 볼리외 신부는 자신 때문에 신자들이 위험해질까 봐 이곳에 은거했다. 여기 숨어서라도 그들을 돕고 싶었다. 그는 일 년 반 전 24세의 나이로 피로 물든 선교지 한국에 불타는 열정으로 첫발을 디뎠고, 이 고적한 산골에서 서둘러 한국말을 배웠다. 박해가 일어났다. 동굴에 숨어서 신자들을 돌보는 일은 그리 오래가지 못했다. 행적을 알아낸 관졸들이 그를 눈서리에 덮인 엄동의 동굴 밖으로 끌어내어 서울로 압송했다. 1866년 2월 27일,[17] 그는 망나니의 칼날 아래 스러져 갔다.

어느새 해가 가까운 산꼭대기를 뉘엿뉘엿 넘어가며 이 숭고한 장소를 어서 떠나라 이른다. 본당까지는 족히 두 시간이다. 곧장 산마루로 올라가 해 지는 쪽으로 걸음을 재촉했다. 산마루를 오를 때, 서산 너머 둥근 해가 여태 본 적 없는 현란한 색채의 산

---

16 초기 게르만족이 1세기경부터 쓰던 알파벳. 17세기경까지 썼으며, 가장 오래된 알파벳은 8문자를 한 조로 하여 24문자로 되어 있다.

17 2월 27일은 체포되어 서울로 압송된 날짜이고 순교한 날짜는 3월 7일이다.

악 파노라마를 연출했다. 불타는 화로에서 방금 꺼내 서녘에 둘러친 청동 성벽처럼, 그리고 무지개 빛깔이 서서히 식어 가면서 능선과 정상의 불타는 홍조가 짙은 보랏빛으로 변할 때까지, 먼 산허리가 대지에서 저녁 하늘의 찬란한 금빛 태양을 보호하고 있었다. 산은 우리를 에워싸고 활활 타올랐다. 발아래 골짜기는 두꺼운 안개 너울에 휩싸여 있었다. 안개가 짙어졌다. 등 뒤로 불덩어리가 서서히 가라앉았다. 앞 능선들 사이로 또 다른 능선들이 밝고 연한 윤곽을 그리며 밀려들고, 다시 그 사이사이마다 새로운 능선이 아련하고 옅은 푸른빛으로 멀리 뒷걸음쳐 동녘의 창백한 지평선 끝에 닿을 때까지 엷은 색조로 자리하는 것이었다.

길이 가파르고 돌이 울퉁불퉁하여 여기저기 변화무쌍한 색의 조화를 쉬엄쉬엄 즐기기 좋았다. 불타는 하늘이 깨웠다가 민둥산 정상에서 신비롭게 소리 없이 사위어지는 색의 메아리는 고혹적이었다. 어느덧 어둠이 내려앉아 그 꿈결 같던 색채들을 삼켜 버렸다. 느닷없는 돌부리에 걸려 넘어질 때마다 팍팍한 현실이 거듭 떠올랐지만, 다들 무사히 본당에 도착하고 나니 정말 기뻤다.

들판을 가로질러

3월 28일

하우현에서는 과분한 환대를 받았다. 오늘 이 고즈적한 산골짜기와 착한 주민들과 헤어지려니 그만큼 더 힘들다. 우리는 남쪽으로 갈 것이다. 신자 몇이 얼마간 동행해 주었다. 아이들은 언덕배기까지 우리 외투를 들고 따라왔다. 여기서부터는 산길이다. 우리는 외투를 받아 들고 아이들을 집으로 돌려보냈다. 하우현 마을은 이미 언덕 저편으로 사라졌다.

밭농사를 시작하기 전에 여러 마을에서 모인 일꾼들이 여기저기서 괭이와 삽으로

'왕소'로 길을 내다

길을 내던 광경도 멀어져 갔다. 언덕에서 내려다보니, 그들의 분주한 작업은 마치 개미 떼들이 뒤섞여 부지런을 떠는 것 같았다. 재미있는 신작로 공사판이다. 한 무리는 자루가 긴 가래로 인접한 밭이나 가로변 비탈의 흙을 파서 길 위로 던지고, 다른 무리는 곡괭이로 길을 파헤쳤다.

한국인들은 무거운 무쇠 가래를 '왕소'(Wangso), 즉 '큰 황소'라고 부른다. 가래 하나에 적어도 세 사람이, 대개는 다섯 사람이 붙어 일한다. 그중 하나가 가래를 땅에 박고 조종하는 지휘자다. 가래 자루 하단부에 묶인 두 가닥의 가랫줄을 장정 두서넛이 잡고, 땅에 꽂힌 가래를 힘차게 홱 잡아채면 흙더미가 큰 곡선을 그리며 멀리 날아간다. 길 양쪽은 잡초 태우는 연기로 자욱했다. 경작지를 깊이 파 뒤집을 때도 이런 방식으로 작업한다니 재미있다. 그러나 보도 여행자가 이런 '신작로'를 걷는 건 괴롭다. 이건 길이 아니라 숫제 새로 일군 밭이나 진배없다. 복사뼈까지 진창에 빠지니 비가 오지 않는 게 고마울 뿐이다. 그러나 달리 방도가 없다. 옆으로 빠지면 논인 데다가 방금 물까지 대기 시작했다.

거름을 진 황소

장대한 산 하나가 우리와 하우현 마을 사이를 가로막고 있다. 측면 골짜기들이 남쪽에서부터 산등성이를 자르고 들어왔다. 작은 골짜기들은 오르막에서 산으로 덮였다. 그곳에 신자들의 초가집 지붕이 햇빛에 반짝인다. 거기서 그들은 우온토(Uonto)[18]의 성당에 가려고 주일마다 가파른 산길을 오르고 먼 등성이를 지난다. 그러고는 다시 집으로 허기진 발걸음을 옮겨 늦은 주일 오후의 초라한 밥상을 받는 것이다. 열심한 소녀들은 험한 산행의 노고도 마다하지 않았다. 외교인들은 그들을 '개구리'[19]라고 놀렸다: "신령한 우물 속 개구리, 신령한 우물에 뛰어드는 개구리." 소녀들은 개의치 않았다.

산길로 접어들려면 좁은 비탈길에서 협곡을 따라가야 한다. 우리는 작은 논두렁의 물줄기를 따라 골짜기로 발길을 재촉했다. 모난 바위 절벽 아래의 마지막 출구를 힘

---

18 둔토리를 말한다.

19 개구리는 독일어로 Frosch지만, 여기서 저자는 개구리를 뜻하는 프랑스어 grenouille를 독일어로 바로 음역하여 Grönüi라고 표기했다.

겹게 빠져나온 작은 시내는 트인 골짜기를 만나더니 그 흐름이 편안했다. 산곡을 벗어나 넓고 환한 평지로 가려면 징검다리를 찾아서 냇물을 건너야 한다. 거름을 잔뜩 짊어진 황소 한 마리가 우리를 따라오고 있었다. 황소는 느릿느릿 진중하게 균형을 잡으며 돌길을 걸었다. 독특하고 단순한 운송 수단이다. 한국에는 자동차가 없고, 자동차가 달릴 만한 차도도 드물다. 소 등짝의 나무 안장[길마] 위에 큰 직사각형 나무틀을 수평으로 단단히 고정시켜 양쪽으로 짐 실을 자리를 넓혔다.

그물눈이 성긴 망태기[옹구] 두 개가 나무틀 양쪽에 따로 걸려 있었다. 망태기는 주둥이가 트이고 밑이 쐐기꼴로 늘어졌는데, 그물코에 장대를 가로질러 아래를 막았다. 밭에서 이 장대를 빼면 담긴 것들이 비워지는 것이다.

두 시간을 걸어 큰 외교인 마을에 도착했다. 넓어진 골짜기 덕분에 터가 넉넉했다. 이 마을은 옛 임금[20]이 도읍을 떠나 수원 [화성]행궁華城行宮으로 행차하던 무렵에 생겨났다. 대로大路에 닿고 보니 그 구조와 시설이 당시를 짐작하게 했다. 여기에 임금의 행궁이 세워졌다. 임금은 가마에서 내려 이곳에 묵었다. 그 후 수백 년 동안 어느 임금도 이곳을 찾지 않았다. 임금의 처소는 퇴락한 지 오래고, 궁인들이 살던 부속 건물에도 현재 열 가구 남짓 둥지를 틀었는데, 지붕과 담장이 내려앉는다면 모를까, 그렇지 않은 한 아무도 이들을 쫓아내지 않을 것이다.

이 외교인 마을에 신자 가정이 하나 있다. 남편은 12년 전 천주교에 귀의했는데, 이는 말 그대로 대단히 중요한 사건이었다. 그는 매일 술에 절어 살다가 영세 후 술을 끊었다. 우리를 보면 반가워할 것 같아서 그 집에 잠깐 들렀다. 연명하기에도 곤고한 이 촌부들의 얼굴이 어쩌면 이리도 평화로울까!

아내가 말했다. "하늘나라는 얼마나 아름다울까요! 우리 집에 깃든 평화를 통해 나는 땅에서도 그 아름다움을 알고 있답니다!" 우리는 툇마루 그늘 아래 약 15분 동안

---

20 '조선 제22대 임금 정조(正祖, 1752~1800, 재위 1776~1800).

망루

쉬면서 희뿌연 막걸리(Makoli) 한 사발로 기운을 북돋았다. 막걸리가 보기에는 별 매력이 없지만, 그 새콤달콤한 맛이 입에는 착 달라붙는다.

높다란 목조 기둥 넷을 세워 마을 안길을 가로지르는 망루를 설치해 놓았다. 망루는 야간 경비 초소로 쓰인다. 이런 아이디어가 나온 때는 태평성대라, 군이 마을에 망루 따위가 없어도 임금이 편히 묵을 만했다.

지금부터는 '국도'를 따라 걷는다. 노폭이 5미터로, 이 나라 형편치고는 도로 상태가 놀랍도록 양호하다. 걷기가 지루해졌다. 약 한 시간 반을 걸으니, 신성한 숲 그늘에 비석 하나가 보였다. 행인들은 길가에 버티고 선 이 비석 앞에서 걸음을 멈춘다. 지위 고하를 막론하고 여기서부터는 말에서 내려 예禮를 갖추라는 표지다[하마비下馬碑]. 한때 명령 수행 여부를 관장하던 위병이 있었으나 지금은 없다. 말에서 내리자니 자존심이 허락하지 않아 양반들은 일부러 먼 길을 돌아 다녔다. 그들도 더는 이 길을 찾지 않는다. 두 번 다시 오지 않을 옛날이여!

거기서부터는 다부지고 기괴한 소나무들이 줄지어 서 있어, 길은 한 폭의 그림 같았다. 얼크러진 가지 위에는 육중하고 둥근 초록의 덩어리가 저녁 햇살에 빛나는 구리처럼 장엄하고 고요하게 흔들리고 있었다. 무게를 못 이겨 구부정하게 고개를 숙인 줄기는 무거운 등짐을 지고 일어서려는 한국의 지게꾼을 연상시킨다. 지게꾼은 무거운 짐을 지게에 지고 제 한 몸 의지하여 힘겹게 운신한다. 떨리는 무릎을 일으켜 한쪽 다리를 세운 다음 다른 쪽 다리를 잇따라 편다. 지겟작대기 하나에 의지한 채 몸이 온전히 곧추설 때까지 온 근육을 긴장시켜 땅을 누르듯 천천히 일어서는 것이다. 지게꾼의 자부심이 큰 까닭은 엄청난 무게의 짐을 나르기 때문이다. 임금의 행차 길을 따라 숨 가쁘게 늘어선 고난의 소나무에서, 우리는 지게꾼의 자부심을 보았다.

들판에 작은 암자가 서 있다. 암자의 못생긴 석불이, 영적 삶에 대한 그의 부당한 독재권을 이제부터 인정하지 않으려는 이방인들을 불쾌한 얼굴로 쳐다보고 있다.

한 시간을 걸으니 늘어선 나무들의 간격이 넓어져 드문드문 한 그루씩 눈에 띄다가 결국 시야에서 사라졌다.

남루한 촌길은 논에 막은 물을 대는 저수지 근처 성글고 작은 소나무 숲까지 가서야 다시 펼쳐졌다. 풍광은 소박하지만 변화무쌍해서 구경하는 데 물리지 않았다. 여기서부터 수원까지 이 가냘픈 소나무들이 우리와 동행하면서 옛 임금들의 자연 사랑에 대해 들려줄 것이다. 그들은 궁궐 주변과 이 긴 도로에서 짙은 초록의 그늘을 즐기려 했지만, 그 밖의 다른 데서는 거의 나무 한 그루 볼 수 없다.

7시 무렵 수원 성문에 들어섰다. 인구 2천 명의 수원은 누렇게 뜬 한국사의 한 장을 간신히 메워 가고 있었다.

젊은 여인

제9장

수원

옛 성벽 그늘 아래

3월 29일

어제 저녁, 날이 저물어서야 숙소에 도착했으므로 어디가 어딘지 알 수 없었다. 날이 밝으니 우리가 묵은 아담한 한옥 담장과 소박한 정원 너머로 햇살이 드리웠다. 이곳은 수원의 사제관이다. 알릭스 신부[1]는 우리가 편히 지내도록 성심껏 배려했다. 집은 크지 않았다. 형태와 구조가 수원의 다른 집들과 다르지 않다. 작은 성당도 두드러지지 않았다. 나지막한 한옥 두 채가 기역 자로 연결되어 있다. 제대는 오른쪽 구석에 있다. 한 집은 부녀자가 쓰고, 다른 한 집은 남자들이 쓴다. 한국 풍습에 따라 저절로 그렇게 나뉘었다. 본당 신자는 1,500명이지만, 그중 수원에 사는 이는 300명뿐이다.

오늘 성문 앞은 장터의 소음으로 시끌벅적하다. 본당 바로 앞에는 산촌 사람들이 수확한 담배를 팔고 있었다. 긴 갈색 담뱃잎을 다발로 묶어 땅바닥에 쭉 늘어놓았다. 담배 장은 인기가 쏠쏠했다. 끽연자들은 이것저것 맛보며 최상등품을 찾느라 여념이 없었다. 한국인만큼 빠르고 광범위하게 흡연에 길들여진 민족이 또 있을까? 담배를 온 백성의 생필품으로 경작하는 나라가 한국 말고 또 있을까? 담배는 16세기 말 임진

---

1 Alix, Joseph Jean Baptiste(1861~1948). 파리 외방전교회 선교사. 한국명 한약슬(韓若瑟). 1885년 사제 서품을 받고 1889년 입국했다. 1890년부터 수원 갓등이(현 왕림旺林)본당 제2대와 4대 주임신부로 사목하며 교세를 확장시켰다.

왜란 때 일본이 처음 가지고 들어와 그 경작과 사용법을 전수했다. 그러나 얼마 지나지 않아 기름종이로 만든 담배쌈지는 한국인의 필수 불가결한 소지품이 되었다. 그 밖의 각종 소매상들도 장마당에 좌판을 벌이고 있었다. 날씨가 좋아 사람들로 붐볐다. 버들잎 모양의 무거운 보습과 손잡이 두 개짜리 넓고 둥근 냄비, 심장 모양으로 넓게 펼쳐 놓은 대장간의 호미와 삽 등의 주물은 그냥 길 위에 늘어놓았다. 신발코가 부리처럼 생기고 굽이 높은 나막신과 볏짚을 꼬아 만든 짚신은 부지기수였다. 담뱃대는 이 고을 사람 절반은 피울 수 있을 만큼 많아 보였다. 구리 제품은 드물고 백동白銅 그릇이 많다. 그다음에는 지물포, 포목상, 비단 장수가 보였다. 물목은 그리 많지 않다. 골동품도 흔히 찾는 물목이다. 쌀, 기장, 밀 같은 곡류도 물론 빠질 수 없다.

담배 시장

장에 갔다 오는 길

시골 사람들은 장 보러 갈 때 자기 땅에서 거둔 작물도 가지고 가서 판다. 도회 사람들도 시장에 의존한다. 지방 도시에는 상점이 없기 때문이다. 이 장 저 장 떠도는 장꾼들이 도시와 광범위한 인근 지역에까지 생필품을 조달한다. 그래서 주週 단위의 장날이 전국적으로 적절히 배분되는 것이다. 모든 장터에 닷새마다 장이 선다. 가령 수원에는 매달 4일, 9일, 14일, 19일, 24일, 29일에 장이 서고, 이웃 고을에는 1일, 6일, 11일, 16일 …, 또 다른 곳에는 2일, 7일, 12일 … 등으로 장날이 정해져 있다. 이 날짜들은 긴 시차를 두고 다시 반복 적용된다. 각 장터의 관할 지역은 시계 톱니바퀴처럼 맞물려 돌아간다. 상인들은 순서에 따라 해당 장터를 찾아가면 된다. 그곳에 가면 그들이 늘 쓰던 매대가 있다. 그들이 머무는 지역에는 장터가 딱 네 곳밖에 없다. 다섯째 날은 쉬거나 물목을 조달하는 데 쓴다.

담뱃잎 썰기

당분간 일본인들은 이 시스템을 바꿀 수 없을 것이다. 그들이 도처에 상설 점포를 열었지만, 한국인들은 일본인 상점을 이용하지 않고 익숙한 재래시장만 고수하기 때문이다. 안타깝지만, 이런 식이라면 한국인들의 경제활동은 침체될 수밖에 없다. 그들이 재래시장을 고집할 때, 일본인들은 밀집한 초가 마을 한복판에 신작로를 뚫고 일본 상점들이 도로변을 점유하여 인근 상권을 장악한다. 재래시장은 조만간 현재의 질서와 규모를 유지하지 못하게 될 것이다. 이 순간부터 한국인들은 경제적으로 일본인에게 완전히 종속된다. 한국인들에게는 장기적 안목과 진취성이 결여되어 있다. 이것이 이 나라 백성이 짊어진 압제의 업보다.

선교회가 운영하는 학교를 방문하기 위해 번잡한 시장을 벗어났다. 하천을 건너야 한다. 이 하천은 산에서 발원하여 서해로 흐른다. 한국에 흔치 않은 석조 다리를 건너 저편 물가에 닿았다. 수원은 한때 임금에게 입은 성은으로 명맥을 유지하고 있다. 큰 사각형 석재를 견고히 붙여 교각을 만들었다. 이 교각을 석 줄씩 나란히 세우고 그 위에 커다란 화강암 석판을 올렸다. 전체적으로, 절대 붕괴될 것 같지 않은 구조였다.

수원에 있는 [석조] 다리

멀리서 아이들이 공부하는 소리가 들렸다. 동양식으로, 아이들은 크게 소리 내어 글을 읽는다. 판자로 벽을 친 교실 한쪽에서는 향학열에 불타는 소녀들이 글을 읽고 있었다. 아이들은 몸을 전후좌우로 쉼 없이 흔들며 큰 소리로 글을 읽고 암송한다. 그럼으로써 어려운 한자를 하나씩 익히는 것이다.

학교 뒤로 인가가 끊겼다. 가파르게 치솟은 구릉맥이 집들을 골짜기 뒤로 밀어 넣었다. 허물어진 방벽과 낡은 보루가 지난날의 빛바랜 모습을 간직한 도시의 성곽이 그 위로 뻗쳐 있었다. 이는 150년 전 이 도시가 신설 정예부대가 주둔하는 군사적 요충지였음을 증명한다. 물론 지금은 어린 소나무들에 무성한 싹이 돋아 군데군데 부서져 떨어진 돌덩이들을 조롱하고, 이 성벽이 포탄 한 발 막아 내지 못할 만큼 있으나 마나 한 것이었다던 어느 작가를 여기저기서 비웃고 있다. 성곽이 축조되었을 당시의 견고함은 의심할 여지 없이 찬탄할 만한 것이었다. 이 방어 시설은 강력한 항전 의지의 영예로운 증거로 길이 남을 것이다.

성벽을 둘러보면서 가장 흥미로웠던 건 봉돈烽墩이다. 성벽 안쪽은 높은 지형을 이용하여 포문과 요철형 총안을 갖춘 어른 키 높이의 성첩으로 마무리했고, 바깥쪽은 화강암 마름돌을 쌓아 5미터가 넘는 깊이로 떨어지게 했다. 길이 15미터, 너비 6미터의 네모반듯한 봉돈 마당은 성벽 안팎을 반반씩 차지한다. 안으로 통하는 입구는 문을 달아 잠글 수 있게 했다. 폐허가 된 마당에서 무너진 돌계단을 오르면 넓은 외벽 위에 높이 3미터의 원추형 봉화대 다섯 개가 우뚝 솟아 있다. 봉화를 지피는 화구火口는 안에서 편하게 관리하게끔 설치함으로써, 밖에서 보이지도 않고, 성첩에 가리지도 않고, 적들이 저지하지도 못하게 했다. 반란이나 적의 침공 같은 주요 정보와 지시 사항 등을 봉돈의 세찬 불꽃 신호가 그때그때 조합을 달리하여 인접 봉수대로 전달한 것이다.

신호가 집결되는 최종 봉수대는 서울 남산에 있다. 지방과 중앙 간의 상호 교류가 봉화를 통해 가능했던 것이다. 낮에는 젖은 짚을 태운 연기로 신호를 보냈다.

수원 화성 봉돈

성문은 매우 용의주도하게 지어졌다. 반원형으로 돌출된 옹성은 적의 파상 공세를 막는 방파제 구실을 했을 것이다. 지금은 장에 내다 팔 물품을 싣고 성내로 들어가는 우마차 행렬만 옹성 주위를 휘돌고 있을 따름이다.

탁 트인 언덕 위에 고적한 사찰 하나가 우뚝 솟아 동문과 국도를 내려다본다. 전성기는 지났으나 제법 잘 유지되고 있다. 국도는 성벽 안쪽에서 들판을 따라 한참 이어졌다. 성곽을 따라 언덕을 오르내렸다. 토루土壘에 오르니 성첩 너머로 구릉대의 장려한 원경遠景이 눈에 들어왔다. 우리가 어제 내려왔던 그곳이 들판 너머 먼 하늘의 푸른 빛과 아련히 어우러지고 있었다.

이제 냇가로 내려가야 한다. 시냇물 위쪽의 '요정의 사원'(Nymphentempel)[2▶]도 성벽의 일부다. 냇물이 그 아래를 통해 성내로 흘러든다. 물이 얕아서 적들이 마른 발로

다리 위의 성루[수원 화성 화홍문]

수원 성문[화서문華西門]

내를 건너 성안으로 밀고 들지 못하도록, 성벽 밖에 내를 막아 큰 못을 만들었다. 성벽과 안쪽으로 다리 하나를 지탱하는 일곱 개의 아치 밑으로 물이 쏟아져 들어와, 모랫바닥으로 빠르게 떨어진다. 백성들이 조국의 아름다움에 주목할 수 있도록, 당국은 그림처럼 가지 휘늘어진 소나무 몇 그루로 이 수려한 풍경을 완성시킨 후 일 원짜리 지폐에 담았다.

서편 언덕을 올라 짙푸른 솔밭 아래 숨은 작은 산에 이르렀다. 성긴 숲 가운데서 성벽이 끊겼다. 성벽 끝에 돌출된 망루 아래로 깊은 낭떠러지가 입을 벌리고 있었다. 꼭대기 지붕은 세찬 풍우를 견디며 그 힘을 과시했다. 도시에서 제일 높은 그곳이 비상시 수비대장의 지휘소였다. 여기서 그는 성 안팎과 발치의 행궁을 감시하고 경비했다. 들판 저 멀리에서 접근하는 적의 동태도 관측되었다. 마주 보는 성벽 쪽으로는 큰

◀2 수원 화성의 북쪽 수문인 화홍문(華虹門)을 가리킨다.

수원 화성 지휘소[서장대西將臺]. 수채화

돌로 제단을 쌓고 전투에 나가기 전에 제물을 바쳤다.

그 아래에, 서서히 녹슬어 가는 옛 무기고의 일부처럼, 행궁이 있었다. 수원 화성을 지은 임금[정조]은 시내에서 몇 시간 거리의 교외에 있는 한국 남부의 유일한 숲에 자신이 영면할 곳을 정했다. 그는 가끔 수원 행궁을 찾았다. 지금은 외국인들이 드나든다. 행궁 앞 지사 관저에는 벌써 일본인들이 상주하고 있다. 단아한 후원은 황폐해졌다. 작은 정원을 몇 개 더 지나 행궁 앞에 섰다. 아랫것들의 궁색한 처소 뒤로 물러난 궁은 몹시 검소했다. 남은 시설물이라고는 석조 기단 양 가의 철제 수조水槽 둘뿐이다. 고작 반 입방미터 남짓한 물이 담기는 이 수조는 과거에도 화재 예방에 관한 한 상징적 역할밖에 하지 못했을 것이다. 목조 건물이 불타는 판국에 그것이 무슨 소용이랴! 옛 조선 왕조에 대한 일본인들의 불편한 기억을 말해 주듯, 지금은 물조차 없다.

수원 팔달문八達門 앞 대로

화성행궁 정문[신풍루新豐樓]

수원 성문[화서문華西門과 서북공심돈西北空心墩]

수원 농림학교

3월 30일

일본인들은 수원에 농림학교[3]를 설립했다. 우리는 위풍당당한 복층의 남문과 부대 시설을 통과하여 교외의 넓은 도로에 이르렀다. 일본인들은 시내에 이주하여 살기도 하지만, 교외 역세권에도 모든 것을 잽싸게 차지해 버렸음을 한눈에 알 수 있었다. 용산이 그렇듯이, 그간 일본인들은 여기서도 졸속하고 부당하게 도로를 점유했다. 일본의 문화적 영향을 과시하기 위해 도로변에 부랴부랴 소매 상점들을 열었으나 대부분 비어 있다.

맨 끝 집을 뒤로 하고 넓고 잘 정리된 논을 지나 30분을 더 가면 오늘의 목적지인 농림학교 건물과 실습지가 보인다. 논에 물을 대려고 한국인들이 파 놓은 거대한 저수지 덕에 다양한 작물의 대규모 경작이 가능했다. 입구에는 어린 뽕나무를 심었다. 분명 일본은 비단 생산에 주력하고 있었다. 어느 교수가 흥미로운 전시물들을 소개할 때도 이 사실은 새삼 입증되었다. 이곳에서는 일본, 한국, 인도, 이탈리아산 야생 누에의 생장 과정을 고스란히 볼 수 있어서 한국인들의 호기심을 충족시킨다. 이 전시관은 사람들의 발길이 끊이지 않는다. 일본인들은 자국이 비단 생산에 적합하지 않다는 것을 알고 한국을 비단 생산지로 이용하려 한다. 이 민족을 비단 증산에 열광하도록 만들 수 있다면 성공은 기약된 것이니, 이를 위해 애쓰는 바 크다.

한국에 풍부한 곡류와 콩과科 식물도 전시되어 있었다. 벽에는 여러 품종의 벼와 곡물 다발들이 걸려 있고 짚을 엮어 만든 제품도 빼놓지 않았다. 한 방에는 비단, 각종 한지, 갈대 돗자리, 찌거나 말린 인삼 등 한국 특산품만 따로 전시해 놓았다. 생명의 영약인 산삼은 동아시아 전역에서 수요가 많아 한 파운드에 약 200마르크를 호가한

---

3 현 서울대학교 농업생명과학 대학의 전신. 1906년 9월 서울 농상공학교에서 분리 독립하여, 1907년 1월 수원으로 이전했다.

수원의 전교회장 가족

다. 그 밖에 한국에서는 보기 드문 각종 목재와 대마大麻 등도 눈에 띄었고 녹슨 쟁기들도 벽에 걸려 있었다.

다음 전시실에는 한국의 옛 공구와 생산품들을 전시하여 관람객들의 경탄을 유도했지만, 정작 보는 이의 반응은 냉랭했다. 유제품 가공 기계와 부란기孵卵器 등은 솜씨도 그저 그렇고 최신 모델도 아니었다. 노른자를 불어낸 계란은 뚜껑 있는 작은 유리상자에 정갈하게 보관해 두었다.

1층에는 주로 열매를 보존 처리하는 표본실과 유리관에 담긴 토양 샘플을 분석하는 화학 실험실이 있다. 이것들은 연구 성과이기도, 향후 연구 방향을 지시하기도 한다. 이 학교가 겨우 5년 전에 설립되었다는 것을 생각하면, 이렇게 많은 전시물을 한 건물 안에 모아 놓았다는 것이 놀라울 따름이다. 제일 크고 높은 건물에서 둘러보면 다양한 형태의 교사校舍들과 긴 축사畜舍들이 작은 마을을 이루고 있다. 여기서 100여 명 재학생들의 실습 교육이 이루어진다니, 이 학교를 인정하지 않을 수 없다. 고르지 못한 대지 위에도 양계장과 돼지우리와 염소우리 시설은 청결히 유지되고 있었다. 정부는 이곳에서 생산된 가축들을 한국 농가에 분양하여 사육하게 한다. 영세한 한국의 축산업을 진흥시키려는 노력의 일환으로, 스위스 지멘탈 지방과 영국에서 도입한 소와 토종 한우를 근대적 축사에서 사육하고 있는 것이다. 유실수와 건축용 목재를 위한 작목 실습원 등, 모든 것을 갖추었다. 학교와 기숙사 건물은 10분 거리다. 교장을 비롯하여 세 명씩의 일본인 교사와 한국인 교사가 근무한다. 겸손하면서도 자부심에 넘치는 하타Hatta 박사가 긴 복도를 따라 우리를 전시실로 안내했다. 큰 복도 유리창이 목조 벽면을 밝고 아늑하게 비추었다. 결국 일본인들은 그들의 지식과 업적을 나름대로 과시하고 있는 것이다. 전시실에는 각종 장비와 공구, 값비싼 동물 모형, 다양한 광물 표본, 수의獸醫 외과 기구 등이 완비되어 있고, 심지어 벽에도 파란색 식물 채집 상자가 걸려 있었다. 중앙 건물의 강의실들은 시설이 좋았다. 그곳을 지나면 박물

여자 아이들

관과 나란히 자리한 두 번째 부속 건물이 나온다. 그곳에는 천장 높은 홀과 대강당, 방사선 장치까지 갖춘 계단식 물리학 강의실이 있다. 이 장치는 우리의 호기심 자극용일까, 아니면 학생들이 나중에 활용할 수 있도록 진짜 실습에 쓰는 것일까?

중앙 건물 앞에 나란히 배치된 실습생 기숙사는 분관식分館式 복합 건물로, 천장 낮은 일본식 나무 복도로 연결되어 있다. 각 방의 정원은 넷이다. 젊고 강건한 농학도들이 이곳에서 배움을 심화시키기에 나쁘지 않은 숙소다. 기숙사 중심부에는 넓은 식당이 자리 잡았다. 마침 점심시간이었다. 다들 사발에 밥을 고봉으로 담았다. 족히 1리터는 되겠다. 나물 반찬 세 그릇은 세 명이 함께 먹는다.

식민지를 경제적으로 부흥시키려는 일본의 노력은 놀랄 만하다. 일본은 이 일을 그들의 의무로 여긴다. 다른 곳도 마찬가지려니와, 특히 이곳에서 그런 인상을 받았다. 중국이 지금까지 행해 왔고, 한국의 위정자가 마땅히 행해야 했으며, 러시아가 한국을 차지해도 그리했어야 할 일들을 그 나라들보다 더 심각하게 수행하고 있는 것이다. 물론 이것이 옛 통치자에게 짓밟힌 백성을 향한, 일본의 사욕 없는 애정일 리야 있겠는가. 일본은 서양에서 배운 것이 헛되지 않았음을 유럽인들에게 과시할뿐더러, 그들이 이미 스승을 능가한 양 처신하고 싶은 것이다. 게다가 그들의 식민지를 수익성이 양호한 수준까지 끌어올려, 적어도 투자금의 일정 비율을 세수稅收로 회수해 가려는 것이다. 그러나 무엇보다 그들은 자국 이주민으로 넘쳐 날 이 나라가 제대로 정비되기를 원한다. 어차피 가장 좋은 것은 그들이 차지할 것이다. 어쨌거나 일본이 식민지 개발과 국민 복지에 지출하는 비용은 경탄할 만하다. 아무쪼록 바다 건너 본토의 농민들에게 그랬듯이, 감당하지도 못할 토지세를 부과함으로써 지금의 혜안慧眼으로 일구어 낸 것들을 먼 훗날 스스로 허물지 말았으면 하는 바람이다.

늦점심을 먹고 숙소로 돌아오니, 양반 한 분이 우리를 기다리고 있었다. 오는 데 족히 열 시간은 걸렸다면서, 우리 중 한 명이 자기 고향 산골까지 한 며칠 동행해 주기를 청했다. 엽총 한 자루를 들고 가 주는 것 말고는 달리 요구 사항이 없었다. "엽총으

수원 대로

로 뭘 하시게요?" "사슴 사냥을 합니다. 근방에 사슴이 지천인데, 녀석들이 다니는 길이 빤하지요. 일본이 나라를 집어삼킨 뒤로는 총을 가지고 다닐 수 있어야 말이지요." 그 남자의 눈이 번득였다. 한국인들은 열렬한 사냥 애호가다. 그들은 지금 일본 정부가 치안을 빌미로 공포한 총기 소지 금지령 때문에 이중으로 괴롭다. 한때는 제나라에서 자유로웠고 사슴이든 꿩이든 마음대로 골라 쏠 수 있었다. 그러나 지금은 일본인들이 도시를 떠나 사냥터를 누비고 다니는 걸 보고만 있어야 한다. 할 수 있는 일이라곤 고작 집에 앉아 사냥터의 총성을 듣는 것뿐이다. 그래도 일본인 사냥꾼들이 겨우 까마귀나 몇 마리 잡아 놓고 희희낙락하는 걸 보면 약간 위안이 되기도 한다. '우리 총알을 피해 갈 사냥감은 있을 수 없지 ….' 유럽인들은 자유롭게 총기를 휴대할 수 있고 특별한 허가 없이도 사냥을 할 수 있었다. 그래서 이 순박한 남자는 우리를 방패 삼아 사슴 사냥을 가려는 것이다.

"한데, 사슴은 어디 쓰나요?" "아버지가 심장이 허虛하여 … 돌아가실까 염려됩니다. 아버지를 살릴 길은 녹용밖에 없습니다." 녹용을 구워 가루로 만든 약재는 탁월한 강장 효능을 발휘한다고 한다. 우리는 여정을 바꿀 수 없었다. 이 의외의 들름길에 사나흘이 필요한 데다 그 약재의 효능도 미덥지 않아서였다. 대신 우리가 가진 약을 주니 그는 다소 미심쩍어하면서도 약을 챙겨 넣었다.

오래 걷고 많이 본 탓인지 좀 피곤했다. 집에서 쉬는 김에, 한의사의 의술을 보고 싶어서 좀 와 달라고 했다. 올 때 그의 귀한 의료 기구도 챙겨 오라는 부탁도 잊지 않았다. 학창 시절 들고 다니던, 필통처럼 생긴 작은 곽 속에 길고 짧은 쇠바늘 한 다스가 꽂혀 있었다. 더러는 가늘고 휘었고, 더러는 메스처럼 날카롭고 강해 보였다. 침(Tschim)이라는 물건인데, 종류마다 특별한 명칭이 있다. 약 10센티미터 깊이로 꽂는 긴 바늘은 동침[4]이라고 한다. 그리 미덥지는 않았지만, 그래도 그 음산한 중국인 의사의 의료 기구보다는 덜 끔찍했다. 상하이 출신의 그 이비인후과 의사는 우리 배 갑판에서 그의 의료기 상자를 열어 설명해 주었다. 더러운 케이스에 깊이 감추어 둔 집게와 메스는 온통 녹투성이였다. 우리 한의사의 의료 기구도 표면만 말짱할 뿐, 살균 소독이 제대로 된 것 같지 않다. 그래도 일단 용하다고 소문이 난 한의사한테는 환자가 문전성시를 이룬다. 그는 인체 해부학적 지식을 갖추고, 어디를 얕게 찌를지, 어디를 깊이 찌를지, 스물네 군데가 넘는 정확한 침 자리를 훤히 꿰고 있다. 또 그들은 능숙하게 뼈를 피해 침을 돌려놓는 법을 안다. 비근鼻根과 눈 사이에 정확히 침을 꽂아 머리 깊이 밀어 넣은 후 이빨로 빼낸다. 체했을 때는 양손 엄지와 인지 사이의 정확한 자리를 작은 침으로 얕게 찌른다. 구토를 하면 발에도 같은 방식으로 시침施鍼한다. 습관적으로 목침을 베고 자던 사람이 목침 대신 돌을 베고 자면 돌의 습한 냉기로 입이 돌아가는 경우가 종종 있다. 이런 증상도 침으로 다스린다. 머리를 단단히 고정시킨 다음 돌아간 쪽 아래턱에 시침한다.

이 모든 과정이 무자비한 장면을 연출하지만, 한국인들은 이런 요법을 온전히 신뢰하고 용감하게 견뎌 낸다.

---

4 여기서는 Tom Tschim이라고 '잘못' 음역했다.

이런 외과적 시술 외에도 한방의학에는 여러 신기한 요법들이 있다. 더러 효험을 보이는 것도 있기는 하지만, 아무 내적 연관성이나 약효가 없이 쓰이는 것도 있다.

물리면 극심한 통증을 유발하는 맹독성 지네는 심장병 치료제로 쓴다. 지네에 물리면 최대한 빨리 생밤을 씹어 상처에 바른다. 과연 잘 듣는다. 폐병에는 개를 솥에 넣고 육질이 즙처럼 물러질 때까지 푹 고아 마신다. 까치(Kachi)도 귀한 약재다. 까마귀 혀는 종기에서 피가 날 때 먹으면 낫는다. 어머니들은 까마귀 고기를 구하느라 정신이 없다. 이처럼 비교적 무해한 약재가 있는가 하면, 기상천외하고 엽기적인 약재도 있다. 홍역으로 죽은 아이의 시신을 가마니에 싸서 완전히 부패될 때까지 외딴 나무에 걸어 두고, 거기서 떨어지는 시즙屍汁을 받아 약재로 쓰기도 한다.

흔히 석유는 상처의 소독과 살균에 쓰고, 한지韓紙는 상처에 붙이거나 싸매는 데 쓴다. 제지 과정에서 상처 치료에 필요한 위생 조건만 어느 정도 충족시킨다면 한지도 충분히 제 몫을 해 낼 것이다.

한국인들은 콜레라에 대해서는 속수무책이다. 집집마다 식수는 오물에 쉽게 오염된다. 이것이 근본 병인病因임에도, 그들은 전염병에 대해 무지하여 대청마루의 돗자리나 집 안만 깨끗하면 된다고 생각하는 것이다. 천연두도 자주 창궐한다. 얽은 얼굴이 많은 걸 보니 알겠다. 맹인이 많은 것도 주로 천연두 때문이다.

비 오는 날

3월 31일

비 오고 우중충하여 바깥출입을 하지 못했다. 오늘은 공부나 좀 하고 기와지붕에서 떨어지는 빗물을 받아 수채화도 몇 점 그려 볼까 한다. 세찬 비가 실개천을 때린다. 일부러 찾은 건 아니었으나, 산책을 거른 덕에, 고맙게도 한국 민요를 들을 기회를 잡았다. 대개 한국 민요는 변조變調가 다양하고 음조音調의 낙차가 크다. 한국인은 맑게 울리는 소리를 좋아하지 않는다. 그들은 민요 속에 번득이는 질풍 같은 열정을 가락의 떨림으로 절제하되 그 기운을 죽이는 법이 없다. 아이들이 우리에게 들려준 노래는 퇴위당한 황제[5]의 애창곡이라, 짧은 재위 기간 중 널리 불려졌다고 한다. 이 노래는 삽시간에 방방곡곡으로 퍼져 나가, 옛 한국 민요를 깡그리 말살시키려는 일본의 금지령을 무색하게 만들고 있다. 민요는 애국심을 강하게 표출하고, 사랑하는 조국을 찬양하며, 옛 시절의 영광을 상기시킨다는 이유로 금지되었지만, 그런다고 과연 일본이 민초들의 마음에서조차 조국애를 지울 수 있을지는 의문이다.

Kuja, Kuja, Tampa kuja
구야, 구야, 담바구야
Tongnä Ulsan, Tampa kuja
동래 울산, 담바구야

선창자가 첫 소절을 부르고, 후렴 부분은 다 같이 부른다. 이런 식으로 반복된다.[6]▶

---

5 조선 제27대 임금 순종(純宗, 1874~1926, 재위 1907~1910). 1907년 고종 황제의 뒤를 이어 대한제국 황제로 즉위하였으나, 1910년 한일병합으로 대한제국이 붕괴하자 창덕궁 이왕(昌德宮李王)으로 격하되었다.

1. O Vögel, o Vögel, Tampa-Vögel

오 새야, 오 새야, 담바새야

Von Tongnä Ulsan (ein Stadtnamen), Tampa-Vögel.

동래 울산(도시 이름)의 담바새야.

2. Ist euer Land so arm,

너희 나라가 가난해서

daß ihr nach Korea gekommen seid?

한국으로 왔느냐?

3. Unser Land ist auch schön,

우리나라도 좋지만,

Wir sind nach Korea gekommen, es anzuschauen.

한국에 구경하러 왔단다.

4. Habt ihr Gold, es uns zu geben?

금을 주려고 왔느냐?

Habt ihr Silber mitgebracht?

은을 가지고 왔느냐?

5. Gold fehlt uns und Silber auch,

◀6 '담바귀타령'. 100여 년 전 울산 지방에서 생겨나 전국으로 퍼진 남도 민요다. 담배에 대해 노래한 것으로, 도드리장단에 의한 단조로운 가락이 반복된다. 저자가 들은 대로, 들은 만큼 옮긴 이 독일어 가사는 원사설과 다소 차이가 있다.

원사설: "시작일세 시작일세 담바귀타령이 시작일세 / 담바귀야 담바귀야 동래나 울산의 담바귀야 / 너의 국(國)이 어떻길래 대한의 국을 왜 나왔나 / 우리 국도 좋건마는 대한의 국을 유람을 왔네 / 은을 주러 나왔느냐 금을 주러 나왔느냐 / 은도 없고 금도 없고 담바구 씨를 가지고 왔네 / 저기 저기 저 산 밑을 / 슬슬 갈어 엎어 놓고 / 담바구 씨를 훌훌 뿌려 / 낮이며는 찬물을 주고 밤이며는 찬 이슬 맞어[저자는 여기까지만 독일어로 옮겼다] / 겉의 겉잎 다 젖혀 놓고 속의 속잎을 잘 길러서 / 네모번듯 드는 칼로 어슥비슥 썰어 놓고 / 총각의 쌈지도 한 쌈지요 처녀의 쌈지도 한 쌈지라 / 소상 반죽 열두 마디 수복을 새겨서 맞추어 놓고 / 청동 화로 백탄 불을 이글이글 피워 놓고 / 담바구 한대 먹고 나니 목구멍 속에 실안개 돈다 / 또 한대를 먹고 나니 청룡 황룡이 꿈틀어졌다." 출처: http://preview.britannica.co.kr/bol/topic.asp?article_id=b04d2318a

금도 없고 은도 없고,

Nur Tampa-Eier haben wir mitgebracht.

담바새 알만 가지고 왔네.

6. Dort droben am Fuße jenes Berges

저 너머 산 밑에

Haben die Tampa-Vögel ihre Eier niedergelegt.

담바새가 알을 낳았다네.

7. Wenn wir am Morgen kommen, kommt frischer Regen,

아침에 오면 신선한 비 오고

Wenn am Abend, erquickender Tau.

밤이 오면 청량한 이슬 내려.

한국 민요에는 한민족 고유의 서러운 정서가 흐르고 있다. 그들 나름의 '가우데아무스 이지투르Gaudeamus igitur'[7]에조차 이런 정서만큼은 숨길 수 없다.

[7] 라틴어로 작사된 독일 민요로 1880년 브람스가 「대학 축전 서곡」에 사용하여 널리 알려졌다. 1879년 브라이슬라우 대학이 브람스에게 명예박사 학위를 수여하자, 그 답례로 학생들 사이에 널리 애창되던 이 노래에 자작의 선율을 더해 작곡한 작품이다. 이에 앞서 1843년 리스트가 예나(Jena)에서 초연한 'Gaudeamus igitur — humoresque'(이제야 즐기리라)에도 사용되었다.

1. nose, nose! tjolmo nose!

노세 노세! 젊어 노세!

nulko pyung tulmyon mod nonani.

늙고 병 들면 못 노나니.

2. seuora, pomtchora, Katjimara.

세월아, 봄철아, 가지 마라.

tjangane hokori ta nulknanta.

장안에 호걸이 다 늙어난다.

3. nohui nun maiyang tjolmulthenya?

너희는 매양 젊었더냐?

nohuito hanponun nulkurira.

너희도 한 번은 늙으리라.

4. panina nomu nulkodsuni

반이나 너머 늙었으니

tasi tjomtun modharira.

다시 젊든 못하리라.

5. nato otjenun tschongtschun illoni

나도 어제는 청춘이러니

itjenun paikparirota.

이제는 백발이로다.

[이 사설을 저자는 다음과 같이 독일어로 옮겼다.]

1. Laßt uns lustig sein! Freuen wir uns!
즐거워하자! 기뻐하자!
Solange wir jung sind, wollen wir spielen!
젊었을 때 놀자꾸나.
Wenn wir alt sind und krankheit befällt,
늙고 병 들면
Dann ist es aus mit Freude und Spiel.
기쁨도 노는 것도 끝이라네.

2. O Jahre und Monate gehet nicht!
오 세월아, 가지를 말아라.
Gehe nicht, o Frühlingszeit! —
가지 말아라, 오 봄날이여! —
Aber selbst die Weisen in der Stadt
도시의 현자들도
Sie altern alle insgesamt.
모두 함께 늙어 간다네.

3. Und ihr! Könnt ihr immerfort
그리고 너희들! 너희들도 늘
So jung wie jetzt bleiben?
지금처럼 젊을 것 같은가?
Auch für euch kommt einst die Zeit,
너희들도 언젠가는
Wo ihr alt werdet.
늙을 때가 오리라.

4. Und wenn das halbe Leben vorbei

반생이 지나고

Und das Alter gekommen ist

늙음이 오면

Dann ist's unmöglich

Nochmal jung zu werden.

다시 젊어질 수는 없는 법이지.

5. Auch ich war gestern noch

나도 어제는

Ein blühender Jüngling

꽃다운 청춘이었는데

Und heute, sagt man,

오늘은 사람들이

Hab ich weiße Haare. —

백발이라 하네. —

논에서 흔히 울려 퍼지곤 하는 노래다. 잡초를 뽑으며[논매기] 일꾼 중 하나가 이 노래를 선창하면 "오, 오호, 반가워요"(O, ohó, pankauo yo)라는 후렴이 뒤따르는 것이다. '다시 보니 얼마나 좋은가!'라는 뜻이다. 이 노래는 선창자가 멋들어지게 가락을 넣은 한 편의 짧은 이야기다. 후렴 "오, 오호, 반가워요"는 각 사설마다 붙여 부른다.

제10장

숲의 정적

조용한 구경꾼

4월 1일

어제 내린 비에 갓등이(Katheni)[1]로 가는 길이 났다. 마을 끝 집에 이르도록 마른 땅을 밟을 수 있으리라 기대하지 않았다. 길이 조심조심 걸어라고 경고했다. 좁은 길이 논두렁 사이를 지그재그로 휘감고 있었다. 이런, 미끄러지면 낭패다! 우리는 천천히 걸어서 갖은 노력 끝에 진흙에 빠지지 않고 간신히 옹기마을을 빠져나왔다. 길은 완만한 경사를 이루고 있었다. 내려오다가, 길에서 일하고 있는 한 무리의 남자를 만났다. 갓등이에 사는 신자들인데, 우리에게 인사를 하고는 일을 중단하고 우리와 함께 집으로 향했다.

논들은 계단처럼 골짜기 아래로 향했다. 논마다 가득 찬 물이 햇빛에 반짝이고 있었다. 계단식 논을 순한 언덕들이 병풍처럼 둘러쌌다. 동으로는 울창한 숲이 이어져 있었다. 지금까지 한국에서 이렇게 울창한 숲은 처음 보았다. 폭 3~5킬로미터의 숲은 갓등이에서 북동쪽으로 약 10시간 거리까지 이어졌다. 갓등이 마을의 선교 활동은

---

1 현 경기도 화성시 봉담읍 왕림리. 1839년 1월 25일 자 앵베르 주교의 일기에 '갓등이 공소'라는 기록이 등장하므로, 적어도 1839년 이전부터 교우촌이 형성되었을 것으로 추정된다. 이곳에 숨어 살던 신자들이 병인박해 전후로 일단 흩어진 후, 선교사들의 입국이 본격화된 1876년부터 다시 교우촌을 형성했다. 1888년 7월 앙드레 신부의 부임과 함께 한수(漢水) 이남 경기 최초의 본당이 설립되었으니, 현 수원교구 소속 왕림(旺林)본당이다.

골짜기의 계단식 논

활기찼다. 방마다 친근감과 호기심으로 넘쳤다. 소녀들에게도 인사할 기회를 주려고 개구쟁이 사내아이들을 밖으로 내보냈다. 관습이 지엄하여 방 안에 사내아이가 하나라도 있으면 소녀들은 함부로 범접하지 못했다. 이제는 소녀들이 문과 창문으로 밀고 들어와 툇마루 아래까지 차지하고 앉았다. 그들은 우리에게 절을 했다. 하지만 곧 개구쟁이 녀석들이 몰려와 제자리를 내놓으라고 우기는 통에 소녀들은 다시 물러났다.

저녁 식사 후 밤이 이슥하도록 방은 대만원을 이루었다. 우리는 짬을 내어 특이한 한국말 표현들을 메모했다. 가령 한국인이 '엄청 많이 먹는다' 치자. 조합하는 대상의 속성에 따라 '먹다'(mokta)라는 이 동사에서 수많은 표현이 파생된다. 밥을 먹는 것(pap mokta)은 물론이요, 한국인들은 물도 먹고(mul mokta), 담배도 먹는다(tampá mokta). 귀머거리는 귀먹고(kui mokta), 상중에는 슬픔도 먹는데(kotschong mokta)[2] 이것은 슬프다는 뜻이다. 냉혈한은 악한 맘을 먹고(ak-han mâm mokta), 노한 사람은 분한 맘을 먹는다(pun-han mâm mokta). 험담꾼이 남의 체면을 [깎아] 먹으면 성을 [깎아] 먹는 것이고(sung mokta),[3]

나이 든다는 것은 '살'을 먹는다는 것이다(sal mokta).[4] 이런 예문이 끊이지 않는다. 표현과 관용구가 부족한 경우는 없다. 한국말은 참으로 풍요로운 언어다. 어휘와 말뜻과 관용구가 엄청 풍부하여 능통해지기가 정말 어렵다. 한국말을 배워 볼 작정으로 표현을 반복해 달라고 청하면 들어야 주겠지만, 또 새로운 용법이 등장하고 열 가지 다른 관용어가 구사되다가, 급기야 처음 썼던 그 표현으로 되돌아가기 일쑤일 게 뻔하다.

한국말 공부가 몹시 피곤하던 차에 뜻밖의 '구세주'가 나타났다. 한 남자가 약실이 망가진 엽총을 가지고 와 수리를 부탁한 것이다. 나는 총을 분해했다. 말 공부고 뭐고, 만사 잊고 내 기술을 총동원하여 호기심을 충족시키는 데 집중했다. 약실이 복잡하여 수리에 한참이 걸렸다. 겨우 다 고치고 나니 11시였다.

외로운 무덤

4월 2일

간밤에는 늦게서야 쉴 곳을 찾았다. 집집마다 신자들의 기도 소리가 새어 나왔다. 새벽 5시, 자명종이 울릴 때도 열심한 신자들의 기도 소리는 끊일 줄 몰랐다. 사제는 셋인데 제대가 하나뿐이라 이른 시간에 미사를 드려야 했지만, 좁은 경당은 벌써 아이들로 가득 차 있었다. 그들은 미사 내내 싱그러운 목소리로 소리 내어 기도했다.

갓등이 마을 뒤로 절벽이 우뚝 솟아 있었다. 우리는 그곳을 아침 산책 코스로 잡았다. 봄이 성큼 다가와 때 이른 꽃들을 깨웠다. 우리는 옛 고향 동무를 본 듯 꽃들과 인

---

2 독일어는 '슬픔'(Traurigkeit)으로 번역되어 있고 우리말 음역은 부정확하나마 '걱정 먹다'로 읽히므로, '걱정되고 슬픈' 상태를 나타낸다. 지금 우리에게는 생소하지만 당시 저자는 그렇게 알아들었을 것이다.

3 '이름 혹은 명예를 더럽힌다'는 뜻이다. 당시 경기 지방 언어 습관에 대해서는 별도의 연구가 필요하다.

4 한 살, 두 살 나이 먹는 것을 저자는 '살 먹다'로 알아들었다. "몇 살 먹다"라는 표현은 지금도 남아 있다.

저녁 들판

사를 나누었다. 비바람에 부서진 바위 뒤 양지 녘에서 할미꽃이 찬 바람을 피해 몸을 움츠렸다. 할미꽃은 우리 고향 들판의 그것처럼 짙은 보랏빛이었다. 제비꽃은 타고난 다소곳함을 잊고 초록 잎새 지붕 아래에서 호기심 어린 눈길을 던지고 있었다. 제비꽃은 다소곳이 숨어 피어야 제격이다. 그럴 만한 이유가 있다. '한국의 새는 노래하지 않고 한국의 꽃은 향기를 품지 않는다'는 풍문의 진실을 밝혀 줄 첫 꽃이기 때문이다. 그 풍문은 본디 중국에 떠다녔는데, 중국 문물이 유입될 때 이 땅에 묻어 들어왔다.

관목이 불타는 덤불처럼 작열했다. 잎은 보이지 않았다. 마른 가지가 불타는 듯 보였다. 한국인들은 이 꽃을 진달래꽃(Chindalegot)이라 부른다. 며칠만 있으면 한국의 온 산이 이 꽃 때문에 불바다를 이룰 것이다. 성급한 꽃들은 꽃받침의 보호막을 깨고 망울을 터뜨렸다. 아직 밤에는 춥고 낮에는 비바람 몰아칠 줄 알 턱이 없었으리라. 꽃의 형태는 제라늄과 크게 다르지 않았지만, 꽃잎 색깔이 단색에 가까웠고, 제라늄처럼 검은 줄무늬도 뚜렷하지 않았다.

우리는 점점 높이 올라갔다. 아래로 마을이 보였고 그 너머 물 댄 논들이 햇빛에 반짝였다. 논둑이 강물처럼 굽이쳐 마을과 논을 갈랐다. 평지에서 산으로 이어지는 모

갓등이성당 ①

래 언덕들이 방금 도금한 것처럼 빛났다. 지붕처럼 겹쳐진 언덕의 형세가 마치 산 위로 진군하는 옛 로마 병정의 방패와 같았다. 산들이 연이어 나타났고 우리는 골짜기를 깊이 굽어보았다. 봄 햇살이 곳곳에 신비스러운 그림자를 쏟아 내고 있었다.

산비탈을 조금 오르니 고즈넉한 자연 속에 무덤 두 개가 보였다. 소박하고 꾸밈없는 무덤이었다. 이승의 번잡함에 성가실 일 없고, 외교인의 무덤이 범접하지 않는 이곳에 부부가 조용히 잠들어 있었다. 신자들도 아직은 한국의 옛 장묘 문화를 따른다. 그들의 무덤은 널리 흩어져 있다.

주일 오후에는 한적한 숲속에 외롭게 자리잡은 왕릉[5]을 찾았다. 갓등이를 지나 수원에 이르는 이 숲은, 16,17세기[6]에 조성된 왕릉과, 조상의 명복을 기원하는 후대 임금들의 보호 정책 덕분에 잘 보존될 수 있었다. 묘지기가 우리를 정자각丁字閣[7]▶으로

---

5 경기도 화성시 안녕동에 위치한 융건릉(隆健陵). 융릉은 훗날 장조(莊祖)로 추존된 사도세자와 헌경왕후(獻敬王后)로 추존된 혜경궁 홍씨의 합장릉이요, 건릉은 조선 제22대 왕 정조(正祖)와 그의 비 효의왕후(孝懿王后)의 합장릉이다.

6 융릉은 1789년(정조 13)에 조성되었고, 건릉은 1800년(순조 1)에 융릉 동쪽 언덕에 조성되었다. 그 후 효의왕후가 승하하자 정조의 능을 이장하고 효의왕후와 합장하여 지금의 건릉이 되었다.

청동 향로

안내했다. 그도 역시 그가 지키는 무덤처럼 숲 속에서 잊혀지고 버려진 존재였다. 정자각은 왕릉의 발치에 있었다. 묘지기는 족히 3파운드는 됨직한 쇳대를 들고 와서, 쌍바라지문을 걸어 잠근 맹꽁이 자물쇠를 열려고 용을 썼다. 내부에서 자물쇠 고리를 지탱하는 용수철 장치가 빽빽하여 열쇠와 아귀가 잘 맞지 않았다. 한참 후에야 자물쇠가 철커덕 소리를 내며 열렸다.

정자각은 비어 있었다. 긴 탁자 앞에 노란 장막이 드리웠고, 그 앞의 제단은 마치 밥상을 본떠 만든 듯 다리가 가늘었다. (한국인들은 바닥에 쪼그리고 앉아 밥을 먹는다.) 정자각은 선왕의 위패를 모셔 두고 해마다 제사를 봉행하는 곳이다. 향로가 제삿날을 기다리고 있었다. 젯상에는 밥과 술과 더불어 향로도 올린다. 양반들은 청동 향로에 분향하여 기품을 뽐내지만 평민들은 향촉을 피우는 것만으로도 족하다.

어두운 기와지붕을 떠받치는 서까래는 전부 엷은 푸른 바탕에 붉고 흰 단청으로 치장되었다. 청동 잡상들은 용마루 위에 웅크리고 앉아 수백 년 동안 파손 위기를 견뎌 내었지만, 잡귀를 쫓으려고 기와지붕 위에 어렵사리 올려 둔 단철鍛鐵 사슬들은 녹슬어 가고 있었다.[8]

◀7 왕릉에 제사를 지내기 위하여 봉분 앞에 '丁'자 모양으로 지은 집.

8 잡귀를 쫓기 위한 것이 아니라 보수나 화재 진압 등에 사용하기 위해 지붕 뒤에 드리워 놓은 쇠사슬로, 지금은 소실되었다. 경복궁 경회루에는 남아 있다.

9 경기도 화성시 송산동 화산(花山) 기슭에 있는 용주사(龍珠寺). 본디 신라 문성왕 16년(854)에 창건된 갈양사(葛陽寺)가 있었으나 고려 광종 3년(952)에 병란으로 소실되어 폐사되었다가, 정조가 부친 장헌세자(莊獻世子, 사도세자)의 능인 현륭원(顯隆園)을 이곳 화산으로 옮긴 후 1790년 이 자리에 능사(陵寺)로 용주사를 세우고 부친의 명복을 빌었다.

조금 떨어진 곳에 왕릉이 하나 더 있었지만 그냥 지나쳤다. 숲을 가로질러 '임금님 행차 길'을 한참 타야 수원에 이르기 때문이다. 퇴락한 묘지기의 집이 눈길을 끌었다. 울창한 숲을 가로질러 지름길을 타니 불교 사찰[9]에 닿았다. 사찰은 왕릉의 그늘에 묻혀 있었다.

어두운 숲의 어둠을 빠져나오니, 놀랍게도 목가적인 아늑한 정경이 눈앞에 펼쳐졌다. 일꾼들이 품삯을 받고 일하는 사찰 소유의 밭이었다. 사찰은 무성한 전나무와 소나무 가지 아래 수줍게 자리하고 있었지만, 진입로만큼은 당당했다. 길 위의 붉은 기둥문은 왕실 소유의 사찰에 진입한다는 표지였다. 두 기둥을 지탱하는 두 연결 기둥에는 나무를 뾰족하게 깎아 만든 화살을 세웠고 그 한가운데 붉은 목제 원반을 설치했다. 이 상징물을 '홍살문'(Hong-sal-mun)이라 한다. '붉은 화살의 문'이란 뜻이다.

운치 있는 한국식 대문을 지나 앞마당에 들어섰다. 한국의 건축 양식에 따라 입구 좌우에 행랑채들을 말발굽 형태로 배치하여 구조상 외부와 차단시켰다. 입구에 서서 정면을 보니 주춧돌 위에 기둥을 세운 건물의 트인 공간을 통해 두 번째 마당이 보였다. 이 마당을 향해 서 있는 전각은 위로 줄행랑을 이어 지었고, 그 그늘 속에 큰 법고法鼓가 조용히 쉬고 있었다. 승려의 거처[요사寮舍]가 안마당을 둘러쌌다. 모서리를 허물어 작은 은둔의 공간을 만들었다. 승려는 고요한 독방에 은거하면서 수행에 전념한다. 방은 50개였다. 주지 스님도, 주지 스님을 따라온 다른 스님도 언행만 다감한 게 아니라 표정에서 수행의 내공이 묻어났다. 주된 공부거리는 한문 경전이었다.

홍살문

스님들은 우리를 대웅전 돌계단으로 안내했다. 그들이 낮은 의자를 갖다 준 덕분에

용주사 대웅보전 측면

불단을 촬영하기 편했다. 불단에는 절할 때 치는 목탁이 놓여 있었다. 이 도금된 조각품에서 고미술의 정취가 묻어났다. 불단 전면의 낡은 진보랏빛 천이 바람에 펄럭였다. 불단 위 촛대에 붉은 초 여러 개가 꽂혀 있었고, 붉고 흰 채색이 뚜렷한 편액도 보이는데, 그 형상이 바로크 시대를 방불케 했다. 두 보살 사이 약간 뒤쪽으로는 본존불을 모셨다. 아직 열반에는 이르지 않았으나 이미 신성하게 숭배되는 존재가 보살이다. 천장, 정확히는 서까래가 다채롭고 조화로운 색의 유희를 펼치고 있었다. 희미한 빛이 창호지 문으로 스며들어 변화무쌍한 색채에 짙은 덧칠을 하고, 꽃과 소용돌이 문양이 화사하게 섞인 희고 붉고 푸른 선의 강력한 대비를 한결 편안히 달래 주었다. 그 빛은 지붕의 어둠 속에서 무거운 대들보를 힘껏 떠받치고 있었다. 하여, 사찰 내부의 정취는 밖의 처마 부분보다 더 평화로웠다. 위로 뾰족하게 들린 추녀 때문에 지붕은 불안정하고 복잡했다. 빛이 넉넉하여 색상이 더욱 선명했는데, 그 안에서 뾰족한 것들은 빛나고, 굴절된 그림자는 복잡한 것들 사이를 재빨리 훑고 지나가 더욱 혼미

용주사 대웅보전 벽화

했다. 크고 강렬한 붉은 눈과 흰 뿔의 사슴이나 아가리를 쫙 벌린 물고기처럼, 서까래 끝마다 달린 상상 속의 대가리들을 보니 찜찜한 기분을 달랠 길 없다.[10]

사찰 전면은 온통 문이었다. 한지를 바른 문살이 아름다웠다. 나머지 삼면은 거대한 목골조였다. 돌출된 지붕은 외벽 상단의 벽화가 햇빛에 바래고 빗물에 침식되는 것을 막아 준다. 벽화들은 흥미로웠다. 주지 스님은 이 땅의 불교가 수백 년 동안 명망을 이어 왔음을 증명하는 벽화 한 점에 주의를 환기시켰다. 왕의 긴 행차가 산을 오르는 그림이었다. 산꼭대기에서 왕은, 마주 오는 스님에게 걸어가 팔을 벌려 존경을 표했다.

날이 저물어, 사찰 곳곳을 꼼꼼히 살피지 못하고 서둘러 귀로에 올라야 했다. 다만 사찰 울타리 너머 법당 한 군데는 급하게라도 보고 싶었다. 법당 안에는 전형적인 불

10 사찰의 처마 끝이나 천장에 단청으로 장식된 용과 봉황을 묘사하고 있다.

시왕 중 하나. 카니시오 신부 촬영

부처와 시왕

상[지장보살地藏菩薩] 좌우의 두 존자[도명존자道明尊者와 무독귀왕無毒鬼王] 말고도 저승을 다스리는 10명의 재판관, 즉 시왕十王[11] 상이 양쪽 벽에 나뉘어 모셔져 있었다. 이들은 각자 특별한 권위의 상징물을 들었고, 그 앞에는 제물을 든 다른 조각상[동자상]들이 무릎을 꿇고 있었다.[12]

일행과 떨어지면 숲에서 길을 잃을 수도 있겠다 싶어 구경을 이쯤에서 접었다. 갓등이에 도착하니 벌써 어둡고 추운 밤이었다.

---

11 진광 · 초강 · 송제 · 오관 · 염라 · 변성 · 태산 · 평등 · 도시 · 오도전륜, 저승에서 죽은 사람을 재판하는 열 명의 대왕.

12 저자가 본 것은 저승 세계를 상징하는 사찰 건물로, 보통 명부전(冥府殿), 시왕전(十王殿) 혹은 지장전(地藏殿)이라 하는데, 용주사의 경우는 지장전이다.

피신

4월 3일

오늘 오후, 박해의 유물을 보았다. 갓등이에서 한 시간 반 정도 떨어진 작은 마을에 박해를 피해 온 신자들이 살고 있었다. 옹기장이로 여기저기 떠돌다가, 마침내 이곳에 정착한 사람들이다.

빈털터리로 쫓기던 박해 시절, 옹기 일은 그나마 안전한 직업이었다. 신변에 위협을 느끼면, '더 좋은 흙과 땔감이 있는 곳'을 찾아 나서는 척하고 신속히 은신처를 옮길 수 있었기 때문이다. 옹기를 장에 내다 팔려니 읍내 나들이가 잦았다. 거기서 정보도 수집하고, 세간의 눈을 피해 신부들과 연락도 취했다. 그렇게들 신부를 만나 성사聖事를 받았다. 옹기 덕에 목숨을 부지하고 기본적인 생활을 영위한 셈이다. 지금도 그들은 열심히 옹기를 굽고 있다. 그때도 가난했고 지금도 가난하지만, 그리스도교에 대한 깊은 신앙과 뜨거운 사랑은 식을 줄을 모른다.

옹기장이

마을 사람 150명이 공동체를 이루어 가족처럼 함께 일한다. 높이가 겨우 1.5미터나 될까, 우리는 문을 열고 불빛 흐린 공방으로 들어갔다. 문 옆 돌림판 앞에 옹기장이가 앉아 있었다. 바닥 홈에 고정시킨 돌림판은 점토 표면을 다듬는 데 쓰인다. 바닥에 앉아 오목하게 들어간 곳에 발을 집어넣고 윗판과 평행으로 연결된 아랫판을 맨발로 돌리는 것이다. 옹기장이는 점토 덩어리를 돌림판에 얹고, 길이가 50센티미터쯤 되고 너비는 손바닥에 약간 못 미치는 판때기로 평평하게 두드리더니, 발로 돌림판을 잽싸게 돌리면서 튼튼한 나무칼로 점토를 둥글게 깎아 냈다. 그런 다음, 점토를 동그랗게 말아 가장자리에 민첩하게 쌓아 올리고는 부드러운 반죽으로 점토 판과 이어 붙였다. 가장자리가 점점 높아지면 형태 없던 흙덩어리가 산뜻한 옹기로 탈바꿈할 것이다. 옹기 바깥쪽은 판때기로 치면서 매끄럽게 다듬고, 안쪽은 주먹만 한 절굿공이로 치면서 다듬었다. 돌리고 치는 동안 옹기 벽이 눈에 띄게 높아지면서 적당한 깊이가 생기기 시작했다. 옹기장이는 돌림판을 몇 번 더 힘차게 밟으며 막대기 끝으로 윗부분을 정확하게 잘라 냈다. 옹기의 형태가 완성되고 있었다. 물에 적신 행주로 옹기의 윗부분을 구부렸고, 돌림판을 끊임없이 돌리면서 전체 모양을 완성시켰다. 다시 나무 절굿공이로 안에서 바깥으로 두드리며 배 부분을 볼록하게 다듬는데, 이때는 구멍이 나지 않도록 옹기 바깥쪽에 판때기를 대고 있었다. 끝으로 옹기를 다시 한 번 조심스레 두

옹기는 그늘에서 말린다. 그늘을 만들어 줄 이엉을 짚으로 엮고 있다

옹기가마

드리자 마침내 옹기가 제 모습을 드러냈다. 옹기장이는 나무 칼날로 거친 면을 깎아 내고, 칼끝으로는 옹기를 두르는 장식을 새겼다. 이제 옹기가 완성된 듯하지만, 전체를 지탱하기 위해 육중한 대로 방치한 바닥이 아직 두껍고 볼품없었다. 옹기장이는 한 손을 옹기 안에 집어넣어 바닥 면의 두께를 가늠해 가며, 바깥에서는 손가락 굵기의 혹들을 수평기로 깎아 냈다. 이제 표면도 매끈해졌고, 처음에는 곧추서서 투박했던 옹기가 바닥부터 제법 우아해졌다. 배는 볼록하고 아래위는 날렵했다. 옹기장이가 재빨리 손잡이를 붙이면 첫 공정이 성공적으로 완수된다.

솜씨 좋은 옹기장이는 점토 반죽도 혼자서 척척 해 가며 이런 옹기를 하루에 일곱 개까지 만들어 낸다.

이런 노고를 거친 후 옹기는 큰 방으로 옮겨진다. 그곳에는 같은 공정을 끝낸 옹기들이 천천히 건조되고 있다. 면적 8~12제곱미터의 방이 셋인데, 방마다 짚을 깔아 두었다. 흙벽을 두껍게 쌓고 입구를 낮추어 옹기의 균열을 막는 데 필요한 냉기를 유지했다. 입구에 방금 작은 공방에서 본 돌림판 작업터가 두어 개 있었으나, 지금은 놀고 있다. 돌림판을 꽂는 나무축이 지름 약 1미터, 깊이 30센티미터의 구덩이 위로 솟아 있었다. 그 옆에 놓인 돌림판을 좀 더 자세히 관찰했다. 지름 60센티미터의 무거운 윗판이 좀 더 가벼운 아랫판과 나무다리 네 개로 연결되는데, 이 아랫판을 발로 돌리는 것이다. 이 어두운 방에서 몇 주 동안 건조된 옹기는 새로운 시련을 맞는다. 큼지막한 불가마 속으로 들어가야 하는 것이다.

마을 끝에 길이 25미터, 너비 2.5미터의 가마가 완만하게 경사진 둔덕으로 펼쳐져 있다. 둔덕은 약 15도의 경사를 이루며 저수지로 이어진다. 가마의 긴 쪽에는 흙을 쌓아 열기를 보존했고, 윗부분은 진흙으로 덮어 아치형을 이루었다. 가마 아래쪽 끝에는 화덕을 만들어 열기가 가마 전체에 전달되도록 했다. 지붕에는 30센티미터 간격으로 굴뚝을 설치하되 열기를 보존하려면 막을 수 있게 했다. 개폐 장치를 통해 통기通氣를 조절하는 것이다.

불꽃이 사위어지고 가마가 천천히 식을 무렵 열가마 공정이 끝난다. 단, 결과가 나쁘지 않아야 한다. 그렇게 조심하고 애썼음에도 불구하고 작업이 서툴렀거나 세심하지 못한 옹기는 가차없이 박살 내 버리기 때문이다.

공방들 사이에는 완성된 토기들이 차곡차곡 쌓여 있었다. 이 공간은 비바람뿐만 아니라 개구쟁이들의 돌팔매질도

옹기 팔러 가는 길

쟁기질[겨리질]

막아 준다. 이 암갈색 '친구'들을 돌팔매의 표적으로 삼으면 안 되는 줄 뻔히 아는 녀석들이 그런 장난을 치는 것이다. 상등품 옹기는 창고에 따로 보관한다. 날랜 소년 몇몇이 말뚝 구조물 위에 올라가 짚을 덮었다. 땅바닥에 모여 앉은 소년들은 긴 짚단 앞에서 돗자리를 짰다. 바닥에 깔아 진열된 옹기를 보호하기 위한 것이다.

귀로로 능선을 택했다. 능선 저편은 낯익은 풍경이었다. 저 멀리 능선들 사이로 잔설殘雪 덮인 산이 용광로의 은빛 용해물처럼, 잔잔한 밀물처럼 빛났다. 산은 능선을 넘어 평지로 내려오는 봄에게 곁눈질로 인사하고 있었다. 흐르고 싶어 안달난 여울이 좁은 냇가로 밀어닥쳤다. 그곳에 푸른 싹이 돋고, 여린 꽃들은 살포시 깨어나는 자연과 한국의 푸르른 하늘을 경이로운 눈으로 바라보았다. 도시의 분망에서 멀리 벗어나고 보니 하늘도 더욱 정겹다. 그러나 우리는 내일 아침 일찍 서울로 돌아가야 한다.

소리 없이 어둠이 드리웠다. 밭일을 끝낸 농부가 집으로 가고 있었다. 낯선 풍경, 낯선 모습이다. 농부는 황소를 느릿느릿 앞세우고 뒤따라간다. 이 순한 놈은 온종일 무던히 쟁기질을 했다. 늘 하던 대로, 농부는 무겁고 투박한 쟁기를 소 등에 실었다. 밀과 보리가 벌써 싹을 틔웠다. 성능 좋은 파종 기계로 씨를 뿌린 듯, 긴 밭이랑마다 초록 줄기들이 돋아나고 있었다. 월동 작물 사이로는 기장이나 옥수수 같은 간작間作 종자를 심었다.

봄숲의 아침

4월 4일

독일의 시골 아이들은 어린 시절 학교가 쉬는 날이면 숲에서 공상에 잠기었고, 학창 시절 방학이면 향기로운 숲내음을 맡으며 지친 머리를 식히고 신선한 공기를 마시며 답답한 가슴을 뚫었다. 이처럼 독일의 숲을 만끽하며 자란 사람이라면, 알프스 산맥을 뒤로 하고 남국을 여행한 지 며칠만 지나도 독일 숲에 대한 심각한 향수에 사로잡힌다. [남국에서는] 햇빛도 너무 강하고 보이는 것도 너무 많아 눈이 시렸다. 깊고 조화로운 고요가 그리웠다. 고요는 먼 숲의 푸른 어둠이 무거운 장막처럼 세상의 번잡을 가려 주는 까닭이다. 눈은 반짝이는 햇살과 어두운 그늘이 나뭇가지에서 꿈꾸는 색깔의 춤사위가 보고 싶었다. 상상은 감명으로 충만해졌다. 상상을 물려야 감명이 다소 정돈될 것 같았다. 상상은 숲의 평화를 동경했다. 이방에 대한 조급과 황망이 가신 뒤에야 마음은 다시 고향을 찾지만, 늘 황량하긴 매한가지였다. 수에즈 운하의 소금기 있는 모래벌 상공에는 더운 공기가 진동했지만, 그것은 한파처럼 마음을 에었다. 홍해의 가장자리 산맥은 화로처럼 붉게 타올랐다. 실론의 종려나무 숲이 독일 숲에 대한 그리움을 잠재울 수 없었고, 종려나무 잎사귀의 끊임없는 수다가 독일 전나무 숲의 장엄한 정적을 대신할 수 없었다. 종려나무가 품은 더운 열기도 너도밤나무 숲을 뒤흔드는 폭풍우를 대신할 수 없었다. 다음은 일본이었다. 대숲은 우아했지만 독일의 여행자 앞에서는 수줍어 차마 '숲'인 척하지 못했다. 그래서 대숲은 차창 밖을 재빨리 지나갔다. 한국의 산은 민둥산이라, 비탈에 나무를 하나하나 세는 것이 어렵지 않다! 이때 향수가 밀려 오지 않겠는가? 멀리 에둘러 수원으로 가는 길에 갓등이의 숲을 지나다니, 놀랍지 않은가! 그 숲은 고향 독일의 안부를 전하듯 우리를 불렀다.

이슬 젖은 들길을 지나 숲 근처로 향했다. 상쾌한 아침 하늘 아래, 숲은 아직 잠에 취해 있었다. 피곤한 듯 졸린 고개를 떨군 꽃들도 이제는 반짝이는 이슬로 투명한 눈을 씻으려 한다. 초롱꽃만 솜털 송송한 모자를 쓰고 잎을 베개 삼아 깊은 잠에 빠져 있었다.

30분쯤 지나자 고요한 숲 속의 아침이 열렸다. 숲 속 모든 것에서 우리는 독일의 고향을 떠올렸다. 조금은 낯설었지만 상쾌했다. 고요한 아침의 신성한 평화 속에서 만물은 조화로웠다. 장엄한 고요를 깰세라, 나무 사이로 살금살금 다가갔다. 첫 햇살이 나뭇가지 사이를 몰래 빠져나가, 솔방울 아래서 차가운 밤공기를 갈무리하던 그늘을 깨웠다. 그늘은 적동색 소나무 가지에 천천히 내려앉았다. 잘고 날카로운 솔잎 그림자가, 갈라진 떡갈나무 껍질을 은빛 다발로 묶으며 장난을 쳤다. 독일 고향 숲의 것과는 다른 떡갈나무였다. 이 나무도 가을 서리와 겨울바람에 죽어 가는 잎을 고집스레 부여안는다. 하지만 잎은 점차 거칠고 음울한 갈색으로 말라 간다. 투명한 햇살이 금빛으로 물들이고 부드러운 아침 기운이 살며시 어루만지면, 잎은 다시 광채와 생기를 얻을 것이다. 내 고향 떡갈나무가 그러하듯이, 동방의 의붓자매인 이 떡갈나무도 잎을 하나씩 차례로 떨구어 싱싱한 새싹을 틔울 여지를 마련한다. 다만 동방의 떡갈나무 껍질에는 심한 갈라짐이 없고, 목재도 독일 떡갈나무만큼 견고하지 않을뿐더러, 잎도 주름이 그리 깊지 않아 모양새는 차라리 독일의 너도밤나무 잎에 가깝다.

불타는 적갈색과 멋들어진 보라색으로 갈아입은 소나무 꼭대기가 요염했다. 그것은 소나무의 무심한 자태와 별로 어울리지 않았다. 금관을 쓴 떡갈나무의 줄기는 잿빛이었다. 그들 사이로 전나무 한 그루가 올곧고 당당하게 서 있는데, 그 모습이 마치 모두 잠든 나무들 사이에서 홀로 충직하게 보초를 서는 파수꾼과 같았다.

날이 점점 밝아 왔다. 물에 잠긴 논이 거울처럼 맑은 빛을 머금었다. 그 위로 아침 햇살이 눈부신 '수은 용액'을 쏟아 붓고, 소나무는 몸을 숙여 물 위에 제 모습을 비춰 보고 있었다. 마른 오리나무 덤불이 새벽잠에서 깨어나 그 사이를 파고들었다. 오리나무도 산발散髮을 한 채 앙상하고 뻣뻣한 제 모습을 들여다보며, 자신에게 생기를 주고 언 땅에 온기를 줄 봄날이 언제나 올지 곰곰이 가늠하고 있었다. 지난겨울에는 눈

건릉

이 쌓이지 않아 땅 밑이 한 길이나 얼었다. 산들바람에 흔들리는 버들가지들이 물에 빠질까 두려워 서로에게 바싹 붙어 있었다. 대책 없이 물을 겁내는 것은 한국 아이들도 마찬가지다. 녀석들의 지저분한 손과 묵은 때가 덕지덕지 낀 목을 보면 그렇게 생각하지 않기도 어렵다.

숲 모퉁이를 돌았다. 깊이 공터가 숨어 있었다. 7미터 전방에 꿩 몇 마리가 보였다. 놈들은 우리를 불쾌한 듯, 신기한 듯, 놀란 듯, 야릇하게 주시했다. 우리가 아침 식사를 방해해서 화가 났나? 한국식으로 저들 곁에 앉아 밥 먹는 모습을 살짜기 엿볼 줄 알았나? 플라치도 신부[13]가 푸짐한 아침 식사를 장만하려고 어제 남은 탄환을 다 써버려, 짐꾼 어깨 위의 엽총이 오늘은 별 볼일 없는 빈 총이라는 걸 눈치 챘나? 꿩들이 잠시 잠자코 있기에 코앞에서 약 일 분 동안 지켜보았다. 아침 햇살에 활활 타오르는

13 한국 여행을 함께 한 상트 루드비히(St. Ludwig) 수도원의 플라치도 포겔(Placidus Vogel) 원장신부.

금동 불상. 실물의 1/2.
상트 오틸리엔 수도원 박물관 소장

붉은색과 연갈색의 깃털이 얼마나 화려하던지! 꿩은 가까운 숲으로 횅하니 날아가더니 화난 듯 울었다.

우리가 그저께 방문한 두 왕릉은 이 성스러운 숲의 정적 속에 꿈꾸듯 자리하고 있었다. 길가에는 옛 묘지기의 처소[산막山幕]가 울타리에 둘러싸여, 기氣 빠진 늙은이처럼, 쇠락한 과거와 그 영화榮華를 애달파했다. 길가의 처소는 왕릉 가는 길을 처연히 가리켰다. 길은 잘 닦여졌고 왕릉은 깊고 어두운 숲 속에 있었다. 열린 문과 부서진 창문으로 바람이 지나갔다. 마른 잎이 흩날렸다. 호기심 많은 전나무 가지는 혹여 묘지기가 다시 온 게 아닌가 싶었던지 안을 들여다보았다. 그러나 이 모든 것은 불원간不遠間 폐허가 될 것이다.

목탁은 정확한 간격으로 울렸다. 나무들이 숨죽여 귀 기울였다. 나무 사이로, 약하게 들리던 목탁 소리가 점점 더 또렷해졌다.

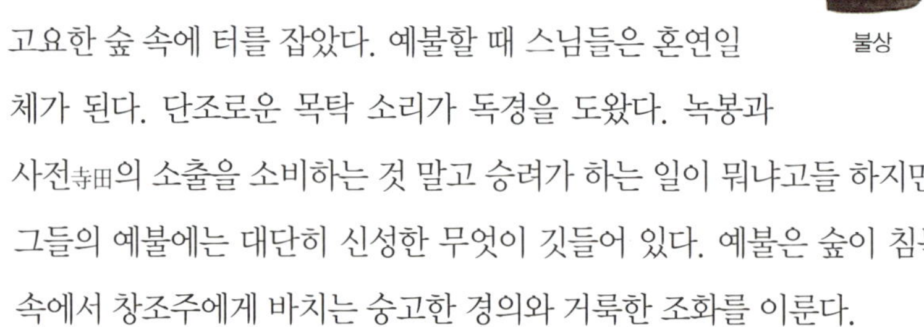

불상

절 가까이 온 것이다. 이 절은 왕실의 호의로 장엄하고 고요한 숲 속에 터를 잡았다. 예불할 때 스님들은 혼연일체가 된다. 단조로운 목탁 소리가 독경을 도왔다. 녹봉과 사전寺田의 소출을 소비하는 것 말고 승려가 하는 일이 뭐냐고들 하지만, 그들의 예불에는 대단히 신성한 무엇이 깃들어 있다. 예불은 숲이 침묵 속에서 창조주에게 바치는 숭고한 경의와 거룩한 조화를 이룬다.

금동 불상. 실물의 1/8.
상트 오틸리엔 수도원 박물관 소장

무엇이 사찰을 도성 바깥의 고적한 숲과 깊은 계곡으로 쫓아냈는가? 장엄하고 영향력 있는 사찰들이 도성 안에 있어, 늘 불자로 붐비던 시절이 있었다. 속진俗塵의 소란에서

꾀어낸 것이 고독이라는 마술인가? 예불과 명상과 엄격한 수행의 옛 법도가 느슨해진 나머지 존숭과 경외와 영향력마저 곤두박질쳤는가? 불교의 쇠락을 초래한 것이 조정의 억불 정책뿐이었을까? 둔탁한 목탁 소리가 아침 숲을 흔들어 나의 상념을 깨웠다.

석탑 ②

잠시 그랬다. 인물과 사건과 연대들이 밤 깊은 원시림에서 출현하듯 옛 역사에서 조용히 나타나, 이슬 젖은 숲길에서 나를 따라다녔다.

한국 불교는 파란의 역사를 겪었다. 4세기 말경, 부처의 가르침이 북방에서 한반도로 서서히 유입되었다. 백제는 먼저, 기존의 토착 신들을 위대한 부처와 너그럽게 공존시킬 줄 알았다. 신라에는 150여 년이 지난 528년에야 유입되었다.[14]

중국과의 관계가 긴밀하고 문화 수준 또한 높아서, 신라 불교는 곧바로 융성할 수 있었다. 당시 경주는 학문과 예술이 고도로 발달한 신라의 수도였다. 호화롭고 웅장한 사찰과 다층 석탑들이 수도의 영광을 빛냈다. 1597년 일본의 재침[정유재란]으로 파괴되기는 했지만, 불교는 신라 때 가장 찬연히 꽃피웠다.

불교는 고려[15] 400년 동안 전성기를 구가한다. 934년 삼국을 통일하고[16] 새 왕조를 세운 왕건은 많은 불교 사찰을 짓고 재정 지원을 아끼지 않았다. 불교가 고려에서

---

14 신라에서 불교가 공인된 해는 이차돈(異次頓)이 순교한 직후인 제23대 법흥왕 14년, 즉 527년이다.

15 저자는 '왕씨 왕조'(Wang-Dynastie)라고 했다.

16 왕건이 통일의 위업을 달성한 해는 936년이다.

사찰 경내

발전할 수 있었던 이유는 무엇보다, 왕건이 불교를 국교로 선포했기 때문이다.

불교는 고려의 멸망과 더불어 쇠락의 길을 걸었다.

몇백 년 후인 1668년,[17] 몽골[원元]은 명明에게 중원의 지배권을 빼앗겼다. 조선에서는 이태조[태조 이성계]가 고려 왕조의 통치권을 박탈했다(1392). 새 임금은 조선을 교두보로 삼아 중국을 재장악하려는 몽골의 기도를 단호히 물리침으로써, 명의 신임을 얻고 명과 최근린最近隣 관계를 맺었다. 그것이 황제에게 봉토를 허락받은 신하국의 도리일뿐더러, 복식이나 종교 같은 풍습에서도 그리함이 마땅했다. 국교도 불교에서 유교로 바뀌었다. 불교는 도성 밖으로 쫓겨났으며, 사찰과 재산을 몰수당했다. 불교는 이런 타격에서 조금씩 회복되는 추세이나, 그 여파는 오늘까지지도 남아 있다.

17 1368년의 잘못.

석탑과 아이들

석탑과 아이들

조선의 경우, 문화의 담지자擔持者로서는 불교가 유교보다 훨씬 윗길임은 의심할 여지가 없다. 관직을 장악한 상류 계층에서는 유교가 주류를 이루었지만, 불교는 백성들 사이에 깊숙이 침투하여 추종자를 확보했고 그들을 정신적으로 고양시켰다. 전성기에는 더욱 그러하였다.

이런저런 역사를 떠올리며 숲 가장자리로 다가갔다. 언덕을 여럿 넘고 황홀한 계곡을 건넜다. 그새 해가 중천에 떴다. 길은 성글어진 숲을 지나 넓은 계곡 쪽으로 경사를 이루었다. 서울과 수원을 잇는 소나무 가로수길이 눈앞에 시원하게 펼쳐졌다. 길은 왕릉까지 이어지고, 왕릉 옆으로는 부산발 철도가 놓였다. 조만간 근대 정신은 옛 기억과 신성하게 간직되어 온 민족성의 모든 흔적을 지울 것이다. 이미 숭고한 품격을 상실해 버린 그 길을 따라 천천히 수원으로 발길을 옮겼다.

백동수도원

4월 5일

서울 집[백동수도원]에 오니 예상 밖의 놀라운 변화들이 있어 느낌이 생소했다. 동대문에서 시내로 들어가는 도로가 새 단장을 한 것이다. 거리는 단축되었지만 그리 위생적이고 쾌적하지는 않았다. 봄비에, 도로변의 도랑은 모래와 겨우내 버려진 오물로 넘쳐흘렀다. 시커먼 오물과 모래를 도랑에서 건져 무작정 길가에 널어놓았다. 신발이 오물투성이가 되든 말든, 코를 움켜쥐고라도 이 길로 다니면 차비는 번다.

낮에 비가 잠시 그쳐, 수도원 밖 허물어진 성벽 틈새를 지나 가까운 숲으로 가 보기로 했다. 수도원 뒤 성벽의 틈새는 오래전부터 편리한 출입구 역할을 했다. 숲은 꽤 멀리까지 성곽에 연해 있었다. 그런데 지난 며칠 동안 여기서 요정들(Heinzelmännchen)[18]이 무슨 짓을 한 건지, 틈새 출입구가 엄청 넓어져 있었다! 수많은 돌이 부서져 나뒹굴었다. 가까이 가서 보니 그것은 성벽의 마름돌 파편으로, 최근에 생긴 흔적이 역력했다. 우리는 이 성벽에 관심이 있었고, 수도원과 성벽 사이 3~5미터의 좁고 긴 대지와 성벽 일부를 수도원 담장으로 불하받는 문제에 대해 오랫동안 일본 정부와 협상 중이었으므로, 어떻게 이 성벽이 돌연 합법적인 채석장이 되었는지 확인하고 싶었다. 성벽이 허물어지면 우리는 흙벽을 활용할 수 없게 된다. 우리는 성벽에 대한 규제가 풀렸음을 알게 되었다. 한국인들은 성벽에서 돌을 마음대로 가져다 썼다. 이 성벽이 간직한 무한한 가치가 사실상 무용지물이 되고 말았다. 성벽은 걸어서 하루면 다 돌 수 있다. 지천에 널린 게 돌인데, 왜 하필 이 성벽이 법적 보호를 받지 못한다는 건지 의문스러웠다.

하루 일을 마치고

지방에서 올라온 한국인들에게 이 위풍당당한 성벽은 애국심의 일부다. 성벽을 보면 가슴은 새삼 조국애에 불타올랐다. 일본은 이런 걸 용인할 수 없었다. 일본이 던진 미끼를 덥석 문 한국인들은 급기야 제 손으로 성벽을 헐어 버린 것이다. 다른 사안에서도 그렇듯이 여기서도 일본 정부는 제 손에 피 한 방울 안 묻히고 성벽을 헐어 내는 데 성공했다. "유감스럽긴 하지만 한국인들의 성화에 못 이겨", 성벽에서 필요한 석자재를 조달할 수 있도록 허가해 주었다는 것이다.

18 밤에 몰래 와서 농가의 일을 대신해 주는 작은 요정으로, 우리의 우렁각시 같은 것이다.

해체 작업이 더뎌 아직은 피해가 그리 크지 않았다. 매사가 양면적이다. 한국인들은 사업 욕심이 없는지, 성벽 마름돌들을 옮길 생각을 하지 않았다. 우리는 시간을 벌었다. 명망 높은 독일 총영사 크뤼거Krüger 박사가 당국의 지시를 빌미로 한국 채석꾼들의 눈길을 성벽 다른 지점으로 돌릴 수단과 방법을 찾아낼 것이다. 크뤼거 박사는 베네딕도회 수도자들이 한국에 정착하여 성공적으로 발전해 나갈 수 있도록 처음부터 따뜻한 관심을 표명했고, 우리의 문화 사업을 호의로 이해하고 적극 후원하는 데 동참했다.

며칠 후 어느 날 밤, 갓등이에 사는 개구쟁이 안드레아가 호기심을 못 이겨 수도원으로 찾아왔다. 일전에 녀석과, 역시 호기심 많은 친구 바오로의 사진을 찍어 준 적이 있는데, 약속대로 그 사진을 받으러 왔다는 것이다. 장터 가게도 아니고, 사진을 30분 만에 덜컥 내줄 수는 없는 노릇이었다. 게다가 아직 현상하지 않은 감광판이 여러 상자인지라, 아이들의 사진을 쉽게 찾을 수도 없었다. 참고 기다리는 수밖에 없다. 먼길 오느라 녹초가 되었다면 오죽 좋으랴마는, 한국인의 호기심은 어른 아이 할 것 없이 끝 간 데 없었다. 내가 한눈파는 새 안드레아가 감광판 근처에 갈까 봐 무척 신경 쓰였다. 궁금해 미칠 것 같은 녀석이 현상되지 않은 감광판을 샅샅이 뒤져 본들, 내 감광판만 망가지지, 정작 걔가 건질 건 없을 텐데 ….

불단

불단 ②

제11장

소풍

첫 밥상을 받다

4월 17일

오늘은 하늘이 갤까? 어제는 어둠이 짙게 내려앉았다. 밤새 비가 내렸고, 지금도 장맛비가 서울 땅을 흠뻑 적시고 있다. 그래도 안드레아 에카르트 신부와 나는 계획대로 소풍을 가기로 했다. 첫 목적지는 경부선을 타고 남쪽으로 세 시간쯤 내려가는 소도시 안성이다. '안'安은 평화, '성'城은 성을 뜻한다. 안성은 '평화의 성'이다. 이 도시에는 한국인 만오천 명과 일본인 수백 명이 산다.

첫 역에서 하늘이 개더니 수원을 지나서는 더욱 맑아졌다. 두 시간을 달려 성환(일본말로 세이칸)에 내렸을 때는 구름 한 점 없는 하늘이 투명한 사파이어처럼 환히 웃었다. 이곳은 지난밤에도 비가 내리지 않았다. 짐꾼은 카메라 감광판 때문에 무거워진 가방을 지게에 지고, 먼지 나는 길을 따라 걸었다. 이내 넓고 평탄한 길로 들어섰다. 먼 산이 수평선을 잘라 냈다. 그곳에 안성이 있었다. 길가의 작은 숲에서는 벌목이 한창이었다. 옹기장이들이 옹기 가마의 땔감을 장만하는 중이었다. 아마 그들은 여기서 서너 시간 떨어진 마을에서 왔을 것이다. 아낙네 몇이 떨어진 솔방울을 바구니에 주워 담고 있었다. 엄마와 숲에서 솔방울을 줍던 내 어린 시절이 생각났다. 그때 우리는 작고 둥근 소나무 열매 대신 온 숲에 널린 솔방울을 모아 겨우내 땔감으로 썼다. 건널목지기 초소 앞 자갈밭에서, 우리는 배낭에 넣어 온 것을 모두 꺼내 양지바른 곳에 펼쳐

안성에서의 산책

놓았다. 매끄러운 갈색 송이버섯이 바스락거리며 부풀고 솜털처럼 통통해질 때면, 나는 마냥 신이 났다. 저녁의 습기가 닿기 전에 나는 엄마와 함께, 아니면 혼자서, 제일 잘 부푼 것들을 골라 창고에 저장해 두었다. 덜 마른 것들은 덮어 두었다가 다음 날 해가 나면 다시 널어 말렸다. 그동안 나는 다시 숲으로 갔다. 크리스마스 방학 때 집에 돌아오면, 나는 엄마한테서 솔방울 바구니를 받아 들고 난로에서 솔방울 타는 소리를 즐겼다. 밖에서는 뽀드득뽀드득 눈을 밟는 소리가 들렸다. 삭풍이 고즈넉한 우리 집 창문에 예쁜 성에를 그려 주었다.

어린 시절의 추억에 잠기는 사이 숲 가장자리에 다다랐다. 수많은 구덩이를 지나 평지로 내려가니 은빛 하천이 흐르고 있었다. 금광을 찾아 시굴한 곳이었는데, 보아하니 별 재미는 못 보고 버려진 듯했다. 짐꾼과 언덕 뒤편에 쪼그리고 앉아 식은 점심을 먹었다. 함께 하노라니 짐꾼이 점점 친근해졌다. 늘 느끼는 것이지만, 한국인들은 우리가 그들을 친하게 여기고 호의로 대한다는 것을 알면 무시로 상냥하고 친절했다.

굵은 멜빵에 넓적한 나무 상자를 멘 젊은이 둘이 지나갔다. 과자 장수를 자주 봤지만, 이런 과자는 처음 본다. 그 젊은이들은 우리가 내린 역으로 가고 있었다. 그들을 불러 우리와 짐꾼이 먹을 과자를 샀다. 쌀, 옥수수, 기장을 섞어 만든 그 과자는 부드럽긴 했지만 정말 끈적끈적했다. 설탕이 든 것 같지도 않은데 달기가 이루 말할 수 없었다. 어렸을 때 대목장에서 주전부리로 사 먹던 몇 페니히짜리 '터키 꿀'과 비슷한 맛이었다. 한입 꽉 깨물면, 깨진 면이 금속처럼 빛났다. 장사치가 가위날을 약간 벌려 손가락 두께의 동글납작한 과자에 갖다 댄 다음, 땅바닥에서 돌을 집어 들어 내리치자, 과자가 여러 조각으로 부서졌다. 과자는 휘거나 끈적이지 않고 유리처럼 깨졌다. 손가락만 하고 소시지처럼 생긴 것도 파는데, 맛이 괜찮았다. 어느 노점상에나 다 있는 이 과자의 이름은 '엿'(Yod)인데, 제조 방식과 형태에 따라 각기 다른 이름이 붙는다. 우리는 두 젊은이와 잠시 이야기를 나누다가 다시 걸음을 재촉했다.

"한국의 새는 노래하지 않는다"지만, 우리 앞에서 종달새가 경쾌하게 지저귀며 하늘로 날아올랐다. 고향에서도 종달새는 창조주에게 아침 노래를 바치곤 했다. 사실, 다른 새의 노래는 거의 듣지 못했다. 한국인은 생각 깊은 자연주의자다. 자연의 신비를 관조하고 경청하면서, 그들은 아마 고유의 노랫가락을 특징짓는 떨림음을 바로 종달새의 울음에서 취했을지도 모른다.

우리는 걸으면서 이런저런 이야기를 나누었다. 학교 이야기가 거듭 나왔다. 해결해야 할 난제가 아직 태산이다. 가령, 셈법이 간단치 않다. 그래서 점진적으로 한문 숫자를 아라

엿장수

비아 숫자로 대체하기 시작했다. 이 문제가 해결되니 또 다른 문제가 발생했다. 실생활에서의 도량형 문제는 극도로 혼란스럽다. 한국에도 고유의 도량형이 있지만, 지역마다 제각각이다. 게다가 중국의 영향으로 일부 품목에는 중국식이 사용되었다. 병합 이후 일본은 (한국 재래의 도량형과는 다른) 개량 도량형을 한국에 도입했다.

발길을 재촉하여 언덕에 이르렀다. 언덕 뒤편 교우촌에서는 우리가 온다는 것을 이미 알고 있었다. 언덕이 시끌벅적해졌다. 알록달록한 차림의 아이들이 선생님을 앞질러 좋아라고 언덕을 뛰어 내려왔다. 선생님과 마을 남자 몇몇이 안드레아 신부가 탈 작은 노새를 몰고 뒤를 따랐다. 나는 걷고 싶었다. 15분 후 우리가 쉬어 갈 마을에 도착했다. 한국 집 방바닥은 기름종이를 발라 엄청 깔끔한 데다가, 관례도 있고 하여, 이장 댁 좁은 방에 들 때는 댓돌 위에서 신부터 벗었다. 방문이 낮아 허리를 숙였다. 자, 이제부터는 한국식으로 간다! 우선 다리부터 어떻게 좀 해야겠는데 의자가 없어서 바닥에 책상다리를 하고 앉았다. 다음 순서는 긴 한국식 파이프[담뱃대]다. 한 남자가 익숙한 손놀림으로 파이프에 담배를 재우더니 화로의 숯불로 불을 당겼다. 재가 불씨를 보듬어 화로는 늘 따뜻했다. 그는 몇 번 빠끔거리며 불씨를 살리더니, 입고 있던 아마포 덧저고리로 물부리를 쓱 닦고는 두 손으로 내밀며 존경을 표했다. 그것은 감사의 표현이기도 했다. 아이들도 뭔가를 받을 때는 항상 두 손으로 받고, 감사의 말을 따로 하지는 않았다. 그 행동에 감사하는 마음이 온전히 담겨 있다. 소반小盤에 간단한 요깃거리가 올라왔다. 30센티미터가 채 안 될 정도로 낮고 소담스런 소반에 접시 너덧 개가 놓여 있었다. 젓가락은 포크와 같은 용도로 쓰여, 그걸로 마른 생선도 집어 먹고, 한국인들이 없으면 죽고 못 산다는 김치[1]도 집어 먹고, 잘게 썬 '깍두기'[2]도 짠 국물에서 건져 먹는다.

---

1 저자는 Kimtschi로 음역하고, "일종의 사우어크라우트(Sauerkraut)"라는 짧은 설명을 달았다. 사우어크라우트는 잘게 썬 양배추를 묽은 소금물에 절여 발효시킨 독일 전통 음식이다.

2 저자는 Gaktäcki로 음역하고, "무의 일종"이라는 짧은 설명을 달았다.

첫 밥상을 받다

이 나라가 차茶로 유명한 중국과 일본 사이에 끼여 있다고, 차를 음료수로 취급한다면 큰 오산이다. 통상적인 식사에서 밥이 불룩하게 담긴 밥그릇 옆에는 따뜻한 물이 담긴 사발이 함께 놓인다. 다른 첨가물 없이 쌀만 끓여 낸 물이라, 우리 입맛에는 맞지 않았다. 한국인들은 밥 먹을 때가 아니면 막걸리를 즐겨 마셨고, 김이 모락모락 나는 찻주전자에는 눈길도 주지 않았다. 음식 맛의 다양성은 인상적이었다. 한국인과 일본 사람은 양념 없이 지은 맨밥을 좋아하지만, 반찬만큼은 매우 다양하다. 한국 반찬은 한결같이 짭쪼롬한 반면, 일본 반찬은 달착지근하다.

한국의 풍습에 따르면, 여자들은 남자들이 있는 곳에 얼씬거리면 안 된다. 내가 젓가락질을 잘못하여 젓가락에서 미끄러진 깍두기가 대접에 퐁당 빠졌을 때, 여자들은 문간방에 모여 앉아 저들끼리 조용히 속닥거렸다.

남은 여정이 있어 떠날 채비를 하니 은근히 좋았다. 어색한 자세로 방바닥에 앉으려니 다리가 어쩔 줄 몰랐고, 젓가락질할 때는 손가락이 꼭 그 모양이었다. 나는 끊임

아이

없이 자세를 고쳐 앉았고, 젓가락이 반찬을 놓쳐 몇 번이고 다시 집어야 했다. 물고기가 펄떡거리며 손아귀를 빠져나가듯 반찬은 젓가락에서 빠져나갔다. 연습 없이 되는 일은 없다. 남은 길은 노새를 탔다. 노새는 흥겹게 걸었고, 히히힝거리며 우리의 도착을 알렸다.

파리 외방전교회 장상長上 공베르 신부[3]가 우리를 반갑게 맞아 주었다. 잠시 휴식을 취한 뒤 우리는 저녁 산책으로 시간을 보냈다.

본당은 도시 끝에 있었다. 본당 뒤편 언덕배기의 향교[4]에 마음이 끌렸으나, 막상 볼 것이 그리 많지는 않았다. 작은 앞마당은 무너진 집채들로 둘러싸여 있었고, 사당은 그 뒤에 있었다. 글씨가 새겨진 현판의 목제 테두리가 독특했다. 가뭄이 들면 목민관이 매달 이곳을 찾아와 기우제를 올리며 풍년을 기원했다 한다. 제사 지내기 여러 날 전부터 그는 마땅히 심신을 정갈히 다스렸다.

공자를 모신 문묘文廟는 이 첫 번째 사당 뒤에 있었다. 건물 긴 쪽에 난 입구가 계곡을 굽어보고, 입구 맞은편에는 공자 상을 모셨다. 검은 탁자 뒤의 작은 '옥좌'[교의交椅]는 나무로 조악하게 만든, 소박한 팔걸이 의자였다. 성인 상이 있을 법한 그 '옥좌' 위에 놓인 것은 검은 글씨가 새겨진 하얀 위패였다. 높이가 50센티미터는 되어 보였다. 보통 때는 위패를 종이곽으로 덮어 둔다. 한 탁자에 디귿 자 모양으로, 결합하지는 않고 그냥 덧대어 놓은 탁자 두 개에는 각각 두 자리씩, 유교의 성현 네 분의 자리가 마련되었는데, 그 자리 역시 종이곽에 덮인 위패가 '차지하고' 있었다.

문묘 한구석에는 투박한 나무그릇들이 한가득 쌓여 있었다. 1년에 두 번 성현들에게 제수祭需 고기를 바칠 때 쓰는 제기祭器들이다. 높이는 30센티미터로, 매우 작은 소

---

3 Gombert, Julien(1877~1950). 한국명 공안세(孔安世). 파리 외방전교회 선교사. 1900년 입국한 뒤 1901년 4월 홍산(현 금사리)본당에 부임하여, 1915년 전시 동원령에 따라 귀국할 때까지 사목했다.

4 안성 향교. 경기도 안성시 명륜동 118. 1532년(중종 27)에 창건되었으며 전학후묘(前學後廟)의 배치 형식을 갖추고 있다. 대성전은 정면 세 칸, 측면 두 칸의 익공계 박공집이며, 명륜당은 정면 다섯 칸, 측면 두 칸의 익공계 합각집이다.

안성 향교

반(다리 길이 1인치, 가로 세로 한 뼘 정도의 받침상) 위에 올려서 쓴다. 이런 소반들도 여기저기 널려 있었다. 제사 지낸 뒤에는 고기가 금방 없어진다. 누구라도 먹었겠지만, 위패의 성현들은 확실히 아니다. 공자의 전 생애를 담은 유교 경전들이 진열되어 있었다.

들보의 색채는 적백의 당초문이 담녹색 바탕과 멋진 조화를 이루었다. 그럼에도 지붕 색이 너무 강해 문묘 전체가 풍기는 어두운 느낌이 밝아지지는 않았다. 문묘는 종교적 장엄주의를 배제하고 오직 유교의 합리적 실용주의만 드러내려는 듯했다.

향교를 나와 아무 데나 무턱대고 어슬렁거리다 보니 산비탈에 작은 사당 두 채가 나란히 서 있었다. 자칫하면 농기구 보관 창고인 줄 착각할 뻔했다. 고을의 어떤 부자가 나쁜 귀신을 쫓아 볼 요량으로 사당 안에 험상궂은 탈바가지 몇 개를 걸어 놓았다.

날이 저물어 집으로 돌아왔다. 오는 길에 잠시라도 신자 가정에 들러 보고 싶었다. 주인은 우리를 사랑방으로 안내했다. 양쪽 곁채 사이의 넓은 마루는 돗자리 짜는 공방으로 쓰인다. 돗자리 짜는 기계는 길게 늘어진 정방형 윗가지 발판에 주먹만 한 돌이 많이 달려 있었다. 돌은 타래를 팽팽하게 당겨 주는 구실을 한다. 갓장이가 머리카

돗자리 짜는 기계[자리틀]

락처럼 가는 댓개비로 정교하고 부드러운 패랭이를 짜는 데 쓰는 것과 같은 기계다.

다시 담뱃대가 등장했다. 주인은 담뱃잎 다발에서 잎 하나를 뜯어 잎맥을 벗긴 다음 능숙하게 말았다. 담뱃잎은 윗부분만 뾰족하게 남기고 대통 안으로 쏙 들어갈 만큼 잘 말렸다. 담배의 쓴맛을 없애지 않고 독하게 피우는 것이 한국인의 끽연 방식이다. 우리는 점차 여기에 익숙해질 수밖에 없었다. 손님과 친해지고 싶을 때 한국인들은 제일 먼저 담배부터 권한다. 담배를 차마 거절할 수 없는 또 다른 이유가 있었다. 우리는 일본 사람과도 자주 어울렸는데, 그들은 윗사람 앞에서 끽연을 삼가는 한국의 관습 따위는 아랑곳하지 않았다. 하여, 주저 없이 궐련에 불을 붙이거나, 작은 파이프[곰방대]에 담뱃잎을 완두콩만 한 크기로 말아 넣는다. 이 콩알 담배는 세 모금만 빨면 끝이다. 그러면 파이프를 두드려 재를 털어 내고 다시 두 번째 콩알 담배를 말아 넣은 다음, 바닥에서 사위어 가는 첫 담배의 불씨로 새 담뱃불을 붙인다. 담뱃잎을 마는 손가락과 쉴 새 없이 굽히는 허리가 뻐근해질 때까지 연신 줄담배를 피워 대는 것이다. 한국인에게 유럽인이 비흡연자로 비치는 것은 바람직하지 않다. 그러면 한국인들은,

유럽인도 일본인을 섬겨야 할 주인으로 인정한다고 여길 것이다.

프랑스 신부들은 더욱 맛 좋은 담배를 생산하고자 노력했다. 프랑스에서 가져온 품종이 훌륭한 수확을 거두었다. 첫해 담배는 품질이 좋았고, 이듬해도 그런대로 괜찮았으며, 3년째는 이미 한국 담배로 탈바꿈했다.

도시와 시골

4월 18일

밀집된 초가집 무리를 '시내'라 불러도 된다면, 우리의 아침 산책은 '시내' 구경이었다. 언덕에서 온 시내가 내려다보였다. 초가지붕들이 두꺼비처럼 다닥다닥 붙어 있었다. 이 복잡한 곳에 불이라도 나면 어쩌나, 생각만 해도 오싹했지만, 지붕을 인 볏짚은 잘 타지도 않거니와 돌과 진흙으로 벽을 쌓았기 때문에 큰 탈은 없을 것이다.

능선을 타고 도시를 반원형으로 둘러보았다. 내려오니 보행자 전용의 소로가 시내 쪽으로 나 있었다. 키 작은 실측백나무와 굽은 소나무 가지가 그늘을 드리운 그 길가에 비석(Pisok)들이 늘어서서, 마치 로마 야니쿨룸 언덕Monte Janiculo에 있는 가리발디[5] 추종자들의 흉상을 방불케 했다. 이들은 이탈리아 국민들에게 자유의 존귀함을 전해주었다 한다.

이 비석들은 고관대작들에 대한 기억을 일깨운다. 여기, 세도가들은 저마다 송덕비頌德碑를 세우고 자화자찬의 글을 남겼다. 그들도 한때는 도성의 고관이었다. 그러나 송덕비를 세워 자신의 영예를 길이 전하는 일이, 임금이 계신 도성에서는 감히 허용

---

5 Garibaldi, Giuseppe(1807~1882). 이탈리아의 장군이자 정치가로 이탈리아 통일의 삼대 영웅 가운데 한 사람. 공화파의 혁명 운동에 적극 가담했고, 이탈리아 통일 전쟁에서는 '붉은 셔츠대'를 조직하여 시칠리아 섬을 치는 등 크게 활약했다.

비석거리

고려 시대 석불 입상

되지 않았다. 그들은 낙향하여 조세 수입을 올리는 데 몰두했다. 정확히 말하면, 엄청난 돈을 벌었다. 관직에서 물러나는 최후의 순간까지 그들은 민초들을 쥐어짜 전임자들 옆자리에 자신의 송덕비도 세웠다. 지방 수령守令들이 넉넉한 대가를 지불하면 백성들도 기꺼이 했다. 신임 관리들도 이러한 관행을 답습했다. 목민관이 성심껏 복무하여 존경을 받고, 부정부패로 민심을 동요시키는 탐관오리가 참수되거나 귀양 가고, 임금이 친히 암행어사를 파견하여 시정을 살피고 향리들을 감시하던 시절도 물론 있었다. 그때가 조선의 전성기였다.

우리는 이 '승리의 길'(Via triumphalis)을 따라가지 않았다. 거대한 석상 두 개가 빈 들에서 손짓하며 눈길을 끌었다. 비구와 비구니였다.6▶ 해부학적 구조를 무시하고 화강암을 투박하게 깎아 세운 이 상들은, 꿈꾸듯 조용히 강물만 응시하고 있었다. 강변을

송덕비

따라 몇천 미터를 더 걸어서 시내로 돌아왔다.

첫째 집은 뾰족한 초가지붕의 통방앗간이었다. 통방아는 흐르는 물로 작동된다. 물은 거품을 일으키며 나무 함지에 떨어지고, 떨어진 물은 개울로 흘러갔다. 오리나무와 버드나무가 급한 물살을 보며 좋아했다. 물살은 겁먹은 듯 허둥지둥 골짜기 쪽으로 달아났다. 통방아의 기계적 구조를 자세히 보지 못해 아쉽다. 언젠가 면밀히 관찰할 기회가 있겠지. 지금은 이 아름다운 전원 풍경이나 마음에 담아 가면 그로 족하다.

인근에 주물 공방이 있었다. 여기서는 주로 한국식 쟁기와 밥 짓는 가마솥을 만든다. 빈 터에 점토 거푸집을 길게 늘어놓고 조심스레 짚을 덮어 비를 막았다. 일꾼 하나가 주조된 쟁기 더미 앞에 앉아 거친 주조 면을 돌로 매끈하게 다듬고 있었다. 익숙하지만 꼼꼼하지는 않은 손놀림이었다. 그 옆에 있는 지름 약 1.5미터의 주조용 화덕

◀6 현재 경기도 안성시 아양동에 있는 아양동 보살 입상(향토 유적 10호)과 석불 입상(향토 유적 15호)을 가리킨다.

통방앗간

에는 석탄 사이로 철이 섞여 있었다. 화덕은 4미터 높이의 흙벽에 기댄 채 밖으로 약간 돌출되었다. 흙벽 뒤의 풀무는 구조가 매우 간단하여 일꾼이 발로 밟아 돌린다. 흙벽까지 6미터 길이로 정교하게 홈을 파고 벽으로 가운데를 나눈 다음, 이 벽을 축으로 널빤지를 올려놓았다. 널빤지는 홈과 수평을 이루도록 단단히 고정시키되, 벽을 축으로 흔들리게 설치했다. 일꾼 둘이서 천장에 매달린 밧줄을 잡고 널빤지를 교대로 밟으면, 한쪽의 바람이 흙벽 구멍을 통해 화덕으로 주입되는 것이다. 이따금 화덕에서 불길이 솟구쳤다.

담뱃대 공방을 잠깐 둘러보고 오전 일정을 마무리했다. 제품은 주로 양은과 비슷한 백철 합금으로만 만든다. 물부리도 백철이다. 담뱃대 장인 조합은 조직이 탄탄했지만, 그들은 늘 소규모 공방을 운영했다. 장인과 기능공들은 채광이 적당한 방바닥에 앉아, 작은 석탄 화로에 가열한 백철 조각을 모루 위에서 두드려 긴 물부리를 만들거나, 독일의 함석장이처럼 통나무 함지에서 골무 모양의 대통을 다듬었다. 마지막으

미리내성당 앞의 강 신부

로 땜질하고 윤을 내어 깔끔하게 마무리 했다. 더러는 물결무늬 장식을 새겨 넣었고, 상등품은 은세공 장인에게 넘겨 은박을 입히거나 은은하게 법랑 가공을 하기도 했다.

점심을 먹은 후 안드레아 신부와 나는 노새에 올랐다. 노새는 잰걸음을 칠 때도 조심성을 잃지 않아 든든했다. 우리는 미리내[7]로 간다. ('미'는 아름다움, '리'는 마을, '내'는 강이니, 미리내는 '아름다운 강 마을'이다.) 좁은 논두렁을 길 삼아 한참이나 걸었다. 거름 진 황소를 만나면, 황소가 논으로 기어 내려가야 겨우 비껴 갈 수 있었다.

우리가 가는 방향으로, 북쪽은 아련한 산맥이다. 산기슭에 닿으니 얼추 5시였다. 노새가 민첩하게 산길을 탔다. 일단 협곡 몇 개를 가로질러 제법 긴 산곡으로 접어드니 분위기는 거의 알프스였다. 다시 산굽이를 몇 번 돌았을 때, 아련히 먼 곳 어두운 산 그림자 속에서 파란 점 하나가 빛났다. 미리내성당이었다.

햇빛은 진작에 사라졌으나 해는 아직 하늘에 걸려 있었다. 동쪽 산등성이는 붉고

7 김대건(金大建, 안드레아) 신부의 묘소가 있던 곳이다. 천주교가 이 지역에 전파된 시기는 분명하지 않으나 1846년에 순교한 김대건 신부의 유해를 이곳 신자 이민식(李敏植)이 옮겨 와 안장한 것으로 보아, 그 이전이었을 것으로 추정된다. 김 신부의 유해는 1901년 용산 신학교로 옮겨지고 현재는 빈 무덤만 남아 있다. 미리내에 공소가 개설된 것은 1883년이었다. 1887년 갓등이에 본당이 설립되면서 갓등이본당 공소로 있다가, 1896년 본당으로 승격되었다. 현 주소는 경기도 안성시 양성면 미산리다.

장엄한 금빛으로 물들었는데, 우리는 서쪽의 연보라색 그늘 속으로 들어가고 있었다. 날이 저물어 담배 밭이 식별되지 않았다. 근자에 개간한 담배 밭은 산 그림자 속에 숨어 있었다. 6시 반이었다. 친절한 한국인 강 신부[8]가 우리를 좁은 사제관으로 안내했다. 강 신부는 미리내 신자 150명 말고도, 인근 지역 신자 2,400명을 사목하고 있었다. 한국의 사제들은 누구나, 프랑스 선교사들에게 겸손하고 충직하여 좋은 인상을 심어 주었거니와, 이 점에서 강 신부는 방인 사제들을 훨씬 능가했다. 그는 제대로 교육받았고, 실로 엄청난 과업들을 온전히 감당해 냈다.

강 신부

나와 동행한 안드레아 신부는 어떻게든 더 많은 한자를 익히려는 '성벽'性癖을 가누지 못했다. 한자의 뜻이야 간단한 알파벳 자모 몇 개만으로도 충분히 전달된다. 그래서 한자 공부 자체를 위한 한자 공부는 내게 시간과 에너지 낭비로 여겨졌다. 그럼에도 그는 이런 열정을 내게도 심어 주려고 애썼다. 사람 좋은 강 신부도 저녁 식사 자리에서 안드레아 신부에게 자기가 아는 것을 다 털어 내놓아야 했다.

---

8 강도영(姜道永, 1863~1929). 서울 교구 신부. 세례명 마르코. 1883년 말레이시아의 페낭 신학교로 유학하였다가 1892년 귀국, 용산 예수성심신학교에서 학업을 마친 뒤 1896년 사제 서품을 받았다. 그 해 미리내 본당 초대 주임신부로 부임하여 34년 동안 그곳에서 사목했다. 김대건 신부와 페레올 주교가 묻혀 있는 산을 기증받아 교회 묘지를 조성하고 김대건 신부 기념 경당을 설립하는 한편, 양잠과 농업기술을 가르치는 등 헌신적으로 활동하다가 1929년 67세로 선종, 미리내에 안장되었다.

꽃과 색깔

4월 19일

학생들이 인사하러 왔다. 그들은 질서 정연하게 체조를 시연했다. 나막신을 신고 행진하는 모습이 우스꽝스러웠다. "위치로!"라는 명령이 떨어졌다. 지휘자가 흥분하여 짚신 한 짝을 잃어버렸지만 당당하게 맨발로 행진을 계속했다. 학생들은 구령에 따라 경례를 했다. 행사 덕분에 수업이 없어서 다들 몹시 즐거워했다.

몇몇이 우리와 함께 산을 올랐다. 우선 산기슭에서 페레올 주교[9]와 김대건 안드레아 신부의 빈 무덤을 찾아보았다. 신자들은 두 분 증거자의 주검을 서울에서 이곳 외딴 골짜기에 숨겼다. 한국의 첫 사제 김대건 신부의 주검은 용산 신학교 성당으로 이장되었다. 지금은 이 순교 사제의 시복식이 준비되고 있다. 김대건 신부를 사랑하는 신자들은 아직도 그의 빈 무덤을 기억한다. 페레올 주교의 소박한 무덤은 옛 모습 그대로 마을을 굽어보고 있었다.

산비탈을 더 올라갔다. 눈앞의 둥근 봉우리가 시들어 가는 진달래꽃으로 마지막 불꽃을 태웠다. 태양의 고도가 높아질수록 꽃의 화려함은 빛을 잃었다. 가지에 붙은 꽃은 희게 바래고 잎이 돋기 시작했다. 산 위의 태양은 이미 옅어진 노란 꽃들도 완전한 흰색으로 표백시켰다.

지금까지 한국인들은 무명과 비단을 오직 식물성 염료만으로 아름답고 청명하게 물들여 왔다. 동행한 강 신부와 소년들은 염료로 쓰이는 식물들을 잘 알고 있었다. 식물학자라면 이러한 식물들을 기억에서 사라지기 전에 분류해 두는 것이 좋을 것이다. 구하기 쉬운 광물성 염료가 식물성 염료를 점차 대체하는 추세지만, 그것이 한국 옷

---

9 Ferréol, Jean Joseph Jean Baptiste(1808~1853). 한국 성 고(高). 파리 외방전교회 선교사. 제3대 조선 교구장 주교. 김대건 신부의 인도로 다블뤼(Daveluy, 安敦伊) 신부와 함께 1845년 입국했다. 입국 이래 8년 동안 침체된 한국 교회를 소생시키기 위해 헌신하다가 1853년 2월 3일 45세의 나이로 선종했다.

의 고운 빛깔을 제대로 살릴 리가 만무하다.

나는 많은 식물과 그 색깔들을 기록했다. 소년들은 잽싸게 관목 덤불을 헤집고 화본과禾本科 식물을 찾아 보여 주며 활용도를 설명해 주었다. 이 모든 것이 백성의 공유 재산이었다. 굵은 뿌리에서 붉은 즙이 나오는 희귀 식물도 있었다. 이것은 초록 저고리의 옷고름을 다홍으로 물들일 때만 쓴다. 안드레아 신부는 바로 이 식물의 뿌리에서 얻은 물감으로 이 식물을 그렸다. 진짜배기 색깔을 내고 싶어서였다.

광물성 염료가 시장에서 싼값에 거래되고 염직물이 공장에서 대량 생산됨에 따라, 유감스럽게도 한국 고유의 정서와 지혜의 한 부분이 사라졌을뿐더러 민족의 예술혼이 영락의 길을 걷게 되었다. 한국인들은 하나의 색깔도 염료에서 우연히 얻는 법이 없었고, 운이 좋아 아무 색깔이나 닥치는 대로 얻는 것은 더더욱 아니었다. 색상은 섬세한 예술적 감각으로 선별되고 분류되었다. 일반적으로 서너 종류의 색감에서 골라낸 색깔을 조색調色할 때 가장 고운 색상을 연출했다. 그때 조색이 조금이라도 어긋나면 부조화는 더 빨리 눈에 띄었다.

한국인의 삶에서 색채의 세계는 뚜렷한 변화를 겪는다. 자연의 현란한 붓놀림 덕분이라고들 한다. 봄이면 자연은 온갖 상상력을 총동원하여 색색의 꽃들을 화려하고도 어지럽게 그려 놓고, 여름이면 결실의 계절을 예비하며 만개한 꽃들이 작열하다가 점점 차분한 색조로 조화를 이룬다. 가을에도 많은 색깔이 불꽃을 발산하지만, 만발한 꽃들은 천천히 시들어 간다. 온 세상이 하얗게 눈으로 덮이는 겨울이면, 삭풍은 마지막 잎새마저 떨어뜨린다.

한국의 옷도 이와 다르지 않다. 아이들 옷은 풍요롭고 정열적인 봄꽃의 다채로움으로 빛난다. 아이가 어릴수록 색상이 풍부하다. 저고리 소매는 알록달록한 색동 줄무늬로 꾸민다. 아이가 자라면 옷 색깔도 옅어지고 문양도 단순해지지만, 색의 풍요에 대한 열망은 자라면서 더 커지는 것 같다. 색을 쓰는 면이 갈수록 넓어지고, 기왕이면 색을 맞추어 입으려는 것을 보니 그러하다. 사내아이들은 오랫동안 헐렁한 흰바지에

사내아이

색동저고리를 입고, 그 위로 머리카락을 땋아 내렸다. 여자아이들의 경우는 색의 유희가 귀여웠다. 대개 저고리와 치마는 묘한 보색 대비를 이루었고, 긴 옷고름은 제3의 색깔로 달아서 굉장히 유쾌했다. 더러는 소맷부리를 제4의 색깔로 꾸미기도 했다[끝동]. 옷고름과 소맷부리의 절제된 색상이 치마저고리의 맑은 원색 사이에서 살짝 악센트를 입힌다.

청소년기에 접어들면 이 봄빛 같은 색깔들이 사라진다. 혼인 적령기의 처녀는 되도록 바깥출입을 삼갔고, 나들이할 때는 두껍고 하얀 쓰개치마로 얼굴뿐 아니라 덧없는 청춘의 화사한 색깔까지 가려야 했다. 그들은 혼례 날에나 고혹적인 아름다움을 뽐낼 수 있었다. 이날 새색시는 길고 화려한 혼례복을 입고 어릴 적 동무들과 유년의 찬란한 색채에 둘러싸인다. 한국의 뙤약볕에 빛 바랜 듯, 그날 이후 남녀는 흰옷만 입는다. 여인들은 빨강, 초록, 파랑의 귀여운 무늬가 있는 하얀 신을 유년의 추억으로 평생 간직한다. 도성과 남도에서는 공공장소에서 주름잡힌 초록 쓰개치마를 쓴다. 남자들도 색깔이 주는 기쁨을 버릴 수 없었는지 잔칫날이면 긴 두루마기를 입었다. 두루마기는 엷은 담녹색이나 푸른색 톤으로 눈부신 흰색을 덮었으며, 소맷부리는 대개 적색·초록색·암청색 등으로 매우 강렬한 색조를 띠었다. 삶이 아무리 심각한들, 오색찬란한 자연에 대한 애정을 어찌 억누를 수 있으랴.

나는 밝은 색을 좋아하는 한국인의 심성에 대해 생각해 보았다. 음울한 천에 무늬를 넣은 띠[오비]로 매무새를 다잡은 일본 옷과 비교하면 알 것도 같았다. 일본인이나 한국인이나 자연을 좋아하기는 매한가지다. 봄이면 일본 사람은 온 가족이 자연 속에서 휴일을 즐긴다. 귀갓길에 아버지는 새잎 돋는 관목 다발을, 어머니와 아이들은 꽃과 버들개지를 한 아름 안고 온다. 여름이면 숲에서 가지를 수없이 꺾어 집으로 가지고 온다. 그들은 이 모든 것을 병에 꽂아 두고 소유를 즐긴다. 가을이면 마른 꽃잎까지 방에다 보관하려 든다. 일본 사람은 자연의 아름다움보다는 그것을 소유하는 데에 더 큰 매력을 느낀다. 그들은 물질주의자다. 아름다운 것은 소유하고 싶어 한다. 이런 성향 때문에 일본 사람은 알프스의 절반을, 호수와 다리까지, 자기 정원에 갖다 놓는 재주를 부린다. 이 알프스는 그들의 작은 거실보다 작다. 그들은 자연을 베껴서라도 소유하고 싶어 한다. 좁은 집에서 자연 상태로 키울 수 없다면, 나무도 가차없이 기형으로 만들어 버린다.[10] 이 무차별적 소유욕은 국력의 팽창에서도 여지없이 표출된다.

이런 성향은 예술적 감각에도 영향을 끼쳤다. 일본 사람은 숲과 들판에서 가지고 온 것을 눈앞에 두고 모사했다. 직조 작업에서도 가장 탁월한 성취는 화초의 모사다. 그들은 세밀細密에 심취했으며, 꽃과 잎이 시들어 떨어지기 전에 가을의 단풍과 색색의 꽃떨기 문양을 부인과 아이들의 옷에 새겨 길이 보전했다. 그래서 걸어 다니는 분재나 어색하게 엮인 꽃다발처럼 줄줄이 종종걸음을 치는 것이다.

한국인은 *꿈꾸는* 사람이다. 그들은 자연을 *꿈꾸듯* 응시하며 몇 시간이고 홀로 앉아 있을 수 있다. 산마루에 진달래꽃 불타는 봄이면, 그들은 지칠 줄 모르고 진달래꽃을 응시할 줄 안다. 잘 자란 어린 모가, 연둣빛 고운 비단천을 펼친 듯 물 위로 고개를 살랑인다. 색이 나날이 짙어졌다. 한국인은 먼산 엷은 푸른빛에 눈길을 멈추고 차마 딴 데로 돌리지 못한다. 그들이 길가에 핀 꽃을 주시하면 꽃과 하나가 된다. 한국인은 이 모든 것 앞에서 다만 고요할 뿐이다. 그들은 꽃을 꺾지 않는다. 차라리 내일 다시 자연에 들어 그 모든 것을 보고 또 볼지언정, 나뭇가지 꺾어 어두운 방안에 꽂아 두는 법이 없다. 그들이 마음 깊이 담아 집으로 가져오는 것은 자연에서 추상해 낸 순수하고 청명한 색깔이다. 그들은 자연을 관찰하여 얻은 색상을 그대로 활용한다. 무늬를 그려 넣지 않고, 자연의 색감을 그대로 살린 옷을 아이들에게 입힌다. 하여, 이 소박한 색조의 민무늬 옷들은 더할 나위 없이 편안하고 원숙하고 예술적이다.

---

10 분재(盆栽)를 뜻한다.

공산품이 이 백성의 예술 혼을 질식시키고 있으니 통탄할 일이다. 기어이 그리되고 말 것이다. 아름다운 한국의 색은 수년 내 사라질 것이다. 광물성 염료로 물들인 옷들이 벌써 많이 눈에 띈다. 내 눈은 이 백성의 예술감을 읽어 내는 데 어느 정도 익숙해졌으므로, 딱 보면 참된 옛것과 새것을 능히 분별한다.

소년들은 다른 기술도 전수해 주었다. 가령, 구척狗脊나무(Kutschok namu)라는 식물의 수액을 물에 풀어 물고기를 마취시키면 쉽게 잡을 수 있다고 했다. 무두질에 쓰이는 나무껍질과 종이 만드는 데 쓰이는 식물의 섬유질에 대해서도 잘 알고 있었다.

산마루를 향해 가파른 비탈길을 조심스레 올랐다. 길은 끝났고, 우리는 키 작고 잎이 큰 떡갈나무와 소나무가 우거진 숲을 헤치고 꼭대기까지 올라가야 했다. 겨울을 견디느라 진이 빠진 종우種牛가 잣나무 밑에서 꽃샘바람을 피할 곳을 처량하게 찾고 있었다. 걷다 쉬기를 몇 차례 거듭하면서 마침내 산마루에 닿았다. 발아래 골짜기 두 개가 입을 벌리고 있었다. 산마루가 골짜기를 둘로 나누었다. 두 골짜기의 풍광은 판이했다. 왼쪽으로는 성난 태풍이 부는 듯 노란 모래 언덕이 어지럽게 물결쳤다. 반대쪽은 만사가 평안했다. 여기서 비탈진 눈잣나무 숲을 지나면 담배 밭이 꼭대기까지 이어져 온 산을 갈보랏빛으로 물들였다.

소년들은 우리를 앞질러 거침없이 골짜기로 내리 달렸다. 신나게 서로를 부르는 소리는 맞은편 산허리를 때리고 긴 메아리로 돌아왔다. 그들이 보여 주는 기꺼운 신뢰가 바로 한국인의 보편적 특성이다. 이 나라 한국 백성의 근본 정서는 바로 생기 넘치는 기쁨이다.

어두워지기 전에 안성으로 돌아가야 했으므로 점심을 먹고 소년들과 헤어졌다. 하늘이 잔뜩 찌푸렸으나 바람이 매서우니 먹구름은 곧 걷힐 것이다. 안장에 앉은 지 반 시간도 채 안 되어 빗방울이 떨어지기 시작했다. 다시 반 시간쯤 후에는 굵은 진눈깨비가 매서운 서풍에 실려 얼굴을 후려쳤다. 노새가 더 가지 않으려 버티지만, 어째도 가야 한다. 몸을 가눌 집도 나무도 없는데 노새는 멀쩡했다. 노새는 이런 재난에 익숙

미리내 소년들

했다. 기껏 바람막이 벽 하나 둘러친 외양간이나, 심지어 한데서도 엄동설한을 난다. 주인은 얼어 죽지 말라고 짚으로 노새의 몸을 감싸고 새끼로 묶어 둔다. 그러나 영하 20도를 상회하는 한파에다 주림까지 엄습하면, 노새는 제 몸을 감싼 짚덮개도 뜯어 먹어 버린다. 노새는 그렇게 점점 여위어 간다.

나는 더 버틸 기력이 없었다. 그렇다고 돌아갈 수도 없는 노릇이었다. 어제 미리내로 출발할 때 장구裝具를 제대로 챙기지 못한 것이 화근이었다. 등자는 너무 짧고 발판은 너무 좁았다. 무릎이 바짝 올라오도록 구부려야 겨우 앉을 수 있었고, 등자에는 발끝도 걸치기 힘들었다. 등자를 더 늘일 수 없음을 확인하고도 어제는 아쉬운 대로 참고 탔는데, 오늘은! 흠뻑 젖은 신이 등자에서 번갈아 미끄러져 등자는 채 젖을 겨를도 없었다. 이제 허벅지를 조일 힘도 없다. 눈비에 젖은 무릎이 등자에 짓눌려 심하게 화끈거리기 시작했다. 양쪽 슬개골이 냉기 때문에 바늘로 찌르는 것처럼 아팠다. 한 시간 동안이나 동통疼痛을 참았다. 멀리 앞서 간 안드레아 신부가 이런 사정을 알 리 없었다. 그래서 도와주지 못했다. 이제 더는 안 되겠다. 나는 이를 악물고 노새에서 뛰어내렸다. 등자가 노새를 때리지 않도록 열십자 모양으로 목에다 묶었다. 내가 앞장 설까 했는데 한 발짝도 떨어지지 않았다. 다만 고통을 참아 받을 뿐이다. 갈 길이 멀다. 다리를 늘어뜨리고라도 가야겠다 싶어 다시 안장에 올랐다. 30분을 달려 성곽에 이르자 비가 그치고 바람이 불었다. 그래도 인심 좋은 공베르 신부의 옷을 걸치고 습기를 면했다. 그는 우리가 이런 여행을 끝내고 몸을 추스를 수 있도록 만반의 준비를 해 두고 있었다.

고요한 도량道場

4월 20일

거센 비바람이 밤새 창문을 두들겼다. 창가로 다가갔다. 벌써 동이 텄다. 창밖 초가지붕에 눈이 쌓였다. 멀리 눈 덮인 산들이 여명을 뚫고 희미하게 빛났다. 그러나 햇살에 더워진 바람이 금방 눈을 날려 버렸다. 먼 산꼭대기에는 한국 특유의 운무雲霧가 자욱했다. 일종의 안개다. 한국에서는 이런 현상을 '바람꽃' 혹은 '풍꽃'[11]이라 부른다.

무릎 통증이 완전히 가라앉지는 않았으나 그런대로 걸을 만했다. 화창한 날씨가 아까워 다시 산행에 나서기로 했다. 점심때쯤 출발했다. 공베르 신부도 따라나섰다. 평지를 지나 바람에 몸을 맡기니 어느덧 산이었다.

마주 흐르는 냇물이 통방아 몇 개를 돌리고 있었다. 흥미롭게도, 구조는 매우 간단했지만 얼마나 정교하게 설치해 놓았던지 수리물리학적 문제를 놀라운 방식으로 해결한다. 이들 통방아는 선대 한국 문명의 증거물이다.

5미터쯤 되는 나무 들보를 가지고 간단한 지레를 만들었다. 두 나무 줄기의 깊은

11 큰 바람이 일어나려고 할 때 먼 산에 구름같이 끼는 뽀얀 기운. 저자는 Paramgod 혹은 Pumgod으로 음역했다.

홈에 목재 회전축을 고정시키지 않고 얹어 두었다. 짧은 지레 자루에는 4분의 1입방미터의 물을 담을 만한 나무 함지를 달고 긴 지레 자루에는 나무 방앗공이를 아래로 끼웠다. 돌 방아확 속에 든 쌀을 그 방앗공이가 내리찧는 것이다. 이 장치는 정확하고 노련하게 작동하여, 물꼬를 통해 함지에 흘러든 물은 방앗공이를 4미터까지 충분히 들어올릴뿐더러, 가라앉으면서 물을 싹 비워 낸 함지가 다시 위로 올라가면 방앗공이는 제 무게 때문에 다시 방아확 속으로 떨어진다. 지레 장치가 일단 움직이면, 느리긴 해도 중단 없이 스스로 작동을 계속한다.

한 시간 후 넓은 골짜기를 지나 동쪽으로 우회전하여 좁은 횡곡橫谷으로 들어섰다. 계곡 입구에 초가집 몇 채가 보였다. 어느 집 앞에서 새끼장이가 긴 새끼줄을 꼬고 있었다. 로마로 가는 비아 사비나Via Sabina 국도에서 늙은 밧줄공이 스토아적 평정으로 매일 묵묵히 바퀴를 돌렸다는데, 이곳 새끼장이는 새끼줄 한쪽 끝을 깔고 앉아 고정시키고 한 팔 길이의 볏짚을 빙빙 돌려 가며 새끼를 꼰다.

사금을 찾는다고 강을 온통 파헤쳐 놓았다. 수집된 금광석을 분쇄하기 위해 최신형 상사식上射式 수차水車가 강변에 설치되었다. 이 수리 시설이 견고한 나무 기둥 사이에 세워진 인근 돌탑보다 더 효과적이지 않을까? 저 돌탑은 일종의 방파제 역할을 하여, 광포한 홍수의 격랑을 재우고 과감히 성난 물길을 돌려 저 아래 논밭을 지켜 낸다. 금 채굴은 탐욕에 눈먼 한탕주의자들의 백일몽으로 끝나기 십상이다. 금이 아예 없거나, 있어도 매장량이 미미하면 그들은 눈치 봐서 적당한 때 발 빼 버리고, 인부들만 빈털터리가 되어 폐광 앞에 넋 놓고 서 있었다.

계곡이 점점 좁아졌다. 급류가 부서진 바위 사이를 사납게 헤집었다. 바위 조각들이 물의 흐름을 어지럽혔다. 돌무더기 뒤로 한 뼘 땅이라도 있으면 싱싱한 보리가 푸른 싹을 틔웠고, 메마른 밭뙈기에 담배 농사를 지었다. 담배는 아늑한 요람에서 보호받듯 전나무 푸른 가지를 지붕 삼아 어린 시절을 보낸다.

굵어진 돌덩이들이 세찬 여울에 밀렸다. 계곡이 휘돌아 솟은 곳에 사찰이 숨어 있

단청으로 꾸민 법당 들보

었다. 건너편 들쭉날쭉한 바위들은 성채처럼 견고하게 풍상을 견뎌 냈다. 평평한 바위들이 층층이 쌓여 원초의 자연 계단을 만들어 주었다. 사찰은 비어 있었고 퇴락했다. 풍우에 반쯤 썩은 서까래와 기둥들이 한때 절 마당이었을 곳에 대충 쌓여 있었다. 아마 집 짓는 데 쓰려고 따로 모아 둔 것일 게다. 제법 멀쩡한 서까래들도 있었는데, 그중 입에 구슬[여의주]을 문 뿔 달린 물고기[용]는 지붕 끝에 매달린 서까래 장식이다. 한 아이가 그 잔해 속을 배회하고 있었다. 보아하니 동자승도 아니고 목수집 아이도 아니다. 못이나, 다른 철물들을 주우러 왔을 뿐이다. 말하자면 온 경내가 약탈에 노출된 셈이었다. 우리도 즉시 거기 가담했다. 우리의 '약탈'은 사찰을 통째로 카메라에 담는 것이었다. 이런 행운은 오래가지 않을 것이다. 뒷문을 통해 입구를 발견했고 안에 들어가서야 넓은 법당 문을 열 수 있었다.

불단 보개寶蓋는 정말 우아했다. 붉은 사각형 나무토막들을 절묘하게 짜 맞춘 것이었다. 나무토막들은 딱딱 아귀를 맞추어 뒤섞이고 겹치며 주사위 문양의 입체적 띠 장식을 둘러쳤고, 아래로 내려오면서 마치 붉은 소금에서 결정화된 석순石筍이 매달린 듯 독특한 느낌의 형태를 띠며 사라진다. 절제된 금장식이 이 흥미로운 문양에 신비를 더한다. 보개는 금동좌불상과 좌우의 두 보살 입상[12]에 그늘을 드리운다.

불단 정면의 탱화는 많은 반신상으로 장식되었다. 불단 한쪽 옆에는 높이 1미터 남짓한 작은 목탑 하나가 서 있다. 탑 하단부의 작은 호랑이는 회전시킬 수 있도록 조

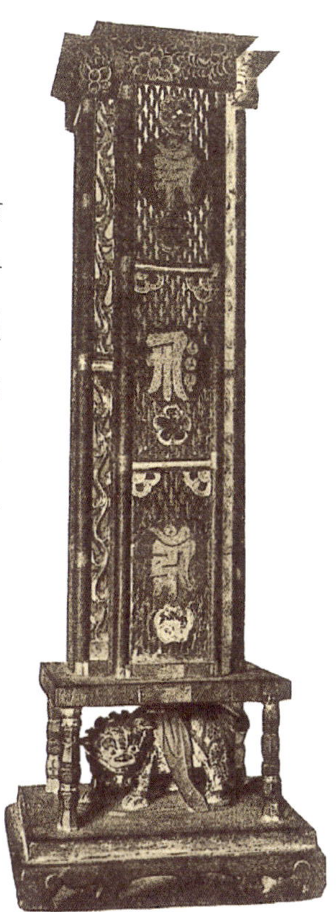
호랑이 목탑 ②

12 부처를 좌우에서 모시는 두 보살을 협사(夾士)라고 한다. 아미타불을 모시는 관세음보살과 대세지보살, 석가모니불을 모시는 문수보살과 보현보살 등을 일컫는다.

각되었다. 다른 쪽 옆에는 동그스름한 봉납 현판이 보인다. 더러는 종이에, 더러는 펄럭이는 깃발에, 각종 재미있는 그림들을 그려 벽에 걸어 두었다. 호랑이와 함께 있는 노인 그림도 그중 하나다. 이 노인이 바로 산신이다. 법당 내부는 보존 상태가 비교적 양호하나, 결국 이전되어야 할 것 같다. 절이 없어지면, 잔존 공양물들은 어차피 인근 사찰의 스님들이 차지하게 될 것이다.

숨 가쁘게 산을 올랐다. '바람꽃'은 사라졌다. 산허리에 햇살이 포근하다. 보랏빛 제비꽃이 오솔길에 숨었다. 그러나 '한국의 꽃은 향기가 없다'. 어떤 제비꽃은 소박하게도 한국의 백의를 입고 있다. 그 꽃을 꺾자, 꽃은 고향 제비꽃의 달콤한 향기로 화답했다. 노란 꽃받침 깊은 데서 나와 꽃잎을 반쯤 가로지르는 보랏빛 부드러운 줄무

범종梵鐘

늬와 흰꽃 말고도, 이 극동의 제비꽃은 녹색의 잎사귀 장식의 형태가 특이하다. 극동의 제비꽃에는 유럽의 제비꽃이 머리를 숨기는 녹색 외투 깃이 없다. 이곳 흰젓제비꽃의 잎은 파슬리나 미나리아재비를 빼닮았다. 따스한 5월의 햇살이 은방울꽃을 잠깨울 때면, 여기서도 꽃덤불이 달고 부드러운 5월의 향기를 내뿜어 거짓말을 일삼는 풍문의 여신 파마Fama를 벌할 것이다. 고향에서는 작고 하얀 종[은방울꽃]들이 침엽수림의 밤그늘 속에 숨어 앉아 내밀히 울리곤 했다.

자갈투성이 담배 밭을 가로질러 산을 기어올랐다. 고향의 포도 덩굴을 쏙 빼닮아 그리 해로워 보이지도 않는 덩굴이 못된 가시로 무장하고 갈 길을 방해했다. 마침내 정상이다. 고도계가 해발 500미터를 가리켰다. 사방을 둘러보니 산마루가 연이어 요란스레 물결치고 있었다. 어떤 봉우리들은 우리가 서 있는 이 산꼭대기보다 높았다. 산과 비탈이 겹치고 사라지는 전형적인 한국의 산세다.

힘들게 기어오른 만큼, 계곡까지의 하산 길도 길고 더뎠다. 해발 300미터쯤에 이르러 넓은 담녹색 야생 대숲을 빠져나오니 나그네의 시선을 피하려는 듯 숲 속 공터에 불교 사찰이 숨어 있었다. 이곳 대나무들은 1미터가 채 되지 않았다. 사찰 주위의 대숲은 스님들이 잘 가꾼 덕인지 제법 잘 보존되어 땔감으로 쓰이기도 한다. 스님들이 사찰의 자랑거리들을 보여 주었다. 우리는 맞은편 산허리에서 내려다보고 있는 다른 사찰로 향했다. 가는 데 30분이 걸렸다. 이 사찰은 키 큰 나무들 사이에 가려져 있었다. 나무들은 황폐하게 무너져 내린 산골짜기에서 쉴 곳을 찾았다.

벌써 6시가 지났다. 스님들의 저녁 예불이 막 시작되었다. 징소리가 끊임없이 들렸다. 일정하게 울리다가 간간이 끊기고, 곧 다시 큰 울림으로 이어지면서 점점 빨라지더니 끝내 종잡을 수 없는 흐느낌으로 사위어 갔다. 그 사이사이 끊어 치는 종소리가 청아했다. 독경 소리가 종소리에 섞여 들었다.

스님들은 다양한 색상의 가사袈裟를 걸치고 바닥에 둘러앉았다. 붉고 누런 가사가 장삼 위에서 두드러졌다. 승려는 예불 때 두르는 가사의 색깔로 서열을 구분한다. 공

승려

식 예불 때 말고는 일상의 한국 옷에 갈색 가사를 걸친다. 승모僧帽는 형태가 특이하다. 한국인들의 작업모를 축소한 형태인데 가장자리가 오각형으로 마름질되었다. 게다가 손바닥 넓이만큼 머리 위에 떠 있는 것처럼 보였다. 그 높이는 댓살로 고정시켜 유지했다. 주지승의 승모는 더 특이하여, 마치 냄비를 거꾸로 엎어놓은 것 같았다. 예불 때 주지승은 보랏빛 장삼에 붉은 비단 가사를, 비구比丘와 강주講主는 감청색 장삼에 황갈색 가사를, 사미沙彌는 회색 장삼에 황색 가사를, 행자行者와 교육생들은 검은 장삼에 검은 가사를 걸쳤다. 그 사이의 등급들도 색상의 다양한 조합을 통해 각각의 서열을 드러내었다.

누구나 법당에 들어서면 먼저 석가모니 불상에 차례로 절을 올린다. 그런 다음에야 다른 불상 앞에서 무릎을 꿇고 이마가 땅에 닿도록 깊이 몸을 숙여 여섯 번씩 절한다.

과거에 승려는 세 부류로 구분되어 있었다. 지금도 그러하거니와, 첫째 부류는 강학講學과 재능을 겸비하여 능히 학승이 될 만한 스님들이다. 이들은 예불 시간을 제외한 나머지 시간을 연찬硏鑽과 사경寫經에 매진하는데, 특히 예불과 예식 관련 서책들을 베껴 쓴다. 행자들에게는 상좌 스님이 한 명씩 배정되어, 아비 된 자의 마음으로 가르치고 수행 생활을 돕는다. 이들은 한평생 내적 사제 관계를 유지한다.

둘째 부류는 학문에는 뜻이 없으나 사찰에 기거하면서 수행에 정진하여 승가僧家에 보탬이 되기로 발심發心한 탁발승들이다. 그들은 종단의 교구를 돌아다니며 사찰 운영에 필요한 시물施物을 거두는 일을 담당한다.

금동 불상. 실물의 1/2 상트 오틸리엔 수도원 박물관 소장

셋째 부류는 한때 큰 사찰을 중심으로 조직된 승병들이다. 반도의 인구 변동이 심하고 국가 체제가 확고히 정비되지 못했던 초기 불교 당시, 사찰과 사찰 재산을 불순 세력들로부터 보호할 필요성 때문에 일종의 무장 전사단이 생겨났다. 훗날 이들은 조정에도 병력을 제공하여, 나라가 위급할 때 든든한 버팀목이 되기도 했다.

신라 · 백제 · 고려[13] 삼국이 통일 왕국으로 성립되는 단초는 어느 사찰[14]의 조용한 선방禪房에서 싹텄다. 고려 왕조의 폭정에 불만을 품은 승려 궁예는 912년 절을 떠나더니 파죽지세로 세력을 확장하여 통치권을 장악했다.[15] 물론 궁예의 치세는 오래가지 못했다. 그의 신하였던 왕건이 그를 제거하고[16] 스스로 왕위에 올랐다. 왕건은 백제[17]와 신라의 왕들이 오판하기 전에 양국을 고려에 복속시켰다. 왕건은 막대한 토지와 재산을 사찰에 하사하여 승려가 쌓은 불가佛家의 선업에 고마움을 표했을 뿐 아니라, 각 사찰에 골고루 내려 준 성은을 통해 자신의 권력 기반을 다질 줄도 알았다. 난공불락의 산채처럼 감히 범접하지 못할 암벽에 매달린 사찰이

---

13 신라 · 후백제 · 후고구려의 잘못.

14 강원도 영월의 세달사(世達寺).

15 저자의 기억 속에 여러 역사적 사실들이 뒤섞이고 혼동되고 왜곡되어, 이 부분은 심한 오류로 점철되어 있다. 궁예는 신라 왕자였다. 그가 우여곡절 끝에 후고구려를 세운 것이 901년이고, 918년에는 왕건이 그를 축출하고 고려 왕조를 세웠다. 따라서 그가 "고려 왕조의 폭정에 불만을 품었다"는 것은 앞뒤가 맞지 않고, 세달사를 떠난 시점도 912년이 아니라 891년이다.

16 궁예는 왕위를 빼앗기고 왕건의 군사들을 피해 달아나던 중, 부양에서 백성들에게 정체가 발각되어 맞아 죽었다고 전해진다.

17 후백제의 잘못.

염주를 든 스님. 카니시오 신부 촬영 ②

아직도 많지만, 그곳에도 무장 승병은 사라진 지 오래다. 그저 소수의 승려만 유유자적 불경을 읽거나, 한문 붓글씨를 쓰고 있을 뿐이다.

객사에 작은 방 하나가 준비되어 있었다. 공양 때까지, 그리고 날이 저물기 전에, 우리는 나무 사이를 거닐며 성무일도를 바쳤다. 내가 산책을 멈추고 서자, 젊은 행자가 다가와 어깨 너머로 책을 뚫어져라 쳐다보았다.

반 시간 뒤 '식당'으로 들어갔다. 넓이 3제곱미터, 높이 2미터의 작은 방이었다. 이 방이 우리의 숙소다. 공양이 끝나면 거실 겸 침실이 될 것이고, 내일 아침이면 소성당이 될 판이다.

저녁 공양이 시작되었다. 나는 한국인이 다 되었다. 바닥에 책상다리를 하고 앉으며 — 달리 방법이 없다 —, 김치 국물에서 매운 김치도 젓가락으로 '낚아 올려' 맨밥에 간을 맞춘다. 메뉴는 밥, 밥 끓인 물[숭늉], 김치, 매운 갈색 소스[고추장], 짭쪼름히 말린 생선[멸치], 기름에 튀긴 생선 껍질, 기름에 구운 녹색 해초[김], 그리고 매운 양념에 버

사찰 전경

무린 무[깍두기]가 올라왔다. 녹색 해초는 투명 종이처럼 얇았다. 특별한 나무그릇[바리때]에 담긴 밥과 반찬을 높이 30센티미터의 소반에 각자 따로 받았다. 손님인 우리도 승가의 질박한 공양 그릇을 함께 사용했다. 한국인들은 주로 사기그릇이나 놋그릇에 밥을 먹지만, 이 그릇은 갈색 회양목으로만 만든다. 한국인들의 특징 하나만 짚고 넘어가자. 동방의 모든 민족 가운데 유독 한국인들만 납작한 숟가락으로 밥을 먹는다.

안성에서부터 짐꾼으로 동행한 신자 셋이 다른 방에서 밥을 먹고 좁은 우리 방으로 건너왔다. 잠시 후 젊은 스님 셋도 낮은 방문을 열고 들어왔다. 방이 꽉 찼다. 밥을 먹다가 부처에 관해 스님들과 흥미진진한 대화가 오가게 되었다. 대화는 밥을 먹고 나서까지 이어졌다. 그들은 부처를 인격이 아니라 불상으로 이해하는 바람에 엄청난 모순에 빠지곤 했다. 심지어 그들의 종교와 부처라는 인물에 대해서도 잘 모르고 있다는 느낌을 받았다.

만다라

불단

대화는 밤 10시가 다 되도록 이어졌다. 젊은 스님이 시비를 거는 통에 급기야 우리 복사까지 끼어들고 말았다. 스님은 한국에서 노비나 중을 대할 때 쓰는 심한 낮춤말 말고 좀 더 공손한 말을 써 달라고 했다. 복사가 말을 잘랐다. "너희는 늘 하대下待만 받아 왔다. 이것이 한국의 관습이다. 지금 우리가 너희의 손님이라도 예외는 없다."

드디어 잠자리에 들었다. 책상다리로 너무 오래 앉아 있어서 온몸이 쑤시고, 관절염을 앓는 무릎이 몹시 화끈거렸다. '침대'는 나에게 또 다른 고문이었다. 뜨겁게 데운 구들장 위에 멍석이 깔려 있었다. 셋이 누우니 방이 꽉 찼다. 하필이면 내가 아랫목에 누웠다. 맹렬히 군불을 때는 아궁이 쪽이었다. 라우렌시오 성인의 익살이 떠올랐다. 그는 화형을 당하면서, "한쪽은 다 구워졌으니 뒤집어 먹어라!"(Assatum est jam, versa et manduca!)고 형리에게 소리쳤다고 한다. 몸을 뒤척여도 소용없었다. 진땀이 났다. 몸이 제대로 익고 있었다. 문득, 이 뜨거운 구들장에서 살아날 묘책이 떠올랐다. 외투는 물론이요, 옷이란 옷은 다 꺼내 방바닥에 깔았다. 이 정도면 홀딱 굽히지는 않겠지. 옷이라도 깔지 않고 뜨겁고 딱딱한 방바닥에 자는 건 이제 엄두도 못 내겠다.

금광

4월 21일

새벽 3시경, 사찰에서는 요란하게 방문을 두드려 스님들을 깨웠다. 징이 일정한 톤으로 예불 시간을 알렸다. 둔중한 징소리에 다른 음색을 가진 두 개의 종소리가 맑게 겹치면서, 홀로 길게 선창하는 승려의 독경에 반주를 넣었다. 중간중간 합송이 끼어들었고 북소리도 종소리에 뒤섞였다. 종소리를 헤집고 북소리는 홀로 서툰 듯 저음으로 울리다가 곧 정확하게 반복되는 박자로 징소리와 부딪히곤 했다. 감히 고백하건대, 이 새벽 예불은 흥분되고 시적이면서도 경건함과 진지함을 잃는 법이 없었다.

나는 다른 두 사람의 잠을 방해하지 않으려고 프라이팬처럼 뜨거운 온돌방에 조용히 누워 있었다. 밤새 싸리나무 바스락거리는 소리를 들었다. 이 소리는 새벽 4시 자명종이 울릴 때까지 그치지 않았다. 신속하게 용변을 해결했다. 침구도 없는데 방은 자글자글 끓어서, 옷을 반쯤 걸친 상태로 마당에서 세수를 했다. 하늘에 별이 총총했다. 미사를 드리고 아침을 먹은 후 떠날 채비를 했다. 떠나기 전에 신기한 것들을 카메라에 담았다. 함 속의 작은 불상과 뒷벽의 탱화는 흔히 볼 수 있는 것이 아니었다. 중앙의 원圓 안에 부처가 그려져 있고, 그 둘레의 밝은 바탕에는 한자나 그림으로 채워진 작은 원반이 무수히 배치되어 있었다. 그 그림은 바로, 온갖 다양한 생명으로 사바세계에 다시 나타난다는 부처의 화신化身들이었다.

절을 떠난 우리는 작은 여울을 따라 계곡으로 내려갔다. 30분쯤 내려가니 또 절이었다. 대웅전의 보개 말고는 별로 볼 게 없었다. 보개의 우아한 붉은색과 노란색이 고드름 모양의 초록색 장식에 녹아들었다. 그 밖에는 투박하게 깎아 만든 사천왕상 한 쌍 정도가 눈길을 끌었다. 이들은 팔을 치켜들고 권투 선수처럼 싸울 태세를 취했다.

개울가 순한 언덕에 승려의 '묘'[18]가 있었다. 우아한 석등을 중심으로 '묘석'[19]이 줄지어 늘어섰는데, 낮고 넓은 받침돌 위에 타원형 화강암을 1.5미터 높이로 세우고 구형球形으로 '머리'를 삼았다. 석공은 아마 인체의 형상을 떠올렸나 보다.

부도 밭

옛 문화의 증거물이 다시 눈앞에 나타났다. 관개 시설이었다. 남는 강물을 끌어다가 강 이쪽 논에서 강바닥을 지나 강 저쪽 논으로 흘러가게 했다. 돌제방 위를 한결같이 흐르던 물은 나무 수로水路를 타고 가늘어졌고, 건너편에 이르러서는 보드라운 물길로 변하여 일단 산비탈을 따라 흐르다가 마침내 논으로 사라졌다.

10시쯤 남쪽 깊은 분지로 접어들자 이국풍 가옥들의 벽과 지붕이 눈에 확 들어왔다. 세찬 폭포 소리가 귓전을 때렸다. 우리는 지금 미국이 개발권을 가진 금광 근처에 와 있다. 분쇄기가 덜커덩거리는 소리로 인사를 건넸다.

미국인들이 우리를 친절히 맞으면서 점심 식사에 초대했다. 3시쯤에야 식사가 가능할 것 같아 초대에 기꺼이 응했다. 기술자의 안내로 점심때까지 분쇄기를 자세히 볼 수 있었다.

---

18 고승의 사리를 안치한 탑인 부도(浮屠)를 묘지로 이해한 듯하다.

19 이 또한 부도다.

직산[20] 금광은 한국에서 채산성 있는 몇 안 되는 금광 중 하나다. 깊은 수평갱에서 석영 원광석을 캐낸다. 화강암에는 금이 없고 백운모만 섞여 있다. 그런 수평갱은 산 후사면에 더 많다. 그중 하나는 깊이가 700피트나 된다. 채굴된 원광석을 소 등에 실거나 우마차로 날라다가 천천히 분쇄기에 넣었다. 분쇄기 4대가 200마력짜리 증기기관으로 가동되고 있었다. 육중한 망치가 굉음을 내며 석영을 사정없이 내리쳤다. 석영은 뽀얀 먼지를 일으키며 으스러졌다. 물과 섞여 곤죽이 된 규사硅砂가 정교한 홈이 파인 경사면을 타고 내려갔다. 규사가 흘러내리는 동안 홈 속에서는 금속들이 무

사천왕상

20 충청남도 천안시 직산읍. 한때 사금광으로 유명하였으나, 현재는 채산성이 맞지 않아 폐광되었다.

금광

게에 따라 분류된다. 선광 찌꺼기에는 황화철, 납, 구리, 철을 비롯한 각종 금속이 섞여 있다. 이러한 금속 침전물을 모아 수은과 혼합하고, 수은에 금(이나 은)을 섞어 아말감을 합성한다. 호두만 한 석고틀 안에 작은 아말감 구슬을 넣어 특수 가마에서 가열하면, 수은은 증발하고 작고 예쁜 금 알갱이만 남는다. 이것이 100파운드짜리 석영 덩어리의 마지막 결정체로, 길고 복잡한 공정의 결과물이다. 약 1톤의 석영에서 고작 80마르크 상당의 금이 추출된다. 이 정도면 채산성 있는 광산이다. 한국 북부 지방의 금광들은 더 많은 수익을 올린다고 한다. 일당은 50전(1마르크)으로 비교적 낮은 편이다. 한국인들은 광산 노동에 매우 능하다. 그들은 독자적으로 강에서 사금砂金을 찾기도 한다. 금이 난다 싶은 지역에서 족집게처럼 침전 지점을 집어내는 데 도가 텄다.

극진하게도 광산주는 우리 박물관에 갖다 두라며 극미량의 금이 함유된 원광석 샘플 몇 개를 건네주었다. 게다가 금속 침전물 표본도 주었으나, 검은 가루를 보아하니 금은 함유되지 않았다.

산마루의 쌍묘. 수채화

금광을 떠날 시간이 되었다. 산을 더 올라가야 했다. 꼬부랑 고갯길을 따라 계곡 깊숙이 들어갔다. 우마차가 '금광석'을 분쇄기까지 실어 나르는 길이다. 윈치winch[21]를 작동시키는 증기 동력기 한 대가 보였다. 구조는 간단했다.

하마터면 산봉우리를 힘겹게 오르내릴 뻔했지만, 미국인 총감독관의 친절한 안내 덕분에 산에 뚫어 놓은 수평 갱도를 통해 편히 질러갈 수 있었다. 우리는 촛불을 밝혀 들고 그를 따라갔다. 불빛이 흐려 더러 침목에 걸려 넘어지기도 하고 떨어지는 물방울을 맞기도 하면서, 그럭저럭 서늘한 갱도 속을 전진했다. 한국 인부들이 밀차를 밀며 들락거렸다. 아래로 내려가는 사다리가 여기저기 보였다. 저 아래서 곡괭이질의 울림이 약하게 올라왔다. 곡괭이질이든 갱도 버팀목 작업이든 한국인이 중국 사람보

21 밧줄이나 쇠사슬로 무거운 물건을 들어올리거나 내리는 기계. 기중기, 케이블카, 엘리베이터, 토목 · 건축 사업 등에 널리 쓴다.

다 훨씬 탁월하고 영리했다. 중국 사람은 삽질에서 더 많은 능률을 올렸으나 그렇다고 한국인보다 더 많은 임금을 받지는 않았다. 일당은 50전이었다. 윈치도 한국 인부 몫인데 손놀림이 아주 믿음직스러웠다. 우리가 윈치 앞에 서자, 마침 저 아래서 쇠막대로 트라이앵글을 치며 끌어올리라는 신호를 보냈다. 인부가 잽싸게 기계를 작동시키니 잠시 후 궤짝이 천천히 올라와 안착했다.

5분쯤 걸어 어두운 갱도를 빠져나오자 햇살이 비쳤다. 나지막한 구릉대를 좁은 골짜기가 가로지르고 있었다. 우리는 골짜기 아래로 내려가 마을 근처에서 더 좁은 옆 골짜기로 방향을 틀었다.

고갯길에서

정말 힘든 여정이다. 험한 산길을 몇 번이나 오르내렸다. 고도 100미터 이상 차이 나는 봉우리들이 다급하게 이어졌고, 우리는 그때마다 극복해야 했다. 꽤 가파른 산이 앞을 가로막았다. 그 뒤가 공베르 신부의 마지막 공소公所(Kongso)가 있는 모너미(Monömi)다. 오늘 밤은 거기서 묵을 것이다. 이렇게 우리는 온전히 선교와 사목의 길을 간다. 그래서 무릎이 쑤시거나 말거나 용맹히 산을 오르며 전진한다. 오르고 또 오르니 마침내 산마루다. 기묘한 형상의 바위가 초막 같기도 하고 망루 같기도 했다. 매운 바람이 바위를 스치고 지나갔다. 여기는 해발 560미터, 막바지 오르막이다. 위에서 한 무리의 한국인들이 나타나 우리를 안내했다. 평탄한 데를 골라 요깃거리를 마련해 두었지만, 바람이 매서워 아래 옛 절터까지 내려가기로 했다. 그곳에는 시원한 물과 바람 피할 데가 있다.

마구간과 조랑말

폭 5미터 남짓한 능선에는 옛 성벽의 잔해가 드문드문 풍우에 시달리고 있었다. 자연석으로 축조된 이 성벽은 과거 이 고장을 둘러싸고 있던 방어 시설이었다. 그 옛날 조선에는 성벽이 얼마나 많았던가! 성벽은 늘 가장 높은 능선에 축조되었다. 화강암 잔해 속에 수천 년 역사가 켜켜이 쌓여 있었다. 풍우에 부서지고 퇴색한 돌무더기가 몰락해 가는 백성들에게 말 걸고 있으나, 그것은 난해한 상형문자처럼 알아듣기 어려웠다. 성벽의 잔해는 수백 년 동안 이 나라를 뒤흔들었던 전란戰亂과 그때마다 조선이 구사한 병법을 말없이 증거하고 있었다. 조선군은 자신들의 전술적 강점과 약점을 잘 알았다. 그들은 개활지 전투에 약했으므로 성안에서 더욱 질기게 싸웠다. 성안에서 그들은 사자처럼 싸웠다. 그들이 성벽을 쌓은 것은 오직 고향을 지키기 위함이었음을, 마치 성벽이 일깨워 주는 듯했다. 세상에서 고향은 그들의 전부였다. 포위된 읍성 안에서 그들은 때로 적의 통상적 공성술을 역전시킬 줄도 알았다. 성안에 충분한 식량을 비축한 덕에 굶다가 항복하기는커녕, 오히려 적의 식량을 천천히 고갈시켰다. 적은 허망하게 패퇴했다. 이 땅을 침략한 중국의 대군을 이런 식으로 물리친 적이 한두 번이 아니었다. 이것이 정치적으로 중국에 예속된 작은 나라 조선이 그들만의 민족적 고유성을 지켜 낼 수 있었던 이유다.

갈라진 바위 사이로 날카롭게 부서져 내린 낙석들이 뒹굴었다. 한국의 골짜기치고는 제법 낯선 풍경이나 나름대로 운치가 있었다. 이 위험한 산길을 뚫고 허물어진 절터까지 조심스럽게 내려갔다. 그곳은 거대한 암벽이 돌출된 지점의 작은 평지였다.

한때는 굉장히 아름다운 절이었을 것이다. 절은 좁은 계곡과 계곡에 빗장을 지르는 검은 산줄기를 바라보며 장려한 자연의 신비로운 고독 속에 숨어 있었다. 산등성이 뒤편의 어스름에 걸린 태양이 '바람꽃'에 심홍색 장미와 불타는 줄기와 잎사귀들을 그려 넣고, 깊이 잠든 산머리에 오색영롱한 너울을 씌웠다. 그리고 뒤에는! 치솟은 바위들이 깎아지른 암벽과 현기증 나는 지층과 깊은 동굴과 거친 협곡과 어우러지고 있었다. 좁고 가파른 계단과 동굴들이 내리치닫는 지세를 하나로 묶으며 아담한 공터와 소담스런 군락지로 이어졌다. 작은 꽃밭들도 지금은 황폐해져 잡초와 덤불로 뒤덮였다. 동굴에서 맑은 물이 졸졸 흘러나와 바위를 부수었다. 그 옛날 동굴 속 습지에는 몽환의 연못과 키 큰 나무들이 있었을 것이다. 지금 연못과 나무는 사라졌다. 절에도 집이 없다. 들보는커녕 기와 한 조각 보이지 않고, 이끼 낀 돌부처의 머리와 몸통들만 여기저기 나뒹굴고 있었다. 예전에는 정말 아름다웠을 것이다. 이제는 모두 세상을 등지고 온화하고 장엄한 적막과 고독 속으로 죽음의 숨결을 불어넣고 있다.

여기서 요기를 했다. 돌출된 바위에서 샘솟는 물맛이 기가 막혔다. 이제 하산 길이다. 석영과 화강암이 풍화되어 부스러진 모래 언덕 저 너머는 전인미답의 땅이었다. 다시 반 시간, 가파르고 험한 비탈길을 걸어 내려갔다. 걸음을 뗄 때마다 무릎 관절이 쑤셔 댔다. 그래도 굴러 떨어지지 않으려면 힘줄을 풀지 말고 더욱 팽팽히 다잡아야 한다. 운이 좋아서 마침내 골짜기 밑바닥에 닿았다. 저녁 어스름이었다. 풀린 다리가 미끄러운 돌을 감당하지 못하여 웅덩이에 빠지고 말았다. 겨우 몸을 추스르고, 15분 뒤 숙소에 당도하니 7시였다.

우리는 어느 신자 가정에 묵었다. 그들은 우리가 자기 집에 묵는 것을 영광으로 생각했다. 주인과 남자 식구들은 친구네 집에서 잔다고 나갔다. 우리는 방 두 개를 썼다. 선교사 셋이 한방에서 자고, 남은 방 하나에는 동행한 한국인들이 잤다.

물론 모든 관심이 우리에게 집중되었다. 남자들은 3제곱미터 남짓한 사랑방에, 부녀자들은 안방에 모였다. 미닫이문이 달린 안방은 여인들만의 생활공간이다. 나는 이 착한 사람들에게 그들이 몹시도 좋아하는 베네딕도 성인패를 선물했다. 아이들은 교리시험[참고]을 치러야 받을 수 있었다. 아이들은 느닷없이 닥친 교리시험을 어떻게든 피하고 싶어 하는 눈치였지만, 상품에는 마음이 끌렸다. 약간 걱정스럽긴 했지만 마음을 다잡은 듯, 안방에서 귀를 쫑긋 세우고 듣는 여인들 사이를 헤치고 우르르 몰려나와 약 1미터 높이의 문설주에 딱 달라붙는 것이었다. 처음엔 좀 쭈빗거리더니 나중에는 용감하고 민첩한 답변을 척척 날렸다. 아이들이 상을 받고 좋아했다. 그동안 아이들의 교리 공부에 쏟은 정성을 인정받는 듯하여 부모 마음도 뿌듯했다.

밥을 먹는 동안 우리 방은 사람들로 북적거렸다. 누군가 밥을 타러 나가면, 그 사람이 나가기만 기다리고 있던 다른 두 사람이 잽싸게 들어와 그 자리를 차지했다. 우리는 한참 후에야 겨우 자리를 잡았다. 몹시 피곤했다. 오늘 밤도 지친 팔다리와 따가운 눈을 쉬게 할 만큼 편한 잠자리는 되지 못할 게 뻔하다.

수원의 한 여학교. 방한모[남바위]를 쓴 여인들

제12장

남으로, 남으로!

시골 길

4월 22일

아침을 먹고 각자 길을 나섰다. 이른 아침, 좁은 방에서 우리 셋은 열심한 신자들과 함께 번갈아 미사를 드렸다. 공베르 신부는 산 너머 집으로 가고, 우리는 역으로 향했다. 7시 30분에는 마을도, 친절한 마을 사람들도 시야에서 사라졌다. 한 시간 뒤 우리는 작은 대합실에서 서울발 남행열차를 기다렸다. 기차로 한 시간쯤 가서 내린 데가 조치원이었다.

넓은 신작로가 남서쪽 공주 방면으로 나 있었다. 이 길에는 두고두고 잊지 못할 사연이 있다. 좁다고 해 봐야, 애당초 짐꾼과 장사꾼이 공주 장터에 드나들기에는 넉넉한 산길이었다. 일본 사람들은 그 길에 신작로를 냈다. 있는 길을 확장하거나 아예 새 길을 내느라 인접한 한국 논들이 마구잡이로 잘려 나갔다. 한국인들이 부역에 동원되었다. 토지 보상금은 없고 일당 몇 전으로 끝났다. 일본의 이런 막무가내 토지 몰수 조치는 인근 주민들의 공분을 샀다. 길이 제대로 닦일 리 없었다. 올바른 기초공사 없이 점토와 모래만 쌓아 올렸다. 여름 폭우는 매번 노면을 휩쓸고 굵은 물길을 냈다. 엄청난 빗물이 둑방에 골을 파고 빠져나갈 구멍을 찾았다. 길가 목 좋은 자리는 이미 일본 사람들이 차지하고 점포를 열었다. 공주 시내에서도 기를 쓰고 도로변을 선점하려 했다.

길은 낮게 물결치는 구릉 사이로 완만한 경사를 이루었다. 자잔한 산들이 다가왔다. 그 뒤로 육중한 산맥이 길게 버티고 있었다. 그곳에 우리의 목적지 공주가 있다.

길은 붐비지 않았다. 이제 와서 날림 공사 때문이라 변명할 수도 없다. 외딴 나무 그늘 아래서 뭘 좀 먹고 원기를 충전했다. 마차 한 대가 우리를 추월했다. 철로와 공주 시내를 비싼 값에 오가는 교통수단으로, 사업주는 물론 일본 사람이다. 우리는 차

공주 공산성 들머리

라리 걷기로 했다. 일본인 가족이 쓸데없이 신발만 닳게 걸음을 질질 끌며 저만치 앞서 가고 있었다. 마주 오는 한국인은 지게에 가구를 잔뜩 짊어졌는데, 폭이 넓게 길을 독차지했다. 그는 경사면에 살짝 비켜서서 우리가 지나가도록 길을 터주었다.

대단한 지게꾼

목적지가 가까워지고 있었다. 성내에서 집으로 돌아가는 여인들을 만났으니 갈 길이 멀지 않다. 그들은 통 넓은 왜바지[몸뻬]에 앞치마를 두른 채 짚신을 신고 활달하게 걸었다. 또 지팡이에 의지하여 머리에 인 보따리의 균형을 잡는 데 아주 능숙했다. 보따리를 둘러싼 외피만 괜한 먼지를 뒤집어쓰고 있었다. 나머지 한 손은 투박하게 접은 우산을 움켜잡았다. 나이 지긋한 아주머니 몇몇은 뽀끔뽀끔 담배를 피우며 먼 길의 무료함을 달랬다.

공주본당 루블레 주임신부[1]가 한 시간이나 걸려 마중을 나왔다. 아까부터 이정표로 삼고 걸었던 산꼭대기를 휘돌아 가야 한다. 길이 굽이쳐 산을 감고 올랐다. 모퉁이 돌아 굽어보니 돌연 강물이었다. 강 저편이 바로 공주로구나. 길이 암벽을 운치 있게

---

1 Rouvelet, Henri Philippe(1876~1928). 한국명 황혜중(黃惠中). 파리 외방전교회 선교사. 1900년 입국하여 이듬해 개성본당 초대 주임신부로 부임, 10년 동안 사목했다. 1909년 공주본당(현 공주중동본당)으로 전임되어 충청도 일대의 선교를 담당했다. 1921년 나바위본당 논산 공소(현 논산부창동본당)의 본당 승격과 함께 초대 주임신부로 부임, 그 후 용산 예수성심신학교 철학 교수와 대전본당 2대 주임신부 등으로 활동했다.

파고들었고, 길 왼쪽의 강물은 떨어질 듯 아득했다. 아가리를 벌린 협곡 위로 견고한 다리가 걸려 있었다. 장마가 지면 계곡 물이 이 협곡을 통해 강으로 쏟아져 들었다. 돌출한 바위가 강물과 맞서고, 바위를 때린 포말이 에움길로 가다가 다시 제자리로 돌아왔다. 발 아래 심연에서 포말 부서지는 소리가 들렸다. 먼지투성이 국도가 멋스런 산길로 변모했다. 건너편 강가에도 뾰족바위들이 완강히 버티고 서서 거친 물살을 재촉했다. 공주는 이 뾰족바위 뒤편 넓은 분지에 있었다.

아이들이 우르르 따라왔다. 남자들은 강 저편에서 기다렸다. 우리는 나룻배로 강을 건너, 마중 나온 사람들과 함께 공주에 들어섰다. 공주는 산으로 둘러싸여 아늑했다. 본당은 마을 어귀의 가장 예쁜 언덕 위에 있었다. 본당에서는 시내가 한눈에 들어왔지만, 건물이 나무 그림자에 가려 시내에서는 본당이 잘 보이지 않았다. 멀리서도 보이는 건 성당 지붕과 십자가뿐이었다.

사람들이 하나둘 인사차 들르기 시작했다. 그들을 마다할 수 없었다. 한국 풍습에 따라 새해(2월 초)가 되면 신부들은 큰맘 먹고 온종일 자리를 지키고 앉아 신자들과 이교 지인들에게 일일이 세배를 받는다. 우리도 우리를 보고 싶어 하는 손님들을 그렇게 맞아들여야 한다. 자녀를 우리 학교에 보내고 싶어서 찾아오는 어머니들도 있었다. 그들은 공립학교 선생님들에게 자식을 맡기고 싶어 하지 않았다. 자녀들에게 세속적 재산보다는 독실한 신심을 물려주고 싶은 것이 부모 마음인데, 정작 아이들은 신앙에 대한 열정을 잃는 한이 있어도 이교적 환경에서 공부하기를 원했다. 그렇다고 신앙 자체를 버릴 작정은 아니다.

여기는 순교자의 피가 스민 공주 땅이다. 공주는 늘 조선 팔도 중 하나인 충청의 수부首府였다. 박해 때 천주교인들은 이 고을 최고위 관리[공주 목사牧使] 앞에서 형刑을 받았다. 작은 계곡 물이 구릉을 스치며 방향을 바꾸어 합류하는 곳, 성 밖 이 강변이 바로 피비린내 나는 형장이었다. 영웅의 시대! 그런 시대가 다시 올까?

공주 공산성

4월 23일

주일의 정취는 오전 미사로 끝이다. 요즘 같은 농번기에 주일 오후라고 극빈한 신자들이 밭일을 안 할 수는 없다. 그래서 주일 오후는 우리도 자유다.

오전에 읍내로 나가려 했지만 본당 언덕 밑을 지나는 장례 행렬에 길이 막혔다. 청홍색 주름이 잡힌 대형 천개天蓋가 상여를 덮었다. 붉은 만장輓章과 청홍색 종이초롱이 앞서고 요령잡이[2]가 그 뒤를 따랐다. 요령잡이는 상여꾼과 보조를 맞추기 위해 양손을 휘저으며 쉰 목으로 앞소리[3]를 메겼다. 그는 요령을 흔들며 박자를 맞추었다. 앞서가던 요령잡이가 뒤돌아보며 상엿소리로 상여꾼들의 움직임을 지휘했다. 상여꾼은 스무 명이 넘었다. 망인의 일가친척이 상여 뒤를 따랐다. 돌연 행렬이 멈추더니 제 떠난 자리까지 뒷걸음질했다. 본격적인 운구 행렬은 지금부터다. 초반에는 거의 움직임이 없다가 어느 시점부터 보폭을 성큼 넓혀 교외로 빠져나가는 것이다. 우리는 상가喪家를 바라보았다. 집 앞 차일遮日 아래 제사상과 상여꾼들이 먹을 음식상이 차려졌다. 멀리서 상엿소리가 끊이지 않았다. 앞소리를 받아 내는 뒷소리는 이러했다:

오, 넘자 노호호. "건너가는구나!"라는 뜻이다.

---

2 종구잡이, 앞소리꾼, 선소리꾼이라고도 한다. 저자는 '선창자'(Vorsänger)라고 했다.

3 상여꾼들이 부르는 만가(輓歌)다. 만가(상엿소리)에는 향도가(香徒歌), 상여가, 상여메김소리, 요령잡이소리, 행상소리가 있다.

오후 산행은 재미있었다. 산은 백마강을 따라 일어난 산맥에서 벗어나 고을과 강 사이에 끼여 있었다. 이곳에 산성을 쌓았다. 고을이 위기에 처할 때 산성은 강력한 보호막을 제공한다. 산등성이는 읍내에서부터 다급하게 치솟았고 강과 면하여 세 개의 짧은 골짜기로 갈라졌다. 골짜기를 품은 네 지맥이 가파르게 끊기며 도도한 급류 속으로 수직 낙하 했다. 난공불락의 낭떠러지다. 강물이 요란스레 흐르는 골짜기 어귀는 강력한 성벽과 견고하고 음울한 성문이 막아섰다. 가장 너른 골짜기에는 작은 마을이 형성되었고, 또 다른 골짜기에는 사찰이 은둔하였으나, 세 번째 골짜기는 허물어져 황폐했다.

공주 공산성에서 바라본 강

읍내를 옆에 끼고 좁은 산길을 탔다. 산길은 퇴락한 성문을 통해 산성으로 이어졌다. 꼭대기에 성루가 보였고 그 바로 옆으로 허물어져 가는 성벽이 지나갔다. 갈라진 골짜기 사이는 깊은 절벽이었다. 급류 때문에 전율이 배가되었다. 성루가 위치한 지세로 미루어 한때는 중차대한 소임을 다하였음이 분명한데, 지금은 수다스런 일본 사람들의 소풍 장소로나 쓰이고 있다. 이 암벽 요새에서 장수將帥는 매의 눈으로 사방을 관측했을 것이다. 그 조금 아래, 두 번째 산마루로 이어지는 우묵땅에는 아담한 울타리를 두른 비각이 있었고, 그 안에는 큰 거북 등에 비석이 서 있었다. 지붕은 있으되 사방이 트인 비각이었다.

성벽 따라 '길 없는 길'을 기어올랐다. 성벽에서 떨어진 돌들이 가파른 비탈에 구르고 있었다. 성벽 틈새로 먼 능선의 보랏빛 물결을 보았다. 지는 해의 그윽한 광채를 받아 석양의 깊은 그림자가 능선을 붉게 물들였다. 이 놀랍도록 신비스런 그림 속에 우리가 서 있었다. 어두운 그늘과 무너진 성벽 사이로 비치는 눈부신 빛살, 보랏빛 바위에 낀 연록의 이끼, 뒹구는 돌 사이의 금빛 모래, 붉은 석양에 물든 초록 언덕, 반쯤 어둠이 내린 골짜기, 검은 지붕들 사이로 발그레하게 빛나는 하얀 벽, 소나무 사이로 빛나는 일광, 빛나는 언덕을 휘감고 굽이진 은빛 강물, 강변을 둘러싼 백사장, 이런 전경들이 눈앞에 펼쳐졌다. 뒤쪽 넓은 골짜기는 마을이었다. 산들이 푸른 지붕 위로 벌써 어둠의 장막을 드리웠다. 한국은 아름다움과 정취를 점점 더해 갔다. 나는 한국인이 되고 싶었다. 그래서 밤의 어둠이 이 경이로운 장관壯觀을 집어삼킬 때까지, 부서진 마름돌 위에 앉아 하염없이 이 풍광에 침잠하고 싶었다. 이 아름다운 언덕을 떠나려니 마음이 내키지 않았다. 아마 다시는 못 볼 것이다. 일정상, 내일 아침 다시 남행길을 떠나야 한다.

물병자리 운세[4]

4월 24일

동트기 전, 후드득 쏟아지는 빗소리에 놀라 깼다. 일이 난감하게 되었다. 여행 계획은 말 그대로 수포로 돌아갔다. 밖으로 나갈 엄두가 안 났다. 우리를 무색하게 만든 건 아이들이었다. 그들은 튼튼한 비 모자를 쓰고 왔다. 그것은 마치 움직이는 지붕처럼 비를 막아 준다. 비 모자는 꽃이 그려진 기름 한지와 빳빳한 댓개비로 만든다. 지름이 1미터가 넘지만 접을 수는 없다. 이런 모자는 아녀자들만 쓴다.

---

4 고대 이집트 · 바빌로니아에서는 신성한 물병을 풍부한 물의 상징으로 여긴 만큼, 고대 농업 국가에서 물병자리는 매우 중요한 별자리였다. 그리스 신화에서는 제우스 신의 시동(侍童) 가니메데스가 메고 있는 보배로운 병의 모습으로 나타나는데, 거기서 넘치는 물이 별들을 따라 남쪽 물고기자리의 입으로 흘러든다. 여기서는 비가 갑자기 쏟아져 저자의 계획이 틀어졌음을 문학적 · 신화적으로 에둘러 표현한다.

처마 밑에 비 모자와 접힌 우산을 세워 두고, 아이들은 선생님을 중심으로 마룻바닥에 둘러앉아 큰 소리로 책을 읽었다. 못 외우면 옛날 식으로 회초리를 맞는다. 우리도 어렸을 때 등나무 골수로 만든 회초리로 손가락을 겁나게 맞곤 했다. 이곳 아이들은 종아리를 맞는다. 바지를 조금 걷어 올리고, 시키는 대로 엉거주춤하게 몸을 숙이고 있으면 된다. 그러면 장딴지가 팽팽히 긴장되어 아픔이 제대로 전달되는 것이다. 아이는 비명을 지르며 팔짝 뛰다가도, 선생님의 지엄하신 한마디에 다시 자세를 가다듬고 다음 매를 기다렸다.

이는 학교의 오래된 처벌 규정이나 지금은 점점 사라지는 추세다. 물론 조선의 공식 행형 제도의 하나인 신체형身體刑은 이보다 훨씬 가혹했다. 이것도 이제 더는 시행되지 않는다.

사법 절차는 엄격했다. 특히 자복自服을 받아 낼 때까지의 신문訊問 과정이 잔인했다. 판관석에는 사또와 아전들이 높이 자리를 잡았고, 계단 저 아래에는 죄인이 헝클어진 머리와 상체를 드러낸 채 무릎을 꿇고 고신拷訊을 받았다. 자복하면 판결을 내린다. 가령 절도죄에조차 사형을 선고받는 경우가 많았다. 자복하지 않으면 죄인을 바닥에 메다꽂고는 무릎 위쪽과 발목 아래를 묶은 다음, 다리 사이에 단단한 각목 두 개를 교차시켜 끼운다. 좌우의 형리刑吏는 각목을 확 잡아당겨 뼈를 단번에 부러뜨리는 것이 아니라, 정강이뼈가 휠 때까지 아주 천천히 눌러 준다. 자복을 받아 내려고 무지막지한 형리들이 이 짓을 계속하다가, 단말마의 고통 속에 바스러진 뼈가 한둘이 아니었다.

또 다른 고문은 허벅지와 정강이뼈에 가하는 태형笞刑이었다. 단 몇 대에 살점이 흩어졌다. 뼈 있는 데를 골라 때리는데 뼈가 부러져도 매질을 멈추지 않았다.

죄인들은 캄캄한 옥사에서 가장 끔찍한 고문을 겪었다. 옥사 자체가 이미 듣도 보도 못 한 고통이었다. 바람도 햇빛도 들지 않는 감옥은 온갖 더러운 오물로 범벅이 되어 있었다. 게다가 탐욕스럽고 포악무도한 옥리獄吏는 갖가지 형벌을 고안하여 죄인

빗속에 학교로

이나 그 식솔들에게 돈을 뜯어낼 구실을 만들었다. 박해 시대의 순교자 행적은 공포스런 감옥과 모진 판관과 포악한 형리의 만행을 두루 전한다. 지금 한국에 당시와 같은 감옥은 없다. 새 시대의 여명과 더불어 한국의 감옥, 특히 일본에 저항한 국사범들이 고초를 겪고 있는 지하 감옥에도 한 줄기 인도주의의 빛이 비칠 것이다.

그렇다고 학교에서조차 회초리가 사라지는 건 물론 아니다. 그건 아직 멀었다.

우리가 '공자'라고 부른 그 엄한 선생님은 평생 학문에 매진한 표정이었다. 그는 이 동양의 대학자에게 심취하여 머릿속 비밀스러운 곳에 수많은 한자와 공자의 가르침을 간직하고 있었다. 진정 해박한 사람이었고 한없이 충실한 성품의 소유자였다. 오늘 방과 후에도 많은 일을 했다. 우선 학교 뒤 화덕에서 우리와 신부 넷이 먹을 빵을 구웠다. 우리를 따라 서울 여행을 하려고 남쪽 지방에서 온 신부들이다. 빵을 다 구운 뒤에는 숫돌에 칼을 갈았고 마루에 앉아서 그 칼로 담뱃잎을 잘랐다. 애연가 여럿이 즐길 만큼 넉넉한 양이었다.

아이들은 선생님을 뚫어져라 쳐다보았다. 그가 칠판에 한자를 쓸 때보다 더 열심히 주목하는 것 같았다. 필경 녀석들은 곱게 썬 한국 담뱃잎을 좀 챙겨다가 울타리 뒤에서 피우고 싶었겠지만, 어림 반푼어치도 없는 노릇이다. 아이들은 수업이 끝나기 무섭게 다 까먹은 한자를 선생님께 급히 다시 배우는 것으로 만족해야 했다.

나는 각별한 청이 있어 선생님을 찾아갔다. 어제 본 한국의 장례식에 대해 좀 더 자세히 듣고 싶었던 것이다. 그러면 이 비 오는 날도 유익하게 보낼 수 있을 터였다. 선생님이 도와준다면, 나는 이 사안에 대해 지금까지 수집한 단편적 지식들을 보완하고, 완벽하지는 않더라도 작으나마 전반적인 그림을 그려볼 수 있겠다.

임종에서 무덤까지

아플 때는 무당이, 임종 때는 미신이, 그리고 묏자리를 볼 때는 나침반[패철佩鐵]을 든 지관地官이 제 몫을 한다.

집안에 누군가 아프면 일단 보통 쓰던 민간요법을 써 본다. 때로는 제법 효과가 검증된 듯 보이지만 헛짓인 경우가 많다. 이것이 듣지 않으면 무당을 집으로 부른다. 남자든 여자든 상관없다. (이들은 주로 소경[5]인데 이런 술수로 생계를 유지한다.) 상 위에는 쌀, 물, 그리고 엽전 다섯 개가 든 돈주머니가 준비되어 있다. 무당은 주문을 외우며 엽전을 흔들고 쌀을 뿌린다. 이 병이 누구 탓인지 가려내려는 것이다. 가려낸 엽전이 그 사람을 상징한다. 무당은 굿할 날을 잡고 이날 다시 환자를 찾아온다.

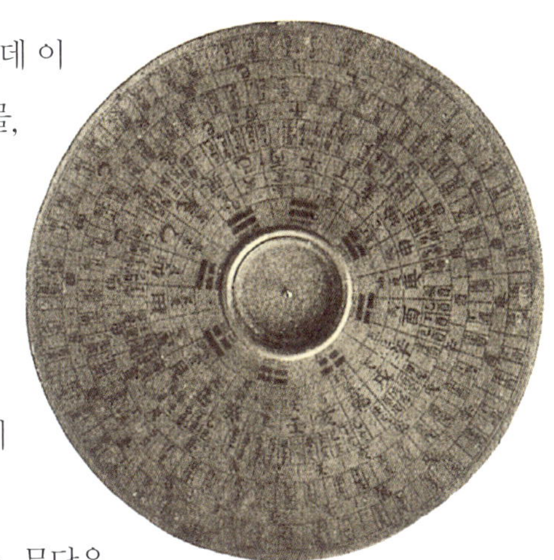

나침반[패철]

제상祭床에는 과일, 음식, 등잔불을 올린다. 무당은 발을 구르며 환자의 넋을 부른다. 이어서 탬버린[바라]을 치고 방울을 울리며 춤을 추기 시작한다. 그동안 끊임없이 주문을 외운다. 과일과 밥과 물을 조금씩 죽과 섞어 제물로 길에 쏟아 붓는다. 환자가 나을지 죽을지만 밝혀 주면 무당의 소임은 끝난다. 이제 무당이 더 해 줄 건 없다. 돈이나 옷이나 쌀 등을 굿값으로 받고 제상에 남은 음식이나 몽땅 챙겨 가면 된다.

환자 때문에 스님을 부르는 일은 극히 드물다. 한국에서 승려는 그리 존경받지도 못할뿐더러, 제대로 배우지도 못해서일 것이다. 죽음이 임박하면 다시 무당을 부른다. 그러나 무당은 한국의 외교인外教人들이 죽을 때 치르는 황당하고 미신적인 모든 예식에서 한발 물러나 있다.

환자가 죽음을 맞이하는 동안 식솔들은 환자의 넋이 [저승길에] 먹을 음식을 준비한다. 넋이 떠나는 순간을 위해 밥 한 사발과 물 한 사발을 미리 마련해 두는 것이다.

임종이 시작되면 임종자를 반대 방향으로 눕혀 평소에 발을 두던 곳에 머리를 두게 한다. 아무것도 보이지 않으니 더는 세상과 소통할 일도 없으리라. 발 밑에는 쌀을 되

5 도교 계열의 독경(讀經)을 주로 하는 장님 판수.

장례식 차일

는 데 쓰는 네모 통[6]을 놓아 발을 수직으로 올려 둔다. 그사이 임종자의 가장 가까운 식솔, 즉 상제喪制는 수의를 챙긴다. 임종자가 마지막 숨을 거두는 순간, 무당은 그의 이름을 세 번 부른다:[7] "아무개가 이제 정말 죽었구나."[8] 이때는 다들 침묵을 지켜야 하며 절대 곡소리를 내서는 안 된다. 무당이 망인을 세 번째 부르면, 상제는 옷을 지붕 위로 던져 망인의 넋이 편히 떠나시게 한다. 또한 쌀을 지붕 위로 던지며 이렇게 빈다: "살아생전 거친 밥만 드셨지요. 이 밥이 끝밥이니 드시고 가시오." 지붕 위로 물을 뿌리면서도 그리 말한다.

시신을 넘어 다니지 못하도록 집 안의 고양이를 서둘러 쫓아낸다. 고양이가 시신을

6 저자는 괄호 속에 '모말'(Mo mal)이라는 우리말 명칭을 쓰고 "모말 스무 개가 한 셰펠"이라 덧붙였다. '셰펠'(Scheffel)은 독일의 곡물 측량 단위로, 지방에 따라 50~180리터 사이를 오간다.

7 망인의 혼을 부르는 초혼(招魂) 의식이다. 망인이 생시에 입던 저고리를 왼손에 들고 오른손은 허리에 대고 지붕에 올라서거나 마당에 서서 북쪽을 향하여 소리친다.

8 저자 나름대로 의역했다. 본디는 "아무 동네 아무개 복(復)"이라고 한다.

넘어 다니면, 망인이 다시 살아난다고 한다. 이런 일을 막을 간단한 방법이 물론 있다. 망인을 부지깽이로 때리면 곧바로 다시 눕는다니 놀랄 것도 없다. 죽으면 즉시(최상품은 아니더라도) 정갈한 옷을 망인에게 입힌 후 벽 쪽으로 돗자리를 깔고 곱게 눕힌다. 시신을 덮을 또 하나의 돗자리는 벽에 비스듬히 세워 둔다.

천장에는 짚신 일곱 켤레를 매단다. 망인의 넋을 저세상으로 인도할 귀신들이 신을 짚신이다. 그중 하나가 저세상을 다스리는 위대한 귀신[9]이 망인을 잘 데리고 오라고 보낸 심부름꾼[저승사자]으로, 그리스 신화의 카론Charon[10]과 비슷한 존재다. 신발과 쌀을 제대로 챙기지 않으면, 그들이 망인의 넋을 때리고 괴롭힐 것이다. 망인의 넋이 가는 곳을 '저승'(Tjosung)이라 한다. 저승에서 가장 높은 판관, 즉 '저승의 왕'이 옥황(Okhang)[11]이다. 망인의 넋이 그 앞으로 간다.

외교인들은 지하 세계가 땅 속에 있다고 생각한다. 그곳이 무엇이며 어떤 모습인지는 상상하는 바가 저마다 다르다. 그곳에 가면 진탕 먹고 마시게 될 것이라고도 하고, 고요한 세계일 것이라고도 한다. 이런 민간신앙에는 불교적 세계관이 작용하고 있음이 분명하다.

유족들의 호곡號哭이 시작된다. 인상 깊은 장면이다. 남녀 모두가 머리를 풀면 헝클어진 머리카락이 얼굴과 목을 가린다. 다들 흐느끼고 오열하고 통곡한다. 마음 깊은 곳에서 우러나오는 슬픔이다. 특히 여인들은 애절한 목소리로 "아이고"'(Aigo)를 길게 끌며 반복한다. 찢어지는 가슴을 부여안고 망인에게 묻는다: "왜 가시었소? 한세상 잘살아 놓고, 우리가 뭘 어쨌기에 그리 떠나시는 건가요?" 친족 가운데 상속권 있는 사람만 곡을 함께 할 수 있다. 곡하지 않고 멀찍이 서 있는 사람은 상속인이 아니다. 호곡이 허용된 사람은 그 사실만으로도 상속권을 인정받는 셈이다.

---

9 염라대왕을 비롯한 열 지옥의 시왕(十王)을 가리킨다.

10 그리스 신화에서 망인을 저승으로 건네준다는 뱃사공.

11 저자의 착오다. 옥황(玉皇) 혹은 옥황상제는 본디 도교에서 유래한 하늘의 신이다.

졸지에 초상이 나면, 서둘러 좋은 관을 마련하는 것이 유족의 임무다. 그것이 부모상인 경우, 아들은 어떤 희생을 무릅쓰고라도 관을 마련함이 마땅하다. 대개 관은 미리 준비된다. 죽음을 앞둔 사람의 최대 관심사는 좋은 관을 마련하는 일이다. 살아생전 그런 관을 제 눈으로 보게 되면 마음이 편안하다. 그는 최상의 재목감이 될 나무를 몸소 골라 놓는다. 아들들이 위독하신 아버지를 위해 마당에서 관 짜는 소리를 듣는 것이 이승에서 누리는 마지막 호사다. 아들들이 관을 방안으로 옮겨 두었을 때, 문병 온 친족 · 친지들이 아버지 면전에서 관을 보고 상찬을 아끼지 않으면, 아버지는 죽음을 눈앞에 두고도 큰 위안을 얻게 되는 것이다.

이제 호곡을 그치고 애통을 안으로 삼켜야 한다. 장남은 비용을 감당할 수 있는 범위 내에서 가장 좋은 수의를 마련하여 망인에게 입힌다. 이 책무를 다하려다가 빚을 지는 경우도 드물지 않다.

다음에는 망인이 저승길에 먹을 쌀 몇 톨을 입에 물린 뒤, 온몸을 감싸고 삼줄로 머리부터 묶는다[염습殮襲]. 쌀알을 물릴 때는 "백 섬, 이백 섬"이라고 소리친다. 먼먼 저승길 가실 때에 몇 톨일지언정 백 섬인 양 여기시고 넉넉히 드시라는 뜻이다. 가시다가 혹여 가시에 찔리실까, 머리와 손발은 검은 명주로 감싸 드린다.

장정 둘이 망인의 머리와 온몸에 삼줄[염포]을 두르고 힘껏 잡아당겨 묶는다. 이렇게 열두 번을 묶은 뒤 관에 모셔 눕히고, 관 뚜껑을 닫은 다음 대나무 못을 박는다.

염습은 유족의 몫이다. 그 자리는 친지나 타인이 있을 자리가 아니다. 무당은 예외다. 승려도 안 된다. 승려는 한국의 전통 장례식과 아무 관계도 없다.

관은 며칠 동안 집 안에 모신다. 최소 나흘, 대개 그 이상이다. 장례 일정에 따라 심지어 7일, 9일, 11일도 가능하다. 어떤 경우에도 나흘이 되기 전에는 장례를 치르지 못한다. 장례일을 잡는 데는 두 가지 조건을 고려한다. 첫째는 친족 초대 의무다. 그들이 올 수 있는 날로 장례 날을 잡아야 한다. 둘째는 지관地官이다. 지관이 먼저 묏자리를 정해야 날을 잡을 수 있다.

먼저 부고訃告(Pugho)를 보내 멀리 사는 친척과 친구를 초대한다. 부고에는 망인의 이름과 초대 글을 올린다. 부고를 받으면 상가에 초, 종이, 쌀 등을 부조扶助한다. 부조 받은 쌀로는 장례 음식인 밥죽(Papchuk)[12]을 끓이고, 종이로는 상을 당한 여인들의 풀어 헤친 머리를 감싼다. 그들은 스무나흘 동안 종이를 덮어쓰고 있어야 한다. 초는 주로 밤에 거행되거나 밤까지 이어지는 장례식 때 켠다.

유족이 부른 지관[13]의 임무는 막중하다. 그는 패철 등을 활용하여 묏자리를 찾아야 한다. 한국인들은 대부분 선산先山을 소유하고 있다. 부유한 문중의 선산은 꽤 멀다. 보통 망인을 선산에 묻는 것이 관례지만 이때도 지관의 동의를 얻어야 한다. 동의하든 다른 묏자리를 찾든, 결정하는 데까지는 시간이 좀 걸린다. 이는 어려운 일이라, 오래 걸릴수록 지관의 몸값이 치솟는다. 더러는 자갈투성이 밭뙈기 위에서 허물어져 가는 초가집 주인이 지관을 매수하기도 한다.

가난한 주인이 땅을 팔고 싶던 차에 마침 이웃에 초상이 나고, 지관은 패철로 묏자리를 찾는다. 일이 묘하게 맞아떨어진다. 날이 흐른다. 일주일 후 마침내 힘겨운 묏자리 찾기가 끝난다. 묏자리는 바로 이웃의 퇴락한 초가집이 있던 밭뙈기다. 선친의 묘는 단연코 그곳에 써야 한다고, 지관이 맏상제에게 말한다. 아들이 이웃에게 그 땅을 사려고 갔다가 기겁을 한다. 어떤 값에도 땅을 내놓지 않겠다는 것이다. 효성 지극한 아들은 그 탐욕스런 위선자의 인정에 호소한다. 이웃은 착한 아들의 간청에 못 이긴 척 고집을 꺾는 듯하면서도, 결국 땅값의 서너 배를 부른다. 지관에게도 적당한 몫을 떼 주어야 하기 때문이다. 망설임 없이 제안을 받아들인 아들은 알거지가 되고, 지관은 기회만 되면 그 사기꾼 땅주인까지 같은 수법으로 등쳐 먹을 수 있으리라 확신하며 제 몫을 챙겨 간다. 이 비열한 사기 행각에도 불구하고 땅 주인은 지관에 대한 무

---

12 입관 전까지 상제들이 먹는 미음을 일컫는다.

13 앞에서는 몇 번 '풍수가'나 '지관'을 뜻하는 Geoskop라는 독일어를 쓰다가 여기서 Chigwan이라는 음역을 명기했다.

짚자리 위에 서서 조문객을 기다리는 상제

조건적 신뢰를 눈곱만큼도 저버릴 수 없었기 때문이다.

장지葬地는 반드시 읍성과 마을 밖에 있다. 멀어서 바람이 무덤의 기운을 집까지 실어 나르지 못한다. 상여와 각종 장례 도구를 넣어 두는 초막[상엿집]도 마을의 집들과 멀리 떨어져 있다. 그리고 옛 무덤들의 기운이 새 무덤을 스치고 지나가는 자리에도 묘를 쓰면 된다. 옛 귀신들이 새 귀신을 절대 가만 놔두지 않을 것이다.

하나둘 상갓집에 모여든 친척들이 "어이, 어이, 어이!"(hoi, hoi, hoi)라고 꼭 세 번씩 울음을 토한다. 다들 똑같은 상복을 입는다. 각자 입고 있는 옷 위에 관(Kwan)이라는 것을 걸친다. 관이란 발목까지 내려오는 풍성한 겉옷인데, 누르스름하고 속이 비치는 천[삼베]으로 만들었다. 거친 새끼줄로 허리를 동여맨다. 감투(Kamtu) 대신 두건(Tukon)을 쓴다. 두건도 같은 천으로 만들었다. 두건 꼭대기는 납작하게 눌려져 있고, 두건 솔기에서 꼭대기까지 베오리[굴건屈巾]를 덧대어 새끼줄로 고정시킨다. 발에는 거친 짚신[엄짚신]을 신는다. 부친상에는 상복 끝을 솔기 없이 너덜거리게 두고, 모친상에는 솔기를 짓는다. 상복 입는 기간도 다르다. 부친상은 2년이요 모친상은 1년이다. 단, 어머니가 먼저 돌아가시는 경우다. (아버지는 대개 재혼하기 때문이다.) 어머니가 뒤에 돌아가시면 부친상 때와 같이 2년 동안 상복을 입는다. 이 동안 상제는 두건 대신 삿갓[방갓]을 쓰고 막대기 사이에 천을 끼워 얼굴을 가린다. 챙 넓은 삿갓을 쓰고 밝은 세상을 외면함으로써 상제는 자신이 제 불효의 소치로 부모를 여읜 죄인임을 드러낸다.

바깥출입할 때의 상복 차림

상중에는 음주가무를 삼갈 것이며 머리를 자르지 말아야 한다. 검은 옷을 입지도, 우산을 쓰지도, 가죽신을 신지도 말고 오직 소복素服만 입어야 한다. 상갓집은 연일 조문객들로 넘쳐 난다. 이들을 대접하는 데 드는 비용도 만만치 않다. 상갓집에 오는 사람은 누구든지 장례 음식을 함께 나눌 수 있다. 특히 상여꾼들이 몰려드는 장례식 당일에는 손님 대접에 각별히 신경 써야 하므로 차일 안에 먹고 마실 것을 푸짐하게 준비해 둔다.

여섯, 여덟, 열여섯, 혹은 스물네 명의 상여꾼이 집 앞에서 붉고 푸른 색색의 종이로 상여를 장식하며 출상 채비를 갖추는 동안, 상제는 친척과 친지들의 조문을 한 차례 더 받는다. 상복을 온전히 갖추어 입은 상제가 집 앞 짚자리 위에 서 있으면 조문객들은 한 사람씩 다가와 상제 앞에 부복하며 이마가 땅에 닿도록 큰절을 한다. "어른께서 이리 가시니 하늘이 무너집니다"라거나, "얼마나 상심이 크십니까? 무어라 드릴 말씀이 없습니다" 등으로 운을 떼면, 상제는 "예, 이루 형언할 수가 없습니다"라고 응

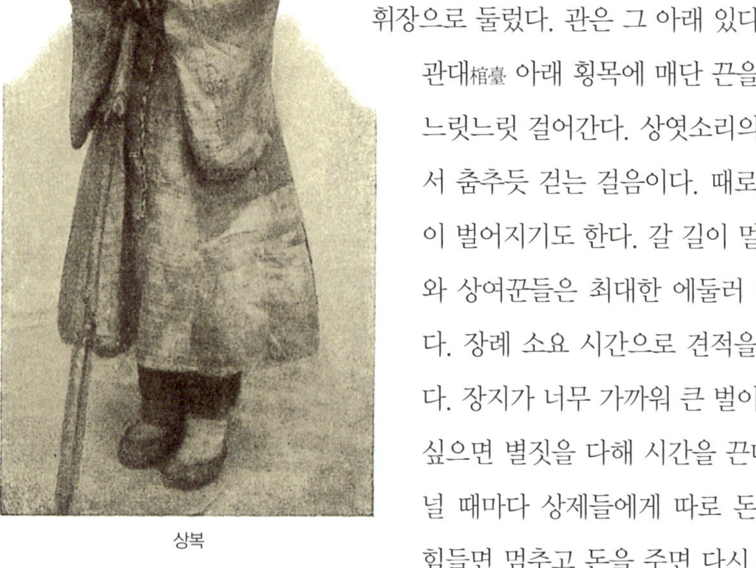
상복

답한다. 몇 마디 의례적인 말들이 오가는 동안 또 다른 사람이 와서 같은 방식으로 조의를 표한다. 한 사람씩 차례로 그리하고는 각자 먹다 만 장례 음식을 먹으러 되돌아간다.

이윽고 장례 행렬이 출발한다. 청홍색 종이초롱이 선두에 서고, 향도嚮導 격인 상복 차림의 주례자가 지휘봉을 들고 우뚝 솟은 상여 앞에서 걸어간다. 상여는 휘장으로 둘렀다. 관은 그 아래 있다. 상여꾼들은 관대棺臺 아래 횡목에 매단 끈을 어깨에 걸고 느릿느릿 걸어간다. 상엿소리의 리듬을 타면서 춤추듯 걷는 걸음이다. 때로는 숫제 춤판이 벌어지기도 한다. 갈 길이 멀다. 요령잡이와 상여꾼들은 최대한 에둘러 먼 길을 잡는다. 장례 소요 시간으로 견적을 내기 때문이다. 장지가 너무 가까워 큰 벌이가 안 되겠다 싶으면 별짓을 다해 시간을 끈다. 개울을 건널 때마다 상제들에게 따로 돈을 요구한다. 힘들면 멈추고 돈을 주면 다시 간다. 장지까지 당일에 못 갈 때도 많다. 그때는 전체 행렬이 상갓집으로 되돌아온다. 하루 만에 끝나지 않는 장례를 사람들은 특별한 영예로 생각한다.

노상에서 부르는 상엿소리는 실로 통절하다. "저승길이 힘들구나. 이제 가면 언제 오나? 이 산 헐면 다시 오나?" 요령잡이 둘이 요령을 흔들며 관 앞을 춤추듯 돌다가 이렇게 앞소리를 메기면, 다른 사람들이 뒷소리로 응답한다. "두 번 다시 아니 오네." 다시 앞소리가 "바닷물 마르면 다시 오나?"라고 물으면 뒷소리는 같은 대답을 반복한다. "두 번 다시 아니 오네." 이런 창의적 소리메김이 계속 이어지는 것이다.

[출상出喪 전] 문상問喪

출상 직전. 혼백상자와 장지까지 여인들이 타고 갈 가마[삿갓가마]

출상

그사이 묘가 준비된다. 지관이 묏자리를 정하면 그곳에 악귀를 쫓는 제기祭器들을 진설陳設한다. 그다음 묘혈墓穴을 깊이 판다. 묘혈은 미장이가 사각형의 벽을 쌓을 수 있을 만큼 넓어야 하고, 관이 들어갈 수 있을 만큼 커야 한다. 묘혈에서 파낸 상당량의 흙은 봉분을 쌓는 데 쓴다. 묘소 앞에는 큰 종이 깃발이 달린 대나무 장대[만장輓章] 두 개를 꽂을 것이다. 깃발에는 망인의 이름과 유족들의 조문弔文이 크게 한문으로 쓰여 있다. 장지가 가까워지고 있다. 묘소 근처에 차일을 치고 친척들이 부조한 쌀로 상제가 먹을 밥죽을 끓인다. 상여꾼들과 장례 행렬을 따라온 모든 이에게는 술과 담배와 각종 음식을 대접한다. 하관 준비가 끝날 때까지 다들 배불리 먹고 마신다.

벽을 친 묘혈에 하관이 진행되는 동안 인부들은 천천히 주위를 돌면서 땅을 밟아 다진다. 이때 지관이 다시 등장한다. 그는 자신의 역할을 멋지게 마무리하는 방법을 꿰고 있다. 관은 정확하게 수평을 유지해야 한다. 지관은 끊임없이 납추로 정확한 위치를 가늠하면서 그 방향으로 관을 움직인다. 그는 자신의 명성과 역할의 중요성을

장례 행렬

지킬 줄 아는 사람이다. 끝까지 긴장의 끈을 놓지 않고 측정하여 수평을 잡는다. 마침내 지관이 작업을 끝낸다. 종이를 바른 나무판에는 망인의 이름이 쓰여 있다. 그것을 관 위에 놓는다. 관을 묘혈 석벽 사이에 정중히 모시고 그 위를 각목으로 덮은 다음 흙을 붓는다. 묘혈이 완전히 메워지면 인부와 상여꾼들이 땅을 밟아 단단히 다진다. 이제 봉분을 올릴 차례다. 푸짐한 음식과 담소를 즐기던 조문객들이 흥을 잠시 죽이고 장례식에 동참할 때가 된 것이다.

묘혈을 팔 때 모아 둔 흙의 일부를 무덤으로 옮긴다. 조문객들은 끝부분에 철환이 달린 긴 지팡이[달굿대]를 들고 인솔자를 선두로 긴 행렬을 이룬다. 인솔자가 노래하고 춤추며 봉분 주위를 맴돌기 시작하면, 다들 그를 따라 나선형으로 원무를 추면서 점점 가운데로 모여든다. 여기까지 왔다가는 다시 차일 아래로 뿔뿔이 흩어져 원기를 보충한다. 그사이 새 흙을 날라 온다. 원무를 추면서 흙다지기를 오래 거듭하는 동안 어느덧 높고 견고한 봉분이 쌓인다.

그사이 예닐곱 번 묘제墓祭를 올린다. 망인의 넋에게 바치는 제사일 뿐만 아니라, 소란함에 분명 성가셨을 인근 귀신들과 화해를 도모하는 제사이기도 하다.

장례 행렬에서 상여 바로 앞에 가는 작은 목함 얘기도 빼놓을 수 없다. 차양이 쳐진 목함 안에는 '혼백'(Honpäk)을 모셨다. "그 안에 망인의 넋이 들어 있다"고 한다. 장사葬事를 지내는 동안 사람들은 혼백상자를 묘소 앞에 세워 두고, 그날 자신이 가져온 담배와 음식을 10분쯤 그곳에 바친 다음에야 피우고 먹는다.

혼백상자는 장사를 지낸 후 되가져온다. 그 후 2년 거상居喪이 끝날 때까지 집 안에 모셔 두고 매일 세 차례씩 담배 · 밥 · 술 · 물을 올려 제사를 지낸다. 탈상脫喪하면 혼백상자를 불태우고 대신 목패(Mokpä)를 만들어 모신다. 이 목패에는 망자의 혼령(Seele)이 아닌 귀신(Geist)이 들어 있다. 넋이 귀신이 되었거나, 귀신과 결합한 것이다. 이 밤나무 위패[신주]는 6대손까지 집 안에 모시다가 그 후에는 망인의 묘에 묻는다.

장사 지내고 사흗날에 친족 · 친지들은 다시 한 번 묘제[삼우제三虞祭]를 지낸다. 거상 첫해가 시작되는 이때부터 매달 초하룻날과 보름날 친족 · 친지들은 거상 중의 집에 모여 삭망전朔望奠[14]을 지낸다. 2년 거상 내내 제물과 음식을 차려 놓고 성대한 제사를 봉행한다. 망인의 넋이 아직 이승에 머물러 있기 때문이다. 마지막 제사는 최대한 성대하게 지낸다. 이것은 최후의 송별연이다. 여기저기서 연례 기념제[기제사忌祭祀]를 몇 번 더 치르기는 하지만 외형적 참여도는 점차 줄어든다. 매년 정월 보름(2월 중순)과 팔월 보름(9월 중순)에는 가족들이 꼭 성묘를 가야 한다. 가서 사초莎草를 하는 등 묘소를 돌보는 것이다.

조상의 위패. 실물의 1/5

[이런 이야기들을 들려주느라] '공자' 선생은 저녁때까지 붙들려 있었다. 손님들이 떼로 몰려왔다. 빗줄기도 신자들을 집안에 가두어 두지 못했다. 평소 습관대로라면 저녁 밥상머리에 말없이 앉아 있을 사람들이었다. 모두들 방바닥에 쪼그리고 둘러앉았다. 한국말 경어법에 정교한 구분이 있는 것처럼, 옛 전통은 앉는 자세도 엄격하게 규정한다. 아랫사람이 윗사람을 대할 때 취하는 자세는 다음과 같다.

1. 가장 공손한 자세: 종아리를 가지런히 모으고 바닥에 두 무릎을 꿇는다. 발등은 바닥에 밀착시키고 상체는 곧추세워 발바닥을 깔고 앉는다. 양손을 무릎에 올린다. 우리는 이 자세가 제일 앉기 편하지만, 이렇게 앉으면 안 된다.
2. 좀 덜 공손한 자세: 오른 다리는 위와 같이 하고 왼발을 오른 무릎 옆에 둔다. 세운 다리의 무릎을 손이나 아래팔로 감싼다. 양발을 가끔씩 바꿔 가며 앉아도 된다.
3. 덜 공손한 자세: 왼 무릎을 세워 손이나 팔로 감싸고, 오른발은 왼 발꿈치 옆에 둔다. 양발을 가끔씩 바꿔 가며 앉아도 된다.
4. 바닥에 무릎이 완전히 닿도록 다리를 꼬고 앉는다. 온몸이 발뒤꿈치를 깔고 앉는 형국이다. 제일 어려운 자세라, 한국인도 많이 불편해한다. 가마는 이 자세로 타야 한다. 흔들리는 가마 속에서는 양 무릎을 딱 붙여야 안정감이 있다. 이때는 발을 포개지 말고, 종아리를 몸 앞으로 평행하게 둔다.
5. 동년배들끼리 있을 때는 마음껏 편한 자세를 취한다. 들판에 앉아 푸른 하늘을 볼 때도 마찬가지다. 양발로 바닥을 가지런히 딛고 상체를 세워 약간 구부린다. 담뱃대를 들고 있지 않다면 대개 양손이나 팔로 무릎을 감싸기 때문에 무릎이 활짝 열리지는 않는다.

---

14 거상 기간 중 매달 초하룻날과 보름날 아침에 집에서 지내는 제사. '삭망'이라고도 한다. 저자는 음역과 독일어를 섞어 Sakmangopfer라고 표기했다.

공주 감옥

4월 25일

나는 진작부터 공주 감옥의 낮고 거무스름한 담장에 끌렸다. 담장은 작은 뜰을 감싸고 있었다. 그을린 판자문이 우리를 슬프게 응시했다. 안으로 들어가 볼 수 없을까, 생각했다. 쉽게 들여보내 줄 것 같지는 않았지만, 약간만 머리를 굴리면 될 듯도 싶었다. 마을을 가로지르는 냇물이 제법 불었다. 마음을 단단히 먹고 가까스로 내를 건너니 감옥 담장이 코앞이었다.

안드레아 신부가 구슬려 보았지만 통하지 않았다. 입장 불가! 하지만 한 번 정도 예외를 둘 수는 없는지, 문지기가 안에 대고 물어볼 수는 있을 것 아닌가. 그는 한번 해보겠다며 낮은 문으로 잽싸게 들어갔다. 우리도 따라 들어가려는데 밖에서 기다리란다. 뭐, 우리도 당장은 그럴 생각이 아니었다. 실랑이를 벌이는 동안 하나둘 모여든 사람들 틈에서 기다리고 싶지 않았을 뿐이다. 대답을 들을 때까지만이라도 안에서 기다릴 작정이었다. 우리 부탁은 당연히 거절당했지만 [안에서 기다리겠다는] 목적은 달성한 셈이다.

감옥 자체는 애쓴 게 아까울 만큼 대단한 볼거리가 아니었다. 직경 30미터의 둥근 마당 한복판에 초라한 옥사가 있고, 그 앞에 지금은 일본인 간수들의 숙소로 쓰는 양철지붕 집이 보였다. 그게 전부다. 그러나 독실한 순교자들의 인고忍苦와, 굳건한 신앙을 비는 뜨거운 기도와, 하느님에 대한 무한한 신뢰와 영웅적 기상에 대해, 풍우에 씻긴 감옥의 돌들은 입을 열어 증언하고 있었다. 그들은 단말마의 고통을 겪은 후 마침내 더러운 차꼬를 차고 형장으로 끌려왔다. 신앙을 위해 차마 형언하지 못할 고초를 겪고서, 기어이 죽음으로 신앙을 지킨 사람들의 이야기다.

다시 문밖으로 빠져나오는데, 모종의 야릇한 느낌이 온몸을 휘감았다. 로마 카타콤바의 어둡고 서늘한 통로를 빠져나올 때도 이런 느낌이었다. 열망하는 목적을 이루기 위해 얼마나 많은 그리스도인이 만신창이가 된 몸으로 이 문턱을 넘었던가! 그들은 목에 큰칼을 씌워 걸음도 제대로 옮기지 못하였다.

밖에서 잠시 짬을 내어 옥문의 구조를 관찰했다. 가로 70센티미터, 세로 120센티미터의 무거운 판자문이 두 짝이다. 양쪽 날개가 만나는 지점 상단, 즉 각 날개 모서리를 손바닥 크기로 파서 작은 구멍을 내놓았다. 옥졸은 적당한 거리를 두고 그 구멍을 통해 바깥을 살폈다. 문 옆으로도 벽을 뚫어 구멍을 내고 대나무를 꽂아 두었다. 그것은 일종의 송수신기로, 옥졸과 바깥세상을 연결하는 창구 역할을 했다.

내를 따라 몇백 미터 더 내려가면 좁은 평지에 성긴 숲이 나타난다. 이곳이 형장이다. 순교자들의 피가 도적들의 피와 섞여 마른 모래를 적셨다. 냇물이 넘치면 피에 젖은 모래가 나무 밑까지 쓸려 왔다. 목 잘린 시신들이 묻히지도 못하고 뒹굴었다. 장마에 냇물이 불으면 시신들은 물살에 떠밀려 모래톱에 파묻히거나 인근 백마강까지 떠

공주 감옥 입구

참수당한 이들의 무덤에서 바라본 공주 형장

내려갔다. 숱한 시신이 가까운 언덕에 매장되어 무덤이 온 언덕을 뒤덮었다. 순교자의 무덤과 범죄자의 무덤이 한데 섞여 구별되지 않았다. 무덤가에 수줍게 핀 푸른 제비꽃이 숨은 영웅들의 고귀한 정신을 상기시켜 주려는 듯 달콤한 향기를 뿜었다. 향은 우리 알프스 제비꽃(viola alpina)과 비슷했다. 여기 영웅들이 잠들어 있다. 우리는 그들의 소리 없는 인사를 알아들었다. 이 제비꽃을 집으로 가져가 여기 잠든 성인 · 성녀와 죄 없는 아이들의 굳은 신앙을 기억하려 한다. 내일이면 우리는 지방 여정을 끝내고 서둘러 열차편으로 귀경할 것이다.

할머니와 손주

제13장

일본의 국책 사업

꽃 피는 과일나무

5월 2일

오늘은 뚝섬[1] 원예모범장[2]을 둘러보자는 제안이 들어왔다.

동소문을 지나 야외로 나왔다. 유원지가 매혹적인 봄의 정취를 한껏 머금고 우리를 맞았다. 완강한 산기운은 여전했지만, 불그스름한 모래 언덕은 양광陽光에 찬연히 빛나고 언덕 위의 짙은 소나무들은 우울에서 벗어나 생기를 내뿜었다. 과일나무마다 꽃이 흐드러지게 피었다. 장기판처럼 잘 구획된 들판에 봄이 제 영역을 장악하기 시작했다. 각별한 정성으로 만든 모판에 볍씨를 뿌렸다. 모가 자라면 다른 논에 옮겨 심을 것이다. 그 한 귀퉁이에서 생명과 색깔이 움트고 있었다. 연둣빛 새싹들은 작은 들판을 부드러운 그물처럼 둘러쳤다. 한국인들은 봄날의 새싹을 정말 반가워한다. 아이들 옷감으로 연녹색을 유난히 선호하는 걸 보면, 새싹 트는 봄날의 기쁨을 그리 표현하고 싶은가 보다. 연녹색은 참 보드랍고 따스하다. 배추(Pätschu)도 벌써 노란 꽃을 차례로 피워 내년을 위한 씨앗을 스스로 마련하고 있다. 배추로는 한국의 밥상에서 절대 빠질 수 없는 김치를 담근다.

---

1 저자는 Tuxon으로 '잘못' 음역하고 괄호 안에 "일본말로는 뚝도(Tukto)"라는 설명을 달았다.

2 1906년 일제 통감부가 농축산 기술의 시험 · 조사 및 개발과 종자 개량 등을 목적으로 수원에 설립한 권업모범장(勸業模範場) 지방 출장소 중 하나다. 1910년 뚝섬에 개장한 원예모범장은 과수, 채소 등에 관한 사업을 담당했다. 1929년에는 조선총독부 농사시험장으로 명칭을 변경했다.

서울 한강변

성벽 뒤 운치 있는 계곡을 따라 걸음을 재촉했다. 따스한 아침 햇살이 만개한 벚꽃을 희롱하고, 초가지붕도 봄 새싹들 사이에서 맑게 웃었다. 금빛 모래 언덕은 햇빛에 반짝이며 꽃대궐의 찬란한 장관을 내려다보았다! 더 나은 미래를 꿈꾸고 있는지, 아니면 오히려 쇠락 일로에 있는 이 재산들을 일본인이 독차지할 날만 망연히 기다리고 있는지, 양반님네 별장들이 계곡 도처에 산재해 있었다.

한 시간이 지난 9시쯤, 우리는 동대문 밖 언덕과 마을을 막 벗어나고 있었다. 언덕은 시내 쪽으로 바짝 붙었고 초가집들이 밀집한 근교 마을에는 2만에서 2만 5천 명 정도가 모여 살았다. 언덕을 내려가니 한강을 끼고 넓은 평지가 펼쳐졌다. 우리가 방금 내려온 바위 밑둥이 지류支流에 젖었다. 돌다리를 건너 평지로 들어섰다. 다시 한 시간을 더 가니 뚝섬이었다.

입구의 관리 사무소 건물이 우리를 정겹게 맞이했다. 건물은 잘 손질된 나무와 관상용 유실수를 인공적으로 묶어 만든 그늘길 뒤편에 숨어 있었다. 이곳의 사업이 얼마나 전문적이고 효율적으로 진행되는지 알면 놀라지 않을 수 없다. 물론 엄청난 예산이 소요되지만 유실수 재배에는 더없이 적합한 입지다. 과수가 깊이 뿌리 내릴 수 있는 한강 유역의 비옥한 습지를 원예모범장 부지로 선정한 것이다. 영양가 높은 개량종들은, 이곳에 열대성 생장력을 발휘하게 하는 특별한 요인이 있음을 증명한다.

넓은 포도밭에는 다양한 품종의 포도나무를 심었다. 한국에서는 포도 재배에 큰 희망을 건다. 이 포도밭에서 생산되는 포도는 품질이 매우 우수하다. 특히 중국 포도는 유럽이나 미국 포도보다 훨씬 맛이 좋다. 그러나 포도주 생산의 경우, 아주 망하지는 않는다 해도 엄청난 어려움이 있다. 하필이면 포도 익는 계절에 열대성 호우가 내리기 때문이다. 그러면 포도의 함수량이 증가하고 포도주를 만들기에는 당도가 너무 높아진다. 그래서 일본 포도주가 고급 포도주 반열에 오르지 못하고 그저 달착지근하기만 한 설탕물 취급을 받는 것이다. 이 문제를 해결하기 위하여 수백 종의 포도나무가 시험 재배되고 있다.

일본인 과수 재배 책임자

여학교에서

길게 펼쳐진 과수 재배 단지에 피라미드 모양의 나무들이 늘어서 있고 가지마다 예쁜 꽃이 만개했다. 캐나다에서 수입한 50여 종의 사과나무들이다. 품종마다 구역을 나누어 심었는데, 나무 한 그루 한 그루 정갈하고 세심하게 손질되어 있었다. 가는 곳마다 그랬다. 나무 잘 가꾸기로 말하면 단연코 일본인이다. 나무는 미국에서보다 한국에서 더 잘 자란다. 과일 생산도 한국이 훨씬 유리하다. 미국에서는 따로 물을 많이 주어야 하는데, 이곳은 봄에 비가 적당히 와 주기 때문이다. 지하수가 풍부한 이곳의 토양까지 감안하면 뚝섬은 다방면에서 최적지다.

예쁘게 뻗은 배나무 가지에 배꽃이 흐드러지게 피었다. 특히 배나무는 일본 종으로 50여 종을 헤아린다. 아쉽게도 포도밭과 구획을 나누어 쓴다. 과즙은 풍부하지만 우리 [독일 사람] 입맛에는 별로 맞지 않았다. 이 대규모 원예모범장의 한편에는 채소 재배 단지가 있다.

이 모든 것이 성실한 노력의 산물이요 놀라운 성취였다. 한국은 과수 재배에 최적의 기후 조건을 갖추었다. 뚝섬은 한국의 과수 재배 수준을 향상시키는 데 지속적으로 중차대한 역할을 할 것이나, 현재 수준만으로도 충분히 모범이 되고 있다 할 만하다. 알 굵은 버찌와 가장 중요한 반찬인 김치 재료들과 몇 종의 밤나무와 호두나무 말고도, 이 땅에서 날 수 있는 것들이 아직도 많음을 뚝섬의 원예모범장은 보여 주었다.

벌써 12시가 다 되었다. 우리는 뚝섬을 떠났다. 귀로에 한강 지류를 따라 멀리 에둘러 걷다가 언덕을 올랐다. 언덕배기 작은 숲에서 한 촌부가 태평하게 갈대 피리를 불고 있었다. 단조로운 음색이었다. 우리는 원산행 철로[경원선]가 지나가는 철둑에 이르렀

소년

서울 어느 산기슭의 주철소

다. 새로 가설되었다지만, 철둑은 매우 낡아 보였다. 그럴 수밖에 없는 것이, 인근 벌판에서 흙을 날라다가 4미터 높이로 쌓아 놓았을 뿐이기 때문이다.

작열하는 한낮의 태양 아래 헐벗은 산등성이를 올랐다. 산마루의 소나무들은 성글었고, 야윈 실측백나무 한 그루와 전신주만 여기저기 서 있었다. 저 아래 골짜기에 주철소鑄鐵所가 보였다. 낮은 굴뚝에서 연기가 피어올랐다. 골짜기는 갈라져 한강변 평지에 닿았다. 한강은 아스라한 산들을 끼고돌면서 은빛 물살로 넓은 평야를 천천히 적시고 있었다.

마지막 언덕은 우리와 성곽 사이에 있다. 그곳에 오르려고 가난한 마을을 서둘러 지나쳤다. 마을 옆 밭에는 일정한 간격으로 짚단이 무수히 쌓여 있는데, 마치 낡은 짚신을 흩어 놓은 듯했다. 이 짚단들은 콩밭의 여린 싹을 덮어서 밤의 한기를 막아 준다.

천혜의 운치를 머금은 계곡을 지나자 드디어 마지막 언덕이었다. 협곡을 지나 시구문屍口門[3]까지 왔다. 시구문 밖에는 무덤들이 늘어서 있었다. 시신들은 이 문을 통해서만 도성 밖으로 나갔다. 무연고 시신이나 사형수 시신은 거두어 주는 이가 없어 그냥 가까운 곳 아무 데나 묻혔다. 그래서 저 아래에는 순교자의 무덤도 많다. 도성에서 내쳐진 영웅들의 시신은 초라한 흙더미에 덮여 있지만, 그들의 외침이 들릴 만큼 가까워 그 표양을 성벽 너머까지 전한다. 사람들은 그 외침에 귀 기울일 것인가, 아니면 십자가로 인도하는 영웅의 메시지가 순교자의 비명 소리와 외교인의 웃음소리에 파묻혀 버리고 말 것인가?

시내에서는 왁자지껄한 잔치가 벌어지고 있었다.[4] 거리는 이미 인파로 붐비기 시작했다. 청홍의 한지韓紙로 만든 큰 물고기들이 4, 5미터는 됨직한 장대에 매달려 지붕 위에서 펄럭였다.[5] 그 밑에서 아이들이 환호성을 질러 댔지만, 즐겁기는 동네 사람 모두가 마찬가지다. 펄럭이는 괴물의 아가리 속으로 바람이 들어가 몸통이 빵빵하게 부풀었다. 거리를 가로질러 매달린 물고기도 많았다. 아이들이 물고기에게 목청껏 인사를 건넸다. 불교적 세계관에 따르면 이 '날으는 물고기들'은 풍년을 기약한다고 한다.[6] 이런 생각은 훗날 민간신앙에도 전해져, 지금도 새싹 돋는 봄날이면 논밭에 종이물고기를 걸어 두는 것이다. 내걸린 물고기 수를 보고 그 집의 자식이 몇인지 알 수도 있다.[7]

이 동네 지저분한 골목길들을 모두 돌고 돌아 마침내 넓은 운동장으로 접어들었다. 운동장이 제구실을 못한 지 이미 오래다. 온몸이 진흙투성이가 된 아이들이 운동장을

---

3 저자는 Sikumun으로 음역했다. 시체를 내가는 문. 서울에는 서소문과 광희문(光熙門)이 있는데 여기서는 광희문을 이른다.

4 남자 아이들을 위한 일본의 어린이날 '고도모노히'(こどものひ)는 5월 5일, 여자 아이들을 위한 날 '히나마츠리'(ひなまつり)는 3월 3일이다.

5 남자 아이가 강하게 자라서 장차 세상에 이름을 알리기를 기원하는 뜻으로 '고이노보리'(こいのぼり)라는 잉어 모양의 장식을 지붕 위에 다는 일본의 어린이날 풍습.

6 '잉어가 등천(登天)하여 용이 된다'는 중국 고사에 따라, 잉어가 출세를 상징하기 때문이라는 설이 더 정확하다.

7 '고이노보리'는 남자 아이가 있는 집에서만 건다. 남자 아이가 하나면 잉어는 부모와 아이를 합해 세 마리를 거는 식이다.

여동생을 업은 소녀

뒹굴고 있었다. 악취가 진동하는 개울이 운동장을 가로질렀다. 이곳은 인근 지역, 아니 도시 전체의 온갖 역겨운 쓰레기를 수레에 실어 내다 버리는 척박하고 더러운 하치장으로 타락해 버렸다.

공업학교

5월 6일

우리는 공업학교[8] 방문을 신청했다. 나는 시내로 나갈 때마다 멀지 않은 곳에 있는 거뭇한 초가지붕의 목조 건물을 몇 번 지나친 적이 있다. 건물은 목조 작업장들과 나란히 서 있었다. 굴뚝 몇 개가 우뚝 솟은 걸 보니 증기 기관을 보유한 시설일 것이었다. 그 설비는 탁월한 성능으로 사람의 일손을 돕는다.

학교는 수도원에서 15분 거리에 있다. 길을 막 나서려는데 저 아래 동소문 쪽에서 학생들이 깃발을 앞세우고 노래를 부르며 행진하고 있었다. 그들은 동소문 밖 운동장에서 신명나게 운동하며 하루를 보낼 것이다. 오늘이 무슨 명절날인 듯싶었다.[9] 길에서 만난 아이들마다, 특히 아버지 어머니 등에 업힌 어린애들까지 다들 고운 옷을 차려입고 한껏 모양을 냈다.

이런 명절 때는 대개 아이들 세상이 펼쳐진다. 우리는 이런 축제들을 더러 보았다. 며칠 전에는 연등회가 열렸다.[10] [음력] 오월 초닷샛날[단오], 방방곡곡에 그네가 걸리면 아이들은 하루 혹은 여러 날 동안 그네 주위를 떠날 줄 모른다(6월 1일 자 여행기 참조).

---

8 1911년 당시의 명칭은 공업전습소(工業專習所)였다. 1916년 이후 경성공업전문학교로 교명이 바뀌어 해방 후까지 존속했다. 해방 후 경성광산전문학교와 경성제국대학 이공학부를 흡수하여 서울대학교 공과대학이 되었다.

9 일본 어린이날 '고도모노히'의 연장인 듯하다.

10 음력 사월 초파일에 열린 석가 탄신일 행사를 말한다.

여인들과 아이들 ①

한국에서 아직 통용되는 중국식 책력으로 삼월 초사흗날[삼짇날]은 독일의 5월 민속제(Maifest)와 비슷한 날이다. [양력으로는] 3월 말쯤 된다. 이날은 선남선녀가 만물이 소생하는 야외로 나가, 가지에 움트는 연둣빛 새싹도 구경하고 집에서 싸 들고 온 음식도 즐기며 노래하고 논다.

이런 것 말고도, 딱히 명절이라고는 할 수 없으나 한국의 가정에서 중요하게 챙기는 날들이 더 있다. [음력] 2월 10일은 대청소의 날[11]이다. 이날에는 온집안 멍석의 먼지를 털고 솥단지를 전부 꺼내 닦고 집안 구석구석을 깨끗이 청소한다. [음력] 3월 초, 한겨울 눈서리가 가시면 조상의 산소를 돌보고 묘사墓祀를 지낸다[한식寒食].

한국에서 일손을 완전히 놓고 쉬는 명절은 새해[설]와 [음력] 8월 15일[추석] 둘뿐이

---

11 전통 세시 풍속 중 음력 2월 초하룻날의 '노래기날'과 연관된 설명으로 보인다. 노래기를 퇴치하는 날로, 통상 집안 대청소를 겸한다. 퇴치 방법으로는, 대청소를 하여 노래기 알을 쓸어 내고 솔가지를 꺾어 지붕 위에 던진다든지 콩을 볶으면서 주문을 외운다. 경기도 안성 지방에서는 노래기 부적도 붙인다.

다. 후자는, 이를테면 '모든 성인 대축일'[12] 같은 것이다. 이날에는 다들 부모와 조상의 묘소가 있는 선산을 찾는다. 낮은 봉분이 자리한 적막한 풀밭을 석등이 풍상에 시달리며 지키고 서 있다. 그곳에서 성묘하며 조상님께 음식을 바친다.

설날에는 모두 새해 인사[세배]를 주고받으랴 감히 일할 엄두를 내지 못한다. 윗분들은 방 안에 앉아 하례객이 끊길 때까지 놀라운 인내심으로 한 사람씩 세배를 받는다. 신세 진 사람, 아랫사람, 심지어 덕 볼 일 있는 사람까지, 하례객은 끝도 없이 이어진다. 새해 첫날은 그렇게 저물고 '윗분'들은 세배받기에 지쳐 잠자리에 든다. 신세를 졌거나 거래 관계로 인사를 차려야 할 사람이 있다면, 장사치나 아랫사람들은 인사 가야 할 집을 한 집도 빼놓지 말고 집집마다 서둘러 챙겨야 한다. 친구도 잊으면 안 된다. 친구에게 새해 인사를 안 한다는 것은 절교를 선언하는 것이나 다를 바 없다. 윗분에게 세배할 때는 명절 선물도 함께 드린다. 상점은 철시하고 일체의 공적 활동도 중지된다. 관공서의 민원 창구도 모두 닫는다. 이런 명절 분위기 속에서 송사訟事 따위를 생각하는 사람은 아무도 없다. 오롯이 행복과 기쁨만 생각하고 싶은 시기다.

이런 날 조상을 기리는 것은 당연하다. 새해 첫날 신새벽, 하례객들이 들이닥치기 전에 먼저 조상부터 모신다. 산소가 가까이 있으면 온 식솔들이 성묘를 간다. 여의치 못할 경우, 조상의 위패 앞에 제상을 차리고 분향한 후 절을 올리는 것으로 충분하다.

세배 가고 세배 오고, 이 숱한 명절 잔치와 의례들을 하루에 다 해치울 수는 없다. 이틀, 사흘, 여러 날을 긴장 속에 보낸다. 신년 업무는 보통 엿새째 되는 날부터 정상화된다. 한국인들은 주일날에도 고단한 몸을 쉬거나 지친 머리를 식힐 줄 모른다. 끊임없는 서두름과 염려로 점철될 한 해는 이제부터 진짜 시작이다.

학교에 도착했다. 거리에 인접한 본관은 복층이고 나머지 건물은 모두 단층이다. 시설이 완비된 지는 5년 정도 되는데, 이 또한 이토 후작의 업적이다. 이로써 그는 한

---

12 가톨릭교회에서 11월 1일에, 천상의 모든 성인과 전례력에 축일이 기재되지 않은 성인들을 기념하는 날이다.

국에 훌륭한 시설 하나를 건립한 셈이다. 현재 혈기 방장한 학생 170여 명이 재학 중이며 5개 부문에 걸쳐 공업 교육이 이루어지고 있다. 여기에 직조, 도예, 주물, 금속가공, 제지, 목공 등이 보완된다. 이 모든 것이 국민 복지를 위한 진지하고 목적의식 투철한 노력의 일환이다. 학생들은 미래에 보탬이 될 뭔가를 하나라도 더 배우려는 의욕과 애착으로 충만해 있는 듯했다. 물결선이 원圓을 꼬리 달린 두 개의 구球로 나눈 한국 문양[태극 문양]이 교표에 쓰인다는 사실은 특히 흐뭇한 감동이었다. 그것은 교정 어디에나 걸려 있고 학생들의 교모뿐 아니라 일본인 교사의 모자에도 달려 있었다. 근대적 생산력의 상징, 번개를 닮은 한자漢字[13]가 이 교표의 의미를 함축한다.

한 일본인 교사가 우리를 작업장으로 안내했다. 대단히 넓고 유용하게 지어진 분관식 건물이었다. 몇 주 전에는 전 교육 과정을 수료한 학생들의 졸업 작품 전시회가 열렸고 졸업식이 거행되었다. 다시 9명의 신입생이 졸업생의 난 자리를 채웠다. 제일 먼저 들른 곳은 직조부 부속 작업실이었다. 넓은 작업장에서 학생들은 한국인 작업반장의 지도에 따라 각자의 물레 앞에 앉아 일본산 무명실을 잣고 있었다. 긴 작업대의 다른 학생들은 그렇게 자아진 무명실을 물레에서 분리하여 직조실로 옮겼다.

직조실은 이 학교에서 가장 큰 비중을 차지한다. 직조기 50~60대가 설치되어 있었다. 그중 일본제 30여 대는 조작이 간편하여 주로 초보자들이 한국 옷감을 짜는 데 쓴다. 일반 백성들이 입는 무명천이다. 그 옆의 프랑스제 견직기絹織機 12대에서는 다마스크 문직물紋織物이 생산된다. 한국인이라면 남녀를 불문하고 좋아하는 채색 비단 고름도 빠질 수 없다. 여기 있는 직조기로 만든 졸업 작품이 통과되면, 학생들은 졸업장을 받고 학교를 떠난다.

오른쪽 모퉁이에는 밝고 쾌적한 방 두 개가 붙어 있었다. 뒤쪽으로 증기 동력기 몇 대가 전동축傳動軸에 연결되어 있었고, 한쪽 구석에는 한국인 학생이 제도용 책상에

13 '工' 자로 추정된다.

물레질하는 여인들

앉아 직조기에 쓸 정교한 잎사귀문紋을 이른바 작은 정방형 연속 무늬로 변환시키고 있었다.

그 옆의 큰 방이 염색 실습실이다. 아마포의 세척과 염색에 쓰는 나무통, 압착 롤러, 솥 등이 실습실 한모퉁이를 채웠고, 연료와 작업대는 다른 쪽에 두었다. 염료는 대부분 독일과 프랑스산으로 모두 광물성 염료다. 이 광물성 염료가 한국 고유의 식물성 천연염료를 대체하는 추세다. 결 고운 고가의 비단을 염색하기 전에 무명천을 먼저 염색하는 것이 실용적이다. 인기 있는 장미색, 밝은 노란색과 진녹색 그리고 연보라색과 그 밖의 다양한 색깔 층으로 염색한 견본들이 벽에 걸려 있었다.

도예부가 만드는 것은 큰 장독이나 단지가 아니다. 그런 것들은 시골 옹기장이들이 만들고, 여기서는 주로 한국에서 잘 만들지 않던 우아한 도자기나 작은 집기들을 만든다. 넓은 방 한켠에 상자 모양의 긴 작업대 세 개가 설치되어 있었다. 작업대는 내부에 돌림판을 설치할 수 있을 만큼 깊고, 실습생이 둘씩 나란히 앉아도 될 만큼 넓었

주물 작업장 외부. 뒤쪽이 용광로, 앞쪽이 거푸집

다. 돌림판은 작업대와 높이가 거의 같아서 판자로 덮어 두면 실내의 청결을 유지할 수 있다. 이 돌림판은 한국의 옹기장이들이 그리하듯 발로 돌리는 것이 아니다. 돌림판은 하나뿐이고 도자기의 틀을 만드는 데 쓴다. 실습생은 돌림판 가장자리에 파인 네 개의 작은 홈에 나무 막대기를 끼워서 돌림판을 돌린다.

도료와 광택제는 옆방에 보관되어 있고, 그 맞은편 방에는 3입방미터쯤 되는 벽돌 가마와 석유 모터로 작동되는 제분기製粉機가 있었다. 지름 2.5미터 정도의 두꺼운 화강암 바퀴가 물먹은 도자용 흙을 미세한 가루로 부순다.

주물 작업은 여러 방에서 이루어진다. 한곳에는 용광로의 주출구注出口가 설치되었다. 밥 짓는 가마솥과 무쇠 화로 등을 모래 거푸집에서 꺼내 여기저기 널어놓았다.

조금 더 작은 방은 한국 낫과 같은 무쇠 연장을 만드는 단조鍛造 작업실이고, 그 옆은 선반旋盤과 천공기穿孔機를 여러 대 갖춘 대형 기계실이었다. 함석공은 이곳에 자리를 잡고 압연기壓延機로 함석을 둥글게 말거나 가장자리를 다듬는다. 작은 함석 깔때기와 조립이 서툰 물뿌리개 등 초보 실습생의 습작품들이 여기저기 쌓여 있었지만, 상급반 학생들의 작품도 더러 눈에 띄었는데 구리가 첨가된 일본식 조리기 같은 것도 개중 하나다.

작은 방 하나를 그냥 지나칠 수 없었다. 비치된 전압 · 전류계를 보고 이 방의 용도를 짐작했다. 이곳의 전류계는 15볼트까지만 측정할 수 있다. 전기 도금실이다! 다량의 녹색 니켈염과 청색 황산동이 담긴 유리 용기가 보였다. 작업대 위에는 용액을 채운 대형 도기 두 개만 양극陽極에 연결되지 않은 채 놓여 있었다. 이 설비가 실제 작업에 쓰이는 것이 아니라 전시용이라는 뜻이다. 금은도금도 전기로 한다고 우리를 안내하던 교사가 설명해 주었다. 밖에서는 증기 동력 저압 발전기가 전기를 공급하고 있었다. 한국인들이 이런 현대식 '연금술'의 비밀에 익숙해지기까지는 상당한 시일이 걸릴 것이다.

내게 특별히 흥미로운 것은 제지 공방이었다. 여기서는 식물에서 종이를 추출해 낸다. 북한산 기슭에서 서식하는 관목 껍질은 인근의 소규모 제지업자들도 군침을 흘리는 원료다. 닥나무 속껍질 다발을 물에 충분히 불리며 다음 공정을 기다린다. 다음 공정은 독일의 나무 식탁 덮개처럼 돌돌 말 수 있는 나무 체틀로 탁하고 끈끈한 물에서 부드러운 섬유질을 건지는 것이다. 물이 빠지고, 체를 감아올리면 섬유질의 얇은 층이 체틀 바닥에 넓게 펴진다. 또 한차례 네모꼴 종이를 물에서 건져 내는 동안, 앞서 건진 종이는 어느 정도 건조되어 다음 것과 붙지 않는다. 마지막에 매번 얇은 속껍질 줄기 하나를 함께 끼워 넣으면 종이를 쉽게 떼 낼 수 있다. 나중에 종이를 한 장씩 떼 낼 때 종이를 팽팽히 펴서 속껍질 줄기만 제켜 내면 군더더기가 떨어져 나간다. 한 장씩 분리된 얇은 종이는 알맞게 데운 큰 사각형 함석판 위에 붙여 신속하게 건조시킨다. 두꺼운 마분지류는 반쯤 말랐을 때 별도의 마무리 공정을 거친다. 판자 위에 놓고 천을 덮은 다음 그 위를 솔로 매끈하게 문지른다. 그러고 나서 판자에 올려 놓은 채 실외에서 말린다.

쟁기

농기구

목공부는 선반부와 제차부 등의 인접 부서와 함께 꽤 넓은 공간을 차지하고 있었다. 대패질 작업대는 과거 한국과 중국 것에 비하면 괄목할 만한 발전을 이룩했지만 유럽 것에는 아직 한참 뒤떨어진다. 실습생들이 대패질 작업대에 달라붙어 땀 흘리고 있었다. 한쪽 구석에 선반 몇 대가 보이고 정교하게 만든 수레바퀴들은 광고판 구실도 한다. 그 밖에도 각종 증류기와 시약들로 가득 찬 토양 분석실, 제혁 공방, 아교와 비누 공방 등, 이 공업학교는 제반 실습 시설을 제법 완벽하게 구비하고 있었다.

초급반 학생들만 참석하는 이론 수업은 오전에 끝난다. 고급반 학생들의 이론 수업은 토요일에만 실시된다. 고급반 학생들은 그만큼 더 실습에 집중할 수 있고, 또 마땅히 그래야 한다. 이 학교의 모든 교과과정은 가내 공업 수준에 머물러 있는 한국의 수공업을 건실하게 발전시킬 수단을 강구하는 데 초점이 맞추어져 있다. 이 학교를 졸업하면 누구나 빠른 시일 안에 소규모 공장을 운영할 수 있을 정도의 기능인을 양성하는 것을 염두에 둔 듯싶었다. 그것은 무엇보다 한국에 시급한 일이었는데, 위대한 정치가[이토 히로부미]가 이 학교를 설립한 덕분에 운 좋게도 해결의 실마리를 찾게 되었다. 이 학교는 수원의 농업학교[14]와 뚝섬의 과수학교[15]를 적절히 보완한다. 나라 전체로 따지면 이런 학교가 아직 턱없이 부족하지만, 일단 첫걸음은 떼었다. 이 길로 꾸준히 정진한다면 한국은 과거에 누렸던 문화 수준을 점차 회복할 것이며 동양 민족들 사이에서 단순히 한자리를 차지하는 데 머물지 않고 탄탄한 핵심적 지위를 확보하게 될 것이다.

기계 돌아가는 소리에 지친 머리를 식히고 본 것들도 차분히 정리할 요량으로, 귀로歸路는 번잡한 축제의 거리를 피하기로 했다. 우리는 성벽 틈새로 빠져나와 도시 어귀 볕 좋은 작은 숲에 이르렀다. 축제 분위기에 취해 자연도 말이 없었다. 불타는 소나무 줄기들이 축제 장식처럼 빛나고, 그 사이로 황금빛 구릉맥이 펼쳐져 있었다. 축

14 권업모범장 혹은 그 부속 기관인 수원 농림학교.

15 원예모범장.

제 분위기도 어느덧 파장을 향하고 있었다. 동소문이 가까워질수록 웃고 떠드는 소리가 더 크게 귓전을 파고들었다.

동소문 밖 공터는 아주 오래전에 절을 지으려고 평탄 작업을 해 두었거나, 절터임이 분명했다. 마침 오늘이 휴교일이라 각급 학교 학생들이 여기 모여 놀았다. 한낮의 뙤약볕을 피해 차일 그늘 아래서 싸 들고 온 떡을 나누어 먹고는, 누가 한국인 아니랄까 봐 놀이를 즐기며 신바람을 냈다. 여기저기서 힘겨루기나 씨름판이 벌어지는가 하면 달리기 경주도 벌였다. 구경꾼을 제일 많이 불러 모으는 최고 인기 종목은 연날리기였다. 사내아이들의 봄철 놀이로 연날리기만 한 게 없다. 아이들은 종이 연을 멋들어지게 띄워 올리고 능숙한 솜씨로 조종했다. 사내아이들이 모두 공중전에 참가한 가운데, 지휘관 격인 한 아이가 전선戰線을 살피고 연싸움을 조율했다. 연은 중앙에 뚫린 방구멍과 연줄을 이용하여 마음대로 움직일 수 있다. 서너 너덧 개의 연이 하늘로 오르자 수많은 연들이 뒤를 따라 올랐다. 한 아이가 노련하게 연의 진로를 바꾸어 다른 아이의 연을 낚아챘다. 이제 싸움의 주도권은 그 아이에게 넘어갔다. 다른 아이들이 바짝 긴장했다. 그러나 당당한 승자는 연줄을 팽팽히 감았다가 결정적 순간에 얼레를 힘껏 밀쳐 이를 피하려는 다른 연 위로 자신의 연을 급강하시켰다. 상대가 운 좋게 피하면 공격자의 연은 추락을 면치 못한다. 제대로 걸리기만 하면 상대의 연이 찢어진 채 땅바닥으로 곤두박질친다. 그러나 서로의 연줄이 얽히면 치열한 공방전이 좀 더 전개된다. 갑자기 연줄 하나가 끊겼다. 승자는 환호하고 패자는 자기가 쫓던 연들을 남겨 두고 서둘러 사라졌다.

제14장

북으로!

해안을 따라

5월 10일

밤 10시다. 부드러운 5월의 밤이 수도원을 감싸고 깊은 고요 속에 잠들었다. 저 아래 등불들이 밤거리를 헤매며 제집을 찾는다. 그중 몇 개가 언덕을 오른다. 인력거 핸들에 매달려 흔들리는 등롱燈籠이다. 우리는 그 인력거를 타고 기차역까지 갈 것이다. 인력거꾼들은 수많은 상점을 지나치며 거리를 내달렸다. 상점에 진열된 진기한 물건들이 기름등잔이나 질박한 석유 램프, 사각형 혹은 다각형 종이초롱의 아스라한 불빛을 받아 어슴푸레 모습을 드러냈다. 거리는 어둠으로 뒤덮였다. 휘청거리는 대나무 장대 끝에 매달려 지붕 위에서 흔들리는 작은 초롱 하나만이 흐린 별빛처럼 인력거꾼들에게 갈 길을 일러 주고 있었다.

기차는 별빛 밝은 밤을 뚫고 제물포역으로 달렸다. 제물포역에서 빌렘 신부[1]가 제법 튼실한 보트를 준비해 두고 우리를 맞았다.

사공은 억센 팔로 보트를 저어 우리를 증기선까지 데려다 주었다. 증기선의 불빛이 파도를 훑고 지나가면서 물에 비친 별빛과 어울려 노닐었다.

---

1 Wilhelm, Nicolas Joseph Marie(1860~1938). 한국명 홍석구(洪錫九). 파리 외방전교회 선교사. 1889년 입국하여 1896년 마렴(麻簾)에 본당을 설립했고, 1898년에는 신천군 청계동(信川郡 淸溪洞)에 본당을 설립했다. 1912년에는 해주에도 본당을 설립하여 1914년 한국을 떠날 때까지 활동했다. 그가 세례를 준 안중근(安重根)이 이토 히로부미를 하얼빈 역에서 암살하고 체포되자, 감옥으로 찾아가 고해성사를 주며 격려했다.

짐작대로였다. 플라치도 원장신부, 카시아노 신부, 빌렘 신부 그리고 나, 이렇게 넷이 이등실에 자리 잡았다. 아홉 명 정원에 갑절이나 들어차니 비좁기 짝이 없었다. 증기선이 출발할 때까지 요기를 좀 하고 기운을 돋우었다. 밤 동안 조용히 쉴 수 없을 테니 충분히 보신이라도 해 둘 요량이었다. 새벽 1시쯤 딱딱한 바닥에 자리를 펴고 누웠다. 이따금 배가 흔들리며 잠을 살짝 깨우곤 했다. 그러는 사이 증기선은 숱한 섬을 지나 북으로 항진했다.

뭍에 오르다

5월 11일

깨어 보니 아침 첫 햇살이 작은 섬들 사이로 쏟아지고 있었다. 섬들을 헤치며 배는 제 갈 길을 찾았다. 대부분 사람 사는 섬이었다. 이들 섬에서도 그리스도교 선교가 준비되고 있다. 선교사만 충분하다면야 단기간 내 전 주민을 그리스도인으로 만들 수 있을 것이다. 한국 땅 어디나 그렇듯이, 여기도 선교사가 부족하다. 이 나라의 복음화에 가장 큰 걸림돌이 바로 선교사 부족임을 뼈저리게 느꼈다.

우리가 벌써 반半한국인이 되었으니 얼마나 다행인가. 이 배에는 의자가 하나도 없다. 우리는 책상다리를 하고 바닥에 주저앉았다. 독일 같은 살롱 시설이나 별실 혹은 흡연실 따위는 애당초 기대조차 말 일이다. 갈대 돗자리 위에 쇠양동이 하나가 눈에 띄기에 얼른 '재산 목록'에 넣었다. 그 안에는 '영원한 불'이 희미하게 타고 있었다. 한국의 여느 가정집에서처럼, 여기서도 절대 꺼져서는 안 될 불이다. 담뱃불을 붙이는 데 꼭 필요하기 때문이다. 그 옆에는 숯이 든 버드나무 바구니가 놓여 있었다. 마지막 '재산 목록'으로 장기판 하나가 추가된다. 가로세로 50센티미터에 높이 10센티미터쯤 되는 다리가 달렸다. 우리는 이것을 식탁으로 쓰기로 했다. 아침 식사 때는 베버의

『드라이첸린덴』*Dreizehnlinden*[2]을 윤독했다. 다른 사람들이 밥과 계란과 차를 맛있게 먹는 동안 한 사람씩 돌아가며 몇 쪽씩 읽어 주는 방식이었다.

아침 독서는 선장이 나타나는 바람에 중단되었다. 선장은 규정에 따라 승객의 신상명세서를 작성해야 한다. 그러나 그는 이름과 신분, 심지어 여행 목적조차 묻지 않고 딱 하나, 나이만 기재했다. 우리는 각자의 나이를 연월일시까지 꼼꼼히 계산하여 그 결과를 승선 신고서에 증빙 자료로 올렸다. 이런 절차는 몇 년이 지난 후에도 중요하다. 이것만 열람하면 1911년 5월 10일에서 11일 사이에 연령 41년 4개월 20일 3시간 등의 승객 넷이 이 배에 승선했다는 사실이 다 나오기 때문이다. 밖에 비가 추적이기 시작하면서 바다 풍경이 보이지 않았다. 우리는 다시 잠깐씩 졸았다. 배는 정크선과 암초를 헤집고 항진하여 목적지 해주에 조금씩 다가가고 있었다.

11시쯤 항구가 보였다. 혹여 신자들이 해변에서 우리를 기다리지 않을까, 둘러보았다. 장기 출타한 사목자 빌렘 신부가 돌아오질 않는가. 그러나 정크선만 민물을 기다리며 개펄에 삐죽이 솟아 있을 뿐, 해변에는 아무도 없었다. 뭍에 있던 보트 한 척이 우리와 짐을 실으러 증기선에 접근했다. 우리가 갯바위에 이르는 동안 빌렘 신부의 복사 알퐁소가 언덕을 서둘러 내려왔다. 흰 두루마기가 바람에 날렸다. 달리는 나귀에서 뛰어내린 그는 백사장을 쏜살같이 내달아 우리를 맞이했다. 우리가 며칠 후에나 올 줄 알았지, 벌써 올 줄은 아무도 몰랐다는 것이었다.

파도에 침식된 화강암을 조심스레 기어올라 해안으로 향했다. 밀물 때 바위들이 물속에 잠기면 조개로 뒤덮이고 미끄러운 해초도 들러붙는다. 미끄러져 넘어지기라도 하면 큰일이다! 조개가 유리조각처럼 들러붙어 있었지만, 다들 무사히 굳고 마른 땅을 디딜 수 있었다. 여인과 아이들이 바위틈에서 조개를 줍는다. 가축들에게 먹일 것

---

2 1878년 파더본(Paderborn)에서 초판이 발행된 프리드리히 빌헬름 베버(Friedrich Wilhelm Weber)의 서사시. 프랑크족과 작센족, 즉 번창하는 그리스도교와 몰락하는 이교 간에 벌어진 '작센 전쟁'의 막바지를 배경으로 한다. 작가는 그리스도교 사상을 대표하는 인물이 수도승이라고 보고, '드라이첸린덴'이라는 가상의 수도원을 작품 속에 등장시키고 제목으로도 썼다.

해주 근교

이다. 먼 바다에는 밀물 때도 암초가 보였고, 진주라도 찾으려는지 고깃배 몇 척이 분주하게 움직였다. 예부터 이 해변은 알이 굵고 빛이 오묘한 진주 때문에 중국에서도 유명했다. 사람들은 이곳에서 나는 진주를 '동방의 진주'라 불렀다. 지금은 진주 조개잡이도 사양길에 들어섰다. 심지어 한때 자개를 사용하여 탁월한 예술성을 구가했던 나전螺鈿칠기조차 수공예 분야에서 뒷전으로 밀려나 있다. 내수內需가 위축된 자개는 다량 일본으로 반출된다. 더운 일본 술 한잔으로 여정에 힘을 실었다. 그것 말고는 달리 마실 것도 없었다. 내륙 쪽으로 한 시간 이상 더 가야 한다. 바위 덩어리 하나가 한낮의 뜨거운 태양을 받아 강렬한 색으로 빛났다. 바위는 우리의 이정표가 되어 주었다. 이 절벽 기슭에서 해주를 찾아보아야겠다.

도중에 우리는 역사적인 다리를 건넜다. 나는 이 다리를 '학자의 다리'라 부르려 한다. 인근 가장자리 산맥에서 발원한 작은 냇물이 암벽에 끊겼다. 암벽 위쪽에는 움푹한 웅덩이로 통하는 구멍이 뚫려 있고, 구멍 아래쪽 바닥에는 호박돌로 둑을 쌓아 놓

해주. 성벽 앞에서

았다. 기차가 없던 그 옛날, 조선 팔도의 재야 학자[유생儒生]들은 해마다 서울로 모여들었다. 시험[과거科擧]에 합격하여 박사모를 쓰고,[3] 나아가 '진사'(tjinsa)가 되어 '학자'로 공인받기 위해서였다. 뱃길로 해주를 거쳐 가는 이도 많았다. 그들은 바로 이곳을 지나갔고, 이 산의 산신령이 시험에 합격할 묘책을 알려 준다고 여겼다. 다들 돌멩이 하나씩을 집어 암벽 구멍으로 던져 넣는데, 빗나가면 낙방이요, 요행히 들어가면 합격의 기쁨을 누리게 된다는 것이다. 수백 년 전 어느 위대한 학자도 돌멩이를 던지고 지나갔을 것이다. 그가 던진 돌멩이들 가운데 그 컴컴한 바위 구멍 속에 들어앉아 있는 걸 좋아할 돌멩이가 과연 얼마나 될까!

해주에 거의 다 왔다. 신자들이 삼삼오오 몰려왔다. 앞장서던 사내 녀석 하나가 개구리 폭죽에 불을 붙여 길 위에 던졌다. 벽력같은 폭음에 마을 사람들이 집 밖으로 뛰

---

3 과거에 급제하여 앵삼(鶯衫)을 입고 관모를 쓰는 것을 저자 나름대로 이렇게 표현했다.

쳐나왔고, 뜨거운 태양 아래 낮잠을 즐기던 언덕들이 요란한 메아리를 토해 냈다. 이 가파른 언덕을 넘어 좀 더 가야 한다.

따르는 무리와 함께 해주에 들어섰다. 시내에 들어서자 북부 지방 여인들의 특이한 머리쓰개가 눈길을 끌었다. 남부 지방에서 처녀들은 흰색, 부인들은 초록색의 긴 장옷을 쓴다. 그런데 이곳 여인들은 짚으로 튼튼하게 짠 바구니 모양의 머리쓰개를 쓴다. 길을 걸을 때 그것을 방패처럼 머리에 쓰고 두 손으로 붙잡고 다니는 것이다.

이 도시는 정방형의 견고한 옛 성벽을 진작에 벗어나 나날이 확장일로에 있다. 중국 해적들이 조선의 해변을 노략질하던 시절, 해주성은 북방 방어의 요충지였다. 그러나 지금 일본인들은 한때 해주의 자랑이자 주민들을 지켜 주던 이 성벽을 철거하려 한다. 철거에 주민들이 강제 동원되었다. 벌써 성벽은 황량한 폐허로 변했다. 각 농가마다 성벽에서 마름돌을 가져다가 돌담 쌓는 데 썼다. 해주 성곽이 존경스런 한국의 민족적 유산을 지켜 주었건만, 이곳에도 언젠가는 일본의 훈령에 따라 넓은 외곽 순환도로가 뚫리게 될 것이다. 이리하여 한국 고유의 특성이 또 하나 사라지게 된다. 일본인들은 이 나라를 병합하고 점령할 때부터 경탄할 만한 인내심과 불굴의 일관성으로 그런 일을 추진해 왔고 또 앞으로도 변함이 없을 것이다. 옛 건축물들이 하나씩 헐

북부 지방 여인들의 머리쓰개

려 나갔다. 이런 파괴 공정은 오래전부터 때로는 은밀히, 때로는 공공연히 자행되어 왔다. 먼저, 전국 각지에 경찰서를 세우는 데서 출발했다. 구실이야 물론 '사회의 안녕 · 질서를 유지하기 위한' 순수 대민 봉사였다. 신속한 정보 교환을 위해 전국에 전화망이 가설되었다. 고령의 황제[고종]는 퇴위하는 쪽으로 '가닥이 잡혔다'. 아들[순종]이 잠시 보위寶位에 앉아 있었지만[4] 허수아비에 지나지 않았고, 정작 국정을 농단한 건 엉뚱한 자들이었다. 1909년 봄과 그 이듬해, 황제는 선왕의 관례에 따라 조정 신료들과 함께 쟁기질을 하며 처음이자 마지막 풍년제를 올렸다.[5] 천지신명께 이 나라의 풍요를 빌건만, 어언간에 이 나라는 이미 그의 나라가 아닐진대 그 광경이 어찌 구슬프지 않았겠는가. 이토 후작의 피살로 병합이 수개월 지연되었다고는 하나, 병합 공작이 중단된 바는 없었다. 조선의 의병 활동도 이를 막기에는 역부족이었다. 애국 영웅들은 서울 거리에서 사랑하는 조국에 목숨을 바쳤다. 기억하라, 조선 정벌에는 5천의 병력도 채 필요하지 않았다. 이들은 오래전부터 시모노세키에서 출정 명령만 기다리고 있었다. 조선은 변변한 저항 한번 못한 채 무릎을 꺾었다.

그때부터 한국의 일본화가 집중적으로 진행되었다. 일본인의 이주가 날로 증가하여 도시마다 수백 명의 일본인이 정착했다. 제일 좋은 자리는 일본인들이 선점했다. 민족적 특성이 사라지고 언어가 말살될 것이다. 현재 기차역의 용어 혼용도, 피레네 산맥의 바스크어처럼 한국어를 외진 산골짜기로 축출해 버리면 정리될 문제라고 한다. 한국 것이라면 무엇이든 눈곱만큼도 배려하지 않고 한국인이야 알아듣든 말든 일본 관청과 일본인들이 오직 일본어만 쓰다 보면, 언젠가는 일본어가 한국을 점령하게 될 것이다.

---

4 1907~1910년 재위.

5 왕이 친히 올리는 선농제(先農祭)를 말한다. 선농단(先農壇)에서는 인간에게 농사를 가르쳤다는 신농씨(神農氏)와 후직씨(后稷氏)에게 제사를 지내고 부근의 친경지(親耕地)에서는 몸소 농사를 지어 보였다. 1909년(순종 3) 일제에 의해 강제 폐지되었다가, 1979년 지역 주민들이 '선농단 친목회'를 조직하여 제사를 재개했다. 1992년부터는 동대문구에서 인수받아 선농제를 지낸다. 선농단은 현 서울시 동대문구 제기동에 있다.

숙소에서

우리는 해주의 명망 있고 유복한 신자 집에 묵게 되었다. 그는 집의 일부를 경당으로 개조하고 사제관으로 방 두 개를 증축했다. 천장이 낮은 정방형 한국식 방 두 개를 터서 만든 경당은 일종의 응접실 격인 '사랑(Sah-rang)채'와 나란히 있었다. 그 맞은편이 사제관이었다. 방은 즉시 채비되었다. 원통형 베개와 돗자리 몇 개를 곱게 말아 장 위에 올려 두었다. 그걸로 족하다. 돗자리를 장판 바닥에 깔고 베개를 베면 능히 숙면을 취할 수 있다. 방 한가운데는 놋화로가, 그 옆에는 가운데가 볼록 튀어나온 놋사발이 하나 놓여 있었다. 이 놋사발은 재떨이다. 가운데 볼록 튀어나온 부분은 대통에서 타고 있는 담배를 눌러 다지거나, 다 태운 담뱃재를 털어 낼 때 쓴다.

방문과 미닫이 창문이 다 그렇듯이 방 앞 쪽마루도 마당 쪽으로 나 있다. 담장으로 둘러싸인 마당은 주로 객을 위한 공간이다. 머슴은 손님방에 붙은 행랑채에 살면서 사랑채의 시중을 든다. 경당의 방 둘 중 하나는 남자들이, 하나는 여자들이 쓴다. 부녀자들을 위한 공간은 뒤쪽 안채와 연결되어 있었다. 여신자들은 안마당에 모여 있다가 안채를 통해 경당으로 들어온다. 그만큼 경당은 남녀유별이 철저했다.

집주인은 젊고 유능한 사람이었다. 얼마 전 부친상을 당하여 아직 거상 중이며, 눈먼 어머니에 대한 효심이 지극했다. 그는 우리에게 자기 집을 두루 보여 주었다.

바깥마당에서 대문을 지나 또 다른 큰 마당으로 들어섰다. 읍성 관문과 마주한 곳이었다. 큰길 쪽으로 난 이 대문 옆으로 머슴들의 주거 공간인 행랑채가 거리를 따라 이어져 있었다. 주인 가족의 주거 공간인 안채는 행랑채와 직각 방향이었다. 그러나 방문과 창문들은 우리가 있는 바깥마당 쪽이 아니라 여간해서는 객들의 범접이 허락되지 않는 안마당 쪽으로 몰려 있었다. 문 하나를 열어 보니 안쪽으로 넓은 공간이 열렸다. 양방향 지하 난방 시설[군불 때는 아궁이]을 갖춘 틈새 공간이었다. 오른쪽으로는

눈먼 어머니와 두 아들

벌통

집주인과 그 형제들 방을, 왼쪽으로는 부녀자들 방을 덥힌다. 구덩이에는 땔감이 넉넉히 보관되어 있었다. 부잣집이 아니면 보통 이런 문간에는 외양간이 있다. 깊이 파인 황토 아궁이에 가마솥이 나지막이 걸려 있는 걸 보니 반대편은 필경 부엌이다. 부잣집은 주거 공간과 멀리 떨어진 독립 공간에 외양간을 설치하고, 외양간에 딸린 부엌[쇠죽간]도 따로 짓는다.

우아한 안마당으로 들어섰다. 안채 쪽마루가 마당을 감싸고 있었다. 측백나무 그늘 아래 놓인 작은 맷돌들이 한결 운치를 더했다. 맞은편 쪽마루는 대청마루에 이어 달았다. 대청마루에 앉으면 온 집 안이 다 보인다. 더운 여름날, 뒷마당으로 난 미닫이문을 열어 젖히면 대청마루로 서늘한 바람이 들어온다. 오른쪽 모서리가 부엌이다. 식품이 저장된 광을 지나 부엌을 거치면 뒷마당이 나온다. 담으로 둘러싸인 뒷마당에는 깊은 우물도 있고 각종 발효 식품이 저장된 장독도 줄지어 늘어서 있다. 냄새가 지독했다. 벌통도 가지런히 세워져 있는데, 속을 파낸 통나무 위에 초가지붕[멍덕]을 모자처럼 씌워 놓은 것이었다. 한국에서 벌통은 평화적 양봉 외에 전투 수단으로도 쓰인다. 1894년의 동학란[6] 때도 벌통이 큰 몫을 했다고 한다.

풍수원본당의 르 메르 신부[7]는 매일 폭도[동학군]의 공격에 시달려야 했다. 그들은 이 나라에서 외국인을 몰아낼 작정이었다. 르 메르 신부는 연통 몇 개와 양봉용 벌통

뒷마당

을 검게 칠해 담장 위에 올려 두었다. 동학군이 저자거리에 진입하면, 그는 본당이 보유한 총 세 자루를 몇 차례 동시에 쏘아 본당이 강력히 무장하고 있음을 알렸다. 본당 방어가 의외로 강력하다는 소문이 빠르게 돌아준 덕분에 본당은 동학군의 침탈을 면할 수 있었다.

왼쪽으로는 작은 마당을 감싸고 어머니와 딸과 며느리가 거처하는 규방閨房들이 이어져 있었다. 부녀자들이 힘든 가사 노동과 번잡한 집안 대소사에서 잠시 벗어나 고

---

6 과거에는 민란으로 규정하여 '동학란'이라 하였으나 지금은 '동학농민운동' 혹은 '동학농민전쟁'이라 부른다. 저자는 Tonghak이라는 음역에 '봉기' 혹은 '반란'을 뜻하는 독일어 Aufstand를 붙여 Tonghakaufstand라 표기했다. 이런 조어 방식에도 동학을 민란으로 규정한 당시의 관점이 반영되어 있다.

7 Le Merre, Louis Bon Jules(1858~1928). 한국명 이유사(李類斯). 파리 외방전교회 선교사. 1887년 입국하여 1888년에 풍수원본당을, 1896년에는 원주(原州)본당을 설립한 데 이어, 1898년 평양 관후리본당으로 전임되어 25년간 사목하였다. 1928년 명동 주교관에서 선종, 용산성당 성직자 묘지에 안장되었다.

부엌 ①

요히 신앙생활에 침잠하고 싶다면 이곳이 적소다. 편안하게 수다 떨면서 수공예도 함께 할 수 있고, 경당도 가까워 가끔 모여 기도하기에도 좋다.

그래, 인정하자, 한국의 농가는 겉보기처럼 그렇게 못 살 정도는 아니다. 3제곱미터가 채 안 되는 방이지만 겨울에는 참 따뜻하다. 여름에는 마당을 감싼 1미터 높이의 쪽마루가 이 정겨운 집에 그늘을 제공하고, 밤에는 바깥 잠을 자기에도 충분히 넉넉하다.

방 안은 제법 깨끗한데 마당은 그렇지 않다. 주일마다 온 집 안을 쓸고 닦는 독일 농가처럼 한국의 마당이 그렇게 말끔히 정돈되고 깨끗이 청소된 것을 본 적은 거의 없다. 안마당은 그나마 말쑥하게 단장된 편이나, 바깥마당에는 닭과 거위가 부산하게 돌아다닐뿐더러 여름이고 겨울이고 돼지도 풀어놓는다. 가뜩이나 사료도 부족한데, 마당에 지푸라기들이 날려 다닌다. 더러워지고 못 쓰게 된 물건이 방 안에 있으면 그

부엌 ②

냥 마당으로 던져 버린다. 아무도 신경 쓰지 않으니 계속 마당에 나뒹굴고 있다. 걸려 넘어지는 사람도, 치우는 사람도 없다. 큰 명절이 코밑에 있어야 빗자루가 마당 위를 슬쩍 훑고 지나갈 뿐이다.

저녁에는 한차례 불난리를 치렀다. 저녁 밥상을 마당에 차렸는데, 우리를 보겠다고 구경꾼들이 형형색색의 초롱을 들고 몰려와 마당을 뒤덮은 것이다. 외교인 부인들은 아이까지 데리고 왔다. 아이들에게 이런 구경은 난생 처음이었다. 그런데 초롱 때문에 큰일 날 뻔했다. 개선문처럼 꾸민 거리 장식에 불이 옮겨 붙었던 것이다. 모두 비명을 지르며 허겁지겁 물통을 찾았다. 그럭저럭 '개선문'의 불길이 잡혔다. 급한 불을 끄고 안도의 한숨을 내쉬었다. 자칫 집을 홀랑 태울 뻔했다.

늦게서야 숙소에 들었다. 밤새 모기떼가 극성이었다. 불빛을 보고 몰려들었다가, 사람들이 흩어지자 우리 방에서 안전한 활동 영역을 확보한 모양이었다.

흥겨운 놀이

5월 12일

내륙으로 더 들어가야 한다. 마침 비가 내려 짐 꾸리기 좋았다. 뒤늦게 촬영 기자재가 든 짐이 도착하지 않은 것을 알고 깜짝 놀랐다. 어제 카시아노 신부는 항구까지 먼 길을 되돌아가 이전 증기선에서 하역된 다른 짐들을 챙겨 왔다. 상자는 카메라 감광판이 가득 들어 묵직한데, 일본 세관원이 그걸 보고 다이너마이트 같은 위험 물품이 적성분자의 손에 넘어가는 건 아닌지 의심했을 수도 있겠다. 일본인들이 그리 오해하는 것도 무리는 아니다. 한국 북부 지방은 늘 민심이 들끓는 곳이라 저들 입장에서는 주의와 의심의 끈을 놓을 수 없었을 것이다. 그래도 그렇지, 우리까지 일거수일투족 감시받는 건 심히 불쾌한 일이다. 우리가 도착하기도 전에 일본 경찰은 우리의 신원과 여행 목적에 대해 철저한 조회를 마친 상태였다. 빌렘 신부는 여행 중 성가신 일을 당할 것을 대비하여 총독부 경무국장 아카시 장군[8]에게 일종의 신원보증을 요청한 바 있다. 최근 아카시는 평소 친분이 있던 빌렘 신부와 식사를 함께 하는 자리에서 뭔가 도울 일이 없겠느냐고 물었다. 빌렘 신부는 우리가 편안히 여행할 수 있도록 관할 경찰에게 미리 언질을 해 두라고 부탁했다. 그러나 오히려 이런 부탁이 경찰의 주목을 자초한 건 아닌지 모르겠다. 어쨌거나 경찰은 우리가 북부 지방을 여행하는 동안 꽤 많은 신경을 써 주었다.

한국에서 일본 하급 관리들이 과도한 열의로 저지른 행위에 대해서 정부에 일일이 책임을 묻는 건 옳지 않다. 일본은 본국만으로도 근대 국가로 체제를 정비 · 발전시키기에 촌각이 급한데, 새롭게 병합한 식민지의 수요까지 충족시킬 하급 관리들을 어디서 조달할 것인가? 부득불 함량 미달의 인물까지 공직에 지원했고, 그런 인물이라도

---

8 조선 주둔군 헌병 사령관 아카시 모토지로(明石元二郎).

공직에 나서 주니 정부로서는 고마울 따름이었다. 그들은 뭐든 뒷조사나 하고, 가소로운 열의로 무고한 여행객의 꽁무니나 따라다니며, 한심한 식견으로 통계치나 들먹거리는 것이 정부에 봉사하는 것이고 그들의 특별한 능력을 과시하는 것이라 철석같이 믿는다. 그래서 1년 전부터 순사 하나가 르 메르 신부에게 매달 꼬박꼬박 찾아와 어디서 왔느냐, 몇 살이냐, 결혼은 했느냐 등을 미주알고주알 기록해 간다는 것이다. 썩 유쾌하지는 않으나 전반적인 정황을 곰곰이 따져 보면 특별히 대수로울 것도 없는 일이다. 물론 정부 입장에서는 실로 떨떠름할 것이다.

저녁은 재미를 더했다. 날이 갰으므로 우리는 다시 마당에 둘러앉았다. 낮은 초가지붕 위로 달이 떠올라 흐린 남포등에 부드러운 달빛을 보탰다. 사내아이들이 몰려와 종소리처럼 맑은 목소리로 떠들어 대다가는 다시 우르르 몰려나가 신나게 놀았다. 남포등 불빛은 아이들이 뛰노는 마당 한쪽 구석까지 닿았다. 달빛도 환했다. 건장한 청년들과 집주인까지 가세했다. 재미있는 놀이였다. 술래만 서 있고 다른 아이들은 땅바닥에 촘촘히 쪼그리고 앉는다. 술래는 앉아 있다가 일어서려는 아이를 찾아서 탁 쳐야 한다. 앉았다 일어서기를 쉴새없이 반복하면서 끝없이 골려 먹고 잽싸게 달아나는 놀이다. 우리 집주인은 다리가 길지만 누구 하나 건드리지 않고 번개같이 빠른 동작으로 비좁은 틈새를 빠져 다녔다.

이번엔 또 다른 놀이를 했다. 아이들이 젊은이의 손가락 하나씩을 잡고 있다. 그는 아이들을 떼 내고 달아나야 한다. 열 명의 아이들은 외다리로만 팔짝팔짝 뛰면서 그를 이리저리 잡아당겼다. 아이들을 기어이 떼 내는 데 성공하면 외다리로만 요리조리 피하면서 잡히지 않고 목표 지점까지 가야 한다.

외교인 아이들도 쾌활한 신자 아이들에게 마음이 끌려 그들과 한바탕 신나게 놀았다. 이곳 해주에 선교사 한 명만 상주해도 확실히 풍성한 수확을 거둘 수 있겠다.

청계동

5월 14일

카시아노 신부는 새벽에 청계동(Tschängeton)[9]으로 떠났다. 먼저 가서 우리를 맞을 준비를 하기 위해서다. 청계동 사람들은 그를 잘 안다. 사람들과 지내면서 한국말도 좀 익힐 겸 그곳에 몇 차례 머문 적이 있기 때문이다. 우리는 9시쯤 뒤따라갔다. 조랑말 두 마리에 마부 둘, 그리고 짐꾼 둘이 일행에 가세했다. 일행은 동문에서 도시를 가로질러 서문으로 향했다. 다닥다닥 붙은 집들 사이로 일본인들은 넓고 반듯한 도로를 닦아 놓았다. 제법 깔끔하게 정비된 이 도로는 시내 한복판에서 남문과 북문을 잇는 제2간선도로와 교차한다. 이 도로들도 물론 일본인들이 독차지하고 있다. 그들은 우리 일행을 호기심 어린 눈으로 쳐다보았다.

우리는 금세 도시를 벗어나 좁은 오솔길을 따라갔다. 섶을 잔뜩 진 황소들이 길게 줄지어 시내로 들어가고 있었다. 도시에 땔감을 팔러 가는 길이다. 녀석들은 짐을 잔뜩 지고도 순하고 끈기 있게 제 갈 길을 잘도 가고, 지팡이로 신호를 보내기만 해도 물러섰다. 그래도 우리가 비켜서는 경우가 많았다. 행렬이 너무 길어 처지는 놈들은 길을 금방 따라잡기 어렵다. 전체 황소 행렬을 옆으로 밀어내는 수고를 하느니 차라리 우리가 길에서 비켜서는 게 나았다. 억지로 무리하기보다는 다소 지체하는 편을 택한 셈이다.

솔숲에서 뻐꾸기가 울었다. 누런 모래 구덩이와 빛나는 금작화金雀花 무리를 보니 고향의 솔숲이 떠올랐다. 이른 오전인데도 성긴 그늘이 반갑고 솔향기를 맡으니 좋았

9 황해도 신천군 두라면(방) 청계리[黃海道 信川郡 斗羅面(坊) 淸溪理]. 황해도의 유서 깊은 교우촌 가운데 하나이며, 우국지사 안중근(安重根)이 자라난 곳이다. 1863년 제4대 조선교구장 베르뇌(Berneux, 張敬一) 주교의 황해도 순방 당시 이곳에는 17가구의 천주교인들이 공소를 이루고 살고 있었으나 1866년 시작된 병인박해(丙寅迫害)로 공소가 파괴되었다가 안태훈(安泰勳)에 의해 다시 복음이 뿌리를 내려 1896년 공소로, 1898년 본당으로 설정되었다.

안장에 올라

다. 유감스럽게도 그 시간은 길지 않았다. 이제 나무 없는 들판을 지나 북쪽으로 가야 한다. 오른쪽에는 햇빛에 반짝이는 모래 언덕이 짙푸르게 물결치는 준령들 속으로 점점 깊이 가라앉고 있었다. 연녹색 산봉우리 곳곳에는 비바람에 부서진 화강암들이 초록빛 산벽에 진보랏빛 그늘을 드리우며 싯누렇게 빛났다.

조금 뒤 산의 지맥으로 진입했다. 작은 갈나무(Kal)로 뒤덮인 곳이었다. 갈잎이 누에의 먹이가 되면서 수년 전부터 갈나무가 주목받기 시작했다. 최근 일본은, 한국 북부 지방에서 가내 공업으로 근근이 명맥을 유지해 오던 비단 생산을 독려하고 있다. 갈나무 숲에 놓아 기른 누에가 잘 자라려면 환경이 적합해야 한다. 그런데 새들이 누에를 다 잡아먹는 것이었다. 대규모 양잠 조합이 여러 개 결성되었음에도 불구하고, 아직 많은 가정에서는 소규모 양잠으로 겨우 버티고 있는 실정이다. 이런 가내 공업을 가까이 접할 기회가 몇 번 더 있을 것이다.

오늘 낮에 주막에서 잠깐 쉬는데 두 남자가 큰 짐을 지고 급하게 따라왔다. 누에나방의 알을 나르는 사람들로, 곧 떠날 기세였다. 기온이 높아 도중에 알이 모두 부화되어 버린 것이다. 목적지까지는 대여섯 시간이 더 걸린다. 운반이 불가능하니 어린 누에들을 이 산에 풀어놓아야 할 판이다. 안 그랬다가는 다 죽어 버린다.

우리는 막걸리 몇 사발을 주문했다. 막걸리는 우리 입맛에도 딱이다. 일행이 짐 속에서 미사주를 꺼내 내게 권했다. 먼 길을 온 미사주라 귀하다. 특별 취급을 받고 싶지 않았던 나는 막걸리를 마셨고, 다소 기운을 차린 후 다시 짐을 꾸렸다. 행여 주막에 빠뜨리고 갈까 봐 미사주가 어디 있는지 조심스레 물어보았다. 짐꾼 수중의 미사주 병이 깨끗이 비어 있었다! 한국인들이 그렇게 칭찬하던 미사주를 마부 둘과 짐꾼 둘이서 홀랑 마셔 버렸던 것이다. 우리는 망연자실한 얼굴로 미사주 병을 바라보았지만 훈훈한 한 번의 미소로 미련을 날려 버렸다.

카시아노 신부의 권유도 있고 해서, 조금 에돌아 유명한 절 한 군데를 들르기로 했다. 그는 우리가 청계동에 도착하는 시간에 맞추어 환등기 시사회를 열 작정이었으므로, 저녁 전에 도착하면 오히려 곤란할 터였다. 우리가 모든 일에 얼마나 철저한 자세로 임하는지 그가 알았던들, 굳이 이 절 이야기는 꺼내지도 않았을 것이다.

주막을 떠난 지 얼마 되지 않아 깊은 골짜기로 들어서게 되었다. 멀리 산비탈이 배경을 가로지르고 있었다. 거기서 장례 행렬과 마주쳤다. 장례를 치르고 돌아가는 길이었다. 행렬은 이미 작은 무리들로 나뉘어져 있었다. 남자 셋이 앞장섰다. 그중 하나가 흰 종이로 싼 혼백상자를 들고 있었다. 함은 장대에 고정되어 있었다. 그는 마치 독일 마을의 십자가잡이처럼 고단해 보였다. 전례 행렬이 끝나면 독일의 십자가잡이는 천개로 장식된 십자가를 어깨 위에 아무렇게나 걸치고 터덜터덜 집으로 돌아가곤 했다. 전통 상복을 제대로 갖추어 입은 다른 두 남자는 소리를 길게 잡아 빼며 계속 "아이고"(Aigo)를 외쳤다. 유족들과 황소 한 마리가 일정한 거리를 두고 뒤따라 왔다. 황소는 검은 받침대 위에 얹힌 울긋불긋한 상여를 끌었다.

호랑이 함정

가는 길에 우리는 한국인들의 손님 환대를 새삼 확인했다. 가끔 오해도 있지만, 그건 한국인들의 생활 습관을 잘 몰라서 하는 소리다. 플라치도 신부가 어느 집에서 담뱃불을 청했더니, 마치 기다렸다는 듯 불을 붙여 주었다. 담뱃불, 식수, 심지어 종이 초롱까지, 청해서 거절당해 본 적이 없다. 밤에 초롱을 청하면 대개는 길잡이까지 붙여 가까운 주막까지 데려다 주곤 했다. 거기서 길손이 받는 환대도 여느 곳과 다르지 않다.

외딴집 주변에는 호랑이 함정을 파 두었다. 우리에게는 그게 담뱃대보다 더 신기했다. 돌무더기를 구덩이 주위에 쌓고, 참나무 가지로 만든 무거운 덮개문을 공중에 매달린 들보에 연결하여 들어올렸다. 구덩이 속에는 돼지 한 마리를 미끼로 넣어 두었다. 이곳 북부 지방에 서식하는 호랑이는 몸집이 작다. 그래도 이런 맹수는 가뜩이나 영세한 축산 농가에 막대한 손해를 입힌다. 엄혹한 겨울이면 백수百獸의 왕, 호랑이도 만주의 추위와 굶주림을 견디지 못하여 반도 꽤 깊숙이까지 남하하는 것이다.

절 입구의 돌장승 ②

골짜기에 들어선 지도 벌써 한 시간은 되었을 게다. 마침내 계곡 저편 산 중턱에 절이 보였다. 우리는 아직 계곡 아래쪽에 있다. 부서진 바위 조각들 사이로 급류가 비집고 흐르는 이곳에도 한때는 절이 있었다고 한다. 그 잔해들은 과수원 울타리를 쌓는 데 재활용되었다. 근처 땅 위로 승려들의 무덤[부도 밭]이 솟아 있다. 부드러운 이끼로 덮인 화강암 구조물이었다. 비바람에 풍화된 돌장승 둘이 오래전에 없어진 절 입구를 지키고 있었다. 물가에서 나는 또 한 종의 낯선 아이리스 꽃을 발견했다. 우리의 아이리스 게르마니카Iris germanica[10]와 색깔은 같은데 키가 작았다. 그래도 '한국의 쌍둥이 자매'[붓꽃]보다는 컸다. 하나는 푸르고 하나는 노란 붓꽃 두 송이가 키를 나란히 한 채 우리를 다정한 눈빛으로 쳐다보고 있었다.

골짜기가 점점 더 깊어졌다. 절에 갔다가 집으로 돌아가는 여인들이 하산하고 있었다. 좁은 산길에서 여인들은 수줍은 듯 한쪽으로 비켜서며 길을 터 주었다. 한국의 미풍양속이 그러한지라, 이런 경우 여인들은 보리밭이나 바위 뒤로 들어가 숨는다. 이 메마른 들판에 숨을 바위쯤이야 얼마든지 널렸다.

어머니들이 절을 즐겨 찾는 것은 자식을 위해 부작[11]을 받기 위해서다. 절에서 받는 패牌에는 한국의 옛 전설이 형상화되어 있다. 불교는 미신에서 이 전설을 받아들여 자기네 것으로 만들었다. 전설은 이렇게 말한다.

---

10 독일 붓꽃이라고도 한다. 유럽 원산 종과 많은 다른 종의 교배 잡종으로, 높이 30~60cm의 덩이줄기다.

소년 · 소녀 쌍둥이가 세상을 등지고 방랑길을 떠났다. 갖은 곤궁과 위험 속에서 그들을 지켜 주는 유일한 수호신은 칠성님[12]이었다. 칠성님이 인도하고 보우하사 하늘에 닿은 그들은 스스로 아이들의 수호신이 되었다. 그때부터 자신에게 의탁하는 아이들을 받아들여 칠성님의 든든한 보호막으로 인도했다. 그리하여 이제는 그 아이들도 칠성님의 가호로 하늘에 이르는 길을 찾게 되었다.

부작 앞면은 이 전설을 형상화했다. 소녀는 술병을 들어 동생의 잔에 술을 따른다. 주위에는 칠성을 상징하는 크고 작은 원이 새겨져 있다. 뒷면에는 태극 문양 주위에 칠성을 새기되, 이번에는 점 찍듯 깊이 팠다. 한자漢字는 위에서 아래로, 오른쪽에서 왼쪽으로 읽는다: 자子 = 아들, 손孫 = 손자, 창昌 = 복, 성盛 = 다산多産.[13] 이 글자는 "후손이 번창하는 복을 누리기를!"이라는 뜻으로 옮겨진다. 어머니들은 이런 부작을 색동주머니에 넣고 색색의 끈으로 묶어 아이들 허리춤에 늘 차고 다니게 했다.

앞

뒤

부작 ②

사찰이 가까워질수록 풍광은 운치를 더했다. 보랏빛으로 풍화된 바위의 잔해들이 카메라 플래시 섬광을 받아 오래 된 거목들, 그 푸르른 신록과 멋진 색채의 조화를 연

11 종이나 돌 · 나무 · 청동 · 바가지 · 대나무에 글씨 · 그림 · 기호 등을 그린 것으로 재앙을 막아 주고 복을 가져다준다고 믿는 주술적 도구. 종이에 그린 것을 부적(符籍)이라 하고, 그 외의 재료에 그리거나 새긴 것을 부작(符作)이라 한다.

12 북두칠성을 인격화한 신. 농사와 생사화복(生死禍福)을 맡아본다고 한다. 한국 샤머니즘에서는 일곱 살 이후 인간의 수명장수를 관장하는 신으로도 숭배된다.

13 저자는 '자'를 su로, '손'을 son으로, '창'을tsan으로, '성'을 seng으로 음역했다. 이 중 정확한 음역은 '손' 밖에 없다. 나머지는 비슷하거나 전혀 엉뚱한데, 특히 '자'를 su로 읽은 연유가 묘연하다.

출했다. 짙은 담쟁이덩굴이 굵은 나무줄기를 휘감아 올랐다. 그렇지 않아도 작고 메마른 밭뙈기가 점점 더 작아졌다. 이 오래되고 음울한 형상들 사이에서도 봄의 고운 새싹들은 그렇게 예쁠 수가 없었다.

땀깨나 흘리고 겨우 절에 도착했다. 우리는 작은 불단을 모신 객사로 안내되었다. 접견실 좌우로 손님방이 이어졌다. 한쪽은 남자용, 다른 쪽은 여자용이다. 손님방은 다 차 있었다. 뒤뜰 나무 그늘 아래 약수터는 순례객들로 붐볐다. 한국인이라면 누구나 한번쯤 '구경'하고 싶은 소풍 장소로 절을 꼽는다. '구경'이란 야외에 자리 잡고 쉬면서 주변을 둘러보는 것을 말한다. 정갈하게 조리된 절밥 덕분에 절 '구경'은 한결 편안하다. 절밥은 시주에 대한 승려들의 감사 표시다.

촛대. 실물의 1/4

객사가, 순례를 빙자하여 모반을 도모하는 비밀 회동 장소로 쓰이는 경우도 드물지 않다. 그래서 일본 정부는 일본식 국영 사찰제[14]를 한국에 도입함으로써 고사枯死 직전의 한국 불교를 되살리려 한다.[15]

한때 이 절은 대단히 번창했을 것이다. 이 절의 이름은 신광사神光寺[16]로, '신들의 영광'이라는 뜻이다. 520년 전에 창건되었으나[17] 지금 기거하는 승려는 다섯 남짓하다. 법당 여러 채 가운데, 내부 장식의 예술성보다는 법당의 독특한 의미 때문에 볼 만한

14 친일 31본산제를 의미한다.

15 실은 일본이 한국 불교를 장악 · 통제하려는 것이었다.

16 황해도 벽성군 북숭산에 있는 절.

17 『신동국여지승람』(新東國輿地勝覽) 45권의 기록에 따르면, 신광사의 창건 연대는 신라 문무왕 때로 거슬러 올라가며, 고려 태조 6년(923)에 윤질(尹質)이 중국에서 오백 나한상을 들여 와 이 절에 모셨다고 한다. 일제 강점기 31본산 시절에는 패엽사(貝葉寺)의 말사였다. 520년 전(1390년대)에 창건되었다는 저자의 설명은 오류다.

법당이 하나 있다. 이 법당에는 대형 본존불을 중심으로 500개의 도기陶器 불상[오백 나한상]이 가지런히 진열되어 있다. 솜씨는 투박하고 거칠지만, 그것이 이 불상들의 독창성과 개성을 부정할 이유는 되지 못한다. 일부 불상들의 표정과 자세에서 속세와 인간에 대한 불교적 무심無心을 읽을 수 있었으니, 이런 차원에서 탁월한 예술품이라 해도 무방하겠다. 어쨌든 이 불상을 만든 승려는 불심佛心이 몹시 깊었을 것이다.

근처에 경내로 들어가는 정문[일주문]이 있었지만, 우리는 옆문[사천왕문]으로 들어갔다. 통로에서 '불교의 수호신' 사천왕이 순례객을 맞이한다. 키가 6미터가 넘고 채색이 요란했다. 순례객들은 양쪽 벽감壁龕 좌우 모서리에 하나씩 지키고 선 사천왕 사이로 드나든다.

첫째 왕은 남방의 왕[18]이다. 오른손으로 용을 잡고, 왼손에 사과[19]를 들었다. 용은 높이 들린 사과를 쳐다본다. 그는 늘 먹거리가 빠듯하다. 이는 가뭄을 상징한다.

맞은편 대각선 방향에서 북방의 왕[20]이 비파를 연주한다. 비가 와서 백성들이 다시 기뻐한다. 그는 놀이와 노래의 신이기도 하다. 남방의 왕은 시뻘건 얼굴에서 눈빛이 음흉하게 번뜩이는데, 북방의 왕은 낯빛이 희고 온화하다.

셋째 왕은 칼을 수평으로 들고 있다. 불타는 낯빛 때문에 화난 얼굴이 더욱 험상궂어 보인다. 이것이 적을 굴복시켜 승리를 쟁취하는 전쟁의 신, 동방의 왕[21]이다. 그는 두 발로 작은 형상 둘을 짓밟고 있다. 동방의 왕은 징벌과 정의의 신이기도 하다.

그 맞은편 대각선 방향에는 서방의 왕[22]이 온화한 표정으로 서 있다. 그는 선업을 쌓은 사람들에게 상급을 내리는 불심의 신으로, 한 손에는 삼지창, 다른 손에는 보탑寶塔을 들었다. 작은 형상 둘이 그 앞에 부복하고 있다.

---

18 증장천왕(增長天王).

19 정확히는 보주(寶珠)다.

20 다문천왕(多聞天王).

21 지국천왕(持國天王).

22 광목천왕(廣木天王).

알퐁소는 이런 민속에 해박했다. 그의 설명은 다른 지방의 사천왕상에 관한 정보와도 얼추 맞아떨어졌다.[23]

벌들이 오백 나한상에 보금자리를 틀고, 온 법당을 윙윙거리며 날아다니다가 불상 몸통에 뚫린 구멍 속으로 기어들었다. 대웅전은 비어 있었고 스님들의 기도 소리가 끊겨 녹청을 입힌 범종이 침묵했다. 대웅전 뒤 작은 화강암 불탑(Thab)도 무너져 가고 있었다. 탑 속에는 '부처의 유해'[24] 조각이 들어 있다고 한다[사리탑].

산을 더 오르면 또 다른 절이 있다. 신광사도 산 위의 그 절 덕분에 창건되었다. 이 절은 중국의 어느 왕자가 창건했다는데, 언젠가 부처가 몸소 그 왕자를 중국에서 이곳으로 데려왔다가 다시 데려간 적이 있다고 한다. 이 성지의 유래를 설명해 준 스님은 분명히 그런 사실이 있었다고 확언했다. 법당 문 말고는 별로 볼 게 없었다. 문들은 예술적 안목과 세련된 양식에서 절정의 완성도를 과시했다. 참나무 잎무늬 장식을 파서 짜맞춘 아름다운 작품이었다. 다소 거칠고 둔탁한 솜씨도 작품의 매력을 더하면 더했지 덜지는 않았다.

훌륭한 경관과 쇠락하고 텅 빈 법당만 남아 있을 뿐, 이 절에서 옛 영화의 자취는 사라졌다. 이것이 몰락한 한국 불교의 현주소다. 일본인들이 한국 불교를 어거지로 부흥시킬 수 있을까?

불교는 한국에서 뭔가 좋은 것을 누렸다. 경치가 빼어난 곳을 골라 절을 지었고 절 주위에는 숲이 좋았다. 그걸 보면 한국의 풍광은 지금 모습보다 훨씬 더 아름다울 수

---

23 빌렘 신부의 복사 알퐁소가 설명했다는 사천왕상의 모습은, 일반적으로 알려진 것과 다소 차이가 있다: 수미산 중턱의 남쪽 하늘인 증장천을 다스리면서 자기와 남의 선근(善根)을 증진시키는 증장천왕은, 몸 색깔이 붉고 왼손은 주먹을 쥐고 허리에 대고 있으며 오른손으로는 칼이나 미늘창을 잡고 있다. 다문천을 다스려 북방을 수호하며 야차와 나찰을 통솔하는 다문천왕은, 화난 얼굴로 갑옷을 입고 왼손에는 보탑을, 오른손에는 몽둥이를 들고 있다. 지국천을 다스리며 동방을 지키는 지국천왕은, 붉은 몸에 천의(天依)를 두르고 왼손에는 칼, 오른손에는 보주를 들고 있다. 수미산 중턱 서쪽에서 용신과 비사사신을 거느리고 서방을 지키는 광목천왕은, 입을 벌리고 눈을 부릅떠 나쁜 것들을 물리친다. 그러나 나라와 시대와 학자에 따라 사천왕의 명칭은 차이가 날 수 있다.

24 석가모니 부처의 몸에서 나온 진신사리(眞身舍利).

오백 나한상

청동 불상.
뒤가 비어 있는 것이 특징이다.
상트 오틸리엔 수도원
박물관 소장 ②

있었다는 생각이 든다. 아무쪼록 일본인들의 조림사업이 성공하여 이곳이 한국에서 가장 멋있는 지역이 되기를 바란다. 그러면 풍광의 개선뿐 아니라 물질적 풍요도 기대해 볼 수 있을 것이다.

절을 떠나면서 노정이 크게 어긋났음을 알아챘다. 나는 이때까지 이 절이 해주와 청계동 사이에 있는 줄 알고, 여덟 시간 가는 동안 조금만 에돌면 되겠거니 했다. 그런데 빌렘 신부의 설명은 그것이 아니었다. 출발하면서 절 쪽으로 방향을 틀었던 주막까지 일단 한 시간 반을 되돌아가야 한다는 것이다. 벌써 2시 반, 점심도 못 먹었는데 아직 일곱 시간 반이나 더 가야 한다. 카시아노 신부는 그리라도 하자고 했다. 어쨌거나 환등기 시사회에 너무 일찍 도착할 일은 없다. 해 있을 때 청계동에 닿을까 노심초사했는데, 마음놓고 걸음을 재촉하여 주막이 있는 동뫼(Tongmö)로 급히 돌아왔다. 주막에서 늦은 점심상을 받으니 벌써 5시였다. 식사를 하고 채비를 갖추는 데 다시 한 시간이 흘렀다. 갈 길이 한참 멀었지만 그래도 발걸음은 가벼웠다.

가파른 고갯길을 지나 또 다른 계곡으로 들어섰다. 지금까지와는 판이한 모습의 계곡이요 산지다. 지나온 계곡과 언덕은 낮은 관목 숲이었는데, 지금은 아름답고 푸른 목초지가 산을 타고 내려온다. 한국인들이 이런 목초지를 제대로 활용할 줄 모르니 안타깝다. 목초지를 경제적으로 이용할 생각은커녕, 겨울에 쓸 건초를 준비할 생각도 하지 못한다. 기껏 황소나 송아지를 말뚝에 붙들어 매어 놓고는 줄이 닿는 범위 내에서 풀을 뜯게 하거나, 늦가을쯤 낫으로 마른 풀 약간을 베어다가 사료로 쓸 뿐이다. 하기야 먹일 가축도 몇 마리 안 된다. 그러니 이 산에서 뭘 더 얻어 내겠는가! 이곳에 목축업과 낙농업을 유치하면 매우 좋겠다. 입지 조건이 안성맞춤이다.

거북기단[귀부] 위의 비석

여학교

청계동 아이들

계곡에 어둠이 내리기 시작했다. 계곡물 위에 초저녁 별빛이 어리었다. 우리는 연방 돌무더기들을 밟고 계곡을 건넜다.

밤이 깊었다. 샛길을 따라 계곡을 올랐다. 저 높은 곳에서 '별무더기' 같은 빛들이 흔들리더니 일거에 쏟아져 내렸다. 그것은 고갯길에서 초롱을 들고 우리를 기다리는 학생들이었다. 고요한 밤하늘에 트럼펫 소리가 울려 퍼졌다. 고갯마루까지는 아직 45분 정도 더 가야 한다. 뭘 좀 챙겨 먹고 다시 걸음을 재촉했다. 아이들이 초롱을 들고 돌투성이의 험한 산길을 밝혀 주었다. 청계동까지는 아직 두 시간을 더 가야 한다. 스쳐 가는 풍경들이 정겨웠다. 냇물 위에 솟은 바위가 그림같이 아름답고, 그 위로 푸른 달빛이 부서졌다. 어두운 바위 그늘 속에서 재잘거리는 물결 따라 달빛이 총총걸음을 쳤다. 나는 활기찬 아이들과 함께 일행보다 한참 앞서 걷다가, 물가에 서서 뒤따라오는 빛의 행렬을 15분쯤 기다렸다. 청계동에 다 온 줄 알았더니 아직 두 고개나 더 넘어야 했다. 벌써 11시다. 마지막 고개를 넘으니 한 무리의 불빛이 춤추고 있었다. 성당과 선교 본부, 앞마당과 입구, 울타리와 담장을 장식한 수많은 초롱이었다. 바람이 초롱을 살랑살랑 흔들며 인사하고, 폭죽은 쉴새없이 터졌다. 성당 앞 목제 종루에 달린 종이 신선한 봄밤을 가르며 신나게 울렸다. 우리의 도착을 환영하는 종소리였다. 신자들이 점점 많아졌다. 다들 몰려나와 밤늦도록 우리를 기다리고 있었다. 아주 멀리서 온 사람도 적지 않았다. 성당은 금방 가득 찼다. 우리는 성당으로 들어가 이 멋진 여정을 무사히 마친 데 대해 짧은 감사기도를 올렸다. 피곤한 몸으로 밤참을 먹으려는데, 아이들은 저녁도 굶은 채 좋아라고 우리 곁을 떠날 생각을 않는 것이었다. 밤도 깊었는데 얼른 집에 가서 밥이나 한술 뜨고 자라고 억지로 쫓아내야 할 판이었다.

제15장

부군나무 아래서

청계동에 얽힌 사연

5월 15일

청계동은 티롤의 작은 마을처럼 산속에 묻혀 졸고 있었다. 환한 봄날 아침 햇살이 잠자는 청계동을 깨웠다. 본당은 나지막한 언덕에서 온 마을을 굽어보고 집들은 언덕배기를 반원형으로 휘감았다. 산개울 두 줄기가 본당 언덕을 요란하게 감싸더니 합쳐져 아래로 흘렀다. 본당 뒤쪽 지형은 높이 솟아오르다가 살짝 내려앉더니 긴 능선의 바위틈으로 사라졌다. 언덕 위로 불덩어리 같은 해가 떠서 황금빛 햇살을 골짜기와 냇물 위로 쏟아 부었다. 동쪽 산비탈은 아직 짙푸른 '잠옷'을 입고 조용히 쉬고 있지만, 서쪽 산벽은 햇살을 받아 빛나는 아침 옷을 입은 아이처럼 유쾌한 웃음을 터뜨렸다. 구릉을 비추던 햇빛이 골짜기 아래까지 범위를 넓혀 가다가 가파르게 떨어지기 전에 원추형 건축물을 타고 올랐다. 그것은 골짜기를 방어하는 망루로, 과거에는 유사시 파수꾼이 경계를 섰다. 늙은 소나무 그늘 아래 파수꾼의 막사가 있었는데 지금은 사라지고, 한때 창검이 번뜩이던 곳에는 짙은 초록 사이로 소나무 가지들만 구릿빛으로 빛났다. 이제는 언덕바지 성당의 십자가가 변함없이 마을을 지켜 주고 있다.

성당의 구조는 흥미롭다. 등이 달린 팔각형 지붕이 건물 전체를 덮고 그 아래 제대가 있다. 팔각지붕 아래 남녀 신자석이 직각으로 인접했다. 빌렘 신부는 성당 뒤에 정원을 만들었다. 등 굽은 소나무나 근근이 자랄까, 딴 건 자라지 못할 거라 여기던 곳

부군나무

이었다. 그러나 지금 그곳에는 각종 유실수와 채소가 풍성하게 자라고 있다. 사과나무와 배나무가 솜털 같은 꽃을 피워 나뭇가지가 때늦은 봄눈을 맞은 듯했다. 벚나무와 자두나무 꽃은 이미 다 지고 말았다. 포도나무 줄기에도 새순이 돋기 시작했다. 빌렘 신부는 먼 장래를 내다보았다. 본당 재정이 빠듯하고 신자들도 가난한 판국에 이렇게라도 본당 살림을 지탱해 갈 수 있다면 큰 이득이 될 것이다.

마을로 아침 산책을 나갔다. 마을에서 출발하여 숲이 우거진 망루 언덕까지 올라갔다가, 다시 마을로 내려왔다. 거기서 우리는 청계동의 내력이 서린 부군나무[1]를 찾았고, 마을에서는 안씨 일가의 집을 방문했다. 그 집안은 청계동의 내력과 밀접히 얽혀

1 조선 전기부터 한양의 각 관청에 설치하고 신을 모신 곳을 '부군당'(府君堂)이라고 했다. 여기서는 부군당 주위에 있던 나무라는 뜻으로 '부군나무'라고 부른 듯하다. 원래는 부군(附君) 또는 부근(付根)이라 하던 것이 뒤에 부군(府君)으로 변한 것으로 추정된다. 부군당은 서울에만 15개소가 있었다 하며, 지금도 서빙고동에 있는 부군당에서는 대개 정초에, 그리고 용문동이나 당산동에서는 음력 10월에 당제(堂祭)를 지낸다. 저자는 Pugum으로 음역했다.

있을 뿐 아니라, 최근 한국 역사에서도 중요한 몫을 했다. 앞으로 '안'씨 성을 자주 접하게 될 것이다. 주인은 우리에게 자꾸 집을 구경시켜 주려고 했고 억지로 담배를 권했다. 하지만 집 구조나 담배 맛이나, 우리에게는 진작부터 익숙한 것이었다. 그러자 집주인과 집안 남자들은 '부자 되는 나무'[2]라는 뜻을 가진 부군나무로 우리를 안내했다. 이 나무는 옛날 암울한 이교 시대부터 박해 시대를 거쳐 지금의 복된 그리스도교 시대에 이르기까지 청계동을 지키고 서 있다.

휘늘어진 가지가 작은 연못과 운치 있는 나무 기둥 정자 위로 그늘을 드리웠다. 이 나무는 한때 신령한 나무였다. 과거 이 나무가 마을에서 차지하는 의미는 지금과 비교도 되지 않았다. 지금도 고즈넉한 모습으로 마을의 자랑거리가 되고 있다. 이교 시대에는 해마다 두 번, 봄가을로 이 나무에 제사를 지냈다. 우리를 안내한 남자들 가운데 이 제사에 참여한 이가 여럿이었다. 그들은 세 번 절하면서 술과 고기를 제물로 바쳤다고 말했다.

나는 이 나무에 끌렸다. 매번 올 때마다, 늙은 잿빛 가지들이 막 돋아나 봄날을 즐기는 새싹들에게 청계동 사람들이 기쁠 때나 슬플 때나 이 나무 밑에서 의논하고 공유했던 사연들을 은밀하게 들려주는 것 같았다. 청계동 내력에 스민 낱낱의 사건들은 한국 최근세사의 한 단면을 여실히 보여 준다. 방만한 내정과 부실한 경제에 신음하는 백성의 모습이 바로 그것이다.

---

2 부군나무는 일종의 당산나무다. 마을 수호신을 모신 서낭당이 있는 곳이 당산이다. 대개는 산 중턱에 있지만 마을 한가운데도 있다. 그곳에 서 있는 나무가 당산나무다. 민간신앙에 따르면 이곳에서 마을의 안녕과 집안의 화평과 개인의 복을 빌곤 한다. 이런 의미에서 저자가 부군나무를 '부자 되는 나무'(Baum des Reichtum)라 옮겼을 것이라는 추정이 가능하다.

한국이라는 닫힌 나라에 그리스도교가 자생하여 사제도 없이 발전해 나가다가 피의 박해를 거치며 견고해지던 저 낭만적 영웅 시대에, 이 청계동에도 십자가가 찾아들었다. 점차 신자가 늘더니 지난 세기 중반에는 거의 온 마을 사람들이 신자가 되었다. 그러나 1866년의 가공할 박해[병인박해]는 모든 것을 한방에 날려 버렸다. 열심이 지나친 신자 몇몇이 부군나무 가지를 잘라 냈는데, 이 사건은 신자들이 마을에서 쫓겨나는 직접적 원인을 제공했다. 일부는 체포되어 해주로 압송되었다가 나중에 돈으로 풀려났다.[3] 그러나 그때는 이미 외교인들이 마을을 장악하고 추방된 신자들의 재산을 차지해 버린 뒤였다. 청계동은 다시 외교인 세상이 되고 말았다. 신자들은 모임 때마다 그들을 하나로 결속시켜 준 십자가를 어느 집 돌담 밑에다 감추어 두고 마을을 떠났다. 훗날, 청계동에 그리스도교가 되살아났을 때, 그 십자가가 빌렘 신부의 수중에 들어간 것은 하느님의 섭리였다. 빌렘 신부는 십자가가 숨겨진 바로 그 지점의 돌담을 허물고 문을 내게 했던 것이다.

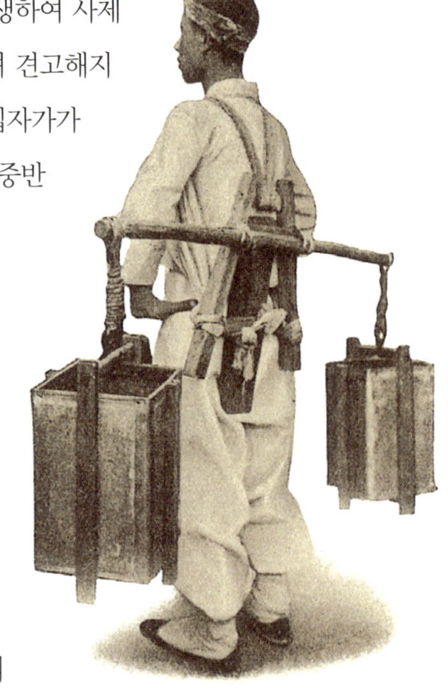

물지게꾼

청계동에 그리스도교가 소생할 즈음 안씨 일가가 전면에 나섰다. 특히 그 가문의 수장인 안 베드로[4]의 영향력과 명망은 온 마을을 그리스도교화하는 데 결정적인 역할을 했다. 안 베드로의 입교 동기는 근본적으로 명예욕과 지배욕이었다. 물론 그게 전부라고는 할 수 없으나 많은 부분 이런 사욕이 작용했던 것은 부인하기 어렵다.

---

3 신자들이 회당 건축용으로 노송을 작벌(斫伐)한 데 대하여 주민들이 반발하자, 신자들이 주민을 구타하여 두 명이 체포된 사건.

1866년 병인박해 당시 안씨 일가는 해주에 살고 있었다. 그때까지는 아직 외교인이었고 해주에서 아주 손꼽히는 부자였다. 부모와 여섯 형제, 그리고 그 부인과 자녀들까지 모두 36명이 가까이 모여 살았다. 해마다 쌀 400석을 거두는 정도라면 한국에서는 상당한 부유층에 속했다. 청어잡이에도 손을 댔다. 먼 바다에서 연간 200~600만 마리의 어획고를 올렸으나 가격이 폭락하는 바람에 청어잡이는 망했다. 지금까지 누리던 명망을 더는 유지할 수 없게 되자, 자존심 때문에 결국 살던 곳을 떠나 청계동으로 이주했다.

과거科擧에 급제하여 '진사' 호를 받은 사람으로서, 안 베드로는 자신의 영향력을 유지하는 방법을 알고 있었다. 그는 서울의 고관대작들과 알고 지냈고 팔도의 학자들과 교유했다. 지역에서는 존경받는 유지였다. 어떤 사안이든 간에 그의 의중이 무겁게 작용했다.

1894년 청일전쟁 당시 조선에서는 동학란이 발발하여 왕조의 전복을 꾀했다. 조정에 충성을 맹세한 안 베드로는 인근 지방에서 호랑이 사냥으로 맹위를 떨치던 포수 120여 명을 불러 모아 스스로 지휘관이 되었다. 병력들은 무조건 그의 명에 복종했다. 동학군에 대적하여 전투를 지휘할 때 그는 무소불위의 권력을 지닌 독재자였다.

불안한 시절이었다. 안 진사는 군량미를 조달하기 위해 백성들의 곡식을 강제로 빼앗지 않을 수 없었다. (물론 고관들의 승인을 얻은 일이긴 했다.) 이것만 빼면 병사들의 군기는 대체로 엄정한 편이었다. [강압적인] 군량미 조달은 동학군과 전투를 치르는 사이 사이에 이루어졌다.[5] 동학군은 안 진사의 의병을 두려워했다.

---

4 안중근(安重根)의 아버지 안태훈(安泰勳, 1862~1905)이다. 본관은 순흥(順興). 진해 현감을 지낸 안인수(安仁壽)의 6남 3녀 중 3남으로 출생했다. 갑신정변(甲申政變)이 실패로 끝나자 1885년 식솔들을 데리고 황해도 신천군 청계동으로 이주, 부인 백천(白川) 조씨 마리아와의 사이에 중근, 정근(定根), 공근(恭根) 등 3남 1녀를 두었다. 1897년 가족과 청계동 주민 33명과 함께 빌렘 신부에게 세례를 받고 그를 도와 황해도 지방의 교세 확장에 헌신하다가, 1905년 12월 장남 중근이 상하이로 떠난 후 진남포로 가던 중 재령에서 사망했다.

5 당시 황해도 동학 접주 원용일(元容日)의 동학군이 탁지부 소관 정부미 1천 포를 탈취하여 군량미로 쓰고 있었는데, 전투에서 승리한 안태훈이 이를 압수한 사건.

안중근, 약지 첫마디를 잘라 결의를 다지다 ①

감영監營이 있는 해주 읍성의 위기는 극에 달했다. 관군은 무력했고 백성은 동학군의 습격을 겁냈다. 다급해진 황해도 관찰사[정현석鄭顯奭]는 안 진사에게 도움을 청했다. 훗날(1909) 이토를 암살한 안 도마[6]도 그 길에 동행했다. 도마는 당시 열네 살이었다.[7] 관찰사는 이들을 공손히 맞았고 상다리가 부러지도록 대접했다. 안 진사와 그의 부대가 당도한 것만으로도 해주는 살 길을 찾은 셈이었다.

이런 우여곡절을 겪으며 안씨 일가는 황해도 일대에서 일약 유명세를 탔고 집안의 자부심도 하늘을 찔렀다. 청일전쟁이 끝나고 그와 연관된 국내 소요도 진정 국면에 이르자 상황이 돌변했다. 이편이나 저편이나, 숱한 사람이 난리 통에 목숨을 잃었다. 전몰자의 유족들은 책임의 상당 부분을 안 진사에게 돌렸다. 설사 고관들의 승인을 받았다 해도, 안 진사는 군량미로 쓸 곡식을 백성들로부터 강탈하지 않았던가! 백성들의 적개심과 혐오가 그를 짓눌렀다. 안 진사의 명망과 위세는 타격을 입었다. 그는 외국인들에게 선을 대고 그리스도교에 입교함으로써 자신을 지키고 싶었다. 이런 의도로 상경하여 일단 개신교 선교사들의 활동과 조직을 눈여겨보았다. 엄격한 원칙주의자였던 안 진사는 그들의 행태가 별로 마음에 들지 않았다. 주교관에도 가 보았다. 그리고 바로 결단을 내렸다. 천주교인이 되기로 한 것이다. 식솔들도 남김없이 그의 뜻을 따라야 했다. 결단은 신속했고,

6 안중근을 가리킨다. '도마'는 그의 세례명 토마스의 당시 표기다.

7 열네 살이 아니고 열여섯 살이다.

안 진사의 방

결단을 자기 방식대로 실행에 옮기는 것도 속전속결이었다. 그는 서울에서 교리서 120권을 구해 가지고 청계동으로 돌아왔다. 거기서 그는 사방으로 추종자들을 보내 천주교 신자가 되라는 "안 베드로의 권유"를 전달했다. 자발적으로든 안 진사의 명망에 눌렸든, 다들 교리를 배우기 시작했다. 때는 1896년 10월 말이었다. 안 진사의 맏형과 친족 중 한 사람[8] 그리고 날품팔이 하나는 여기 동조하지 않았다. 이들은 청계동에서 오래 배겨 내지 못했다.

그 무렵 빌렘 신부는 청계동에서 북쪽으로 10시간쯤 걸리는 마렴麻簾[9]▶ 인근의 한 언덕에 교우촌을 조성하고, 흩어져 사는 신자들을 불러 모으고 있었다.

---

8 안태훈의 맏형은 안태진(安泰鎭)이다. 그는 장자여서 제사를 지내야 하므로 입교를 거부했다고 한다. '친족 중 한 사람'은 모친 고(高) 씨다. 본인은 영세하기 원했지만 안태진이 반대했다. 그러나 안태훈이 영세한 이듬해인 1898년 4월에는 세례를 받았다. 그 후 안태진은 모친과 함께 해주로 이주했다.

한편 청계동에서는 신부를 모셔 오는 문제를 심각하게 논의하고 있었는데, 어려움이 한두 가지가 아니었다. 무엇보다 신부를 어떻게 대할 것인가 하는 것이 가장 큰 난제였다. 한국의 예법대로 윗사람에게 하듯이 큰절을 해야 하는가, 아니면 하찮은 승려한테 말하듯 '~해라'(härä) 하며 하대를 해도 되는가? 안 베드로를 비롯한 청계동 사람들은 이런 점들을 명쾌하게 밝히고 싶었다. 그래서 차례로 사람을 보내 은밀히 [매화동] 사정을 캐 보았다. 훗날 '야고보'라는 이름으로 세례를 받은 안 아무개[10]는 [거기서] 카메라에 대해 들었는데, 그것을 꼭 한번 보고 싶어 했고, 도마[안중근]는 신부의 엽총에 대단히 관심이 많았다. 하여, 신부를 공자와 같은 반열에 놓고 그에게 큰절을 올리는 것은 너무 어렵지 않겠느냐고도 물어보았다. 전언에 따르면, 홍 신부[11]라는 이는 친절하고 온유하여, 비록 자신을 윗사람이라 여기고 우리에게 '~해라'(hära)를 쓰지만 엄격하기는커녕 오히려 우리를 따뜻이 대해 줄 사람이 분명했다. 결국 홍 신부가 오면 좋겠다는, 아니 꼭 와야 한다는 결론에 이르렀다. 청계동 사람들은 신자 한 사람을 대표로 파견했다. 그는 성 하비에르 축일[12]에 매화동에 당도했다.

"신부님, 청계동으로 오셔야 합니다." "청계동이 뭐요, 청계동이 어디 있소?" "아, 그곳에는 120명이나 되는 사람들이 교리 공부를 하고 있고, 인근에 400명이 더 있습니다. 오시지 않으면, 신부님께서는 꼭 그리로 가라는 주교님의 편지를 받게 될 것입니다. 안 진사께서 그리 말씀하셨습니다." "안 진사라니? 누구 말이오? 나는 전혀 모르는데?" 이때 다른 신자들이 거들었다. "염두에 두셔야 할 인물이지요. 그가 그렇게 말했다면, 거절하실 수 없습니다." 한국에서는 이렇게 말참견하는 경우가 다반사다.

◀9 저자는 Mariem으로 음역하고 괄호 안에 매화동이라는 지명을 Mähoatong으로 음역하여 병기했다. 매화동은 황해도 안악군 용문면 매화리(黃海道 安岳郡 龍門面 玫花里)로, 1896년 8월 황해도 최초의 본당이 설립된 곳이다. 빌렘 신부는 마렴 공소를 본당으로 설정한 후 1897년 마렴과 머내[遠川] 사이에 있는 언덕으로 이전하고 매화동본당을 시작했다. 玫花는 장미 꽃다발을 뜻하는 라틴어 '로사리오'의 한자 표기다.

10 안태훈의 둘째 형 안태현의 맏아들인 안명근(安明根). 안중근의 사촌 형.

11 빌렘 신부의 한국명 홍석구(洪錫九). 저자는 Pater Hong Sinbu라고 표기했다.

12 동아시아에 최초로 그리스도교를 선교한 프란치스코 하비에르를 기념하는 축일. 12월 3일.

안 진사 가족

“하지만 여기를 무턱대고 떠날 수야 없지 않겠소. 나를 부를 요량이면 내 임무가 뭔지 알려 달라고, 가서 안 진사에게 전하시오. 나는 여태 강요받아 본 적이 없소. 그곳 사정이 어떤지 내가 먼저 알아야겠소.”

빌렘 신부는 전교회장[13] 두 사람을 청계동으로 보냈다. 이들은 저간의 사정을 자세히 알아보고 천주교에 진정 뜻이 있는지 몸소 확인한 후 교리를 더 가르칠 요량이었다. 얼마 뒤에 이들은 큰 감명을 받고 돌아갔다. 이런 열심은 어디서도 본 적이 없었던 것이다. 그야말로 살아 있는 종교 운동이었다. 안 진사의 일관된 추진력과 영향력이 다방면에서 효과를 발휘한 덕분임이 분명했다. 여러 사람이 보름 동안 밤낮을 가리지 않고 교리서를 베껴 써서 다른 이들이 교리를 배우고 세례를 받는 데 힘을 보탰다. 이

13 선교 활동을 담당하던 회장(會長)이다. 회장이란 교우 집단의 지도자로서 신부를 보좌하고 교우들과 신부 사이에 중재 역할을 하며 신부 유고시 신부를 대리하는 사람을 말한다. 회장의 직무가 주로 교회 내적인 일이었음에 비해 전교회장의 직무는 대외적인 외교인에 대한 선교 활동이었다.

노인 ①

착한 사람들은 교리를 배우긴 하였으되 너무 급하게 서두르다 보니 당연히 많은 부분 제대로 이해하지 못하고 넘어갈 수밖에 없었다.

그러는 동안 1896년의 성탄절이 다가왔으니 영세 찰고를 해야 했다. 날짜가 다가올수록 찰고에 대한 두려움이 커져 갔다. 그들은 찰고 날짜를 보름만 연기해 달라고 청했다. 날짜는 삼왕 내조 주일[주님 공현 대축일]로 정해졌다. 마침내 1월 10일 안 베드로, 도마 그리고 야고보가 다른 36명과 함께 세례를 받았다. 얼마 후 또 30명이, 부활절에는 또 33명이 세례를 받았다. 부활절 세례 때는 30년 전[14] 청계동에서 쫓겨났던 두 신자도 돌아왔다. 노인과 여인이었다. 세월이 많이 흘러 노인은 자기 세례명도 잊어버렸다. 빌렘 신부는 '요나'라는 세례명을 새로 정해 주었다. 여인은 안 세실리아라고 했다. 청계동 사람으로, 남편은 박해 때 잡혀 처형되었고 자신은 마음에도 없는 외교인 남자와 억지로 살아야 했다. 청계동에 그리스도교가 다시 소생했다는 소문을 듣고는, 자기가 한때 그리스도인으로 살던 고향에 대한 그리움에 북받쳐 가만히 있을 수가 없었다. 그리하여 최근 싹을 틔운 청계동본당이 첫 꽃망울을 터뜨리려는 순간, 옛 교회의 두 증인이 동시에 청계동에 발을 들여놓았던 것이다.

그러나 이러한 발전과 더불어 모략의 나날도 끝없이 이어졌다. 안 베드로는 빌렘 신부의 보호 아래 자신을 의탁하려 했고, 빌렘 신부는 자신의 어린양들에게 언제까지

14 병인박해(1866) 당시.

청계동본당 신자 공동체

나 성실한 목자가 되어 탐욕스런 관리들과 그 부패한 하수인들의 수탈로부터 양 떼를 지켜 주기로 마음먹었다. 그러자 관리들과 그 하수인들도, 빌렘 신부가 사사건건 나서서 단호히 시시비비를 가려 주는 이 새 교우촌이 그들의 수탈 체계에서 서서히 벗어나고 있음을 눈치 챘다. 그들에게 청계동은 상실의 고장이었다. 관리들이 싸우지도 않고 이 지역을 순순히 포기할 리가 없었다.

신자들이 청계동본당 언덕에 작은 경당을 짓기 시작할 무렵 빌렘 신부는 아직 매화동에 있었다. 그 경당은 지금도 성당의 한쪽 측랑側廊으로 남아 있다. 빌렘 신부는 매화동에서 청계동까지 먼 길을 자주 왕래해야 했다.

하루는 신천 군수가 안 베드로를 추포하게 했는데, 그 와중에 신자들이 쌍욕을 들었다. 빌렘 신부에게 황급히 연통을 넣었다. 심부름꾼은 오후 3시경에 매화동에 도착했다. 저녁 8시, 빌렘 신부는 신천에서 관리들을 만나 청계동 새 신자들을 욕한 자들의 처벌을 요구했다. 신천 관아는 안 베드로도 무혐의로 석방할 수밖에 없었다. 이런 관리들의 굴욕은 이후 장기간에 걸친 싸움으로 이어졌고,[15] 한일병합과 더불어 양반 주도 경제 체제가 중단되면서 종결되었다.

관리들뿐 아니라 안 베드로에게서 등을 돌린 적대 세력들도 이번 일에 공분을 금할 수 없었다. 그들은 전쟁 때 안 베드로에게 빼앗긴 돈을 돌려받기가 더 어려워졌다는 사실을 깨달았다. 베드로가 외교인이었을 때는, 오래전에 전임자와 교체된 다른 관리가 안 베드로를 체포·처형하고 재산을 몰수하여 고소인들과 나누면 될 일이었다. 그러나 지금은 신부의 존재를 감안해야 한다. 어쨌거나 시도는 해 볼 일이다.

해주에서는 안 베드로의 동생 안 가밀로(안태건安泰健)가 관에서 염출한 돈을 반환해 달라고 요구한 적이 있었다. 이것만으로도 안씨 일가를 걸고 넘어지기에 충분했다. 반환은 거부되었고, 해주 관찰사는 안 가밀로를 체포·투옥했다. 안 가밀로를 사법처리한 다음 안 베드로까지 체포할 기세였다. 안 도마는 지체 없이 해주에서 안악까지 16시간을 내달려 빌렘 신부를 만났다. 빌렘 신부는 관찰사에게 서찰을 보냈으나 답을 받지 못했다. 신부는 사람을 시켜 관찰사에게 자기 여권을 보여 주면서, 여권을 잘 읽어 보라고 했다. 여권에는 관찰사가 선교사들을 보호하고 선처해야 한다고 분명히 적혀 있었다. 관찰사는 신부의 여권을 돌려주지 않았다. 빌렘 신부는 관찰사에게, 다음 날 해주를 거쳐 서울로 가서 새 여권을 교부받을 것이라는 말을 전했고 또 실제로 그리했다. 빌렘 신부는 생명의 위협을 느낀 안 베드로와 함께 해주로 갔다. 관찰사와 관헌들이 있든 말든, 교졸들도 무시하고, 신부가 겁도 없이 노상에서 소리를 질렀으나, 소기의 성과를 거두지는 못했다. 신부는 정녕 서울로 가야 했다. 가서, [프랑스] 공사의 중재로 담당 부처에 새 여권을 신청하는 한편, 해주 관찰사에게는 응분의 징계 조치를 내리도록 할 작정이었다. 그러나 이러한 일련의 조치로 사태가 평화적으로 종식될 리는 만무했다. 여러 고을의 향반 토호층과 인접 지방관들은 오히려 격노했

15 1902년을 전후하여 황해도 빌렘 신부 관할 구역에서 천주교회와 관청 사이에 빚어진 일련의 사건들을 해서교안(海西教案)이라고 한다.

다. 그들의 부당한 처사들로 인해 빌렘 신부는 끊임없이 새로운 분쟁에 연루되었다. 한국 '관청'과의 첫 충돌이 있고 나서 홍 신부[빌렘 신부]는 그 지방에서 명망이 자자해졌다. 세례를 받음으로써 그의 보호 아래 들고 싶어 하는 이들도 많아졌다. 물론 거룩한 세례와 그리스도교를 진지하게 갈망하는 사람이 훨씬 많았다. 한국인들의 종교적 갈망은 매우 깊다. 하도 깊어서, 불교의 근거 없는 형식주의로도, 세상 지혜만 가르치는 공자의 자연 윤리로도 온전히 채워지지가 않는다. 첫해 세례자가 250명에 육박했고 이듬해에는 거기에 365명이 추가되었다. 셋째 해에는 500명, 넷째 해에는 715명이 더 입교했다. 예비자는 1,500명으로 불어났다.

빌렘 신부는 품위가 손상되는 일이 벌어지지 않도록 각별히 조심해야 했다. 어느 날 200명이나 되는 포수들이 저마다 엽총을 메고 사냥 주머니와 탄약통을 주렁주렁

청계동성당

매단 채 굳은 표정으로 들이닥쳤다. 그들은 모두 세례를, 그것도 되도록이면 서둘러 받고 싶어 했다. 찰고는 금방 끝났다. 그들은 그리스도교에 대하여 손톱만큼도 아는 게 없었다. 다만 신부가 엽총에 복을 빌어 주고 신부의 보호 아래 마음껏 사냥하고 약탈하는 특권을 누리고 싶을 따름이었다. 빌렘 신부는 떼거리로 건방지게 눈알을 굴리는 남자들 앞에서 짧게 말했다.

> 만나서들 반갑소. 우리 선교사들은 사람 만나는 걸 매우 소중히 여긴다오. 그러나 이렇게 한꺼번에 몰려온 걸 보니, 더러 잘못된 마음을 품고 온 이는 없을까 하는 염려도 되오. 자, 여러분 가운데 진정한 마음으로 오지 않았거나 착하게 살기로 마음먹지 않은 사람이 있다면, 신자 되겠다는 생각을 스스로 버리시오. 교리를 배우고, 자신의 허물을 뉘우쳐 좋은 표양이 되고자 하는 사람들은 기꺼이 입교를 허락하겠소. 그러나 먼저 하나만 부탁하겠는데, 교리를 배우려는 사람은 총을 집에 두고 오시오. 나는 여러분의 엽총에 복이나 빌어 주려고 온 사람이 아니오. 총을 들고 오는 사람에게는 절대로 세례를 주지 않겠소.

희망은 이 한마디에 물거품이 되고 말았다. 그들은 크게 실망하여 슬금슬금 떠나갔지만, 대신 진지하고 성실한 자세로 입교를 원하는 사람들이 끊임없이 몰려들었다.

청계동 새 공동체가 발전의 첫걸음을 떼기 무섭게 다시 어두운 먹구름이 몰려와 두 가지 대재앙을 예고하고 있었다. 하나는 안 베드로의 오만과 이기심에서, 다른 하나는 정치적 이해관계에서 비롯된 위험이었다.

어느 날 갓 세례 받은 안 베드로가 빌렘 신부에게 와서 해주로 보내 달라고 청했다. "거기서 뭘 하실려고?" "아, 신부님, 교리를 전파하겠습니다. 신부님과 전교회장들 방식으로는 너무 더딥니다. 날 보내 주십시오! 몇 주 안에 해주는 그리스도교 도시가 됩니다." "말이 되는 소리요? 나는 허락 못 하오." "날 붙잡지도, 내가 하려는 걸 막지

주일미사를 마치고

도 못하실 겁니다. 내것이 성교聖教를 위한 최선의 방책이니까요. 허락해 주시지요." 말싸움해 봐야 헛일이었다. 결국 신부는 단호한 금지령을 내릴 수밖에 없었다. 안 베드로의 평소 성정으로 미루어 일을 그르칠 소지가 다분하다고 판단했기 때문이다.

그럼에도 안 베드로는 해주로 갔고 빌렘 신부도 청계동을 떠나 사목 여행에 돌입했다. 며칠이 지나지 않아 안 베드로의 식솔 몇이 풀이 죽어 달려왔다. 빌렘 신부는 먼 외딴 마을에 막 여장을 풀던 참이었다. "아버지가 투옥되었습니다. 신부님, 빨리 오셔서 아버지를 좀 꺼내 주십시오."

사실이 그랬다. 혼란을 조성하고 다닌다는 이유로 해주 관아에서 안 베드로를 체포했다. 그는 사람들에게, 홍 신부한테 오면 관리의 수탈에서 보호받을 수 있다는 말로 입교를 권유하고 다녔다. 그는 관리를 겁내지 않았으며 관리들을 눈 아래 두었다. 관리들의 지위가 안 베드로의 책동으로 흔들리게 될 수밖에 없는 상황이었다.

청계동

안 베드로의 소식을 들은 빌렘 신부가 말했다. "지금은 못 가오. 사목 여행을 중단할 수 없소." "그렇지만 아버지가 죽게 생겼어요. 아버지는 신앙 때문에 박해받고 투옥되었단 말입니다." "내가 그렇게 말렸거늘, 순명하지 않고 떠나 버린 사람이오. 지금은 자신의 불순명에 대한 죗값을 치르고 있는 것이고. 나는 아니 가오."

빌렘 신부는 일주일 동안 뜸을 들이고서야 해주로 갔다. 안씨 집안 사람들이 잔뜩 겁을 먹고 모여 있었다. 신부가 나타나자, 그들은 득달같이 달려들어 간청했다. "신부님, 지금 당장 관아로 가셔서 아버지를 석방시켜야 합니다. 이건 우리 성교회聖教會에 대한 모욕입니다." 빌렘 신부는 이 권력 지향적 집안의 줏대 없는 꼭두각시가 될 마음이 추호도 없었으므로 짐짓 무심한 태도를 취했다. "음, 오늘은 못 갈 것 같고, 내일 가 보도록 하리다." 몹시 불쾌하고 언짢았지만 받아들일 수밖에 없는 결정이었다. 저녁 식사 중에도 비난이 난무했다. "신부님은 관리들이 두려우신 게야. 신앙 때문에 고통받는 사람에게 무심하고 배려할 줄을 몰라." 다음 날 아침 빌렘 신부는 관아에 가서

청계동 골짜기

안 베드로의 석방을 요청했다. 풀어 주되 자기가 해주를 떠난 다음에 풀어 주라는 당부도 물론 잊지 않았다.

안 베드로의 친척들은 초조와 긴장 속에서 신부를 기다렸다. "관리가 뭐라고 합디까?" "뭐, 화평하고 풍요로운 한 해가 되었으면 좋겠다더군." "다른 말은 않던가요?" "아 참, 다른 말도 더러 했소만." "우리 아버지는요?" "아하, 어떻게 할 건지 물어볼 참이었는데 …." 그들은 사람 좋은 신부에게 대들 기세였다. "아니, 잊어버렸단 말입니까? 일부러 그런 거지요? 관리들한테 겁먹었든가. 이제는 더 들을 말도 없네요." 빌렘 신부는 이런저런 까칠한 말을 묵묵히 다 듣더니 떠날 채비를 했다. 관아에 한 번만 더 가 봐 달라고, 그렇지 않으면 아버지가 처형될 거라고, 사람들이 마지막으로 빌렘 신부를 설득했다. 신부는 그제서야 그가 석방될 것이라는 언질을 주었다. 그러나 빠져나갈 구멍을 찾는 말로 들릴 뿐이었다. 빌렘 신부는 나귀에 안장을 얹고 그곳을 떠났다. 그가 떠나자 안 베드로도 석방되었다. 식솔들이 빌렘 신부를 뒤쫓아 왔다. 다들 기쁨에 겨워 문중 어른의 석방을 도운 신부에게 감사했다.

하지만 안 베드로에게는 자신의 불순명에 대해 용서를 빌고 끝없는 자만심을 내려놓을 일이 남아 있었다. 스스로 깨닫기는 분명코 어려울 것이었다. 빌렘 신부는 '극약처방'을 내렸다. 부활절이 코밑이었고 신부는 아직 사목 여행 중이었다. 부활절에는 본당에 돌아와 있어야 한다. 청계동은 그 아름다운 축일 준비에 한껏 들떠 있었다. 그런데 갑자기 신부가 돌아오지 않겠다고 통보해 왔다. 청계동은 안 베드로가 쥐락펴락하고 있었다. 그런 안 베드로가 대놓고 신부에게 반항했다. 빌렘 신부는 안 베드로가 마중 나와 용서를 빌고, 불순명에 대한 벌을 달게 받겠다면, 부활절을 청계동본당에서 보낼 수도 있다는 조건을 내걸었다. 당연히 무리한 요구였다. 그러나 온 마을이 그리하라 촉구하니 안 베드로는 빌렘 신부에게 편지를 보내 순명하겠다는 뜻을 밝혔다. 그들이 다시 만났을 때, 빌렘 신부는 마중 나온 사람들 앞에서 안 베드로에게 이렇게 선언했다. "당신은 순명하지 않고 나를 떠났소. 그 불순명이 큰 화를 불렀소. 하여, 사람들 앞에서 벌을 받아야 잘못을 기워 갚을 수 있소. 벌받을 용의가 있소?" "예." 가벼운 체벌로 문제는 일단락되었으나 이것이 콧대 높은 안 베드로의 자존심을 예민하게 건드리는 것이었음은 명약관화했다. 어쨌거나 이로써 베드로는 전교 여행의 패착에서 완전히 벗어날 수 있었다.

이 무렵, 당시의 폭정을 극명하게 보여 주는 '강도 사건'이 발생했다. 안악 관아의 교졸 하나가 신천 인근의 한 마을에서 어느 외교인의 아내를 납치했다.[16] 기소를 면하고 동료를 보호할 요량으로 교졸들은 '강도 사건'을 꾸며 냈다. 피랍된 부인의 남편을 포함, 이 마을 네 남자가 강도로 몰려 기소되었다. 사건은 네 명의 '강도'를 처형하는 것으로 신속하고도 적절히 종결되는 듯 보였다. 그런데 '강도' 넷 중 하나가 바로

16 1899년 안악군의 교졸이 천주교인 4명에게 강도 혐의를 씌워 체포한 사건. 여기서 저자가 "어느 외교인의 아내"라 한 이는 사실 천주교인 이준칠의 처다. 납치범은 재령의 오용학이란 자인데, 범행이 발각되자 이준칠을 강도로 몰았고, 고문을 못 이긴 이준칠의 거짓 자백으로 교인 4명이 강도 누명을 쓰게 된 것이다.

물방앗간

[신원 미상]

안 가밀로였고, 그는 빌렘 신부가 지금 데리고 있는 복사의 친구였다. 아버지의 안위를 염려한 가족들은 빌렘 신부에게 도움을 청했다. 마을 전체가 그들의 청원을 지지했다. 마을은 이미 당시 법에 따라 교졸들에게 약탈당했다. 도둑이나 강도가 사는 마을들은 법의 보호를 받을 권리가 박탈되던 시대였다. 교졸들은 마을을 급습하여 마음껏 노략질하고, 돈을 빼앗고, 제멋대로 가축들을 끌고 가 버렸다.

빌렘 신부의 도움이 간절한 위기 상황이었다. 그는 신천 군수에게 달려갔다. 이번 강도 사건은 안악 군수 소관이므로 자기는 관여할 바 아니라고 신천 군수가 말했다. 강도를 적법하게 체포한 것도 안악 군수였으니 자기와는 무관하다는 것이었다. 빌렘 신부는 도리 없이 안악으로 가서 그곳 군수에게 우선 용의자 네 명의 신병을 신천 군수에게 인도하라고 촉구했다. 안악 군수는 이를 거부했다. 그랬다가 자기 교졸들의 비리가 밝혀지면 그들 또한 넘겨주어야 할 판국이었다. 군수는 오히려 교졸들을 감싸고돌았다.

신부가 말했다. "도대체 정의가 설 자리가 어디요? 죄인은 바로 사또의 교졸들이오. 이 나라에 정의가 살아 있다면, 사또께서 체포 · 구금한 네 남자가 아니라 바로 그들이 처벌을 받아 마땅하지요." 군수가 말했다. "본관은 법률에 따라 처리할 뿐이오."

“정녕 법률에 따라 처리하려거든 죄지은 교졸들의 신병을 인도하시오.” 논란을 오래 버티지 못한 안악 군수는 마지못해 제안을 받아들이고 교졸 하나를 불렀다. 그는 횡설수설 앞뒤가 안 맞는 말만 늘어놓았다. 그의 죄상은 분명해졌고, 군수조차 더는 어쩔 도리가 없자 옥중의 네 사람을 석방시켰다. 이로써 그들은 자유의 몸이 되었으나 약탈당한 마을은 손해가 막심했다. 빌렘 신부는 군수에게, 약탈해 간 재물을 우선 반환하고 다음으로 마을이 입은 손해를 배상할 것을 요구했다. 군수는 한참 망설였다. 빌렘 신부가 재차 신천 공소를 방문했을 때야, 안악 군수도 의관을 정제하고 공소에 나타나 신부에게 화해를 청했다. 빌렘 신부는 화해 조건을 정했다. “사또와 사또의 교졸들이 불법을 자행했소.” 군수가 물었다. “얼마면 되겠소?” “사또와 휘하 각 교졸들의 한 달 치 녹봉이면 되겠소.” 군수로서는 크게 흡족한 조건이었다. 이 정도 선에서 사태가 원만하게 타결된 것이 천만다행이었다. 빌렘 신부가 요구한 금액이 바로 지불되었지만, 신부는 현장에서 한 푼도 남김없이 공소에 모인 마을 사람들에게 나누어 주었다.

이렇게 빌렘 신부는 무한정의 도움을 베풀었다. 힘없는 백성들이 두려워하던 고관들, 더 두려워하던 교졸들도 신부는 두려워하지 않았다. 그는 정의로웠고 사심이 없었다. 이런 신부의 덕목을 추앙하여 입교자가 점점 많아졌다. 그러나 관리들은 빌렘 신부의 일거수일투족이 날이 갈수록 못마땅했다. 번번이 당하는 그들의 패배가 일시적 휴전으로 이어지기는 했을지언정, 진정한 평화를 이룩한 적은 한 번도 없었다. 말썽은 끊임없이 일어났고, 분쟁은 점점 그 도를 더해 갔다.

1902년, 심한 가뭄과 흉작으로 한국에 대기근이 들었다. [황해] 북부, 특히 해주는 그나마 피해가 덜했지만 남부의 상황은 정말 심각했다. 당시 해주와 인근 23개 군郡을 다스리던 [황해도] 관찰사는 지체 높은 양반 가문 출신이었다. 이 관찰사는 남부 지역 빈민들을 구휼하겠다는 '어진 생각'을 했다. 그는 공개 연설을 통해 누구나 자비로운 마음으로 남부의 굶주린 빈민들을 도와야 할 터, 자신도 최선을 다해 그들의 숙명적 빈곤을 더는 데 힘을 보태겠노라고 역설했다. 그는 각지에 훈령을 내렸다: 강요는 하지 않겠다, 부자들은 성금을 기부하면 좋겠다, 각자 기부하고 싶은 만큼 관찰사에게 보내라, 관찰사가 친히 분배할 것이다. 과연 훈령은 실천되었다. 성미誠米의 절반은 교졸들의 곳간으로 사라져 버렸겠지만 어차피 한국에서 그 정도는 늘 염두에 두어야 한다. 기부자나 수혜자나 그나마 그쯤에서 그친 것에 만족해야 했다.

그러나 이것은 본격적인 희극의 서막에 불과했다. 관찰사가 남의 불행을 빌미로 잔머리를 굴린 것이다. 지금까지는 온정의 눈물샘을 자극시키는 연극이 제법 올바른 방향으로 흥행되고 있었다. 그러나 이제부터는 동일한 무대 장치가 '굶주린' 단 한 사람, 즉 관찰사 자신을 위해서만 작동해야 할 것이었다.

굶주린 이들을 위해 양곡 매매가 금지되었다. 올바른 조치였다. [황해] 남부에 남은 양곡이 없으니, 북부에서라도 규제를 해야 내년 봄 파종 때 종자 값이 오르지 않는다는 명분이었다. 이런 조치에 의거하여 관찰사는 부자들의 재물 등록관을 도처에 파견했다. 부자들은 집에서 먹을 만큼을 제외하고 남은 양식이 얼마나 되는지 낱낱이 신고해야 했다. 그래야 내년 봄 파종에 필요한 볍씨가 얼마나 비축되어 있는지 미리 알 수 있다는 것이었다. 부자들은 정직하고 성실하게, 물론 자기 방식대로, 비축미를 신고했다. 400석을 가진 이는 100석이라고 신고했고 80석을 가진 이는 40석이라고 신고했다. 관청이 속아 넘어가니 다들 흐뭇했다. 관찰사 또한 자기 관할 지역 내에서 적어도 그만큼의 양곡을 확보할 수 있으니 좋았다.

봄이 왔다. 사람들은 비축 양곡을 팔려고 했으나 관에서 허락하지 않았다. 등록된 양곡이라 기근이 해소될 때까지 비축되어 있어야 한다는 것이다. 그러면서도 관찰사는 은밀히 귀띔했다: 100석이 있다면 80석은 팔아도 된다, 그러나 나머지 20석은 '기근 예비 양곡'으로 해주에 비축해야 한다. 말이 빠르게 돌았다. 부자들은 20~30% 손해를 감수하고 팔아야 했다. 이 손실분은 먹어도 먹어도 배가 고픈 관찰사의 곳간에 고스란히 쟁여졌다.

이런 사태는 여파를 남기는 법이다. 백성들 사이에서 해도 너무한다는 생각이 스멀스멀 피어올랐다. [황해] 북부의 세 신부가 회동하여 관찰사에게 한문 · 한글 · 프랑스어로 진정서를 냈는데, 내용인즉 이러하다: 기근세가 부당하게 유용되고 있다는 항간의 소문에 백성들의 불만이 크다고 들었다. 이 부정에 관찰사가 깊이 연루되어 있다면, 서울에서 다음 조치를 취하기 전에 관찰사 스스로 이 사태에 대해 해명하는 것이 어떠한가! 이리하여 신부들의 세 관할 구역 백성들은 강탈당한 양곡을 전량 돌려받을 수 있었다. 그러나 부자들이 자발적으로 관찰사에게 바친 '기근 예비 양곡'은 반환에서 제외되었다.

'돈[을 처]먹고'라는 한국 특유의 표현이 있다. 매관매직 비용을 벌충하기 위한 관리들의 부정 축재 수법은 일반 백성들 사이에서도 너무 빤하여, 심지어 그런 작태를 모방하는 사례도 비일비재했다. 지방관직 하나 사는 데 적게 잡아도 천 원(= 2천 금마르크Goldmark)은 든다. 그렇게 차지한 자리도 반 년이나 일 년이면 물러나야 될 터이니 자리에 있는 동안 매관매직 비용을 몽땅 회수해야 함은 물론, 그보다 더 짭짤한 이문까지 남겨야 하는 것이다.

부자들은 나름대로 비리가 있기 마련이다. 누구는 몇 해 전에 살인을 했고 누구는 사기를 쳤으며 또 누구는 남의 재산을 강제로 빼앗았다. 처음부터 부자여서 그걸로 족한 사람도 있었다. 그들은 가끔 체포되어 비리 혐의로 기소되기도 했지만, 응분의 몸값을 내고 나갈 것을 종용받곤 했다. 비리가 없는 부자들도 느닷없이 몇몇 지역 유지들과 함께 군수에게 초대받는 날이 있다. 식사 자리에서 군수는 각자 얼마씩들 낼 건지 슬쩍 물어본다. 어쩌다 금액이 맞으면 다행이지만, 그렇지 못할 경우 그 딱한 부자는 감옥에 앉아 도대체 얼마를 더 올려야 풀려나게 될지, 그 돈을 언제 낼 수 있을지 한참 머리를 굴릴 수밖에 없다. 조만간 군수가 바뀌어도 신임 군수가 새로 들들 볶기 시작한다. 사면을 증명하는 석방 허가서를 그리도 비싼 값에 샀건만, [신임 군수에게는] 들이대 봐야 무용지물이다.

예기치 못한 러일전쟁의 발발로 한국의 역사도 새로운 전기를 맞게 되었다. 한국은 늘 중국과 일본이 주고받으며 놀던 장난감 공 신세였는데, 이번에는 다시 일본의 수중에 떨어졌다. 러시아가 그 판에 끼어 보려고 애썼지만 헛물만 켜고 말았다. 모든 징표가 헛것이 아니라면, 이제 게임은 끝났다고 봐야 한다. 한국 민족의 고유성도 더는 지켜질 수 없게 되었다.

남부 지방에서는 옛 대한(Taihan)이 조선(Chosen)이라는 일본의 한 속주로 바뀌는 절차가 조용히 진행되어 갖은 저항을 뚫고 유기적 병합이 완수되었다. 그러나 이곳 북부 지방의 개조 작업은 그리 조용히 이루어지지 못했을 것이다. 북부 지방의 저항은 처음부터 격렬했고, 일본이 먼 서구 제국에 선전한 것보다 훨씬 치열하게 전개되었다. 봉기가 꼬리에 꼬리를 물고 일어났다. 일본인들이야 그것이 마적 떼의 소행이라고 퍼뜨릴 수밖에 없었겠지만, 반드시 그런 것만은 아니었다. 여기저기서 일인들을 괴롭힌 소규모 전투들이 결국 마적 떼의 준동으로 규정되었다. 봉기 지도자들은 나날이 조금씩 줄어들었다. 용맹한 남자, 전직 군관, 애국심에 불타는 영웅들은 간데없고 부대 안에 혼란만 가중되었다. 여기에 배고픔까지 덮치자 일인들을 치는 일은 뒷전이고 동포를 갈취하고 약탈하기까지 했다.

청계동도 이런 부대에 장악당한 적이 있다. 그들은 사흘 동안 머물렀는데, 스스로를 자랑스럽게 '의병'義兵[17]이라 칭하면서 '마적'이라는 비난을 일축했다. 빌렘 신부는 이들이 그만 떠나 주기를 바라는 마음 굴뚝같았지만, 이 사태를 어떻게 끝내야 할지 난감했다. 그는 병법에 착안했다. 일본군이 그들을 추적하고 있다는 정보를 흘리면 필경 혼비백산할 것이었다. 빌렘 신부는 의병대장에게 은근슬쩍 물어보았다. "함정인 듯하오. 일본군이 서쪽 고갯길로 진입하면 당신들은 전멸이오. 고갯길에 경계병은 세워 둔 거요?" 대장이 기죽은 듯 대답했다. "아니, 세우지 않았소." 그는 즉시 초소를

17 저자는 Uipiong이라 음역하고 'Soldaten der Gerechtigkeit'(정의의 병사)라는 독일어로 풀어 썼다.

설치하고 경계병을 세워 일본군이 접근하는지 잘 감시하라고 명령했다. 한 시간도 채 지나지 않아 경계병 하나가 다급하게 보고했다. "일본군입니다!"

경보를 발령할 겨를도 없었다. 적과 최대한 거리를 유지하기 위해 그들은 동쪽 언덕으로 급히 퇴각했다. 청계동은 의병 300명으로부터 자유로워졌다. 일본군의 습격은 없었다. 어찌 된 것일까? 초소에서 일본군의 기습을 예의 주시하고 있을 때, 고갯마루 바위 뒤에서 일군의 남자들이 나타나 은밀히 마을을 관측하다가 조용히 사라지기를 반복했다. 사실 그들은 멀쩡한 한국인들이었다. 갑자기 임무를 받은 경계병들이 당황하여 그들을 일본군으로 오인했던 것이다.

러일전쟁의 여파로 빚어진 정정政情의 불안이 차츰 잦아들었다. 청계동도 이제 좀 조용해지는가 싶더니, 이토 후작의 암살 소식이 다롄大連(Port Arthur)에서 들려왔다. 이 무슨 마른하늘의 날벼락인가! 암살자는 바로 안 도마였다. 어릴 때부터 담대하고 용감했던 그는, 이 살상 행위를 통해 조국을 위해 목숨 바칠 한국인이 이 땅에 아직 있다는 사실을 보여 주려 했다. 자부심 강한 안씨 가문의 자부심 강한 후예였다. 그의 계획을 눈치 챈 사람은 아무도 없었다. 가족들도 몰랐다. 그는 이미 2년 전에 청계동을 떠났다. 그의 가슴속에는 조국에 대한 사랑과 침략자에 대한 증오가 공존했다. 수수방관하는 백성들, 부패하고 무기력한 양반(Jangpan)들을 보면서, 자긍심 강하고 명예를 중시하는 그가 이런 거사를 결행할 수밖에 없었겠으나, 그의 양심에 비추어 정당화할 수는 없는 행동이었다. 후회도 했지만,[18] 그는 "대한 만세!"[19]를 외치며 형장의 이슬로 사라졌다. 이로써 살인에 대한 죗값을 치른 셈이었다.

---

18 '후회하는, 반성의 빛이 있는'이라는 뜻의 reumütig를 쓴 것은 저자의 사견일 뿐, 안중근이 거사를 '후회했다'거나 '속죄했다'는 기록은 어디에도 없다. 안중근은 자신의 정체성을 '대한 의군(義軍) 참모중장'으로 규정하고 이 거사를 독립전쟁의 일환으로 인식했다. 그의 의기(義氣)나 당시 정황을 살피더라도 이토 저격에 대한 '후회'나 '반성'은 사실과 거리가 멀다.

19 저자는 Taihan Mansä라고 음역하고 괄호 속에 'zehntausend Jahre für Korea'(한국이 일만 년 동안 이어지기를)라는 설명을 달았다.

천주교가 안씨 집안의 결기決氣를 꺾는 데는 오랜 시간이 걸렸다. 이는 집안의 큰어른인 안 베드로에게서 물려받은 것이었다. 이 집안의 또 한 사람, 안 야고보가 '데라우치 총독 암살 음모'에 가담한 혐의로 서울 감옥[서대문 형무소]에 수감되어 있는 것이다.[20] 그는 옥중에서도 안씨 가문의 강직한 기개를 여실히 보여 주었다. 형사들이 수단 · 방법을 가리지 않고 자백을 받아 내려 했지만, 그는 끝까지 입을 닫아걸고 단 한 명의 동지도 배신하지 않았다. 안타깝게도 그의 부인과 천진난만한 두 아들이 그와 불행을 함께하게 되었다. 식솔들은 일본 천하인 이 땅에서 더 버티지 못하고 러시아로 이주했다. 블라디보스토크에는 한국 이주민들이 많이 살았다. 일본을 증오하면서도 일인들의 복수가 두려워, 쫓기듯 국경을 넘은 사람들이었다. 그들은 싸울 가치가 있는 일에 목숨 바칠 용기도 의지도 없었다. 다만 자금과 무기를 대고 고향 땅에 남아 있는 불평분자들을 부추기고 독려할 따름이다. 안 야고보의 불쌍한 아들들도 언젠가는 이들 반역자의 손아귀에 들어가 일개 도구로 이용당하는 건 아닐까?

②

20 일제는 군자금 모금 운동을 '데라우치 총독 암살 미수 사건'으로 조작하고 이른바 '105인 사건'으로 확대하였다.

제16장

청계동의 일상

신나는 사진 촬영

5월 16일

[앞서] 청계동 이야기를 할 때 빌렘 신부를 뜬금없이 '홍 신부'라고 부른 적이 있다. 중국이나 한국에서 선교할 때는 신부들을 그 나라 이름으로 불러 주는 것이 관례다. 그리하면 선교지 사람들과 더 쉽게 동화될 수 있지만, 발음하기 어려운 외국 이름을 고집하면 선교사들은 언제까지나 이방인 신세를 면치 못한다. 어울리는 이름을 찾는 데도 요령이 필요하다. 한국의 성씨姓氏는 선택의 폭이 그리 넓지 않기 때문이다. 이 · 민 · 안 · 한 · 홍 씨 외에 100개 정도가 거의 전부라고 봐야 한다. 한국어의 다른 어휘는 그리도 풍요로운데, 성씨만큼은 다해 봐야 이걸로 끝이다.

남자의 경우, 문중의 각 구성원을 식별하고 족보를 체계적으로 보존하기 위해 성씨마다 다섯 세대 간격으로 일정하게 반복되는 특별한 이름[1] 한 자씩은 꼭 덧붙인다. 불 · 물 · 공기 · 쇠 · 나무로 대표되는 오행五行[2] 원리가 이때 활용된다. 가령 조부 이름에 '불'(火)을 쓰면 부친 이름에는 '물'(水)을 쓴다. 부친은 장자 이름에 '공기'를 쓰고, 장손은 '쇠'(金), 증손은 '나무'(木)를 받는다.[3▸] 이 순서가 처음부터 다시 반복되는 것이다.[4▸]

---

1 항렬을 의미한다.

2 저자는 오행으로 불 · 물 · 쇠 · 나무와 함께 공기를 들었으나, 실은 공기가 아니고 흙이다. 불 · 물 · 공기 · 흙으로 이루어진 그리스 철학의 4원소와 혼동한 듯하다.

잡초 뽑기

우리는 청계동을 집 삼아 한동안 머물 채비를 했다. 플라치도 신부는 암실을 맡았고 나는 그에게 일거리를 주었다. 이곳에는 재미있는 것들이 널렸다. 이 외딴 마을은 생필품을 거의 자급자족한다. 나는 여기서 백성들의 일상과 전통 수공업을 세심히 살폈고, 뵈는 것마다 카메라 셔터를 마구 눌러 댔다. 아래쪽 안씨 집 벽에는 호미가 종류대로 줄줄이 걸려 있었다. 호미는 무쇠 날에 나무손잡이가 달린 작은 손 곡괭이다. 어떤 것은 고랑을 파는 데 쓰고, 또 어떤 것은 잡초를 뽑는 데, 또 다른 것은 흙을 돋우는 데 쓴다. 쓰임새에 따라 매번 다른 모양을 고르는 것이다.

안씨네 이웃에서는 일꾼 둘이 남은 볏짚으로 뭔가를 열심히 하고 있었다. 겨울 기근도 한풀 꺾인 김에, 삭풍을 견뎌 낸 초가의 지붕이나 새로 얹을 작정이다. 마침 그들은 지붕 위쪽 모서리를 따라 용마름을 엮고 있었다. 보기에 좋으라고만 하는 게 아니라, 초가지붕 밑으로 세차게 파고드는 외풍을 막으려는 것이었다.

◂3 '물 水' 부수가 들어간 '물 이름 洙' 자나, '나무 木' 부수가 들어간 '뿌리 根' 자를 돌림자로 쓰는 식이다.

◂4 항렬에 대한 저자의 설명은 다소 부정확하고 거칠다. 항렬은 같은 혈족의 직계에서 갈라져 나간 계통 사이의 대수(代數) 관계를 나타내는 것으로, 형제자매는 아래위 상관없이 같은 항렬자를 쓴다.

좀 더 다녀 보았다. 어느 집에서나 우리를 흔쾌히 맞아 주었고, 우리가 관심을 보이면 좋아했다. 한 집 마당에서는 여인들이 물레로 무명실을 잣고 있었다. 한국에서는 어지간하면 각자 집에서 재배한 목화를 쓴다.
여인들은 익숙한 손놀림으로 한손으로는 가는 실을 꼬고, 다른 손으로는 물레질을 했다. 물레바퀴가 돌면서 가락[5]에 실이 감겼다.

물레질

집 바로 앞에서는 여인들이 자아낸 실을 베틀에 걸 준비를 하고 있었다. 때때옷 아이들이 왁자지껄 베틀을 둘러쌌다. 이제 막 '날실'을 걸 참이다. 팽팽히 당겨진 실이 바닥에서 겨우 몇 뼘 위 50센티미터 너비로 한 올씩 촘촘히 늘어서 있었다.
바디[6]를 달아 놓은 대에는 이미 실뭉치가 두껍게 감겼다.
무거운 돌 하나가 길고 가지런한 실들을 팽팽하게 당겨 준다. 실꾸리는 이 돌 위에 매달려 있다. 본격적인 베짜기는 바로 이 나무 실패 앞에서 이루어진다. 한 여인이 옆에 둔 풀그릇에서 거친 솔을 꺼내 들고 실에 밥풀을 먹이면 실은 베짜기에 적당한 강도

5 물레로 실을 자을 때 실이 감기는 쇠꼬챙이.

6 베틀에 딸린 기구의 하나. 가늘고 얇은 대오리를 참빗살처럼 세워, 두 끝을 앞뒤로 대오리를 대고 단단하게 실로 얽어 만든다. 실의 틈마다 날실을 꿰어서 베의 날을 고르며 북의 통로를 만들어 주고 씨실을 쳐서 베를 짜는 구실을 한다.

베틀

를 유지한다. 그러면 다른 여인은 실 사이로 넓적한 빗을 부지런히 움직이며 실을 정연하게 분리시킨다. 풀 먹이는 자리 아래에는 숯불을 피워 실을 재빨리 말린 후 실패를 돌린다. 베짜기는 이런 순서로 반복된다. 실이 마르고 바딧대를 돌리는 동안 두 여인은 이런저런 수다를 떨고, 병아리 몇 마리가 풀그릇에 폴짝 뛰어올라 달콤한 밥풀을 쪼아먹는다.

바로 그 옆에서는 매우 단순한 베틀로 평상복을 짓는 천을 짜고 있었다. 일반 백성이 평소 일할 때 입는 옷이다. 베를 짤 줄 아는 몇몇 마을 여인들이 자기 베틀을 들고 이집 저집을 다니며 베를 짠다.

이것이 무명천이다. 백성들은 평상시에 거의 무명옷만 입는다. 이 면직물 문화의 역사는 비교적 짧아서, 1592년부터 1597년까지 일본이 부산을 기점으로 북서로는 평양, 동으로는 원산까지 온 한반도를 유린할 무렵[7] 이 땅에 유입되었다. 말하자면

날실에 풀먹이기

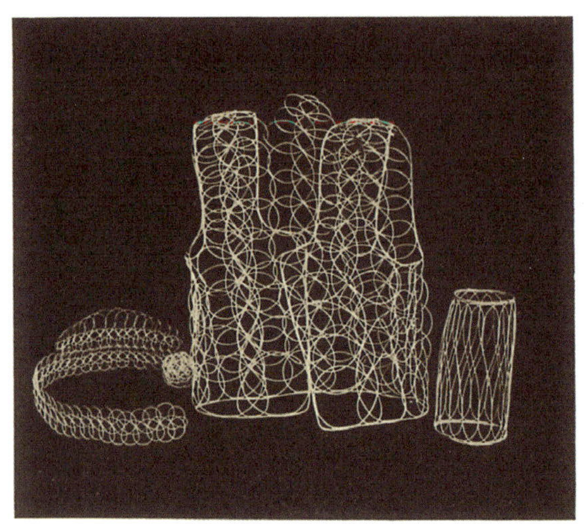
옷에 땀이 배지 않게 저고리, 옷깃, 소매 아래 입는 대등거리

작은 목화씨 몇 알이 침탈된 민족에게 준 유일한 보상인 셈이었다.[8] 그러나 이 씨앗이 남긴 이익은 풍요로웠다. 목화는 한반도에 급속히 전파되었고 그때까지 입던 옷감을 대체했다. 예전에 부자들은 비단으로, 서민들은 삼베나 해초로, 빈민들은 짚으로 옷을 지어 입었다. 짚으로 짠 옷을 더 오래 입으려고 지금도 제지용으로 쓰는 각종 식물성 섬유를 섞어 짜기도 했다. 북부 지방에서는 사냥으로 피륙을 조달하기도 했다. 이제 무명이 보급되어 과거의 옷감들은 거의 사라졌다. 그래도 비단은 부자들의 의복이나 일반 백성들의 명절 복식으로 아직 제자리를 지키고 있다.

제법 유족하게 산다는 집치고 비단 없는 집은 없다. 비단의 제조 공정도 처음부터 끝까지 가내에서 이루어진다. 옛날 양반집 규수들은 직접 누에를 기르고, 고치를 풀고, 비단실을 잣는 것을 자랑으로 여겼다. 그들이 화려하고 오색영롱한 비단옷을 당당하게 입을 때는 그만한 자긍심이 있었기 때문이다. 때로는 예술적 안목을 발휘하여 얇은 보라색 비단에 붉은 안감을 덧대어 입음으로써 고도의 세련미를 뽐내곤 했다.

나는 안씨 문중의 한 과부가 집에서 소규모 양잠을 하는 것을 보았다. 그녀는 외딴 농가의 작은 방에 살면서 자신의 '강'(= 3제곱미터 남짓한 작은 방)에 양잠 시설을 갖추어 놓았다. 누에나방 몇 마리가 종이 위에 나선형으로 알을 슬면, 그냥 그것을 지붕 밑에

◀7 임진왜란과 정유재란.

8 오류다. 목화는 고려 말 문익점(文益漸, 1329~1398년)이 원나라에서 들여왔다.

숨겨 두고 겨울을 보낸다. 지붕 밑에 둔 알은 습기와 새들로부터 안전하고, 봄이라 해도 아직은 밤공기가 쌀쌀하니 너무 일찍 부화할 염려도 없다. 늦은 봄볕이 따스하더니, 며칠 전에는 알이 부화되어 누에가 기어 나왔다. 누에는 방 안에서 조심스레 키워 천적인 쉬파리나 새들의 위협에서 보호한다. 잘게 다진 뽕잎을 낮에 세 번 먹이고, 밤에 한 번 더 준다. 지금으로서는 더 할 일이 없다. 누에가 좀 더 자라면 뽕잎을 덜 잘게 다져 주다가, 나중에는 방 안에 빙 둘러 쳐 둔 뽕나무 가지의 잎을 스스로 갉아 먹게 둔다. 양잠 규모가 조금만 더 커져도 누에가 무섭도록 많이 먹는 이맘때쯤, 아이들은 산에서 끊임없이 싱싱한 뽕잎을 따다 날라야 한다. 누에가 마침내 고치를 짓기 시작하면 수고와 노동의 대가를 손에 쥐게 되는 것이다.

이 마을 사람들은 거의 다 자기 짚신을 스스로 만들어 신을 줄 안다. 이 일은 남정네와 소년들의 몫이다. 평소에는 원시적인 틀을 사용하지만, 굳이 없어도 괘념치 않

[신틀 없이] 짚신 삼기

짚신

[신틀로] 짚신 삼기

는다. 짚신 삼을 새끼줄을 허리에 두른 새끼줄에 고정시킨 후 양쪽 엄지발가락에 끼운다. 짚신은 이 새끼줄을 가지고 엮는데, 민첩한 손놀림이 예사롭지 않다.

이 마을에서는 방에 까는 돗자리도 자급한다. 마침 한 남자가 베틀 같은 낮은 틀 앞에 앉아 돗자리를 짜고 있었다. 집 앞마당이 그의 작업장이다. 주먹만 한 돌을 줄줄이 매달아 돗자리의 날줄로 쓰이는 골풀을 잡아당겨 준다. 그는 돌을 이리저리 잽싸게 던져 가며 그 사이사이에 짚과 골풀을 원하는 문양으로 끼워 나갔다. 옆에 앉은 아내는 간장[9]을 담느라 바쁘다. 이것 없이 한국인들은 밥을 못 먹는다. 주먹만 한 메줏덩

9 Kantjang이라는 음역이 아래에 나오지만, 여기서 저자는 '소금물'(Salzwasser)이라는 표현을 썼다.

밭일

이들이 주위에 쌓여 있는데, 온통 곰팡이가 슬었다. 콩가루로 만든 메주(Medju)를 한동안 방 안에 두면 발효가 시작된다. 이제 메주에 묻은 먼지와 곰팡이를 깨끗이 제거하고 팔팔 끓이면 짠맛 나는 갈색 소스가 되는데, 이것이 바로 간장이다. 간장을 작은 종지에 담아 밥상에 올리면 밍밍한 밥과 함께 먹을 수 있다.

점심때가 되었으므로 우리의 특별한 촬영 답사를 마무리했다. 바람 서늘한 바깥이나 그늘 좋은 마루에서 점심을 먹기로 했다. 우리의 멋들어진 여름 식당은 해가 어디 걸려 있느냐에 따라 달라진다. 아침은 주로 제의실 입구에서 함께 먹고, 점심은 성당 문 옆 마루에서, 저녁은 아예 밖으로 나가서 먹는다. 최고의 명당자리는 역시 야외에 있다. 그곳에는 봄날의 훈풍이 불고, 별들이 아름답게 빛나고, 활기 넘치는 아이들과 진중한 남자들까지 넉넉히 함께할 수 있다. 그들은 묵묵히 지켜보는 것으로 우리의 식사에 기쁜 마음으로 동참한다. 사제가 기꺼이 그들과 함께 있고 싶어 한다는 것을

'어린 나이에도' 대통에 담배를 재울 줄 아는 아이들

알기에 기쁘고, 종일토록 책임과 압박에 시달리다가 한때나마 사제 곁에 머무는 것을 은총으로 여기기에 기쁜 것이다.

점심 식사가 끝났다. 빌렘 신부 복사의 아들 방지거[10]는 이제 겨우 다섯 살인데, 마치 평생 담배를 피운 사람처럼 능숙하게 우리 담뱃대에 담배를 담아 주었다. 그때 불청객이 나타났다. 사리원에서 온 순사들인데, 하나는 일본인이고 다른 하나는 한국인 통역이었다. 빌렘 신부를 만나러 왔다지만 우리 때문에 온 것이 분명했다. 그들은 우리의 신원을 확인하려 들었다. 시점이 아주 적절했다. 바람이 종이초롱을 엉망으로 구기고 작열하는 태양이 푸르른 전나무 화환을 누렇게 퇴색시키기 전이었다. 저녁 환영 행사 때 쓸 장식품들이 고스란히 남아 있고, 깃발까지 바람에 나부끼고 있었다. 우리는 일어서고 빌렘 신부 혼자 순사들을 상대했다. 그들은 이 장식들을 다 어디에 쓸 건지 다그쳐 묻더니, 궁금증이 해소되자 빌렘 신부의 친절한 응대에 고맙다는 인사를 하고 떠났다.

10 저자는 의도적으로 Pantschiko라는 한국식 표기를 쓰고 괄호 안에 "프란치스코를 말한다"라고 설명해 두었다.

답사는 계속되고

5월 17일

일단 한두 가정을 방문하기 시작하면 다른 집들도 그냥 지나칠 수가 없다. 어딜 가나 보는 건 다 똑같다. 다만 여기서는 주마간산走馬看山이요, 저기서는 좀 더 들여다보되 흡족히 살피지는 못한다. 이렇게 직접 방문해 봐야만 잠깐 동안에도 민초들의 삶이 환하게 드러나, 극히 세밀하게 그려진 그림처럼 구석구석 마음에 새겨지는 것이다.

가뜩이나 좁은 마당이 방과 장독들로 둘러싸여 더욱 좁아 보였다. 여인 둘이 1미터 남짓한 절굿공이를 들고 통나무 절구에 든 벼를 찧고 있다. 절구의 모양새며 절구질하는 방식이 아프리카 흑인들의 그것과 너무 닮아 신기했다.

절구질

다른 집 마당에서는 천천히 맷돌을 돌리고 있었다. 조작이 덜 복잡할 뿐, 작동 원리는 독일 시골 방앗간의 마쇄기磨碎機와 크게 다르지 않았다. 지름 약 반 미터의 아랫돌을 바닥에 수평으로 고정시키고 그 위에서 윗돌을 돌린다. 윗돌에는 나무 손잡이가 세로로 꽂혀 있다. 맷돌질은 두 여인이 함께 하는데, 한 여인은 가끔 옆에 놓인 자배기에서 쌀알을 한 움큼 집어 구멍에다 넣는다. 쌀알은 윗돌 가운

맷돌질

데 뚫린 구멍을 통해 윗돌과 아랫돌 사이로 빠져나온다. 오늘 필요한 몫은 이미 넉넉히 갈았을 것이다.

마당에는 기름 짜는 틀도 있었다. 구조는 매우 간단했다. 끝을 가르고 위를 평평하게 다듬은 나무둥치 양쪽에 버팀목을 달아 바닥에 고정시킨다. 반대쪽 끝에는 나무다리를 끼워 바닥에서 반 미터 높이로 지탱한다. 이 다리는 나무둥치를 뚫고 상부에 놓인 긴 지레의 회전축 역할을 한다. 이 회전축 가까이에 눈금을 깊이 새기고 다양한 직경의 원을 나무둥치 표면에 파 넣었다. 또 다른 홈으로는 짜낸 기름을 흘려보낸다. 기름을 함유한 열매, 특히 참깨를 바구니에 가득 담아 원시적인 압축기에 밀어 넣으면 기름이 오지그릇에 뚝뚝 떨어진다. 북부 지방으로 갈수록 기름콩이 더 많이 재배되고 있었다. 만주 지방에서는 기름, 무엇보다 콩 자체가 잘 팔린다. 한국인들은 기름을 짜고 남은 찌꺼기인 깻묵을 제대로 활용할 줄 모르니 안타까울 따름이다. 사료로 쓰자니 축산이 부실하고, 밭에 밑거름으로 쓰는 데까지는 아직 생각이 미치지 못하고 있다.

기름틀

한쪽에는 황소와 장작이, 다른 쪽에는 부엌과 아궁이가 있는 뒤꼍에는 어디나 도리깨가 일 없이 걸려 있었다. 지금은 도리깨질할 절기가 아니다. 빈 짚도 다 써 버려 도리깨질할 게 없다. 내 어린 시절의 겨울날, 고향의 농부들은 굳은살 박힌 손으로 도리깨를 휘둘러 대곤 했다. 고향의 도리깨와 닮은 이 농기구가 극동에도 있었다. 다만 훨씬 가벼울 뿐이다. 긴 장대 끝에 휘추리 두 개를 돌게 매달았다. 주로 남정네들이 짝을 지어 벼와 보리 이삭을 떤다.

지금은 논을 경작할 시기다. 들판 저쪽에서 머슴들이 반 미터쯤 물에 잠긴 논을 갈아엎고 있었다. 황소가 진흙탕을 철벅거리며 느릿느릿 무거운 쟁기를 끌었다. 힘들고 누추한 이 작업은 늦여름까지 오래도록 계속된다. 써레처럼 생긴 농기구도 흙덩이를 잘게 부수며 물과 진창을 헤집고 다녔다. 그다음은 모내기다. 이때도 일꾼들은 무릎까지 물에 잠긴다. 잡초를 뽑으려면 너덧 번은 더 물과 진창을 오가야 한다.

이런 대규모 농사일을 하기 위해 한국인들은 '품앗이'(Pumasi)라는 독특한 방법을 고안해 냈다. 이웃끼리 10~15명씩 서로 힘을 합쳐 일을 끝내는 방식이다. 다 함께 첫째

도리깨질

집 논일을 끝내면 이들이 모두 둘째 집 논으로 이동하고, 다음은 셋째 집으로 … 이렇게 이어진다. 이때 각자는 자기가 남의 논에서 일한 만큼의 날수를 다른 사람에게 요구한다. 가부장적 성향을 지닌 품앗이는 개인의 이익을 공동체의 이익에 양보한다는 점에서 일견 매력적인 구석이 있다. 품앗이는 한민족의 정서를 어느 정도 반영한다. 그들은 결속력이 강하고, 상부상조하고, 남들이 도와줄 거라 곧잘 믿는 대신 스스로 개척하려는 진취성은 부족하다. 한국인의 동류의식은 "불행 앞에 원수 없다"는 속담에서도 불문율처럼 드러난다. 한국인은 원수 집에 불이 나도 30분 만에 원한을 잊고 불부터 꺼 준다. 품앗이할 때도 자신의 이익과 생계는 뒷전이다. 이런 노동 구조의 경제적 단점을 설명해 봐야 헛수고다. 누구를 이해시킨다 한들 자신의 길을 갈 생각을 전혀 하지 않는다. "우리는 이렇게밖에 못해", 이 한 마디면 사태의 변화는 불가능해지고 마는 것이다. 이웃에게 의존하는 작업 방식을 버리고 머슴들에게 자기 논을 경작하게 할 수 있는 사람이 마을마다 한둘씩은 있다손 치더라도, 그들 역시 그리할 수

벼농사

없을 것이다. 구두쇠라고 손가락질받을 것이며, 사람들이 가만 내버려 두지 않아 결국 마을을 떠날 수밖에 없을 것이다. 이곳 청계동에서는 그리스도교가 낡고 경직된 체제를 부분적으로나마 타파했지만, 아직도 외교인 마을은 어디나 엄격한 옛 관습이 지배하고 있다.

사실 품앗이는 단점이 크다. 남의 논에서 담배도 더 많이 피우고, 이웃 논이 자기 논보다 살가울 리 없으니 일손도 더디기 마련이다. 자기 논농사를 챙기느라 남의 논은 적기適期를 놓치는 사람도 있다. 앞서 가려고 부지런을 떨다가는 숨이 막힌다. 자기 농사에 더 유리하도록 작업을 조정할 수 있는 사람은 아무도 없다. 남의 논에서 일하는 날수와, 이웃들이 자기 논에서 일하는 날수에 맞추어 작업 계획을 세워야 한다. 이처럼 자신만의 작업 체계를 수립하려는 동인動因은 마비되고, 개인의 능력을 발휘할 기회도 상실된다. 일기日氣와 경작지 상태 등을 적절히 활용함으로써 얻을 장점을 지혜롭게 따져 볼 생각도 하지 못한다. 품앗이의 이런 단점들이 한국인에게는 재앙으로

농부의 점심

농부의 점심

다가올 것이다. 농촌으로 떼 지어 이주한 일본인들이 저마다의 이익을 앞세워 세련된 영농 기법으로 농토를 경작하는 마당에, 이대로라면 한국인들은 계속 퇴보할 수밖에 없다. 그러나 경제적으로도, 정치 영역에서와 같은 신세로 전락하기 전까지 한국인들은 이 점을 인지하지도 변화시키지도 못할 것이다. 정치적 입지로 보자면, 이미 일본인이 주인이고 한국인은 종이다.

산행

5월 18일

이른 아침 시간은 빨리 지나간다. 아침을 먹고 있는데 한 무리의 생기발랄한 아이들이 출발 준비를 끝내고 주위에 둘러섰다. 오늘은 이 아이들과 함께 동쪽 산으로 소풍을 가려 한다. 우리 환영식을 준비하느라 수고해 준 데 대한 보답이 될지 모르겠다. 산길 걷기에 딱 좋다고들 하기에 우리도 짚신을 신었다.

아이들은 청계동과 산 사이의 넓은 수풀을 신나게 내달려 저만치 앞서 갔다. 그 후 나무와 덤불은 한동안 보이지 않았다. 비탈이 순한 풀언덕 저 너머로 우리가 오를 산이 우뚝 솟아 있었다.

아이들은 내가 꽃과 식물에 관심이 많다는 걸 알고, 앞 다투어 뭔가를 찾아 와서는 자기가 아는 바를 설명해 주려고 기다렸다. 식용 야채로 쓰이든 염료나 약초로 쓰이든, 사람이 이용할 수 있는 식물에 관한 한 아이들은 모르는 게 없었다. 모양과 색깔이 예뻐서 눈길을 끄는 식물들도 가지고 왔는데, 큰 난초 꽃대 끝에 달린 꽃은 크기가 담배 대통만 했다. 엄지손가락 굵기의 수영(Ampfer) 줄기는 껍질을 벗겨 먹었다. 천남성 큰 꽃의 녹색 꽃받침은 입술꽃부리가 다섯이었다. 또 다른 천남성의 길고 가는 줄기는 1미터 남짓하여 마치 연필처럼 우아하고 날씬했다. 뒤로 조금 젖혀진 녹색 꽃받

호랑이. 한국화 모사

침은 적갈색 꽃대와 만나는 지점에서 갈보랏빛과 섞였다. 물망초나 앵초 같은 고향의 풀꽃들도 군데군데 흩어져 있어 문득 고향 생각이 났다. 활짝 핀 금창초 한 송이도 다른 꽃들에 섞여 들었는데, 한국에서는 다들 여름옷으로 갈아입었다.

산길이 가팔랐다. 우리는 깊은 동굴에서 잠깐 쉬었다. 한때 호랑이 가족이 살던 동굴이라 했다. 녀석들은 진작에 이 좋은 서식지를 떠났다. 아마 사냥꾼의 총에 맞아 죽었을 것이다. 과연 호랑이 굴로는 괜찮은 편이었다. 동굴 깊은 곳에 샘이 솟았다. 물은 수정처럼 맑고 얼음처럼 차가웠다. 그 옆, 습기가 닿지 않을 만큼 높고 깊은 곳에는 멋진 벽 물림간이 자리했다. 필경 호랑이 가족은 여기에 보금자리를 틀었을 것이다. 1미터 높이의 돌 하나가 입구를 벽처럼 반쯤 막고 있었다. 봉기 때는 의병들이 이곳을 은신처로 삼고 그 돌에 흉벽을 덧쌓았다. 산이 연출하는 장엄한 파노라마 속에서 몇몇 장면이 뇌리에 남아 있다. 한국의 하늘 한 조각, 꿈꾸는 산, 흉벽 위로 몸을 굽히면 한눈에 내려다보이는 청량한 골짜기와 작은 성당이 그것이다.

그래도 아직 오를 곳이 남았다. 호랑이 굴 바로 뒤쪽에는 댓잎으로 은폐된 호랑이 함정이 있었다. 내가 알아채기 전에 아이들이 먼저 조심하라고 일러 주었다. 청계동 부근에 아직 호랑이가 세 마리나 있다는 걸 사람들은 정확하게 알고 있었다. 호랑이가 고향 인도를 떠나 만주와 한국의 경계점인 '장백산'長白山[11]까지 과감히 진출했다니 그저 놀라울 따름이다. 한국인들이 '산중왕'이라 부르는 이 호랑이는 추운 북방에서 좀 더 따뜻한 털로 무장했다. 털은 혹한 속에서 더욱 촘촘하고 풍성하게 자랐다. 험준

11 저자는 die Ewig weißen Berge라고 옮겼다. '영원히 흰 산'이라는 뜻이다.

포수

한 산골짜기에서 야수의 본성이 죽을 리 없다. 특히 먹이가 부족한 엄동설한에는 남으로 이동한다. 산중의 안전한 호랑이 굴을 박차고 나와 가끔 모습을 드러내는 것이 바로 그 무렵이다.

야생 동물이 그리 많지 않은 한국에서는 호랑이가 사람도 공격한다. 길에 혼자 다니는 사람뿐 아니라 민가를 덮치는 경우도 빈번하다. 강력한 앞발로 지붕을 가격하고 사람에게 내리꽂히는 것이다. 과거에는 일을 끝내고 집으로 가다가 들에서 호랑이에게 잡아먹히는 일도 잦았다. 누군가 은밀히 사라져야 할 이유가 있을 때, 가끔 피 묻은 옷을 길가에 던져 놓고 호랑이에게 잡아먹혔다고 말해 버리면 그만이었다. 경찰에게 쫓길 때도 이런 식으로 추적을 피했다. 심지어 독실한 처녀도 이 방법을 썼다. 허 막달레나[12]의 순교 행적에 따르면, 이 양반집 규수는 가족의 반대를 무릅쓰고 천주교에 입교했으나 외교인 남자와 혼인하게 되었다. 물론 본인 의사는 물어보지도 않았다. 그녀는 짐짓 호랑이에게 물려 옷과 몸이 갈가리 찢긴 양 옷가지를 몰래 들판에 버리고 도망쳤다. 그리하여 원치 않은 혼인은 겨우 피했으나, 곧바로 그녀의 옷은 자신의 피로 물들게 되었다. 1839년 박해[기해박해] 때 체포되어 혹독한 고문 끝에 참수된 것이다.

한국인들이 어떤 수를 써서라도 한반도에서 '식인 호랑이'를 몰아내고 싶어 하는 건 당연하다. 두렵기 때문이다. 그런 놈은 긴 꼬리를 빼고도 3미터까지 자란다. 이 엄청난 놈과 정면으로 맞선다는 건 여간 비상한 용기가 필요한 일이 아니다. 더구나 굶주리거나 위협을 받아 흥분 상태에 이르면 더 말할 것도 없다. 그러나 한국의 사냥꾼들은 사냥이라면 그저 미치는 위인들이라 그런 위험에도 전혀 아랑곳하지 않는다. 지금의 호랑이 사냥꾼들은 일본 당국으로부터 허가를 받아 든든한 엽총으로 무장한다. 옛날에는 창칼로 덤볐다. 호랑이 사냥꾼의 무모한 용맹은 1866년 프랑스 군함이 한

---

12 실은 동정녀 순교자인 성녀 이영희 막달레나(1809~1839)의 행적이다. 저자가 Magdalena He라고 표기한 성녀 허 막달레나는 성녀 이 막달레나의 어머니로, 이름은 계임(季任)이다. 저자가 모녀를 혼동했다.

강을 거슬러 서울을 위협했을 때[13] 놀란 왕이 도움을 요청할 정도였다. 극히 일부만 구식 화승총을 들었을 뿐, 대개는 활과 창으로 서둘러 무장하고 어느 불교 사찰에 진을 쳤다. 그들은 이곳에서 함포의 엄호를 받으며 공격하는 프랑스군을 격퇴함으로써 한강을 거슬러 진격하려는 그들의 전의를 완전히 꺾어 버렸다.

관대의 자수 흉배와 서각편犀角片으로 장식한 각대角帶 ②

한국인에게 호랑이는 힘의 상징이다. 고관대작의 관대冠帶 흉배胸背와 군기軍旗는 호랑이 자수로 찬란히 빛난다. 살아 있는 호랑이를 본 적 없는 화가도 붓을 들어 호랑이의 힘과 민첩성을 생동감과 위엄 넘치는 모습으로 그린다. 그러나 숲의 정적 속에서 고즈넉이 명상에 잠긴 은자隱者의 발치에 호랑이를 양처럼 순하게 앉혀 둠으로써, 완전한 달관의 경지를 표현하는 화가도 더러는 있다.

한국에 숲이 빈약한 것은 온돌 난방 때문이기도 하지만, 무엇보다 호랑이에 대한 두려움이 크기 때문이다. 해마다 마을 주변의 삼림에 불을 놓아 민둥산을 만든다. 빌렘 신부는 신자들에게 방화를 금했다. 그래서 청계동 골짜기는 참으로 아름답다. 얼마 전부터는 멀리서 외교인 여자들까지 바구니를 끼고 이곳에 번성하는 식용 뿌리와 나물을 캐러 왔다. 그들은 마을의 성당도 보고 싶어 했다. 그들이 허락을 청하면 빌렘

13 병인양요(丙寅洋擾). 프랑스가 대원군의 천주교 탄압을 구실로 조선의 문호를 열고자 강화도를 침범한 사건.

떡메질

신부는 안내와 설명을 맡아 줄 여신자를 붙여 주었다. 덕분에 그들의 호기심은 그리스도교에 한 발짝 더 가까이 갈 수 있었다. 낯선 종교의 진리가 삶에 위로를 줄 거라는 생각이 늘 마음 한구석에 자리하고 있었기 때문이다.

산등성이가 가까워지니 초목이 검게 타서 남은 게 없다. 인접 골짜기의 목초지를 태우는 불이 자기네 골짜기로 옮겨 붙지 않도록, 청계동 사람들이 골짜기 주변 지역을 태워 넓은 방화 띠를 만든 것이다.

한국이 처음부터 호랑이 걱정 없는 나라였거나, 혹한의 겨울에 만주에서 남하한 호랑이를 가볍게 퇴치할 수 있었다면, 관리들의 조직적 수탈에 몸서리치는 일도 없었을 것이다. 그들은 호랑이 사냥꾼들을 철저히 등쳐 먹는 법을 알고 있었다. 물불 안 가리는 만용이 발동하여 관리의 눈을 피해 호피를 거래해야겠다 싶으면 사냥꾼은 위험한 사냥에 나선다. 그러나 호랑이를 잡았다는 정보가 관리의 귀에 들어가면 호피를 상납

하지 않을 수 없다. 불려 가서 막걸리 한 사발 얻어 마시고 풀려날 수 있다면 다행이지만, 관리를 만족시키지 못할 경우에는 당연히 투옥될 각오를 해야 한다. 그래도 급한 불은 꺼야겠기에 사람들은 끊임없이 호랑이 사냥을 떠난다.

푸르름을 더해 가는 초목과 만개한 들꽃들의 유혹을 못 이겨 길을 한참 벗어났다. 다시 제 길을 가려고 불에 타 반쯤 숯덩이로 변한 관목 덤불을 지나 산등성이로 돌아들었다. 식생植生이 점차 성글어지고 산마루가 넓어졌다. 앞에는 봉우리가 원뿔처럼 우뚝 솟아 있었다. 넓고 메마른 땅바닥을 덩굴식물이 성긴 그물처럼 뒤덮었다. 오래된 줄기는 엄지손가락만큼 굵고 어린 가지는 가늘되 밧줄처럼 질겼다. 실제로 한국인들은 이것을 밧줄로 이용한다.

바위 끝을 조심스레 기어올랐다. 벗은 바위 위에는 회색 이끼가, 마치 메마른 안산수安産樹[14]처럼 드문드문 붙어서 비를 기다리고 있었다. 비가 오면 이끼는 다시 싱싱하고 푸르른 빛깔로 살아날 것이다.

한참을 올라 꼭대기에 닿으니 바로 점심 시간이다. 짐꾼 둘이 음식을 여기까지 지고 왔다. 아이들이 멘 물병에는 호랑이 샘터의 신선한 물이 가득 차 있었다. 다들 빵 모양으로 구운 쌀케이크[15]를 꺼냈다. 이 한국인의 명절 음식은 맛이 달짝지근하다. 좋아서 아이들 얼굴이 활짝 피었다. 아이들에게 우리가 싸 온 음식도 나눠 주었다. 그러나 저들 입맛에는 그들의 쌀케이크인 떡만 못할 것이다.

떡 만들기는 여간 수고스럽지 않다. 우선 넓은 마당이 있어야 한다. 거기에 고운 쌀가루, 적어도 75제곱 센티미터의 평평하고 여문 돌판, 무거운 떡메를 몇 시간 동안 내려쳐도 끄떡없을 장정 둘이 필요하다. 쌀가루 반죽을 돌판 위에 펼쳐 놓고 무거운 떡메로 박자에 맞추어 내려친다. 옆에 앉은 여인 둘이 밖으로 밀려 나오는 반죽을 안쪽

14 십자화과의 한해살이풀. 키는 20센티미터 정도이며, 타원형의 작은 잎에는 솜털이 난다. 잎이 진 뒤에도 작고 하얀 꽃이 가지에 남아 있어 건조하면 안으로 말리고 습하면 펴진다.

15 여기서는 Reiskuchen이라고 번역하고 아래에서는 '떡'(Dhok)이라는 우리말 음역을 썼다.

으로 밀어 넣으면 장정들은 다시 떡메질을 계속한다. 반죽이 굳을라치면 여인들은 이따금씩 손을 오므려 물을 조금씩 끼얹어 준다. 마침내 반죽이 충분히 부드러워지면 오븐에 넣고 살짝 굽는다.[16]

유감스럽게도 산마루의 전망은 별로였다. 날씨도 너무 우중충했다. 발밑에 깎아지른 낭떠러지가 하도 깊어서 현기증이 났다. 산으로 둘러싸인 청계동이 거기에 있었다. 지금 우리가 있는 산보다 더 큰 산들이 앞을 가로막았다. 산은 높고 낮은 두 개의 봉우리로 나뉘어 있었다. 높은 봉우리가 '하늘을 떠받치는' 천봉산(Tchon-pong-san)이요, 낮은 봉우리가 '하늘을 떠받치는' 지봉산(Tji-pong-san)이다. 상징성 있는 이름을 지을 때 동양인들은 옛 스승 공자의 가르침에 따라 하늘과 땅이라는 이원론적 관계를 즐겨 쓴다. 가정사도 마찬가지다. 부친상은 [하늘이 무너지는 슬픔이라] '천상天喪'(Tchonsang)이라 하고, 모친상은 [땅이 꺼지는 슬픔이라] '지상地喪'(Tjisang)이라 한다.

천봉산 꼭대기에 무덤이 보였다. 저렇게 높은 곳에 무덤이? 그렇다. 지관이 상주에게 장차 큰 홍수가 날 것이라 예언했던 것이다. "홍수가 모든 산을 휩쓸고 지나가도 이 산은 무탈할 걸세. 저 산에 부친의 묘를 쓰시게." 이 높은 데까지 운구하느라 상여꾼들은 얼마나 고생했을까! 상주는 또 지관과 상여꾼들을 섭섭지 않게 하려고 얼마나 많은 비용을 지출했을까! 상여꾼들은 얼마나 자주 관대棺臺를 내려놓으며 상주를 거듭 협박했을까!

집으로 돌아갈 채비를 했다. 처음 30분은 좁은 산마루를 타고 천봉산 쪽으로 갔다. 천혜의 노선이었다. 아찔한 심연 위로 바위가 옛날 도둑 기사의 성처럼 매달려 우리에게 허락된 공간은 좁았다. 아래는 낙하한 바위의 파편들이 거의 골짜기 바닥 양쪽 가장자리까지 쌓여 있었다. 한파에 결빙 작용이 여기서 무슨 짓을 했는지 알 것 같았다! 가공할 위력으로 화강암을 분쇄하여 아래로 던져 버린 것이다. 조심스레 암벽을

16 시루에 넣고 찌는 걸 말한다.

산마루에서

타고 가파른 산마루를 향해 올랐다. 목숨을 걸고 기어오르고 나무둥치와 돌덩어리를 건너뛰며 가야 하는 길도 길이라면, 산사태가 골짜기 아래로 '길'을 터 주었다. 우리는 조금씩 힘겹게 나아갔다. 이때 짚신이 효능을 발휘했다. 발이 미끄러질 염려가 없었다. 눈대중으로 대담하게 건너뛰어도 원하는 지점에 발이 착 달라붙었다. 물론 무명버선까지 뚫는 가시와 몰래 숨어드는 뾰족 돌쯤은 신경 쓰지 말아야 한다.

잿빛 암벽 사이에 푸른 초지가 처음으로 나타나자 아이들이 뿔뿔이 흩어졌다. 어머니에게 갖다 드릴 나물을 캐러 간 것이다. 벌써 한 다발씩이나 캐서들 왔다. 내가 아는 거라고는 야생 아스파라거스 종뿐이었다. 그것은 맛이 일품이다.

한참을 오르니 초원이었다. 산사태로 밀려온 바위 조각들이 주변을 둘러쌌다. 여기서부터는 제대로 길이 나서 걸음을 재촉하면 청계동 어귀의 첫 집까지는 빨리 닿을 수 있다. 그러나 우리는 이곳 고지대에 사는 좋은 사람들을 방문할 요량으로 마을을

가족 사진

지나쳐 계속 올라가기로 작정했다.

두 가구가 사는데, 그중 한 집에 들어서자 아이 하나가 알을 품고 있는 암탉과 병아리를 놀래켰다. 사람들이 매의 공격으로부터 가금家禽을 지킬 때 내는 소리를 지른 것이다. (하도 거위들과 쫓고 쫓기며 싸돌아다니기에 우리는 그 아이를 '거위 빅토르'라고 불렀다.) 닭들이 워낙 황급히 달아나 마당은 순식간에 텅 비었다. 중닭들은 암탉을 따라 날개를 푸드덕거리며 닭장 속으로 들어가고, 뒤처진 병아리 몇 마리는 덤불 속에 숨었다.

카메라 수리

5월 19일

카메라 셔터가 고장 났다. 머나먼 타향 땅에서 낯선 도움의 손길을 기다려야 하다니, 낭패다. 바다 건너 일본에서는 고칠 수 있을까? 확실한 건 모르겠지만 아마 그럴지도 모른다. 물건이 독일에서 되돌아올 때쯤이면 내가 탄 배는 벌써 아프리카 해안을 향하고, 아름다운 나날의 추억들은 내 카메라 속에서 옴짝달싹 못 하고 잠들어 있을 것이다. 나는 아직 카메라 셔터의 내밀한 구조를 들여다본 적이 없다. 오랜 여행길에서 발생할 모든 가능성에 대비할 수는 없는 노릇이다. 그러나 어떻게든 카메라는 돌아가야 한다. 다음 주일에는 사진 찍을 일도 많으니 카메라를 기어이 작동 가능한 상태로 만들어 놓아야겠다. 그렇다면 바로 시작하자! 내가 조심성이 많아서 늘 지니고 다니는 휴대용 공구를 총동원했다. 정교한 드라이버로 나사못을 똑바로 박고, 뾰족하게 줄질을 하고, 타이머를 분해해 보았지만 고장 부위는 한참 동안이나 발견되지 않았다. 결국 찾아서 고친 줄 알았는데 더 안 돌아가는 것이었다. 나는 기계를 다시 분해하기로 했다. 한낮이다. 이마에 땀이 맺혔다. 마침내 이 비싼 기계가 다시 작동한다.

혼례

5월 21일

혼례의 기쁨이 온 마을에 넘쳤다. 물론 우리도 초대받았다. 혼례식에 가면 손가락은 젓가락질을 익히기에 여념이 없을 것이고, 연필은 피곤하도록 바삐 움직일 것이고, 카메라에 담아야 할 흥미진진한 일들이 풍성할 것이다.

이교적 요소만 없다면 신자들도 민족 고유의 풍습을 고수한다. 한국의 일부일처제를 입증하는 적절한 상징들이 한국 전통 혼례에도 많다.

안씨 집 앞 길가에는, 이런 마을 잔치에 으레 준비되는 커다란 차일이 쳐져 있었다. 바닥에는 보기 좋게 돗자리를 깔고 나지막한 밥상들을 가지런히 놓아 두었다. 집 쪽의 차일은 오색찬란한 중국식 병풍으로 가렸다. 안이 궁금한 구경꾼들은 댓돌에 서서 고개를 들이밀어야 할 만큼 높다란 병풍이었다. 벌써 사람들이 제법 모였다. 주로 여자들이다. 우리가 혼인 잔치를 보고 싶어 하는 것처럼 그들도 우리가 밥 먹는 것을 무척 보고 싶어 하는 것 같았다. 안마당에서 떡메 치는 소리가 묵직하게 울렸다. 잔치 준비가 착착 진행되고 있는 것이다.

집 안으로 들어가 보니 다들 눈코 뜰 새도 없었다! 여자들마다 일거리를 한 아름씩 떠맡았다. 오늘 같은 날 시루떡[17]이 빠질 수 없다. 시루(Siru)는 바닥에 콩알만 한 구멍이 뚫린 20리터들이 오지그릇이다. 고운 쌀가루 반죽에 잘게 썬 호박과 밤을 넣고 시루에 안친 다음 뚜껑을 닫고 물이 든 또 하나의 오지그릇 위에 얹는다. 센 불로 김을 내면 수증기가 시루 구멍을 통해 상승하여 떡을 찌는 것이다. 떡은 한국 최고의 잔치 음식이다. 이 모든 준비가 끝날 때까지는 오랜 시간이 걸린다. 그러나 한국인들은 기다릴 줄 아는 사람들이다. 내게는 모든 것이 새로웠다. 음식 장만을 끝낸 여자들은 혼례식에 참석하기 위해 몸단장을 한다.

17 원문은 "쌀을 구멍 뚫린 시루에 쪄서 만드는 푸딩"이다.

혼인 잔치

신자끼리 혼인할 때는 점쟁이가 낄 여지가 별로 없다. 신자들은 외형적 의례로 그치지 않고, 이에 더하여 교회의 축복을 받고 싶어 한다. 아래에서 혼례 절차를 기술할 때 이런 점들은 새삼 언급하지 않겠다. 이교적 풍습이라 해서 굳이 빼고 쓸 이유도 없다.

이미 정혼 단계부터 엄격한 격식을 차려 진행된다. 모든 절차는 신랑, 더 정확히는 신랑의 아버지가 신부의 부모에게 혼서지婚書紙를 보내는 것으로 시작한다. 사촌[18]이라고도 하는 혼서지는 크고 아름다운 종이에 적어 붉고 정갈한 띠로 묶는다. 거기에는 신랑의 이름과 십이지十二支 중 하나인 띠가 쓰여 있다. 각 시時마다 특정한 상징 동물이 있다. 점쟁이는 이 상징과 신랑 생시生時의 연관성을 근거로 궁합을 본다. 점쟁이는 물론 신부의 부모로부터 모종의 언질을 받았을 뿐 아니라 사전에 신랑과도 충분히 상의한 바 있다.

---

18 사주단자(四柱單子)를 '사촌'으로 잘못 알고 Sachon이라 썼다.

신랑 친구 중 하나가 사주단자를 간택된 색시의 부모에게 전달한다. 이때는 별다른 예식이 없다. 신부의 부모가 사주단자를 받으면 신랑 집에서 사돈 댁에 보낼 예물을 놓고 담판을 시작한다. 고운 무명천 한 필에서 세 필, 보통 무명천 네 필에서 일곱 필, 목화 몇 상자, 신부 두루마기를 지을 각색 비단, 여름옷과 겨울옷, 그리고 은비녀와 은귀고리나 은목걸이 같은 장신구를 장만할 비용 등을 가늠하는 것이다. 색시가 어릴수록 비용이 낮아진다. 유복한 가정의 열세 살 처녀라면 평균 150원(300마르크), 열아홉 살이면 300원 정도를 요구한다. 담판이 성사되면 점쟁이를 찾아가 택일을 한다. "처녀의 생시는 모년 모월 모일 모시요. 예물은 어느 날 보내고 혼례는 어느 날 치르면 좋겠소?" 점쟁이는 다시 간지干支와 생시를 조합하여 길일을 택한다.

이제 신랑은 친구에게 예물 전달[19]을 부탁한다. 함에는 신랑이 신부에게 보내는 예물 물목이 상세히 기록된 종이[20]도 들어 있다. 짐꾼들이 귀한 예물을 지고 그 친구[함진아비]를 따라 신부의 집으로 향한다.

함진아비는 극진한 대접을 받는다. 가족들은 벌써 다 모여 있고 친구와 지인들까지 속속 모여든다. 여자들, 특히 색시 친구들이 예물을 구경하려고 잔뜩 기대에 부풀어 기다리고 있다. 모두들 물건을 보려고 한다. 다들 꼼꼼히 살펴보고 저마다 한마디씩 할 것이다. 함께 온 또 한 명의 신랑 친구가 신랑 가족들의 감사 인사를 전한다. 물론 답례로 빛 좋은 쌀막걸리와 떡을 대접받고는 그도 한참 즐기다 간다. 신랑 집이 가난해도 예물만큼은 거창하게 보낸다. 물품들은 친한 친구한테서 잠시 빌리면 된다. 친구는 주저 없이 제 마누라의 예쁜 꽃신과 은비녀와 화려한 비단을 앗아다 준다. 시집에 도착하는 대로 가난한 새색시는 잠시나마 좋아했던 그 명품들을 바로 돌려주어야 하는 것이다.

---

19 납폐(納幣). 사주단자의 교환이 끝나면 정혼이 이루어진 증거로 신랑 집에서 신부 집으로 보내는 예물 또는 그 예물을 보내는 일. 주로 밤에 푸른 비단과 붉은 비단을 혼서와 함께 함에 넣어 보낸다.

20 예단(禮單). 예물 물목을 적은 단자(單子).

혼행길

한국 총각들은 예물을 보내는 날까지만 머리를 땋는다. 그 후로는 땋은 머리카락을 풀고 돌돌 감아올려 작은 다발로 단단히 묶는다.[21] 머리에는 가는 댓개비나 말총을 그물처럼 엮어 짠 감투[망건]를 쓰고 다시 그 위에 작은 원통형 모자[갓]를 쓴다. 그러나 처음부터 검은 색을 쓰는 것은 아니다. 첫 아이가 태어날 때까지는 초립(Chorip)이라는 작고 흰 모자를 써야 한다. 초립 수는 늘 홀수여야 한다는 별난 관습이 있다. 하나로 부족하면, 세 개나 다섯 개를 가지고 번갈아 쓴다.

혼례식까지는 신부 집 일손이 정신없이 바쁘게 돌아간다. 받은 옷감으로 옷을 지어야 하는 것이다.

드디어 혼례 날이다. 혼례식은 신랑이 신부 집으로 가는 혼행婚行으로 시작된다. 청등과 홍등을 든 하인 둘이 선두에서 길을 연다. 신랑은 푸른 비단 관대冠帶를 갖추어 입고 한껏 치장한 말 위에 올랐다. 관대의 가슴과 등에는 화려하게 수를 놓은 사각 비단 흉배를 댔다. 투구처럼 생긴 사모紗帽는 양쪽에 날개를 달았는데 그리 우아해 보이

21 상투 트는 것을 말한다.

혼례용 조랑말

지는 않는다. 그 뒤를 신랑 가족의 친지들이 따른다. 자기 혼행 때 신랑 가족들이 따라와 준 것에 대한 보답이기도 하고, 자기 아들들의 혼행 때도 따라가 주기를 바라는 사람들이다[후행꾼]. 신부 집이 멀수록 친지들의 수도 그만큼 더 줄어들기 마련이다. 이번 혼행길은 몇 시간이면 족하므로 적어도 30~40명까지는 혼인 잔치까지 함께할 수 있다. 이 무리를 이끄는 신랑의 친척은 신랑이 탄 말보다는 치장을 덜한 말을 탄다.

오늘은 신랑이 길의 주인이다. 아무도 그가 가는 길을 막아서면 안 된다. 관리들도 옆으로 비켜서서 신랑 일행이 지나가도록 길을 열어 주어야 한다. 바야흐로 젊은 남자가 세상으로 나가는 첫걸음인 것이다. 지금까지는 부모님 집에서, 가족이라는 틀에 갇혀 갑갑하게 살아왔다.

신부 집 가까이 가면 친척 한 명이 나와 신랑을 맞이하고, 말을 타고 행렬을 인도한 이는 집안의 친지가 영접한다. 그들은 신랑과 손님 일행을 사랑채에 모시고 향응을

새색시가 탄 가마

베푼다. 접대의 시작과 끝을 일일이 챙기며 손님들과 친교를 나누는 일을 도맡아 하는 이[대반]가 따로 한 명씩 있다.

다들 푸짐한 음식을 즐기고 있는 동안, 신부 방 앞 안마당[초례청]에는 작은 상이 놓이고 술병과 술잔[교배잔]이 놓인다. 꽃병도 빠질 수 없다. 겨울철에는 꽃 대신 푸른 솔가지나 풍성한 대나무 가지를 꽂기도 한다. 일은 일사천리로 진행된다. 신랑 집 사람[기럭아비]이 신부에게 줄 기러기 한 마리를 옆구리에 끼고 들어온다. 신랑이 직접 하는 경우도 많다. 기러기는 부부간의 신뢰를 상징한다. 진짜 기러기를 못 구했을 때는 나무로 만든 가짜 기러기[목기러기]를 쓰기도 한다. 신부를 돕는 수모手母 두 명 중 한 명이 기러기를 받으면, 하인은 안마당에서 입장을 준비하고 있는 신랑에게로 돌아간다.

하객들은 온갖 우스갯소리로 어떻게든 신랑 신부를 웃기려 드는데, 짐짓 그들은 진지한 얼굴로 점잔만 빼고 있다. 신랑이 먼저 웃으면 첫딸을 낳고, 신부가 먼저 웃으면

신부新婦와 수모手母

신랑 신부 교배례

첫아들을 낳는다고 한다.[22] 안마당으로 들어오는 동안에도 사람들은 신랑 신부를 웃겨 보겠다고 신랑 다리 사이에 작대기를 끼워 넣는 등 별 얄궂은 짓을 다 한다. 신랑이 비틀거리며 넘어지는 걸 보겠다는 속셈이다.

신랑이 상차림[초례상] 앞에 무사히 도착했다. 상 뒤에는 중년의 수모 둘이 신부 양쪽에 서 있다. 신부는 길게 펼쳐진 활옷 소매로 얼굴을 가리고 있어서 평생 얼굴 한 번 본 적 없는 신랑을 지금도 보지 못한다. 신부가 손을 이마에 올리고 수모들의 부축을 받으며 신랑에게 세 번 깊이 절한다[삼배]. 머리가 바닥에 닿도록 절을 하면 수모는 신부의 팔을 붙들고 신부를 일으켜 세운다. 이제는 신랑이 절할 차례다. 신부는 상 앞에 서 있다. 신랑은 온절 두 번, 반절 한 번으로 두 번 반만 절한다[교배례交拜禮]. 이는 그가 한 여인의 지아비임을 뜻한다.

---

22 일반적으로는 신부가 초례청에서 웃으면 첫딸을 낳는다고들 하는데, 저자의 단순한 착각인지 이 지방 고유의 습속인지는 알 길이 없다.

맞절이 끝나면 신랑 신부는 상을 가운데 두고 떨어져 앉는다. 신부 왼쪽의 수모가 술잔에 술을 부어 신랑에게 건네면 한 모금 마신다. 술잔은 (오른쪽이 아니라) 왼쪽으로 돌아간다. 신부도 잔에 살짝 입을 댄다. 술잔은 세 번 맞바꾸어 돌린다. 수모가 술잔을 청실홍실로 감아 묶는다. 청실은 신랑, 홍실은 신부를 상징하니 이로써 신랑과 신부도 부부로 묶인 것이다.

외교인들의 경우, 이것으로 백년가약이 맺어지고 이제 한바탕 잔치가 벌어진다.

수모와 몇몇 여자들이 새색시를 방으로 데리고 들어가고, 신랑은 친구들이 있는 사랑으로 다시 나간다. 간 데마다 질펀하게 먹고 마신다. 혼행 손님들을 비롯한 하객들 모두가 넉넉한 술과 음식을 대접받는다.

이 흥겨운 잔치를 마음껏 향유하지 못하는 사람은 딱 둘뿐이다. 과음과식을 삼가야 하는 신랑과, 짓궂은 여자들 틈에서 비련의 조각상처럼 입 꼭 다물고 앉아 있어야 하는 신부가 그들이다. 흥에 겨운 사람들 틈에서 한껏 시달리는 신랑도 신랑이지만, 더 어려운 소임을 감당해야 하는 신부는 오죽하랴. 오늘 신부의 소임은 되도록 감정을 숨긴 채 얌전하고 조신해 보이는 것이다. 종일 말 한마디 하지 못한다. 혼례 도중에 소리를 내서도 안 된다. 괴롭지만 벙어리가 되는 수밖에 없다. 오래 침묵을 지킬수록 마을 사람들의 칭송이 더욱 자자해진다. 일주일 이상 말 한마디 안 하고 견디는 새색시들이 적지 않다.

이 젊은 부부는 이제 하객들 곁을 떠나 시부모에게 공식적으로 예를 올린다[폐백]. 신부가 나와 무릎을 꿇고 시부모에게 술잔을 올린다. 또 몇몇 중요한 웃어른들께 절을 올리면 그들은 축하의 뜻으로 얼마간의 절값을 주어야 한다. 신랑도 장인 장모에게 술 한 잔 올린다.

사랑방 손님들은 술 떨어지기 전에 자리를 터는 법이 없다. 이날을 마무리하는 마지막 절차가 남아 있다. 새색시가 오늘부터 한 지아비의 시녀가 되었음을 상징하는 절차다. 신랑이 방바닥에 앉아 있으면 새색시가 신랑의 버선을 벗긴다. 둘 다 말이 없다. 아직 말을 섞을 때가 아니다. 문 밖에서 여자들은 이들이 충실히 침묵을 지키는지 엿듣고 살핀다.

대개 한국에서는 신랑이 신부보다 몇 살 어리다. 대개 처녀는 열여덟아홉, 총각은 열두세 살 무렵에 혼인한다. 둘의 나이가 비슷한 경우는 드물고, 신부가 신랑보다 어린 경우는 더욱 드물다. 가난한 사람들만 일찍 딸을 팔거나 딸을 놓고 흥정하려 든다. 그러나 대부분의 부모는 가난한 티를 내기 싫어서 부자들처럼 딸을 되도록 오래 데리고 있고 싶어 한다. 나이 차로 인한 불화 때문에 혼인 생활이 불행해지는 건 안타까운 일이다. 그래서 신자들에게는 가능하면 동갑끼리 혼인하라고 권한다. 열네 살 안으로는 절대로 혼배 제대 앞에 세우지 않는다.

사목 활동

5월 22일

공소 방문은 일종의 사목 여행이다. 사제가 일 년에 두 번씩 자신의 관할 구역 신자들을 찾아다니며 그들이 종교적 의무를 준행할 기회를 제공하는 것이다. 신자들은 20~30시간 이상 걸리는 먼 곳에 흩어져 살기 때문에 본당 미사는 기껏 축일에나 참석할 수 있다. 또한 공소는 사제가 방문했을 때 주변 두세 시간 거리 내의 신자들이 쉽게 모일 수 있는 장소다. 공소 모임 때는 신자 모두를 대상으로 교리도 가르치고, 찰고도 하고, 의심나는 부분을 묻기도 하며 생각의 차이들을 좁혀 나간다. 사제는 한 공소에 하루 이틀 정도 머물다가 다음 공소로 이동한다. 이런 모임을 30~40군데 정도 가지고 나서야 빡빡한 여정이 끝난다. 사제는 사목 여행 내내 한국인과 더불어 한국인처럼 산다. 한식을 먹고 한옥 공소에서 묵는다. 얇은 돗자리 하나 깔린 딱딱한 바닥에서 잔다. 조랑말이나 나귀를 타고 다닌다면 안장을 베개로 써도 된다. 탈것이 없으면 내내 걸어 다닐 수밖에 없다. 그러면 목침을 베고 자야 한다. 녹초가 되어 집에 오면 본당 신자들이 반갑게 맞아 주지만, 또 새로운 일들이 기다리고 있다. 집에서 몇 달을 바쁘게 지내고 다시 관할 구역 순방에 나서는데, 늦가을 여정이 특히 힘들다.

이처럼 독특한 선교 방법은 독특한 선교의 역사와 무관하지 않다. 이 방법은 박해 시대와, 긴 박해 시대 사이에 짬짬이 찾아온 평화기를 거쳐 오늘날까지 이어져 왔지만, 일견 시대에 뒤져 보이기도 하고, 현 상황의 요구나 넓은 선교 관할 구역, 활동의 전망 등을 고려할 때 여러모로 부족함이 많다. 그러나 사랑과 희생을 기꺼이 감당하려는 감동만은 고스란히 간직하고 있다. 그것은 저 위대한 시대에서 물려받은 것이었고 그 시대의 산물이었다.

빌렘 신부는 우리가 도착하면 같이 가려고 공소 한 곳의 방문을 연기해 두었다. 우리에게 체험을 공유할 기회를 주려는 배려였다. 오늘은 청계동에서 남쪽으로 여덟 시간쯤 걸리는 작은 마을 팔송(Palsong)에 간다. 우리는 때맞춰 길을 나섰다. 길은 새롭고 흥미로웠다. 마을 개울을 따라 잠시 내려가다가, 물이 높은 돌둑을 넘어 진초록 골짜기로 떨어지는 지점에서 개울을 건너 계속 남쪽으로 걸었다.

길가에 집 몇 채가 보였다. 텃밭 한 곳에 울타리를 쳐 두었다. 물푸레나무 형태의 잎사귀를 가진 관목인데 한국인들은 이것을 옻나무[23]라고 부른다. 줄기 껍질 여기저기에 진액을 채취한 상처가 나 있다. 진액은 부식시켜 남자들의 검은 모자[갓]에 칠하는 매염제를 만든다. 내가 가지 하나를 꺾으려 하자 동행하던 아이들이 펄쩍 뛰며 말렸다. 살짝만 닿아도 심한 피부병이 온몸에 번진다는 것이었다. 믿기 힘들었지만 조심하는 게 상책이라 여기고 내버려 두었다. 예민한 사람들 중에는 옻칠한 물건에 손대다가 열나흘을 심하게 앓은 경우가 실제로 있는 듯했다. 아무튼 피부에 상처나 발진이 있을 때는 옻을 더 잘 탄다.

---

23 저자는 Onnamu라고 쓰고, "옻과 나무(Ott-namu)가 합쳐진 말로, 아마 루스 베르닉스(Rhus vernix)일 것"이라는 설명을 달았다.

청계동 마을 길

길가 논 곳곳에서는 거름을 넣고 있었다. 떡갈나무의 무성한 초록잎을 가지째 논 속에 던져 넣는 것이었다. 거름이 너무 기름지면 벼가 웃자라 벼이삭이 더디게 패는데, 이것은 탄닌 성분을 다량 함유하여 벼농사에 탁월한 거름이 된다. 누에를 먹이고 남은 뽕잎도 거름으로 쓴다.

제법 높이 난 길을 따라 새로운 골짜기로 들어섰다. 내려가는 길은 좁고 가팔랐다. 길 양쪽으로 절벽이 높이 솟아 있었다. 골짜기 깊은 산들이 수줍게 뒤로 물러났다. 산비탈에서 좁은 보리밭을 보았다. 가난한 산촌 사람들의 희망이다. 길고 굶주린 겨울을 보내고 나서는 더욱 그러하다. 이리 높은 곳에도 집들을 짓고 사는구나.

툇마루 앞에서는 한낮의 따가운 햇살에 파란 보리 줄기를 말리고 있었다. 채소처럼 뜨거운 물에 살짝 데쳐 먹으면 한 끼 식사를 든든히 때울 수 있다. 나중에 보리가 영글면 보리알도 볶아 먹는다. 그리고 나면 정작 볕을 받아 무르익을 보리는 별로 남는

게 없다. 이들 오막살이 부근에서 골짜기를 벗어나 더 좁은 곁골짜기에 들어섰다. 산마루를 힘겹게 기어오르니 멀리 사리원 평야가 장엄하게 펼쳐져 있었다. 한국의 곡창, 이른바 쌀농사의 중심지였다. 아름다운 전망을 오래 감상하기에는 한낮의 태양이 너무 뜨거웠다. 저녁 전에 목적지에 도착하려면 서둘러야 한다.

골짜기 아래 평지로 내려왔다. 평화로운 시골 정취가 내 고향 알프스처럼 아늑하고 포근하게 우리를 감싸 안았다. 잿빛 초가집들이 나무 그늘 아래 숨어서 좌우로 산의 녹초지에 몸을 기댔다. 초가집들이 물러앉은 곁골짜기에는 여전히 바위 조각들이 흩어지고 나무들은 외로웠다. 굽이쳐 흐르는 산골 시냇가에 굵은 나무들이 버티고 섰다. 바위에 물길이 막혔다가 트이는 곳에서 아이들이 어살을 치고 물고기를 잡았다. 손가락만 한 물고기들이 물 속에서 빛나고 있었다. 한 마리씩 잡힐 때마다 아이들은 환호성을 질렀다. 오늘 잡은 물고기들은 매콤한 별식으로 밥상에 오를 것이다.

우리를 팔상(Palsang)[24] 공소까지 안내할 아이가 이웃 마을에서 왔다. 작년에 카시아노 신부에게 세례 받은 아이다. 공소에 가면 이 아이가 지금까지 배운 것을 암송할 것이다. "거의 다 와 가지?", "아뇨, 족히 세 시간은 더 가야 해요!" 다른 아이들도 바로 합류하여 무리를 이루었다. 시간이 갈수록 행렬이 길어졌다. 벌써 해가 많이 기울었다. 드디어 — 빌렘 신부가 말했다. "저 언덕 너머가 팔상입니다. 언덕 너머 마을 어귀에 큰 고목나무가 있지요. 그 아래가 마을 우물터고 바로 그 옆이 공소입니다." 돌연 언덕 위에 사람 모습이 희끄무레하게 나타났다. 사람들은 우리가 오는 것을 보자 달려 내려왔다. 오후 내내 모여 우리를 기다린 신자들이었다.

공소는 길이 10미터, 너비 4미터 정도의 빈집이었다. 툇마루로 둘러싸여 외관이 정겨워 보였다. 내부는 휘장을 쳐서 공간을 둘로 나누었다. 짧은 공간을 사제가 쓴다. 비품이라고는 나무 받침대 위에 판자 몇 개를 얹어 벽에 붙여 둔 것이 전부다. 그건

24 앞에서는 팔송(Palsong)이라 했다.

고기 잡는 아이들

내일 제대祭臺로 활용할 것이다. 휘장을 젖히면 긴 공간은 신자석으로 바뀐다. 길이대로 휘장을 쳐서 남녀를 분리했다. 신자들이 이곳 외교인 사이에서 좋은 평판을 얻기 위해서라도 이런 법도는 더욱 엄격히 지켜져야 한다.

찰고察考 날이다. 한낮의 열기가 잦아들어 한결 그윽한 봄날 저녁, 다들 공소 앞마당에 모였다. 멍석을 깔고, 사제를 중심으로 한쪽에는 남자, 다른 쪽에는 여자, 가운데는 아이들이 앉았다. 어눌하고 답답함이 어찌 없겠는가마는, 그래도 대부분 답변들을 시원시원하게 해 주었다. 어려운 질문이 나오면 유창하던 말문이 막히기도 했다. 그러면 전교회장이 자신의 명예로운 지위에 걸맞게 답변을 거든다.

전교회장들이 직무 수행에 필요한 별도의 교육을 받지 못하니 아쉽기 짝이 없다. 특히 이곳 북부 지방처럼 타종교 선교사들과 마찰을 빚기 쉬운 곳에서는 전교회장이 천주교 교리 학교를 수료하는 것이 바람직하다. 지금까지는 모범적 품행과 폭넓은 교리 지식으로 사람들의 신망을 얻은 사람들이 전교회장으로 발탁되었다. 몇 해 전까지

공소 찰고

만 해도 그걸로 족했으나 이제는 제대로 된 교리 학교 설립이 절실하다.

호기심 많은 외교인들이 빙 둘러서서 오가는 문답들을 들었다. 그들은 자주 그랬다. 한마디 말이 그들 마음에 닿아 조금이라도 그리스도교에 가까워졌으려나. 우리도 그들과 더불어 말없는 청중이 되어 신자들의 자신감 넘치는 답변에 경탄하고, 사제를 쳐다보는 아이들의 반짝이는 눈빛에 기뻐했다. 검게 탄 남자들과 할머니들이 그들의 빈한한 가사家事를 작파하고 공소까지 먼 길을 달려와 파릇파릇한 소녀들과 외운 교리 실력을 겨루고 있다는 것은 엄청난 감동이었다. 어머니들도 여기서 그동안 아이들을 가르친 노고를 보상받고, 스스로도 열의를 새롭게 다지는 계기를 마련한다.

찰고가 끝나니 어스름이었다. 우리의 작은 방에 저녁상이 차려졌다. 작은 경당이 구경꾼으로 가득 차 미닫이문을 열어젖혔다. 어른도 아이도 이 자리를 함께하고 싶은 것이다. 미사 때처럼 조용했다. 우리를 위해 특별히 잔치 음식이 차려졌다. 우리는 음식을 유심히 살폈고 그들은 우리를 유심히 살폈다. 늘 먹던 밥과 김치 말고도 별미들이 많이 올랐다. 가을에 잡아서 특별한 날에 쓰려고 담아 둔 게도 있었다.

이곳 팔상에서는 전교회장 댁이 유일한 신자 가족이라, 외교인들도 손님으로 초대받았다. 손님을 후대하는 한국인의 관습대로 그들은 극진한 대접을 받았다.

귀로

5월 23일

[어제는] 우리의 작은 침실이 경당으로 쓰였다가 오늘 아침에는 또 식당으로 변했다. 아침을 먹고 돌아갈 채비를 했다. 신자들이 술 한잔 하자고 다시 모였다. 그들에게 공소 방문 날은 인근 외교인들 앞에서 자신의 신앙을 당당히 고백할 수 있었던 축일이었다. 이제 다시 각자 일터가 있는 집으로 뿔뿔이 흩어진다. 믿음의 형제들이 보여 준 표양과 거룩한 영성체를 통해 각자의 믿음이 더욱 굳건해졌다.

그들은 한참을 우리와 동행하고서야 겨우 작별했다. 우리는 왔던 길로 되돌아갈 것이다. 지금 우리를 쫓아오는 태양도 올 때 본 그 태양이다.

어제 길에서 독사 한 마리를 죽였는데 지금 또 한 마리가 나타났다. 1미터쯤 되는 독사는 제 몸 길이만큼 뛰어올라 우리를 공격했다. 정확히 겨냥해서 지팡이

모녀

로 가격했더니 뻗어 버렸다. 이 나라에서는 여간해서 뱀을 죽이지 않는다. 특히 외교인들은 뱀을 해코지하는 걸 꺼린다. 나중에 뱀 새끼가 어미 복수를 하려 들까 봐 겁내는 것이다. 이교의 나라 한국에는 조상숭배와 가족의 복수라는 전통적 사고가 아직 남아 있거니와, 이런 사고는 동물에게도 적용된다. 이 미신적 공포가 한국의 뱀에게는 최선의 보호막인 셈이다. 그래서 한국에는 독사가 많다. 뱀에 물렸다는 말은 많이 들리지만 뱀에 물려 죽었다는 말은 좀처럼 들리지 않는 나라가 한국이다.

한국에서 가족의 복수는 효孝와 조상숭배라는 신성한 의무 때문에 종교적 차원으로까지 신성시된다. 살해된 아버지의 원수를 갚지 않는 아들은 사회적 불명예의 오명을 쓴다. 아버지를 욕보인 자가 다시 위해를 가해 오면 똑같이 되갚아야 한다. 아버지가 죽임을 당하거나 적대 세력의 농간으로 귀양을 가면, 아들은 그들이 똑같은 운명에 처할 때까지 끈질기게 보복해야 마땅하다. 이 의무는 자식과 그 자식의 자식에게 끝까지 계승된다. 이런 의무가 밖으로 표출되는 경우도 드물지 않다. 살해된 아버지의 복수를 결심한 아들은 아버지의 원수를 갚기 전까지 단 한 벌의 옷으로 버틴다. 여러 해를 입어서 누더기가 되어도 그 옷을 벗지 않을 것이다. 그렇다, 자신의 의무를 다하지 못한 채 죽게 된다면 그는 누더기 옷을 장남에게 물려줄 것이다. 운이 좋아서 효를 이런 식으로 입증할 수 있을 때까지 자손들은 그 옷을 계속 입을 것이다. 세상은 이런 사람을 높이 평가한다. 효와 조상숭배라는 신성한 의무를 다했기 때문이다.

우리는 어느 외딴집에서 잠깐 쉬었다. 안마당으로 난 문 앞에서 집주인을 불러, 볕이 따가워 그러니 잠시 쉬어 갈 수 있겠느냐고 물어보았다. 집주인은 선량한 사람이었다. 그는 기꺼이 우리를 안으로 들여 마루에 놓인 물건들을 다 치우고 돗자리를 깔아 주었다. 그러고는 담배 한 다발을 가지고 와서 우리가 불을 당길 수 있도록 한 번도 꺼뜨린 적 없는 화로를 당겨 놓아 주었다.

청계동에 도착하니 늦은 오후였다.

제17장

옛 도읍지

곡창지대

5월 26일

잠 깨니 밝고 산뜻한 봄날 아침이었다. 청명한 햇살이 작별의 아쉬움을 달래 줄 것이다. 온 마을 신자들이 우리를 잠깐이라도 더 보려고 왔다. "하늘에서 다시 만납시다." 며칠 전 공소 [다녀] 오느라 두 번이나 넘었던 고개를 향해 부드러운 짚신 발을 힘차게 내딛는데, 한밤중에 우리를 그리도 반기던 종소리가 마지막 작별 인사를 했다. 종소리가 아직도 귓가에 은은히 맴도는데 마을은 벌써 시야에서 사라져 버리고, 나무들 너머로 십자가 첨탑만 빛나고 있었다. 산비탈이 녹색 장막을 드리워 청계동을 가렸으니 이제는 추억 속의 그림으로만 남아 있을 따름이다. 맑은 봄날의 빛나는 색채와 한국의 아늑한 풍광 속에서, 청계동은 내 사목적 동반자들의 사랑이라는 황금빛 밑그림 위에 그려지고 있었다. 유쾌하고 행복한 사람들이었다. 나는 먼발치에서라도 청계동을 한 번 더 보고 싶었지만, 마을이 내려다보이는 고갯마루까지 거슬러 올라가 추억에 잠기고 있을 시간이 없었다. 서두르자, 갈 길이 멀다. 벌써 8시가 지났다.

낯익은 고갯길이었다. 천천히 오르다가, 내려갈 때는 걸음을 빨리했다. 골짜기는 내려갈수록 넓어졌다. 이 골짜기를 따라 계속 내려가면 사리원 평야가 가까워진다. 평야는 대지의 풍요를 더해 줄 것이다. 골짜기 사람들은 기장과 보리로 근근이 끼니를 때우는데, 이곳에는 비옥한 논이 광활하게 펼쳐져 있다. 이 평야를 다 지나려면 한

작별 인사

참이 걸릴 것이다. 그래도 심심한 길은 아니었다. 새로운 것도 많은 데다가, 심심해질 만하면 알퐁소가 온갖 재미있는 이야기를 다 들려주었기 때문이다.

신천에 이르니 한낮이었다. 빌렘 신부의 복사가 나귀를 타고 앞서 들어갔다. 우리가 한 신자 가정에 들러 잠시 쉬는 동안 나귀에 편자를 박으러 간다고 했다. 복사는 경찰에 우리의 도착을 알렸다. 경찰은 방문자 인적 사항, 출발지, 행선지, 방문 목적 등을 캐물었다. 이 무렵 우리는 신천에 들어와 있었다. 경찰은 우리가 떠날 때까지 행여 불순한 행동은 하지 않을지, 사전 예방 차원에서 우리 숙소를 배회하며 감시했다. 그렇다고 당황할 우리가 아니다.

집 안에 신자들이 모여 있었다. 이 댁의 존경하올 강 아녜스 할머니를 찾아뵈었다. 할머니는 군밤과 달콤한 팥소를 넣은 떡[송편]을 내주시더니, 우리 스스로 담뱃불을 붙이도록 놔두지 않으셨다. 이 마음씨 좋은 할머니는 연기가 모락모락 나는 담뱃대 두어 개를 가져와서는 옷소매로 물부리를 쓱쓱 닦은 다음 한국의 범절에 걸맞게 두 손으로 공손히 건네주셨다.

집 앞 장터에서 몇몇 가지가 눈길을 사로잡았다.

집들을 가까이 등지고 사리탑이 하나 서 있다. (부처의 유골이 들었다는 작은 석탑이다.) 윤곽이 섬세하고 균형미가 뛰어났다. 지금은 많이 퇴락했으나 한때는 한껏 아름다움을 뽐냈을 것이다. 기단석 일부는 벌써 떨어져 나갔고, 석판을 짜서 쌓은 탑신은 밤새 무너질 것처럼 위태로웠다. 무슨 사연으로, 언제부터 거기 서 있었는지는 아무도 모른다. 그저 신천시의 상징 정도로 여길 따름이다. 필경 불교가 번창할 때 세워졌다가 오래전에 잊혀진 이곳 사찰의 마지막 증거품일 것이나, 여기에 대해 제대로 설명하는 이는 아무도 없었다.

탑 근처 고목나무 한 그루가 넓게 가지를 벋었다. 이 나무도 사찰과 역사를 함께했을 것이다. 나무 아래는 마을 사람들이 공동으로 쓰는 두레우물이다. 돌판을 겹쳐 쌓았다. 바로 그 옆이 소주를 내리는 화덕이다. 내릴 양이 많지 않아서 각자 집에 화덕을 만드는 것이 별로 득이 되지 않겠다 싶은 사람은 누구나 이 화덕을 사용할 수 있다. (이 고장 쌀 수확이 수요를 훨씬 상회하는 평야 지대라는 증거이기도 하다.)

우리는 숙소 주인의 주선으로, 뒤뜰에서 막 소주를 내리고 있는 어느 집을 방문했다. 그 집 아낙이 겁먹은 얼굴로 다가와 수줍고 조심스럽게 내 카메라를 주시했다.

신천 장터 석탑

막 열 번째 소주를 내리려던 그녀는, 우리가 일본 세무서에서 나온 사람들인 줄 알았던 모양이다. 우리는 그저 소주 만드는 것을 보고 싶었을 뿐이다. 그녀도 곧 마음을 놓았다. 독한 저질 소주 맛을 아는 터라, 맛볼 생각은 없었다.

화덕은 길이가 3미터쯤 된다. 반 미터 정도는 땅에 묻혀 있고 1미터 정도는 땅 위로 솟아 있다. 화덕은 진흙이었다. 한 남자가 화덕 끝에 앉아 아궁이 깊숙이 마른 장작을 부지런히 넣어 가며 불을 지폈다. 거센 불길 위에서 발효된 쌀과 수수의 혼합물이 1미터 높이의 항아리 안에서 부글부글 끓었다. 항아리를 놋대야로 덮고 그 위에 찬물로 채운 함지를 얹어 두었다. 항아리 위에서 아래로 입을 열고 엎어져 있는 놋대야가 수증기를 받아들이면 압축된 증류수는 대야 내벽을 따라 이슬처럼 맺힌다. 이것이 고랑에 모이면 맑은 소주가 작은 대롱을 통해 배가 불룩한 옹기 항아리로 흐르는 것이다. 화덕 반대쪽 끝에 솟아 있는 연통은 높이가 2미터쯤 된다. 냄새가 역한 소주 원료는 주변 항아리들에 담겨 알코올로 바뀌기를 기다리고 있다.

소주 내리기

한국 농부의 양수기[용두레]

뙤약볕 아래 광대한 평야를 오래 걸었다. 조생벼는 처음부터 고랑에 볍씨를 적당히 성글게 뿌리기 때문에 모를 옮겨 심을 필요가 없다. 조생벼 논 여기저기서 아낙들이 바지를 걷어 올리고 잡초를 뽑고 있었다. 다른 논에서는 쟁기가 논 한귀퉁이에서 키운 푸른 모를 옮겨 심을 준비를 하기 위해 땅을 갈았다.

평야는 아스라히 먼 곳으로 미끄러지듯 사라져 갔다. 물바가지가 달린 삼각 장대가 논 위로 수없이 솟아 있었다. 논으로 넘치는 하천의 물을 퍼올려 한 계단 높은 논에 대려는 것이다. 장대 셋을 한데 묶은 곳에는 속을 깊이 파낸 1미터 정도의 목제 삽[용두레]을 매달았다. 농부는 끈덕지게 제자리에 서서, 삽을 깊이 흔들어 퍼올린 물을 위쪽 논두렁 너머로 능숙하게 던져 올렸다. 높은 논에 물을 댈 때 일본 농부는 양수기 바퀴를 밟는다. 이 외로운 작업을 할 때 한국 농부는 일본 농부보다 더 고생스러울까? 둘 다 더 높은 논에 물을 대겠다는 의도는 같다. 어쨌든 양수기 구조만 보면 한국 것이 일본 것보다 더 간단하다.

일본 농부의 양수기[수차]

골짜기의 넓은 강물을 건널 일이 남았다. 무성한 풀밭은 목축과 낙농업에 최적의 조건일 텐데 넓은 초원에는 마소 몇 마리만 드문드문 노닐고 있다. 지세가 확연히 높아지기 시작했다. 평야는 멀어지고 마른 밭이 보였다. 벼농사는 짓지 않는다. 푸른 보리밭이 저녁 바람에 몸을 숙였다. 콩밭이 많고, 사이사이 목화밭도 눈에 띄었다.

기복이 심한 땅에 작은 강이 흐르고, 강가의 화강암 지대에 채석장이 있었다. 사람들이 암벽에서 힘든 방법으로 암석을 깨냈다. 우선, 깨려는 지점에 짧은 간격으로 주먹 하나 들어갈 정도의 구멍을 길고 가지런히 낸다. 끌로 어렵사리 구멍을 파내고 가열한 후 재빨리 물을 부으면, 암석이 파열음을 내면서 가지런한 구멍을 따라 떨어져 나온다. 일차 시도에도 깨지지 않는 암석이라면 더 이상 헛수고를 할 필요가 없다. 경험상 그런 곳의 암석은 한국에서 예부터 믿고 써 오던 폭약에도 꿈쩍 않기 때문이다. 암벽에는 무수한 실패의 흔적들이 패여 있었다.

안악安岳 인근이다. 지금은 폐교되었지만, 최근까지 이곳에는 외교인들이 세운 한국 최고 수준의 학교가 있었다.[1] 이 학교 선생 몇이 데라우치 백작[2] 암살 미수 사건에 연루되었는데,[3] 이것이 폐교의 호기好機를 제공했다.

---

1 1907년 김효영(金孝英)과 손자 홍량(鴻亮) 등이 설립한 근대 교육기관 양산학교(楊山學校). 민족의 지도급 인사들이 양산학교를 중심으로 교육을 통한 국권 회복 운동을 전개해 나가자 일제는 이곳을 배일사상의 불온한 거점으로 지목하고 1910년 이른바 '안악 사건'을 조작하여 폐교의 빌미로 삼았다.

2 데라우치 마사타케(寺內正毅, 1852~1919), 1910년 제3대 조선 통감으로 국권 강탈의 기초를 다졌으며, 같은 해 8월 한일병합 이후 초대 조선 총독이 되어 무단 식민정책을 수행했다.

서산에 해가 지고 우리는 안악으로 들어섰다. 어두운 대문 안으로 버려진 낡은 관청 건물이 흐릿하게 들여다보였다. 살짝 들려 돌출된 대문 지붕 모서리에 빛바랜 한국의 문장紋章[태극 문양]이, 언젠가 완전히 퇴색하여 땅에 떨어질 때만 기다리고 있었다. 한때는 이 고을을 다스렸을 도시지만, 도처에서 시대의 변화가 눈에 띄었다. 늘어선 집들로 막힌 골목에는 여기저기 길이 뚫렸다. 좁고 밀집된 동네에 넓은 도로가 났고, 일본식 목조 가옥이 뒷골목의 낡고 퇴락한 한국식 초가집을 가리고 있었다. 초가집들은 삶이 고달파 물러서 있는 듯했다.

목적지까지는 아직 두 시간을 더 가야 한다. 마을로 둘러싸인 언덕에서 매화동본당의 불빛을 내려다볼 때쯤이면 이미 밤이 깊었을 것이다.

빌렘 신부는 지금 자신의 '옛 고향'에 와 있다. 매화동본당은 빌렘 신부가 선교 지역을 청계동으로 옮기기 전에 본당으로 설정하고 관할하던 곳이다. 오늘은 우도 신부[4]가 [본당신부로서] 우리를 맞이했다.

누에치기

5월 27일

경찰은 정확히 자정까지 우리를 따라다니더니, 우리의 신분과 방문 목적을 단도직입적으로 물었다. 그렇다고 기분을 잡칠 정도는 아니었다. 우리는 본당 언덕에 넘실대는 봄 향기와 이 작은 교우촌의 신선하고 유쾌한 분위기를 만끽했다.

---

3 '안악 사건'을 말한다. 1910년 12월 안명근(安明根)이 서간도에 무관학교를 설립할 자금을 모금하다가 평양역에서 체포되었는데, 일제는 이것을 데라우치 총독 암살을 위한 자금 모금으로 날조하여 관련 인사 160명을 일제히 검거했다.

4 Oudo, Paul(1865~1913). 한국명 오보록(吳保祿). 파리 외방전교회 선교사. 1888년 9월 22일 사제 수품. 1890년 입국. 전라도 고산 차돌백이(현 백석, 전북 완주군 운주면 구재리)와 부산본당 주임을 거쳐 1898년 황해도 매화동본당 2대 주임으로 부임하여 선종할 때까지 이곳에서 사목했다.

카메라를 들이대니 이 약빠른 사람은 일단 돈부터 내라고 했다

언덕 꼭대기에는 성당과 사제관이 도드라지고, 그리고 멀지 않은 곳에 매우 특색 있는 학교[5]가 있다. 또한 양잠 분야에 능력 있고 검증된 한국인 교사를 채용하여 수업의 일부를 맡겼다. 그는 일종의 성인학교식으로 상급반 여학생들에게 양잠과 비단의 제조와 상품화에 관해 칠판에 써 가며 가르치고 학생들은 이것을 공책에 베껴 썼다.[6]

쓰기와 읽기 공부가 동시에 이루어지는 이론 수업에 더하여 실습도 행해졌다. 인접한 큰 방뿐 아니라, 교실에도 벽을 따라 널빤지를 대고 누에의 부란孵卵 상자를 설치했다. 널빤지 사이에 성긴 철망을 친 나무틀을 끼우고 철망 위에는 식탁보 비슷한 깔개를 깐 후, 섬유망을 치고 나무틀에 고정시켰다. 누에는 그 위를 기어 다니며 잘게 썬 뽕잎을 갉아먹었다. 누에 먹이를 주는 일은 여간 번거롭지 않다. 몇몇 여학생은 실습 시간에 뽕잎을 썰고, 다른

5 봉삼학교(奉三學校). 우도 신부가 종교교육과 문맹 퇴치를 목적으로 세운 황해도 최초의 사학(私學). 남자부에서는 교리와 한문, 여자부에서는 교리 · 한글 · 가사 등을 가르쳤다.

6 우도 신부는 1912년부터 봉삼학교 여자부에 누에치기와 명주실 뽑는 일을 실험적으로 실시하여 효과를 거두자 양잠 강습소를 개설하고, 그 기술을 널리 보급함으로써 농가 소득 증대에 기여하기도 했다.

학생은 선생님의 감독하에 틀을 떼어 낸다. 섬유망을 누에와 함께 조심스럽게 들어내고, 빈 깔개 위에 다른 틀을 놓는다. 섬유망의 그물코 사이로 떨어진 마른 찌꺼기를 제거하는 동안, 한 학생이 누에에게 잘게 썬 새 먹이를 조심스럽게 뿌려 준다. 이렇게 누에가 자라면 고치를 짓는다. 간단한 물레로 고치를 풀면 8~20배의 명주실이 생산된다. 우도 신부가 누에치기에 기여한 업적은 지대하다. 한국산 누에는 난쟁이떡갈나무 잎을 먹여 고치의 수확이 신통치 않았는데, 최근에 그가 유럽산 버드나무와 뽕나무를 많이 심어 품종을 개량할 수 있게 되었다.

그는 마을 살림살이의 기틀을 더욱 다질 요량으로 성당 뜨락을 장식한 미루나무의 꺾꽂이 재배를 시작하여, 지금까지 벌써 5만 그루의 묘목을 신자들에게 나누어 주었다. 미루나무는 제지 공장뿐 아니라 각종 상자를 만드는 데도 쓰인다. 일본인들이 역에서 파는 도시락 통이 바로 미루나무로 만든 것이다.

한국인 수녀 둘이 여학교를 맡고 있다.[7] 수업이 여성의 수공예에 중점을 두고 이루어져 두루 환영하는 분위기다. 학생들의 활기에 다들 큰 감명을 받았다. 그들의 명랑한 표정이 밝은 색 옷과 어우러져 온 학교가 주일의 정취를 폴폴 풍긴다.

저녁 무렵에 빌렘 신부와 가까운 이웃 마을로 산책을 나갔다. 신자 가정이 한 집뿐이었다. 나머지 사람들은 그리스도교를 배척했다. 그들 탓이 아니라 마을을 다스리는 강씨 집안 때문이다. 이 집안은 양반의 자부심을 전적으로 조상과 신주에 건다. 천주교를 받아들이겠다 함은 이것을 저버리겠다는 뜻일 터, 아마도 천부당만부당하리라. 비단 이 마을 강씨 집안만의 문제가 아니다. 그리스도교 전교에 가장 큰 장애가 바로 조상 제사다. 그것은 백성들의 삶과 생각에 너무 깊이 뿌리박혀 있어 도저히 떼어 낼 재간이 없다.

---

7 우도 신부는 뮈텔 주교에게 사목과 교육 활동을 도와줄 수녀의 파견을 요청했다. 주교는 샬트르 성 바오로회 소속 수녀 두 명을 보내 봉삼학교 여학생들의 교육을 담당하게 했다.

바닷가에서

5월 28일

미사 후 진남포로 출발했다. 진남포는 황해의 가장 중요한 항구 중 하나다. 산을 넘고 물이 흐르는 협곡을 건너 강에 이르렀다. 모래 퇴적물이 먼 데까지 펼쳐지고 강바닥이 넓은 걸 보니, 유속이 완만하고 바다가 가까운 줄을 알겠다. 강 뒤쪽 밭이 장마철 큰물에 잠기지 않도록 강가를 따라 높이 둑을 쌓아 놓았다. 넓은 모래 강바닥에는 가는 수초들이 듬성듬성 나 있었다. 황톳빛 평지 군데군데 풀덤불이 푸른데, 곳에 따라 제법 넓게 퍼져 있는 데도 있었다. 나는 여기서 처음으로 열 마리에서 스무 마리쯤 되는 소 떼를 보았다.

점심때는 어느 초가집 툇마루에 잠깐 앉아서 약주(Jaktju) 한 사발을 들이켰다. 알든 모르든, 신자든 아니든, 누구나 우리를 기쁘게 맞았다. 이것이 한국인의 특성이다. 이들에게는 손님을 후대하는 것이 하나의 신성한 의무다. 밥때가 되어 객이 찾아들거나 집 안에 있을 때 밥때가 되면, 아는 사람이든 낯선 사람이든 밥상을 함께하지 않는다는 건 이 의무를 저버리는 결례가 아닐 수 없다. 아무리 낯선 객이라도 두어 날쯤은 편히 한 집에 유留할 수 있다. 가는 데가 어드멘지 묻거나, 달리라도 객을 치는 것이 짐이 된다는 눈치를 은근히 내비칠 엄두는 꿈에도 내지 않는다.

한국인의 여행 준비는 금방 끝난다. 없이는 죽고 못 사는 담뱃대를 손에 들고, 엽전 몇 닢이 든 주머니와 담배쌈지를 허리춤에 차면 모든 채비가 끝난 거나 진배없다. 봇짐 속에 약간의 요깃거리를 챙겨 넣기도 하지만, 피곤을 풀기 위해서라면 굳이 길가에서 쉴 자리를 찾을 필요가 없다. 어느 곳에 묵고 싶을 때 근방에 집이 있으면 집주인이 반갑게 맞아들일 것인즉, 그냥 사랑방에 들어가 편안히 머물면 된다.

먼 숲을 떠돌며 나무를 하거나 숯을 굽는 남자들도 마찬가지다. 양식으로 쌀만 챙기고 어느 한 집을 정하여 거기서 산다. 그 집에서는 객이 가져온 쌀로 밥을 지어 주고, 안 먹고는 못 배길 김치나 각종 장醬 같은 반찬들은 집주인이 기꺼이 내놓는다.

한국인들의 손님 후대는 너무 지나쳐서 손님을 박대하면 욕을 먹을 수밖에 없다. 그렇다, 그들에게는 덕목이 곧 약점으로 변하는 경우가 드물지 않다. 누군가 싸움 끝에, 혹은 그저 머리나 좀 식힐 요량으로 며칠 집 떠나고 싶으면, 땡전 한 푼 없이 운에 맡긴 채 낯선 방랑길을 나선다. 가까운 아무 집에나 들러 이야기나 몇 개 들려주면 담뱃불이 붙여지고, 술과 저녁상이 나오고, 밤새 묵을 수 있다. 아침이면 인사 한 마디 없이 길을 떠난다. 한국인들은 말로 감사를 표하는 것이 서툴다. 대통에 담배나 한 번 더 재워, 운을 하늘에 맡기고 길을 떠난다. 담배가 꺼지면 다음 집에 들르거나 길에서 아무나 불러 세워 담배를 청한다. 거절하는 이는 아무도 없다. 그리고 저녁이면 다시 묵을 곳을 찾는다. 몇 주 산하를 떠돌다가 방랑에 지칠 즈음이면 슬슬 고향 생각이 드는 것이다. 이런 식으로 온전히 한 해를 살아가는 떠돌이가 많다. 진짜 거지는 성내에만 있다. 그들은 혼자씩 겁먹은 듯 상점에서 상점으로 조급히 옮겨 다닌다. 저마다 구멍 뚫린 황동 엽전 몇 닙씩 손에 쥐고 짤랑짤랑 소리를 낸다. 누가 또 한 닢 던져 주지 않을까, 사람들에게 손을 내밀고 한동안 서성이다가 다른 곳으로 옮겨 다니기를 거듭하는 것이다. 이 모든 행동이 불안하고 수줍어 보였다.

우리는 사람들의 친절을 검증해 볼 수 있었다. 남자 몇몇이 툇마루에 앉아 있다가 우리가 다가가자 일어나 선뜻 자리를 내주더니 내내 곁에 서 있거나 바닥에 앉아 겸손한 태도로 우리를 바라보았다.

강 사이에는 긴 다리가 놓여 있었다. 저 다리를 건너야 한다. 지금은 괜찮지만, 장마철에 급류가 다리를 휘감아 흐르면 다리를 건너는 것은 모험이다. 이 다리를 건너면 마른 발로 강 저편에 닿거나, 젖어 봐야 기껏 무릎 정도다. 다리는 통나무를 두 줄로 잇대어 수많은 말뚝과 버팀목으로 지탱했다. 통나무 사이의 공간을 가는 목재와 뗏장으로 메우고 그 위에 잔가지를 깔았다. 군데군데 뗏장이 패어서 사람들이 간신히 균형을 잡았다.

언덕 몇 개를 넘어 넓고 편편한 골짜기에 닿았다. 무수한 물길과 둑이 그곳을 가로질렀다. 밀물 때는 여기까지 물이 찬다. 골짜기가 다한 곳에 뾰족한 언덕이 솟아 있다. 거기까지 가야 한다. 그 뒤가 진남포다. 언덕 쪽으로 난 좁은 둑길을 발견했다. 둑의 꽤 긴 구간을 도랑에서 파낸 흙으로 복구한 탓에, 우리는 몇 번이고 진창에 빠질 뻔했다. 길이 어쩌면 이리도 헷갈리는 것이냐! 산은 다가갈수록 멀어지며 우리를 희롱했다. 한 시간 반 넘도록 뒤죽박죽 널린 흙더미와 진창 속에서 고생하면서도 한 가지 재미는 만끽했는데, 그것은 발발 기어 다니는 게였다. 마침 썰물 때라 맑은 공기 마시고 일광욕이나 좀 할까 하고 나왔다가, 우리를 보고는 개펄 구멍으로 허둥지둥 숨어들었다. 녀석들이 우리의 희망이었다. 밀물이 들지 않으면 돛단배는 진남포로 떠날 수 없을 터, 우리가 배를 놓칠 일은 없다. 그래도 시간이 지나자 산이 가까워졌다. 아래쪽 넓은 강어귀에 탈것이 있는지를 오랫동안 살펴보았지만 아무것도 보이지 않았다. 저 건너 아주 먼 바닷가에 진남포가 있다. 너무 멀어서 집들은 미풍 속에 아스라이 사라지고 그 떨리는 반향은 우리에게 전해지지 못한다.

강어귀의 돛단배는 물때를 기다렸다. 벌써 4시가 다 되어 우리는 바닷가 주막에서 기다리며 진짜 소박한 한국 시골 밥상으로 늦은 점심을 먹었다. 그사이 진남포로 가는 승객들이 모여들었다. 다 타려면 돛단배 두 척은 띄워야 할 것 같다. 뱃사공은 힘차게 노를 저어 좁은 강어귀를 벗어났다. 청정 해역에 접어들자 바람이 돛을 휘감았다. 우리는 물결을 헤치고 바다를 갈랐다. 뭍에는 저녁 무렵에나 닿을 것이다.

우리는 일본인 구역에 내렸다. 뱃머리는 산뜻한 등대를 겨냥했다. 부두에 마중 나온 신자 몇이 우리를 본당까지 안내했다. 본당은 일본인 구역이 내려다보이는 언덕 위에 있었다. 그곳에서는 바위 언덕으로 일본인 구역과 구분되는 한국인 지역도 건너다보였다. 그 사이로 깊게 난 길 하나가 양국의 '우호 관계'를 지켜 준다. 성당 아래 빈터에는 폐교가 옛날을 슬피 그리워하고 있었다. 한때는 재학생이 제법 있었다는데 지금은 없다. 교사들에게 급료를 줄 수 없을 만큼 재정이 악화되자 사제는 어쩔 수 없이

강어귀

학교 문을 닫아야 했다. 학교가 다시 문을 열면 신자들이 크게 기뻐하며 반길 것이다. 공립학교는 사제에게 광범위한 지원을 약속했지만, 거기서는 사제의 영향력과 그리스도교적 이념이 어차피 퇴출될 판국이기 때문이다.

운수 사나운 날

5월 29일

운수 사나운 날이다. 오늘 저녁이면 지난 14일 동안의 여정을 기록한 비망록이 꽉 찰 것이고, 다른 비망록들과 함께 천천히 글이나 손보면 될 일이었다. 아침 산책을 나갔다가 점심때 맞추어 돌아올 즈음, 비망록이 없어진 것 같다는 생각이 퍼뜩 떠올랐다. 카시아노 신부가 바로 찾으러 나섰다. 여기저기 수소문도 하고, '현상금'도 내걸었지만 말짱 헛일이었다. 비망록을 잃어버렸다. 이 상실감을 어찌 말로 다 하랴. 밥맛도 없고, 남들이 걱정해 주는 소리가 더 괴롭다. 골치가 지끈거렸다. 나는 맥없이 책상에

포구

앉아 무심히 뭐라도 해야 했다. 어쩔까? 더는 아무것도 쓰지 말까? 그게 제일 간단하다. 빈 곳을 메울까? 그건 불가능하다. 반 시간을 그렇게 보내고 정신을 가다듬었다. 잠시 경당에서 무릎을 꿇고는 결론을 내렸다. 지난 14일간의 골격을 빨리 재구성하자. 구체적인 내용들이 찬찬히 떠오르고 두통도 사라졌다. 그 기억들을 여기저기 끼워 넣으면 될 것이다. 잃어버린 비망록에는 미련을 버리고, 다만 몇 시간이라도 과거 속에 살면서 비망록에 썼던 것을 기억해 내려 한다. 찾아 모으고 짜 맞추는 수고는 새롭게 시작할 의지를 일깨웠다. 떠나기 전 며칠 동안 빌렘 신부는 이름들을 되살려 주어야 한다. 그래야 진척이 된다. 산책이나 하면서 내 가라앉은 기분을 띄우고 생각을 딴 데로 돌리려고 사람들이 왔다. 나도 전처럼 유쾌하고 똘망똘망해져서 익살까지 떨어 가며 새 비망록에 굵은 끈을 달아 단춧구멍에 단단히 연결시켰다.

진남포가 발아래였다. 15년 전만 해도 여섯 가구가 사는 가난한 어촌이었으나 지금은 인구 3만의 중요한 항구다. 그중 천주교 신자는 500명가량 된다. 일본인들은 주항主港을 둘러싸고 정착했다. 서쪽으로는 작은 포구가 하나 더 있어서, 무수한 중국 정크선이 갯벌에 닻을 내렸다.

본당 맞은편 언덕을 올라 일본인 구역으로 내려가 보았다. 일본인들은 중턱쯤에 전형적인 일본식 연회장을 만들어 놓았다. 통풍을 고려해서 지은 길이 20미터, 너비 5미터의 정자는 미닫이문을 달아 공간을 칸칸이 나누거나 큰 홀(Halle)로 변형시킬 수 있도록 했다. 정자는 아름다운 정원 가운데 있었다. 길에는 바위 조각들을 박아 마치 산길을 걷는 듯했다. 그윽한 꽃나무 향이 길을 휘감았다. 산세를 그대로 축소한 모형 사이로 비틀어지고 뒤틀린 소나무 분재들이 난쟁이처럼 엎드려 있었다. 절묘한 솜씨로 화분에 옮겨 심어 다듬고 또 다듬은 벚나무 분재도 제자리를 차지했다. 반 미터도 못 되는 분재에 벚꽃이 만개했다. 진짜 일본스럽다!

그 바로 옆에는 평범한 사찰 하나가 극단적 대조를 이루고 있었다. 이 근대식 벽돌조 사찰은 마치 옛날식 역 건물 같았다. 언덕 아래로 난 큰길까지 가려면 잠시도 지체할 틈이 없다. 그곳에는 울타리를 치고 여기가 신도神道의 성지임을 요란스럽게 내세워 주의를 환기시킨다. (울타리의 붉은 나무 창살마다 기부자 명단을 검은 글씨로 공지해 두었다.) 그러나 이 작은 신사神社도 볼 만한 게 없었다. 사소한 것에도 역사의 고풍古風은 깃들어 있지 않았다. 온 도시가 다 그랬다.

몇 걸음 더 가니 지멘탈 종 황소 광고상이 서 있었다. 크고 낡았다. 진남포의 마지막 볼거리였다. 얇은 판자 구조물 속에 보존되어 있지만, 벌써 여러 겨울을 지내며 뼛속까지 얼어붙었을 게 뻔하다.

한국인 구역의 항구도 돌아다녀 보았다. 억눌린 삶의 터전이었다. 중국인 노꾼들이 무거운 돛단배를 물속으로 밀어 넣느라 고생고생하고 있었다. 물이 찰 때를 대비하려는 것이다. 해안에서는 남자들이 조개가 가득 담긴 바구니를 가까운 석회 가마로 옮겨 조개를 구웠다. 수천 마리 은빛 잔생선[멸치]들이 더러운 돗자리 위에서 건조되고 있었다. 뭍으로 나가면 주일 밥반찬으로 잘 팔릴 것이다. 더럽고 먼지 나고 비린내 진

멸치 건조 작업

동하는 멸치 건조 과정을 본 사람이라면, 살아생전 두 번 다시 목구멍으로 넘길 엄두를 내지 못할 것이다.

평양

5월 30일

장터를 지나 서둘러 역으로 갔다. 장터는 활기가 넘쳤지만 오래 구경하고 있을 여유가 없었다. 시간도 촉박한데 마침 큰물이 지는 바람에 꽤 먼 길을 돌아가게 생겼다. 큰길 골목길 할 것 없이 바닷물이 들이닥쳤다. 흙벽으로 둑을 쌓은 넓은 저수지에는 지하 수로로 흘러든 바닷물이 거품처럼 부글거렸다. 바닷물이 햇볕에 증발되면 염분을 머금은 땅에서는 소금이 채취된다고 한다.

오래지 않아 기차는 평양역에 도착했다. 신축 역사驛舍에서 역시나 감시의 눈길이

평양의 궤도차

우리에게 집중되었다. 순사 둘이 승강장 출구를 지키고 있었다. 이곳을 무사히 빠져 나와 열 발짝쯤 떨어진 나무 그늘에서 '궤도차'를 기다렸다. 매서운 감시의 눈길은 떠나지 않았다. 결국 우리가 떠나기 전에 순사 둘 중 하나가 마음먹고 성큼성큼 다가와 이름, 출발지, 목적지, 방문 목적 등을 캐물었다. 우리는 본당에 간다고 말하고 궤도차에 올랐다. 바퀴 네 개짜리 궤도차는 전차와 비슷하지만 일꾼 둘이 밀고 가는 것이다. 오후에만도 여덟 번씩이나 검문에 걸렸다. 이 유치한 짓은 이제 시작일 뿐이다.

역전에 세워진 방첨탑에는 중국에 맞선 해방전쟁(1894년)[8]을 기념하는 한자漢字 몇 글자가 새겨져 있고, 그 바로 왼쪽에는 거대한 건물군群이 슬픈 듯 서 있었다. 돌연히 애국심에 불타서 최근에 세워진 황궁이다.[9] 이제부터 이 공간은 소란한 병영兵營의 분

8 청국과 일본이 조선의 지배권을 둘러싸고 벌인 청일전쟁(1894~1895)을 "중국에 맞선 해방전쟁"이라고 말한 것은 오류다. 탑에 '애도비'(哀悼碑)라고 새겨져 있는 것으로 보아 전몰자 추모비일 가능성이 크다.

9 풍경궁(豊慶宮). 1902년 고종이 건립한 이궁(離宮). 러일전쟁 발발로 공사가 중단되었으나, 정전(正殿)인 태극전과 중화전은 완공되어 고종의 어진(御眞)과 세자의 예진(睿眞)을 안치했다. 1913년 관립 평양 자혜의원 건물로 전용되었다. 현재 평양 의학대학 오른편 부지가 풍경궁이 있던 자리다.

그네

주함으로 가득 찰 것이다.[10]

우리는 신시가지를 지나고 있다. 역전로에 깔린 주먹만 한 자갈돌을 보고 외지인들은 이 역사적 고도古都에 새 시대가 열렸음을 두고두고 깨닫게 될 것이다. 길 따라 서 있는 집들도 당연히 일본식 일색이다.

오늘은 한국 달력[음력]으로 5월 3일이다. 옛 풍속에 따르면 5월 5일은 큰 명절[단오]이다. 이 풍속은 특히 북부 지방에서 더 소중히 지켜지고 있다. 명절 준비가 벌써 시작되었다. 이날은 남녀노소가 함께 즐기는 잔칫날이다. 시골에서는 튼실한 소나무 가지나 혹은 다른 어떤 나무에 그네를 매단다. 도시에서도 곳곳에 목조 구조물을 설치하고 사내아이들이 올라가 그넷줄을 맨다. 일단 매달고 나면, 종일토록 그네가 비는 법이 없다. 명절날의 신명에 신물이 날 때까지 그네는 며칠이고 흔들릴 것이다.

좁고 더러운 뒷골목들을 몇 차례 헤맨 끝에 드디어 본당에 도착했다. 어디서나 지붕 너머 멀리 보이는 성당 종탑이 이정표 구실을 했다. 늘 그렇듯이 르 메르 신부[11]가 친절히 우리를 맞아 주었다.

본당은 작은 언덕 위에 있었다. 성당 종탑에서 온 시내가 내려다보였다. 평화로운 풍광이 도시를 에워싸고 있었다. 더러는 언덕으로, 더러는 골짜기로 묶이며 도시는

10 당시 저자는 일제가 풍경궁 일부를 군사 기지로 전용하려는 계획을 들어 알고 있었을 것이다.

11 Le Merre, Louis Bon Jules(1858~1928). 한국명 이유사(李類斯). 1884년 차부제로 파리 외방전교회에 입회하고 1886년 사제가 되어 1887년 입국했다. 1888년 풍수원본당, 1896년 원주본당을 설립하고 초대 주임신부로 사목했다. 1898년 평양, 1923년 수원본당(현 북수동본당)으로 전임했다.

구역마다 쾌적하게 조화를 이루었다. 그 쾌적한 구역 사이 사이로 집들이 숱하게 밀려 들었다. 혼잡한 집과 집 사이를 나누는 것은 이리저리 꺾인 골목들뿐이었다. 서쪽에는 넓은 대동강이 탁류를 바다로 쏟아 내고 있었다. 강변은 도시의 삶으로 넘실거렸다. 강에는 다리가 없고 강 건너에는 집이 없다. 광활한 평지가 멀리까지 펼쳐지다가 담청빛 산자락에 닿았다. 북으로는 이 산맥이 강에 닿으니 멀리 휘돌 수밖에 없겠다. 동에서 뻗은 지맥들이 도시에 이르니 옛 성벽이 그 위를 묵직하게 둘렀다. 성벽은 완만한 원호를 그리며 집들을 감싸고 강변을 굳건히 지켰다. 성벽이 강에 이르면 돌연 깊이 깎아지른 듯한 낭떠러지 앞에서 끊기고, 절벽에 부딪친 강물이 더욱 거세져 이곳은 천혜의 요새가 되었다. 뒤얽힌 지붕 사이로 교회 종탑이 꽤 많이 보였다. 우리가 서 있는 데서 약 100미터 떨어진 곳에는 장로교회가, 남쪽 언덕에는 장엄한 감리교회가 자랑스럽게 아래를 내려다보고 있었다. 북쪽으로 손에 닿을 듯 가까이에 장로교회가 하나 더 있다. 개신교 각 종파는 미국의 풍부한 재정 지원에 힘입어 17개의 학교를 설립했다. 게다가 3만 원(6만 금마르크)에 달하는 금액을 투자하여 새 학교를 짓는다. 그것도 평양 교외에! 미국 개신교는 놀라운 자선 시설들로 평양을 장악했다. 성내에는 더 이상 들어설 곳이 없어진 지 이미 오래다.

저녁 무렵에는 시내를 조금 돌아보고 교외로 나갔다. 군데군데 허물어진 성곽에 인접한 너른 부지가 선교사 거주 구역이다. 관상수가 우거진 숲 속에는 깨끗하고 쾌적한 병원이, 그 주변 마을에는 작고 예쁜 집들이 모여 있었다. 선교사 사택이다. 넓은 놀이터에는 중학생쯤 되어 보이는 아이들이 뛰어논다. 길을 건너면 이 나라 개신교 목사를 양성하는 신학교가 나온다. 널찍한 정원이 있는 위풍당당한 건물이었다. 공기 맑고 아름다운 자리를 골라 산부인과 · 소아과 병원도 멋지게 지어 놓았다.

반면에 천주교 선교는 그나마 있던 500명의 신자와 함께 완전히 실종되었다. 그러나 이 넓은 도시와 근교 시골 마을까지 사목해야 하는 마당에 사제 한 명으로 과연 무엇을 도모할 수 있단 말인가? 사제가 한국인들에게 사랑받고 있다는 것만으로는 충

대동강 ②

분하지 않다. 눈 감고 들으면 외국인인 줄 모를 정도로 한국말을 매끄럽게 잘해서, 한국인들에게 동질감을 심어 주는 것만으로 해결될 일이 아니다. 피로 일구어 낸 한국 선교가 초창기의 낡고 편협한 구태를 벗고 포용력 있는 사업을 시작할 수 있으려면, 무엇보다 강력한 물질적 지원이 있어야 한다. 그래도 평양에는 수녀들이 운영하는 여학교가 있다.[12] 그들은 여성에게 적합한 일을 찾아 교육시키는 데 탁월한 능력을 발휘했다. 그러나 수많은 범선 사이를 헤매는 항구의 조각배처럼, 이 학교는 주목을 끌지도 못하고 묻혀 버렸다. 재정 형편이 열악하니 르 메르 신부는 이 여학교와 재학생 80명의 남학교[13]를 근근이 꾸려 갈 수밖에 없다.

---

12 1906년 5월 1일 르 메르 신부는 본당에 성모여학교를 설립 · 운영하다가 1909년 9월 샬트르 성 바오로 수녀회 수녀들을 초빙하여 교육과 전교를 전담하게 했다.

13 1905년 9월 1일 르 메르 신부가 본당에 설립한 초등교육기관 기명학교(箕明學校).

갈라진 성벽 틈새를 지나 시내로 돌아왔다. 거의 모든 길모퉁이마다 공동 우물이 있어서 큰 펌프로 강물을 공급받는다. 우물가는 늘 아낙들로 붐빈다. 우물마다 관리인이 열쇠를 들고 서 있다가 오지항아리를 펌프 밑에 대면 [물길을] 열어 준다.

청계동에서부터 우리와 동행한 두 한국인은 이 고장을 그리 마음에 들어 하지 않았다. 그들은 진남포를 떠난 이래 한 번도 밥을 먹은 적이 없다. 매끼 마카로니 같은 국수(Kuksu)만 먹었다. 물론 그들의 고향에서도 국수는 먹는다. 특히 얼음 넣은 국수는 한국인들이 즐겨 먹는 고유의 음식이다. 그러나 진남포 이남에서 국수는 간식이지 주식이 아니다. 벗이라도 찾아올 양이면 밤늦도록 이야기꽃을 피우며 국수 한두 그릇씩은 뚝딱 해치우는 것이다. 한국인들은 한 끼에 많은 양을 먹는 게 버릇이 되어 시도 때도 없이 출출함을 느끼는 것이다.

교외 소풍

5월 31일

학생들도 하루쯤은 놀아야겠기에 오전에는 교외로 소풍을 가기로 했다. 거기 가면 사내아이들은 숲을 쏘다니며 신나게 놀 수도 있다. 우리는 길을 에둘러 뒤따라갔다. 몇몇 사적史蹟에 구미가 당겼기 때문이다. 아직도 성안인데 사방 어디에도 집이 보이지 않았다. 언덕에서 기념비 두 개가 손짓하는데, 외롭고 쓸쓸했다. 마치 흘러간 옛 시절을 꿈처럼 회상하는 듯했다. 하나는 중국에 맞선 해방전쟁 기념비요, 다른 하나는 마지막 황제[순종]의 방문 기념비다.

기념비 중 하나는 돌본 흔적 없는 작은 정원 안에 서 있었다. 무너진 담장 옆에 관목들이 무성했다. 다른 하나는 그 몇 발자국 옆 소나무 그늘 아래 있었다. 그리 오래전의 일이 아니다. 퇴위된 황제 'J'[14]▶의 방문을 길이 전하는 비명碑銘은 쓸쓸했고, 화

'해방전쟁 기념비' [애도비]

강암 비석에는 아직 이끼도 끼지 않았다. 거기에는 '행행기념비'幸行記念碑[15]라고 새겨져 있었다.

활동이 지나친 고종 황제는 강제 퇴위 되고 순종이 왕위를 계승했다.[16] 1909년, 거물 정치인 이토 후작은 새 황제 순종을 이곳으로 불러들였다.[17] 순종은 그해 벽두에 이미 이 나라 남부 지방을 순행한 바 있다.[18] 남부에서나 북부에서나 모든 준비가 최상으로 이루어졌다. 일본인과 한국인들이 구령에 따라 만세(Mansä)를 불렀고 평양은 애국심으로 들끓었다.[19] 지난 500년 동안 이 도시에 발을 들인 임금은 없었다. 그들은 더 좋은 시절의 여명이 밝아 오는 것[20]을 보고 싶었을 것이다. 황제는

◀14 순종의 호(號)가 정헌(正軒)이므로 정헌의 알파벳 이니셜 'J'를 썼으리라 추정할 뿐, 정확한 이유는 알 수 없다.

15 저자가 Häng-häng-ki-rjom-pi라고 음역하고 "복된 여행 기념비"(Denkmal der glücklichen Reise)라고 풀이했다. 행행(行幸)이라고도 쓴다.

16 일제는 1907년 헤이그 밀사 사건의 책임을 물어 고종을 강제 퇴위 시키고 황태자 척(坧)을 즉위시켰다. "활동이 지나쳤다"(allzu energisch)는 것은 정황상 헤이그 밀사 사건을 염두에 두고 한 말일 수 있다.

17 순종은 남부 지방을 순행한 지 일주일도 채 되지 않아 서북부 지방 순행 계획을 서둘러 발표했다. 이것이 이른바 '서북 순행'으로, 1909년 1월 27일부터 2월 3일까지 평양 – 신의주 – 의주 – 신의주 – 평양 – 개성을 돌아오는 일정이었다. 순종의 서북 순행은 고종의 퇴위와 군대 강제 해산 등으로 범국민적 항일 의병 운동이 격화되자, 황제의 순행을 통해 반일 감정을 무마시키고 통감 정치의 정당성을 확보할 의도로 이토 통감과 일본 정부가 미리 치밀하게 기획하고 추진한 일종의 정략적 이벤트였다.

여기 이 짙은 소나무 아래 앉아 발치의 도시를 굽어보았다. 이토 후작은 먼 들판을 가리키며 말했다. "우리 일본이 귀국貴國에게 독립을 안겨 준 전장戰場이 바로 저기지요." 황제가 앉았던 바로 그 자리에 화강암 비석을 세우다니, 이런 운명의 아이러니가 또 어디 있으랴! 이듬해 서울에서 순종은 왕권을 박탈당하고 일본 친위대의 '보호'를 받게 되었다.[21] 노회老獪한 정객 이토의 역할도 진작에 끝났다.[22]

'행행기념비'

우리도 이 중요한 역사의 현장에서 먼 들판을 바라보았다. 한국이 비운의 제1막을 맞이한 곳이요, [일본이] 회심會心의 일전一戰을 치른 곳이다. 청군淸軍은 북쪽 성벽으로이어진 인근의 비탈진 숲을 향해 마지막 공격을 감행했다. 지금 우리가 있는 곳 우측이다. 청군의 공격은 돈좌頓挫

18 순종은 서북 순행 전인 1909년 1월 초순 6박 7일 동안 경상도와 충청도 일대를 순행하고 돌아왔다.

19 일본의 의도와는 다르게 황제가 가는 곳마다 일장기 게양 거부와 훼손 사건이 일어나고 "황제 폐하 만세!"를 외치는 등, 순종의 서북 순행이 도리어 애국심을 고취시키는 계기가 되었다고 한다. 저자가 쓴 대로 "일본인과 한국인"이 겉으로는 함께 만세를 불렀다 하더라도, 그 속내는 사뭇 달랐을 수 있다.

20 '밝아오는 여명'(Morgenrot)은 '조선'(朝鮮) 왕조를 뜻한다.

21 1910년 8월 29일, 대한제국이 일본에게 국권을 강탈당함으로써 조선 왕조는 519년 만에 막을 내린다. 일제는 순종의 거처를 창덕궁으로 옮기고 칭호도 황제에서 '이왕'(李王)으로 격하시켰다.

22 1909년 10월 이토 히로부미가 하얼빈 역에서 안중근에게 암살되었음을 의미한다.

평양 북문

되었다. 그들은 이 넓은 골짜기에 꼼짝없이 갇혀 궤멸되고 말았다. 일본군은 삼면에서 압박했다. 괜히 그랬겠는가?

북문 쪽으로 가니 초가집 몇 채가 작은 마을을 이루고 있었다. 아마 먼 데서 험로를 걸어온 이주민들이 하나둘 모여 살다가 마을을 이루게 되었을 것이다. 배고프고 목마를 때는, 막 성내로 들려는 이쯤에서 만나는 주막이 무척 반가웠으리라. 여기서 요기를 좀 하고 성내에서 일을 보면 될 터였다. 이 작은 문은 한 폭의 멋진 풍경화다. 좁은 통로로 짐 실은 소도 지나다니고, 이끼 낀 화강암 성벽 위에는 성루城樓도 있다. 우리는 아직 성안에 있으면서 성벽을 따라 계속 걸었다. 작은 숲에 도착했다. 허물어진 성벽이 푸른 숲 그늘에 잠겨 있었다. 산사태처럼 굴러 떨어진 마름돌과 뿌리째 뽑힌 나무둥치들이 바위 조각들과 함께 바닥을 뒤덮고 있었다.

성벽은 거기서부터 가파른 능선을 타고 올라 고지의 초소에 닿았다. 한때는 도시를 지켰을 이 초소가 지금은 그저 시민의 소풍 장소로 쓰일 뿐이다. 지금도 내일 있을 명절 채비가 한창이다. 빙 둘러 노점을 세우고 희고 붉은 천들을 걸어 놓았다.

영험한 돌

성 밖으로 난 언덕길은 무너진 암석으로 몹시 위태로웠다. 우리는 그 길을 걸어 운치 그윽한 협곡에 이르렀다. 협곡 양쪽의 산비탈이 가팔랐다. 한쪽 비탈에는 성곽이 강까지 이어지고, 맞은편 비탈도 성벽으로 둘러싸여 있었다. 이 작은 골짜기는 한때 시의 보호를 받던 사찰의 소유지였다. 지금도 나무와 돌출 암벽 사이에는 그 흔적이 남아 있다. 숭배의 대상은 여전히 많다. 석판 위 약 1미터 높이에 놓인 맷돌처럼 생긴 돌도 그중 하나다. 그 위를 덮은 돌지붕은 네 개의 화강암 기둥이 떠받치고 있다. 이 돌을 돌리면 자식을 점지해 준다는 말이 있어 부인들이 자주 찾는다.

그 옆의 다른 돌은 박해 시대에 세워진 비석이다. 나는 구경꾼들에 둘러싸여 사진을 찍었다. 1866년 [병인박해 때] 배교를 거부한 평양의 천주교인들이 관찰사에게 사형을 선고받고 처형되었다. 이를 기려 관찰사는 비석(Pisok)을 세우고, "사학邪學의 무리를 척결하고 승리한 것을 축하하다"라는 긴 비명碑銘을 한문으로 새겼다.[23]

순중군 정공 지용 척사 기적비巡中軍鄭公志鎔斥邪記蹟碑

전심전력을 다하여 백성을 보살피고 이롭게 함이 [나라의] 책무이듯, 무릇 백성 된 자는 손잡이에 의탁한 솥처럼 조정의 은덕과 그 유익에 의탁하였음을 촌각도 잊지 말

23 저자가 독일어로 옮긴 것을 다시 우리말로 옮겼다.

고 마음에 새기기를 마치 금석金石에 새기듯 함이 마땅한 도리다.

고귀하신 기자箕子께서 해동海東의 법도를 세우신 지 어언 수천 년, 성왕현군聖王賢君들이 정학正學의 가르침과 덕목을 크게 받들어 존숭하신 줄 어찌 모르는가? 신명을 바쳐 국사國事를 돌보고 나라를 보위함이 책무일진대, 천주학이라는 사학邪學이 서양에서 아방我方 중심까지 몰래 숨어 들어와 도성과 저자에 빠르게 번지고 있다.

천주학의 무리들은 감히 서적을 간행하고, 은밀한 신통력을 믿으며, 조상 제사를 없애려 하니 무도하기 이를 데 없다. 남녀가 혼처통교混處通交하고 집집마다 헛되고 삿된 상像들을 세우기를 마치 불상처럼 하였다.

이런 악행은 달포가 멀다 하고 퍼져 나갔다. 백성이 오랑캐로 변하고 나라가 금수로 넘쳐 날 때, 공경하올 순중군 정지용 공께서 이 고을에 오셨으니 불행 중 다행이 아닐 수 없다. 거유巨儒 문충공文忠公[24]이 그 어른의 고조부 되시니 공께서는 명실상부 문충공의 후손이시다. 공께서는 문충공의 고귀한 표양[25]을 따르시어 화평과 엄정, 법도와 정의라는 덕목을 문중에 충만케 하셨다. 자신의 공명을 구하지 아니하고 오롯이 민복을 도모하는 데만 몸 바치셨으니 이토록 강직한 애국자가 또 어디 있으랴.

병인년(1866) 정월 초하루, 공께서는 백성들을 평양의 세 대문에 모아 놓고 사학의 무리 수백을 체포하셨다. 먼저 그들의 괴수를 베고 분서焚書하시니 이제야 백성들이 마음 편히 숨 쉬며, 귀하신 정공鄭公의 참된 애국지조가 훌륭히 입증되었음에 환호하였다. 도처에서 잔치가 벌어졌고 백성들은 다시 평안 중에 안식하였다.

이 위업이 귀하신 정공과 온 나라의 명예를 드높이는 데 기여하지 않겠는가? 수백 년이 지나도 학인과 백성들은 이 비문을 보고 귀하신 정공의 공덕을 생각할 것이다.

병인년 10년 후 병자년(1876)에 본관이 순중군으로 이 고을에 다시 오매 노소빈부를

24 정몽주(鄭夢周, 1337~1392).

25 고려 말, 상제(喪制)가 문란해져 모든 사대부가 백일 거상(居喪)으로 그칠 때, 정몽주 홀로 극진히 여묘(廬墓)하며 예(禮)에 어긋남이 없었다. 이에 1366년 나라에서 정려(旌閭)를 내려 크게 상찬하였다.

망라한 백성이 내게 정공의 위업을 써서 남기라 청하였기로, 그의 공덕을 기려 이 비문을 짓고 그를 받들어 시 한 수를 쓴다:

영산靈山은 푸르게 빛나고
양양한 대해는 끝 간 데 없도다.
정공의 명성, 산처럼 드높고
정공의 명성, 바다처럼 넓으리.

광서 2년 병자년 10월
평안도 순중군 구성駒城 이재정李在靖 짓고
단성丹城 유인幼人 최석훈崔錫薰 쓰다.

온 골짜기가 내일의 잔치를 준비하느라 법석을 떨었다. 냉차 노점이 수두룩히 서고 잔치용 차일도 쳐졌다. 명절날 한몫 잡아 볼까 하고 다들 분주히 설쳐 대는 사이를, 때때옷을 입은 아이들이 미리 명절 기분을 낸답시고 깃발을 펄럭이며 쫓아다녔다.

노는 아이들을 불러 모을 때가 되었다. 다시 언덕을 올라야 한다. 그래도 기자릉箕子陵[26]을 그냥 지나칠 수는 없었다. 기자릉은 숲 속에 촘촘히 들어선 한국식 공동묘지에 있다. 이 중국 왕자는 기원전 천 년경 고국에서 쫓겨나 한국으로 도망쳐 왔다고 한다. 그는 평양의 두 번째 왕이 되었다.[27] 문무백관과 동물들의 석상이 이 전형적인 봉분을 지키고 서 있었다. 그 속에 왕의 유해가 실제로 모셔져 있다는 설도 있고 왕의 혼례용 신발만 묻혀 있다는 설도 있다. 능 가까이 재실을 짓고 한 담장으로 둘러쌌다.

---

26 평양시 기림리에 있는 기자의 묘. 고려 숙종이 이곳을 찾아 제사 지냈고, 조선 성종 때 중수되었다.

27 중국 은(殷)나라 폐망기에 고조선으로 망명한 기자가, 단군조선에 이어 기자조선을 세우고 왕이 되었다는 이른바 '기자동래설'(箕子東來說). 고려와 조선 시대에는 기자와 기자조선의 실체를 인정하였으나, 현재 학계에서는 그 역사적 실체를 부정하는 견해가 지배적이다.

척사비

재실에서 화강암 계단을 따라 오르면 능이다. 능 앞 석재 헌향대獻香臺 사이에는 헌향제를 올리는 동안 혼백이 나와 노시라고 혼유석魂遊石을 놓았다.

마침내 아이들과 합류했다. 우리는 아이들에게 줄 상품도 조금 준비했다. 연필이나 공책같이 소소한 것들이다. 나무 그늘 아래서 소박한 피크닉이 마련되는 동안 아이들은 놀이를 했다. 이런 건 한국 사람 일본 사람 할 것 없이 모두가 좋아한다.

오늘 오후에 마츠나가 도지사가 방문하기로 했기 때문에 얼른 시내로 돌아가야 한다. 그래도 한국 건축 양식으로 지은 '중국 사당'에 들를 시간은 있었다. 그곳도 군신을 모신 곳이라, 어느 모로나 서울에 있는 '중국 사당'[동묘]과 놀랄 만큼 닮았다. 그는 16세기 말 일본의 침략을 물리쳤다.[28] 반쯤 열린 미닫이 사이로 반신반인半神半人의 장군이 찢어진 눈으로 쏘아보았다. 사납고 무뚝뚝한 눈빛이었다. 진노랑 장군복에 각띠를 두르고, 턱과 윗입술 양가로 수염을 길게 늘어뜨린 채 앉아 있었다. 문 앞에는 군신이 외출할 때 신고 나갈 신발을 대령해 두었다. 너무 커서 거인들이나 신을까, 보통 사람은 어림도 없겠다. 기타 시설과 채색 기법 등은 서울의 중국 사당과 똑같다.

사당을 떠나 강변길로 접어들었다. 좁은 골목길의 혼잡을 비집고 걷자니 힘들었다. 집채만 한 짚더미가 눈길을 끌었다. 전통 방식에 따라 하절기에는 그 안에 얼음을 보관한다. 길에는 벌써부터 몇 전짜리 얼음덩이를 핥고 있는 사람들이 눈에 띄는데, 날이 더워지면 더할 것이다.

우리는 강안보다 더 높은 지대에 있다. 저절로 그리되었든, 인공적으로 그리 만들었든 강변길에서 강까지는 경사가 급했다. 사람들은 좀 덜 가파른 길만 골라 아래쪽으로 내려간다. 암벽 곳곳에 제비 둥지처럼 매달린 판잣집들은 곧 강물 속으로 무너져 내릴 것이라고, 사람들은 생각했다. 강에는 나룻배가 어깨를 나란히 하고 서 있었다. 노꾼들이 여기저기 모여 앉아 점심을 먹었다.

---

28 임진왜란 때 관우(關羽)의 혼이 가끔씩 나타나 조선군과 명나라군을 도왔다는 전설이 있거니와, 직설법 문장으로 보아 저자가 이 전설과 역사적 사실을 구분하지 못한 것 같다.

길 위의 점심. 카니시오 신부 촬영 ②

도시 외곽 남쪽으로 일본인 구역이 발달되어 있었다. 도청 건물은 소박했다. 도지사는 우리에게 지나치게 친절했는데, 특히 르 메르 신부를 꼭 "몽 페르Mon Père"라고 부르며 귀하게 모셨다. "나의 신부님"이란 뜻이었다. 이 불혹의 남자는 화통한 성격의 소유자였고 유창한 프랑스어를 구사했다. 한국 정세에 관한 화제가 불거져도 웃으며 대화를 이어 갈 줄 아는 사람이었다. 그가 한국어를 배우려 하지 않는 이유가 궁금했다. 그는 한국어를 몰라야 더 객관적으로 판단할 수 있다고 믿고 있었다. 우리 서구의 논리로는 다른 결론을 내릴 텐데, 극동의 사고방식은 전혀 다른 길로 빠졌다.

한국에서 가장 뜻깊은 중학교를 방문하는 것이 오늘의 마지막 일정이다. 이로써 우리의 북부 지방 여행도 마무리된다. 대성학교大成學校(Tasonghakio)[29]를 한국인들은 "일류 학교"라고 부른다. 전에는 수업도 수업이지만, 뚜렷한 정치적 목표를 추구하던 학교였다. 지금도 일본어 과목을 제외하고는 전원 한국인 교사들로 충원되어 있다. 그

29 1907년 도산(島山) 안창호(安昌浩) 선생이 인재 양성을 통한 교육 구국의 이념 아래 평양에 설립한 중등 교육기관. 평안도 일대 애국 계몽 운동의 근거지로 초기 항일 민족 해방 운동에 지대한 공헌을 하였으나, 1912년 제1회 졸업생 19명을 배출한 뒤 일제에 의해 폐교되었다.

북부 지방의 우마차. 카니시오 신부 촬영 ②

러나 한일병합과 더불어 적어도 교과과정에서는 민족주의적 색채를 지워야 했다. 재학생은 300명을 헤아린다.

그들은 그동안 공익에 기여했을까? 눈앞의 목표를 가지고 학업에 임하는 학생은 아무도 없다. 나중에 무엇이 되고 싶은지도 모른다. 그들은 그저 공부를 하고 싶은 것이다. 요즈음 한국에서 무슨 목표를 세울 수 있겠는가? 졸업 후에는 그냥 '지식인'으로 떠돌게 될 것이다. 집안에 가진 게 없다면 일용할 양식조차 벌 수 없다. 이 점에서 한국은, 법학박사가 인력거꾼으로 종종걸음 치고 다니는 일본보다 사정이 더 나쁘다. 한국인은 그럴 기력도 없다. 가족들에게 짐이 되거나 정치적 격랑 속으로 내던져질 것이다.

학교 자체는 그리 나쁘지 않았다. 겉치레와 허장성세가 없어서 소박한 진정성이 느껴졌다. 물리 실험실을 들여다보니 쾌적하기가 일본 학교와 비교해도 손색이 없었다. 전시와 교육에 꼭 필요한 최소한의 기기들만 깔끔하게 선별되어 있었다. 볼썽사나운 간판처럼 단순히 전시효과를 노리기 위해 비치해 둔 방사선 촬영기와 무선전신기 따위는 눈 씻고도 찾아볼 수 없었다.

귀경

6월 1일

북부 지방과 작별을 고해야 할 때다. 경찰은 우리를 몇 분 동안 잡아 두고 "왕릉에서 뭘 했는지, 학생들에게 상품은 왜 주었는지" 캐묻고는, 위험한 반일 활동을 하지 않았음을 확인하고야 놔주었다. 우리는 서둘러 역으로 갔다.

25분 일찍 도착했기에 이 시간을 역 근처 '해방전쟁 기념비' 옆에 있는 기자정箕子井을 보는 데 쓰기로 했다. 별로 볼 것도 없었다. 비바람에 지친 비석만 웃자란 풀섶에 덮인 채 깊은 우물을 지켰다. 아무리 오래되었다 한들 기원전 천 년까지는 거슬러 올라가지 않을 것이다.

역에서 경찰의 마지막 검문이 두 차례 이어졌다. 그들의 집요한 괴롭힘에 이제는 슬슬 진저리가 난다. '상부 기관'에서도 이들이 못마땅하겠지만 달리 어쩔 도리가 없을 것이다. 특히 아직도 민심이 들끓고 있는 북부 지방에서라면, 다소 수완 좋은 요원들을 부릴 수 있는 것만으로도 감지덕지다.

서울행 열차가 남쪽으로 속도를 올렸다.

[음력] 5월 초닷샛날이다. 아직도 북부 지방에서는 전통 방식으로 명절을 쇤다. 도처에 씨름판이 벌어진다. 기차가 마을을 지날 때마다 스치는 광경들을 우리는 놓치지 않았다. 옛날에는 관리들이 씨름판의 승자에게 황소를 상으로 내렸다. 지금 일본인들은 더 큰 상을 건다. 병합에 대한 한국인들의 악감정을 무마시키기 위해 한국인들이 좋아하는 씨름을 권장하는 것이다. 곳곳에 쳐진 차일 주위에는 각색의 행사가 펼쳐졌다. 활기찬 젊은이들이 앞장서서 흥을 돋우었다. 씨름이 열리는 모래판 주위를 수백의 구경꾼이 빙 둘러쌌다. 우리가 탄 기차가 바로 근처 신막역에 도착했지만 이미 시작된 씨름판은 전혀 동요하지 않았다. 기차를 난생처음 본 외지 아이 몇 명만 달려왔을 뿐, 나머지는 온통 씨름판에 정신이 팔려 있었다. 방금 두 사람이 엉겨 붙는가 싶

더니 바로 하나가 모래판에 내리꽂혔다. 모래가 소용돌이쳤다. 승자가 씨름판 한모퉁이에 주저앉았다. 심판이 시원하게 부채질을 해 주는 동안, 그는 호기롭게 상대할 자 있으면 나와 보라고 큰소리쳤다. 승자는 새 도전자와 맞붙어야 한다. 그들은 한동안 머뭇거리며 힘을 아꼈다. 결승까지는 아직 멀었고 최후의 승자만 상품을 탈 수 있기 때문이다. 지금 이겨 봤자 막판에 가면 진이 빠져 질 게 뻔하다. 빼곡히 둘러선 구경꾼을 헤치고 젊은이 하나가 등장했다. 몇 번을 엎치락뒤치락하다가 역시 그도 나가떨어졌다.

오후 3시에 씨름이 끝나고 최후의 승자가 상을 타 갔다.

열 시간을 달려 용산에 도착했다. 일본은 용산을 식민지 '조선'의 새 수도로 점찍어 두고 있다. 용산역은 그런 의도를 가지고 인위적으로 만든 종착역이다. 기차는 오래 서 있었다. 우리는 남대문 근방에 있는 서울역까지 가려고 한다. 거기가 오랜 여행의 자연스러운 종착지다.

기자정

아이들

마지막 구간은 걸어갈까? 그렇게 해야 할 듯싶었다. 드디어 기적汽笛을 울리며 기차가 움직이기 시작했다. 그때까지 우리는 맨 뒤 칸에 타고 있었는데, 이제는 맨 앞이 되었다. 몇 량輛이 분리된 평양발 서울행 급행열차는 덜컹거리고, 흔들리고, 부딪히면서 거의 기다시피 남대문에 도착했다. 드디어 집에 왔다.

제18장

마지막 여정

북한산에서

6월 5일

독일 총영사 크뤼거Krüger 박사가 북한산 산행이나 함께 하자고 하여, 아침 7시쯤 관사에 도착했다. 우리는 되도록 멀리까지 인력거를 타고 앞서 갈 작정이었다. 독립문에서 소위 '북문'[1] 쪽으로 달려 교외로 빠졌다. 길은 넓고 울퉁불퉁했다. 길가에는 작은 주막들만 드문드문 눈에 띄었다. 주로 소나무나 돌출된 바위 밑에 터를 잡아 운치는 있었다. 낡은 모자나 꼬질꼬질한 깃발을 간판 삼아 대나무에 걸어 놓았다. 황소에 등짐을 싣고 성내로 들어가는 촌사람들이 쉬면서 시내 한복판까지 마지막 구간을 걸어갈 원기를 보충하는 곳이 여기다.

한 남자가 작은 상 위에 은빛 금속을 늘어놓고 팔고 있었다. 뭔지 궁금해서 인력거를 세웠다. 열어 보여 주는데, 위장약이었다. 사람들은 각진 알갱이를 그대로 삼켰다. 길가에 인접한 절벽 동굴에서 캐낸 황화철이었다. 우리는 동굴 속으로 들어가 보았다. 한 남자가 일을 하고 있었다. 바위에서 물이 떨어져 큰 웅덩이가 파였다. 그 남자는 거기서 밑이 평평한 나무그릇으로 황화철을 함유한 화강암 알갱이를 채취했다. 크기는 유리구슬만 했다.

---

1 서울 사대문 사이의 사소문 중 하나로 창의문(彰義門) 혹은 자하문(紫霞門)이라고도 한다.

북한산 기슭의 초가집

전원의 아름다운 풍경들이 스쳐 지나갔다. 인력거 안에서 흔들리고 부딪히느라 그 느낌을 붙들어 두지 못했다. 인력거가 더 들어갈 수 없어서 다행이었다. 오후 5시에 북문에서 다시 만나기로 하고 인력거꾼들과 헤어졌다.

산을 올랐다. 그림 같은 풍경과 초목들에 매료되어 나는 하염없이 산길을 벗어났다. 제법 높이 올랐다. 10시쯤 큰 마름돌을 쌓아 만든 성문[창의문]을 지나 북한산 성지聖地로 들어섰다. 크뤼거 박사와 일행은 성문 홍예虹霓 밑 서늘한 그늘에서 쉬고 있었다. 성벽은 바위를 넘고 계곡을 가로지르고 물을 만나면 대담한 아치를 그리며 좌우로 뻗었다. 이 성벽은 북한산을 견고한 요새로 변신시켜, 유사시 성내 사람들의 피난처 구실을 했다. 협소한 지세와 비탈의 급경사 덕분에 산성이 읍성보다 방어와 안전에 더 유리했기 때문이다. 북한산의 험준한 뾰족바위 뒤편 산곡에 안전한 방어망을 구축하려는 의도로 '궁궐'도 이곳에 지었을 것이다. 초가집 몇 채만 '성은'聖恩을 기리

북한산성 창의문 홍예

휴식. + 표시가 크뤼거 박사

며 먼발치서 말벗이 되어 줄 뿐, 지금 궁궐은 곁골짜기에 버려진 채 점점 세상의 기억에서 사라져 가고 있다.[2]

골짜기의 솟은 바위가 멋진 풍광을 연출했다. 그런 곳이면 꼭 기와로 지붕을 이은 정자가 있었다. 크뤼거 박사는 그중 한 곳을 택해 정성껏 음식을 차렸다. 다른 곳도 그렇듯이 이 정자도 본디는 운치 있는 전망대가 아니라 일종의 군사 시설이었다. 말하자면 이곳은 사방을 관측하기 용이한 초소였다. 점심을 먹고 맨 꼭대기 초소로 올라갔다. 초소는 성벽에 거의 기대다시피 서 있었다. 아득한 낭떠러지 아래로 멀리 서울이 보였다.

정상에서 각 요새의 방어 시설을 조망하니, 과연 축조 당시에는 웅장하고 유용한

2 전시에 왕이 임시로 거처하기 위해 건립한 북한산 행궁(行宮)이다. 1915년 8월의 집중호우로 무너져 소실되었다.

북한산 계곡의 정자

구조물이었음을 한눈에 알 수 있었다. 톱니처럼 날카로운 능선이 잦아들고 오르막길이 난 곳이면 어디나 잿빛 성벽에 홍예문을 내고 좁은 통로를 만들었다. 수문장은 없었다. 육중한 성문에는 돌쩌귀가 녹슬고 성벽 틈새마다 잡초만 무성한데 서늘한 바람은 풀잎을 희롱했다.

각지고 모난 북한산 봉우리들은 오를수록 험한 급경사의 암벽군을 형성했다. 풍우에 검어진 성벽이 산을 휘감고 부서진 성가퀴가 비바람에 맞서고 있었다. 저 아래 누른 들판이 넘실거렸다. 들판 사이로 황톳빛 언덕이 두더지가 파낸 흙더미처럼 솟아올랐고, 나지막한 지평선에는 푸른 산안개가 아련했다.

북한산 정상은 거대한 화강암 덩어리로 이루어졌다. 마치 거대한 손이 방어 목적으로 바위를 끌어다 올린 듯했다. 바위는 고정되어 있지 않았다. 공격해 오는 적들에게 굴려 떨어뜨리려고 준비해 놓은 것이라 한다.

북한산 계곡의 암자

하산 길에 카시아노 신부와 암자에 들렀다. 암자는 어느 성문 밖 암반 위에 독수리 둥지처럼 붙어 있었다. 은둔하기 좋은 곳이었다. 자세히 들여다볼 시간이 없어 아쉬웠다. 일행이 기다리는 다른 성문 쪽으로 에둘러 가야 했기 때문이다. 서둘렀지만 하산에만 두 시간이 걸렸다. 안 그래도 자갈길인데, 길가의 작은 꽃과 관목들이 끊임없이 나를 유혹하여 발걸음을 떼기가 어렵고 길은 더 멀게 느껴졌다. 나를 매료시킨 식물들은 대개, 더러는 밥반찬도 해 먹고 또 더러는 내다 팔기도 하는 것이어서 한국 사람들도 귀히 여겼다.

인력거가 북문에서 기다리고 있었다. 우리는 약속 시간을 두 시간이나 어겼다.

총독 방문

6월 8일

크뤼거 박사와 함께 조선 총독 데라우치 백작을 방문했다. 총독은 내가 지금까지 한국에서 일본인에 대해 그렸던 인상을 훨씬 뛰어넘는, 아주 걸출한 인물이었다. 그는 이 먼 동양, '문화가 전혀 다른 세계'에서 복무하는 공직자들 사이에 팽배한 많은 불화와 애로를 조율할 능력을 갖춘 사람이었다. 고위 정치인들과 그들의 직접적 영향권 하에 있는 공무원들은 분명 피병합국이 최선의 복리를 누리기를 원하고, 일본 자체도 그들의 새로운 '조선주'朝鮮州 — 일본인들은 이렇게 부르고, 한국인 자신들은 '대한'大韓이라 부른다 — 에 막대한 비용을 투자했다. 한국인들 사이에 유통되는 통화량이 매년 800만 엔(1,600만 마르크)을 넘지 않는데, 일본은 올해에만 벌써 5,600만 엔을 철도 · 항만 · 교량 · 도로 건설 등과 기타 식민정책에 지출했다. 일본이 부담하는 금액이 적지 않다. 과거 한 시절 찬연한 문화를 구가했던 이 고요한 아침의 나라는 자국 통치자들 때문에 닫힌 무덤의 정적과 개인적 몽매의 도탄에 빠지고 말았으나, 일본의 재정 지원 덕분에 이 나라에도 문화 운동의 신선한 바람이 부는 것이 감지된다.

이 새로운 문화 시대의 중심에 행정 수반이자 군부 최고 권력자인 데라우치 백작이 있다. 이 노회한 무장武將은 왼손을 내밀어 악수를 청했다. 약간 왼쪽으로 기우는 듯한 몸동작조차 그에게는 일종의 명예였다. 손을 내밀 때는 손바닥이 아래로 향했다. 전투에서 힘줄이 끊어졌다고 한다. 오른팔은 제대로 쓰지 못했다. 한국인 폭동[3] 때 상박근을 베였다. 파리에서 군사학교를 다녀서인지 프랑스어가 꽤 유창했다.

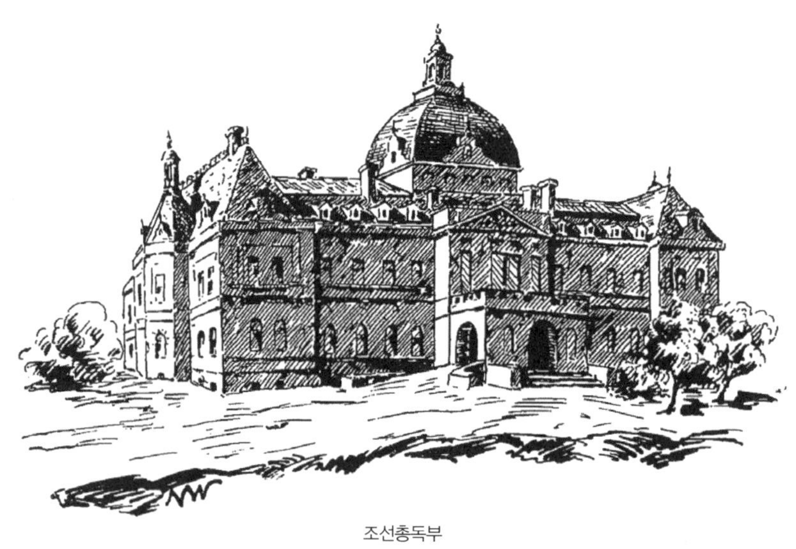

조선총독부

데라우치 백작과는 주로 한국 내 문화 정책에 관해 의견을 나누었다. 그는 자신의 견해를 솔직하고 명료하게 개진했다. 일본인들은 한국인을 야만으로 보지만, 그게 아니라는 것이다. 한국은 문명국이며, 과거에는 결코 만만치 않은 문화 수준을 향유하고 있었는데, 16세기 일본의 침략으로 퇴행 국면을 맞았다고 했다. 할 수만 있다면,

3 저자의 착각이다. 데라우치는 1877년 사이고 다카모리(西鄕隆盛)가 사츠마에서 일으킨 반란인 세이난 전쟁(西南戰爭)에 육군 소위로 참전하여 오른팔에 부상을 입었다.

자신이 이 옛 문명을 다시 깨우고 새롭게 소생시키려고 노력할 것이라고도 말했다. 일본인들이 이것을 올바로 깨닫지 못하고 사사건건 반대만 일삼는다면, 그가 뜻하고 이루고자 하는 바 전부는 뜻대로 관철시키지 못하리라는 것도 이미 예견하고 있었다. 자신이 할 수 있는 바를 하되, 다만 이 나라 정부가 그에게 위탁한 최선의 것을 실현시키고자 할 따름이라고 했다.

사실, 모든 일본인이 같은 뜻을 품고 있지는 않다. 일본 국민 대부분은 막대한 일본의 자본이 한국으로 유출되는 것을 달가워하지 않는다. 오히려 그 반대다. 데라우치 백작은 한국에서 유능한 핵심 집단을 찾아 육성시키려 하기에, 민족 문화 창달에 적합한 한국인을 이 땅의 이방인인 일본인보다 더 선호한다. 일본의 특정 정파가 그를

북한산

북한산 비석

적대시하는 이유가 바로 이것이다. 타향에서 되도록 빨리 자신의 형편을 개선시키려 하고 일본[이라는 국가]와 일본인 개인을 구별할 줄 모르는 하류 인간들은, 일본에 사는 일본인 중에도 있지만 한국에 사는 일본인 중에 더 많다. 그들은 자신이 한국의 주인인 줄 알고 한국인들을 몸종 취급 한다. 그런 태도는, 그들이 수중에 넣은 민족을 팽창하는 일본 제국에 평화적으로 편입시키기 위해 백방으로 노력하는 일본 정부의 이익과 의도에 부합되는 것이 아니고 또 부합될 수도 없다.

데라우치 백작은 일본이 한국에서 펼치는 문화 사업에 선교회가 동참하는 것을 크게 환영했다. 이를 위해 자신도 열심히 이해를 구하고 힘을 쏟던 터였다. 본국의 관심사야말로 그가 궁극 목적으로 전면에 내세우는 것일진대, 과연 누구에게 이 일을 떠넘길 수 있단 말인가? 그는 뼛속까지 일본인이다. 특히 우리 실업학교[숭공학교]에 진심으로 감탄하며, 학교 실정이 어떤지, 한국인들이 일을 좋아하는지, 일할 자세는 갖추어져 있는지 등을 물었다. 예상과는 달리 한국 학생들이 매우 헌신적인 자세로 임하고 있고, 체계적이고 지속적인 작업에 익숙하며, 독일제 대패 작업대와 기타 모든 공구가 전혀 생소한데도 사용법을 엄청 빠르게 터득해서 내가 얼마나 놀랐는지 모른다고 말하자, 그는 반색하며 기뻐했다. 데라우치 백작은 "이 나라에는 그런 실업학교가 많지 않지요"라고 덧붙이며, 우리가 이런 실업학교를 통해 민생 복리에 기여하고 있음을 흔쾌히 인정했다. 현 상황에서 데라우치 백작은 상급 학교에 대해서는 별 관심이 없었다. 어쩌면 당연한 일일지도 모른다. 거기서 배출되는 '지식인'은 도무지 쓰잘머리가 없기 때문이다. 좀 배웠다는 인간들, 혹은 얼치기로 배운 인간들은 문화 발전을 위한 정부의 노력에 악영향만 끼칠 것이다. 직업도 재산도 없이 국민들의 불만만 조성하는 이들이 바로 그들이다.

총독의 자세한 설명을 들으며 나는 내가 지금까지 견지해 온 생각과 경험을 확인할 수 있었다. 일본인이 모두 데라우치만 같다면, 혹은 그의 고귀한 신념이라도 본받는다면, 한국은 수년 내 놀랍도록 번영할 것이다. 그의 뜻에 따라 일하는 사람들이 분명 많을 터, 그것만으로도 이 나라에는 희망이 있다.

제물포

6월 12일

제물포는 서울의 [관문이 되는] 항구도시다. 어제는 축하 인파가 운집한 가운데 성대한 신항만 기공식이 열렸다. 우리도 마땅히 참석해야 했으나 남부 지역의 새 주교로 임명된 드망즈[4]▶ 몬시뇰의 주교 성성식 때문에 그리하지 못하였다.

오늘, 축제 분위기는 다소 잦아들었지만 뒤풀이는 따라잡을 수 있었다. 친절하게도 크뤼거 박사가 안내를 맡아 주었다. 제물포에는 유럽인들이 그들끼리 '작은 나라'를

제물포 거리

이루고 사는데, 말하자면 크뤼거 박사는 이 유럽인 거류지의 '시장' 격이다.

제물포는 간만의 차가 크다. (그 차이가 32피트에 이르러 간만의 차가 가장 큰 지역 중 하나로 꼽힌다.) 큰 배는 이제껏 먼 바다에 정박해야 했고, 하역 물자를 실어 나르는 작은 배나 물자를 하역하는 큰 배나 물이 빠지기 전에 일을 마쳐야 하므로 불편하기 그지없었다. 바다가 멀리 물러나고, 연안의 바위섬들을 에워싼 개펄이 넓게 펼쳐지면, 다음 몇 시간 동안은 육지로 돌아올 생각을 말아야 했다. 바야흐로 육대주六大洲의 대양 횡단 대형선이 충분히 정박할 수 있는 대규모 내만內灣이 여기 축조되려 한다. 밀물 때 물이 차면서 동시에 배가 들어온다. 앞으로는 여기서 물자를 하역하고, 썰물과 함께 다시 출항할 수 있게 된다. 이 항만 시설에 일본은 700만 마르크의 지출

◀4 Demange, Florian(1875~1938). 주교. 한국명 안세화(安世華). 1898년 파리 외방전교회에서 사제 서품을 받은 후, 같은 해 한국에 입국하였다. 부산본당 주임, 서울 용산 신학교 교수, 「경향신문」 사장을 거쳐, 1911년 주교로 성성되고 대구대목구 초대 대목구장에 취임하였다. 1927년 「가톨릭 신문」을 창간하였다.

제물포: 일본식 축제 행렬

을 승인했다. 지속적 발전을 위한 가장 중요한 사업 중 하나다. 제물포가 이날을 축하하는 것은 당연하다.

제물포의 오늘이 있기까지는 독일 함부르크의 볼터Wolter 사에 적잖이 감사해야 한다. 이곳은 가난한 어촌에서 교역량만 따지면 전략적으로 더 중요한 부산을 진작에 추월한 항구도시로 발전했다. 높고 낮은 구릉 위에는 매혹적인 외국인 주택들이 모여 있다. 그들은 시내에 상점을 소유하고 일본인 · 중국인 상권과 경쟁한다. 시의 적절한 항만 개선 사업이 없었더라면 제물포의 교역은 전면 마비되었을 것이다.

볼터 사 사장 바우만Baumann 씨는 우리를 반갑게 맞아 주었다. 그 집에는 여러 나라 말이 난무한다. 바우만 씨는 우직한 뷔르템베르크 사람이고 부인은 벨기에 사람인데 영어도 한다. 두 아들은 일본인 보모한테서 일본어를 모국어처럼 배워 저희끼리는 일본어를 쓰지만, 아버지와는 독일어로, 어머니와는 프랑스어나 영어로 이야기한다.

오늘까지도 온 도시가 축제 장식물로 화려하게 꾸며져 있다. 길 위에는 늘어선 집

사슴. 한국화 모사

들을 따라 꽃 장식과 초롱이 매달려 살랑살랑 흔들리고 있다. 저마다 기발한 방법으로 꾸민 개선문들이 번갈아 서 있었다. 가득 찬 쌀가마니로 탑을 쌓은 것이 있는가 하면, 영근 이삭들을 엮어 올린 것도 있다. 여기서도 일본인들은 준비의 명인다운 면모를 유감없이 발휘했다. 하나같이 마음에 들고 놀라운 모양새였다. 쇼윈도마다 축제 기념 상품 일색이었다. 한 화장품 가게는 자기네 상품을 이용해서 항구를 그대로 재현시켰는데, 섬 하나하나까지 식별할 수 있었다. 푸른 천으로는 바다를 만들었다. 그 사이로 면포로 만든 섬들이 솟았다. 섬들에 가로막혀 제물포 언덕에서는 먼 바다가 보이지 않았다. 트리코 천으로는 등대를 세웠다. 천으로 만든 배 한 척이 푸른 바다를 갈랐다. 붓과 솔이 노를 대신했다. 어디나 비슷한 소재를 써도 형태는 늘 새로웠다. 구경 좋아하는 사람들을 쇼윈도에 붙들어 두려고, 상점마다 물건들을 짜 맞추어 재미있는 작품을 만들었다. 창문 위와 가로변을 따라 금빛 장식이 번쩍이고 붉은 종이등이 대롱거렸다. 모든 것이 다채롭고 유쾌하게 빛났다.

축제와 행렬은 오늘도 그칠 줄 몰랐다. 사람들은 무리를 지어 이집 저집 몰려다녔다. 젊은 무용수가 일본도를 들고 부드럽고 정교한 몸놀림으로 검무劍舞를 추었다. 훌륭한 무언극이었다. 화려하게 장식한 마차에서 은은한 노랫가락과 만돌린 같은 악기의 부드러운 음색이 흘러나와 검무를 반주했다. 멋지게 차려입은 학생들은 작은 바퀴를 단 큰 배를 끌고 지나갔다. 볼터 회사로 막 들어서려는데 집 앞에서 무희들이 잔잔하고 품위 있고 조화로운 몸짓으로 원무圓舞를 추며 노래했다. 부채를 우아하게 펼치는 것은 이 동작에서 매우 중요한 요소다.

무대에서는 다른 검무가 공연되고 있었다. 다이묘 시대의 역사물이다. 이글거리는 눈빛, 가끔씩 툭툭 끊어지는 유연한 몸놀림, 격한 정열과 이완된 근육, 그리고 온몸의 힘줄을 다 써서 젊은 춤꾼이 무언극을 이끄는 동안, 가인歌人은 무대 전면 가장자리에 웅크리고 앉아 입술을 최대한 작게 달싹거리며 가성假聲으로 노래를 불렀다. 창법이 귀에 설어 썩 호감이 가지는 않았지만, 전반적으로 우아하고 예술성이 돋보였다.

축제는 완전히 일본풍이었다. 전통 복식으로 전통 악기를 연주하는 한국 국악대를 빼면 모든 게 일본식이었다. 한국인 구경꾼들이 국악대를 에워쌌다. 씨름도 일본인들이 일본식으로만 했는데[스모], 우리에게 축제 프로그램들을 설명해 주던 통역사는 그것을 '격투'(Balgen)라고 번역했다.

이런 일본풍 축제를 통해 일본식 사고思考를 한국인들에게 더욱 효과적으로 주입시키려는 의도가 도처에 스며 있다. 일본적 사고와 감성, 일본의 노력과 성취, 일본식 축제의 감흥이 한국에 도입되어야 한다는 것이다.

대한 만세!

6월 24일

인력거가 늘 오가던 길을 달렸다. 수도원 언덕 아래 나지막한 초가집들을 지나 울퉁불퉁한 비탈길을 내려가다가, 우리는 수도원을 마지막으로 뒤돌아보았다. 인력거는 대한의원을 지나 시내로 들어섰다. 노점상이며, 고물상이며, 중국 가게들이며, 이제는 각별한 석별의 정을 나누어야 될 만큼 모든 것이 친숙해져 버렸다. 사람이란 얼마나 쉽게 적응하는 존재인지, 등 뒤로[5] 거친 숨을 뿜어내는 인력거꾼을 동양적 평상심

5 인력거는 앞에서 끈다.

으로 연민하는 것에도 이제는 익숙해졌다.

다른 것들은 시야에서 사라지고, 인력거꾼과 나, 둘만 돛대 잃은 난파선처럼 인파 속을 부유했다. 그는 조타수고 나는 선장이다. '조타수'가 쳐다보며 물었다. "어디로 모실까요?" '선장'이 "남대문"이라고 명하자 그가 달렸다. 웅장한 남대문이 나타났다. 자세히 들여다본 적이 한번도 없어서 유감이지만, 남대문[숭례문崇禮門]은 내게 아주 낯익은 건축물이다. 서울에서 가장 오래된 이 성문은 1395년 이태조가 창건했다.[6] 그러나 이 엄청난 기념물은 개축改築의 흔적이 전체를 압도하는 바람에 그 역사적 영향력도 기억도 악의적으로 훼손되고 말았다.[7] 새로 보수된 하부 구조물의 매끈한 석재들이, 검게 퇴색한 상부 구조물이나 거대한 누각 앞에 둥글게 자리 잡은 퇴락된 집들과 어울리는 색조를 띠기까지는 다시 여러 해가 걸릴 것이다. 고고한 연륜으로 명성을 얻는 것은 당분간 꿈도 못 꿀 일이다. 이 얄궂은 대조 때문에 남대문을 지날 때마다 로마의 비토리오 에마누엘

물방앗간

6 태조 4년(1395)에 짓기 시작하여 태조 7년(1398)에 완공되었다.

7 1907년 일본 황태자의 방한에 맞추어 일제는, "대일본국 황태자가 고개를 숙이고 문루 아래를 지날 수 없다"는 명분으로 숭례문과 연결된 서울 성곽을 헐고 도로와 전찻길을 뚫어 버렸다. 숭례문 주변에는 일본식으로 화강암 석축을 쌓고, 문 앞에는 파출소와 가로등을 설치한 다음 일반인의 출입을 금했다.

대구 주교좌성당 ②

레 기념관[8]이 떠올랐다. 그 건물도 흰 대리석 하부 구조물 위에 웅장하게 올라서서 고대 광장의 폐허를 내려다보고 있다.

소중한 지인들과 작별 인사라도 나누고 싶어서 일찌감치 역에 도착했다. 대구에서 하루를 보내며 새 주교좌 도시를 대강이라도 둘러보고 부산으로 갈 참이다. 부산까지는 급행열차로 몇 시간을 달려야 한다. 이별이 쉬우라고, 태풍을 동반한 억센 장맛비가 한국을 암담하게 그려 주었다. 빗줄기가 더욱 거세지고, 나무는 비바람에 몸을 숙였다. 농부들은 이 날씨에도 장딴지까지 잠기는 논에서 모를 옮겨 심고 있었다. 그들은 쏟아지는 빗방울을 조금이라도 덜 맞으려고 넓은 작업모[삿갓]를 방패처럼 등에 묶거나 짚을 여러 겹으로 엮어[도롱이] 등에 묶었다. 짚이 앞치마처럼 바람에 펄럭였다.

8 통일 이탈리아의 첫 국왕 비토리오 에마누엘레 2세(1820~1878)를 기려 로마의 베네치아 광장과 카피톨리누스 언덕 사이에 세운 비토리오 에마누엘레 2세 기념관(Monumento Nationale a Vittorio Emanuele II). 1885년 주세페 사코니(Giuseppe Sacconi)가 설계하여 건물은 1911년에, 기념관 장식 조각품들은 1935년에 완공되었다. 건물 · 계단 · 에마누엘레 기마상 · 비토리아 여신상 등을 모두 흰 대리석으로 만들었다.

비바람을 맞으며 부산에 도착했다. 우리가 탈 배의 출항이 태풍으로 금지되었다. 열 시간 넘도록 몰아치는 비바람만 쳐다볼 수밖에 없었다. 그래도 내 기억 속에 생생하게 남아 있는 한국과 한민족의 쾌활한 색상이 폭우 따위로 지워지지는 않는다. 우리는 이 사위어 가는 나라에 작별 인사로 "대한 만세!"를 외치고 싶었지만, 차마 입에 올리지 못하였다. 한 국가로서 이 민족은 몰락했다. 다시는 소생하지 못할 것이다. 파도 너머로 이 순박한 사람들에게 말없이 손을 흔들어 주었다. 아마 이들은 나라를 망친 자신들의 통치자 아래서보다 외세의 지배 아래서 더 복될지도 모르겠다. 마치 한 민족을 땅에 묻는 장례식을 마치고 집으로 돌아가는 느낌이었다.

②

제19장

전망

고요한 수도원

내가 부산항 귀국선 발판에 발을 딛는 순간까지의 여정을 좇아 읽은 독자들[1]은 이렇게 묻곤 했다: 동소문 옆 작은 언덕 위의 수도원은 지금 어떻게 되었는가? 여러 해 전 베네딕도회 수도자들이 큰 포부를 안고 이곳으로 왔건만, 독일인의 열정과 거룩한 신앙의 용기가 이룩한 다른 많은 것들처럼 그들의 선교 사업도 세계대전의 거친 파도에 휩쓸려 버렸는가?

이 물음에 마땅히 답해야겠지만, 객관적 통계 수치나 엄밀한 보고서 형태로 할 일은 아니다. 전자의 경우, 상황이 호전되면 통계 수치는 곧 구닥다리가 될 것이고, 후자의 경우는 선교 보고서도 아닌 이 책의 성격과 어울리지 않는다.

내가 그리도 좋아한 한국을 떠난 지도 어언 10여 년이 흘렀다. 떠날 때 나는 이별의 아픔을 곱씹으며 속으로 "대한 만세!"를 불렀다. 몇 시간 후 한국의 해안선은 시야에서 사라지고 기억 속에 각인되었다. 그 아름다운 풍경들이 머지않아 세계대전의 화약 연기에 휩싸일 판국이었다. 일본의 식민지인 이 우방국이 갑자기 적국이 되어 버린 것이다.[2]▶

---

[1] 1915년에 발간된 이 책의 초판 독자들을 말한다. 이 장(章)은 재판(再版)을 준비하면서 새로 썼다.

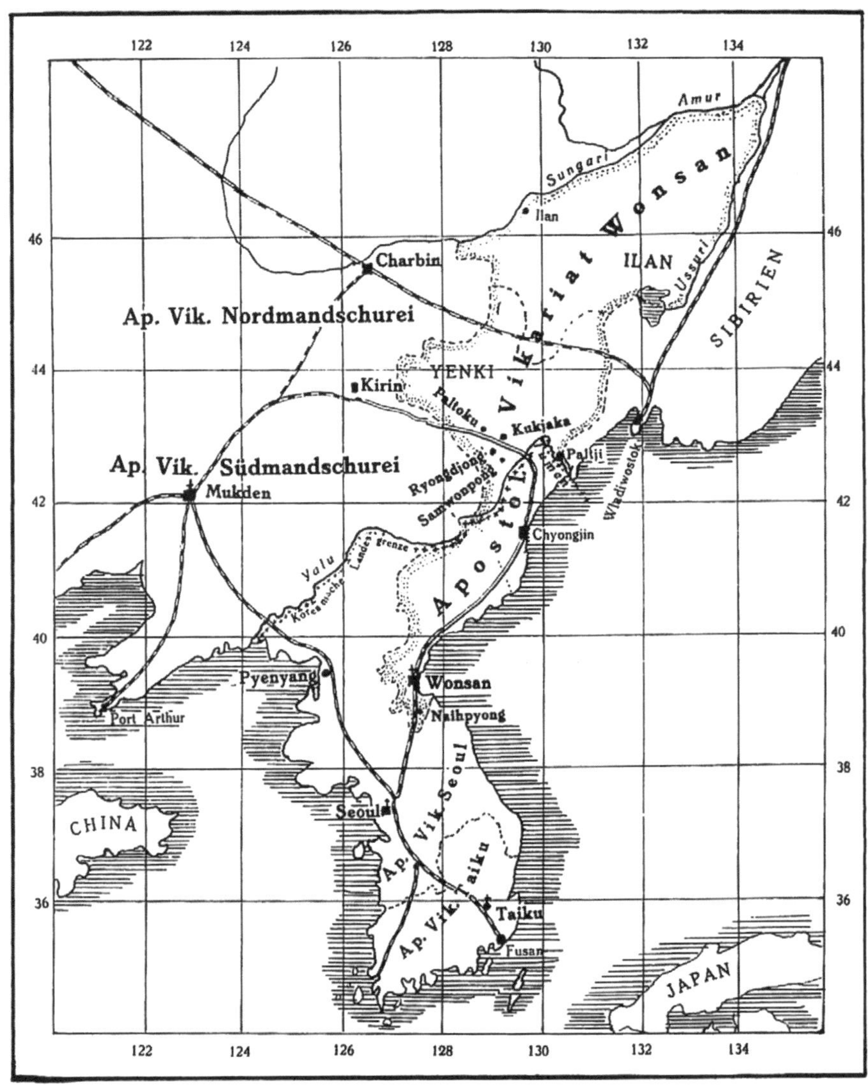

선교 지도 ②

2 독일 · 오스트리아 · 이탈리아의 삼국 동맹과 영국 · 프랑스 · 제정 러시아의 삼국 협상이 대립하여 발발한 제1차 세계대전에서, 일본은 삼국 협상 진영에 가담했다.

그러나 많은 점에서 극동의 사고방식은 서구가 옳다고 여기는 것과 다른 길을 가기 때문에 도달하는 결론도 다르기 마련이다. 그렇듯이, 일본인들은 군사軍事와 선교 사이에 확실한 선을 그어 수도원을 방해하지 않았을뿐더러 수도자들에게도 활동의 자유를 충분히 보장했다. 숭공학교도 활발히 운영되었고, 수도원 농장도 부지런히 가꾸어 중단된 고국 원조를 어느 정도 벌충할 수 있었다. [숭공학교] 작업장에서는 훌륭한 걸작품뿐 아니라 탁월한 장인들도 배출되었다. 그들은 수습 시절부터 수도자들의 엄격한 지도 아래 낯선 연장을 자유자재로 다루는 법을 배웠다. 전쟁이 끝나고 서신 왕래가 재개되자 새로 만든 포도 압착기에 대해 보고가 올라왔다. "포도 압착기는 목공과 철공의 걸작품으로, 우리 숭공학교의 다른 작품들과 당당히 어깨를 겨룬다. [완성된 지] 며칠 후에 벌써 농장에 설치했다. 에우제니오 수사[3]는 이 압착기로 짠 청포도즙을 술통에 담아 저장고에 넘겼다. 포도 농사는 풍작이다." 이 포도 압착기는 작업장 학생들의 능력을 증명하는 것이기도 하지만, 급류로 갈라진 수도원 농장의 비탈진 언덕에 마술처럼 포도밭을 일구어 낸 수도자들의 근면과 성취의 증거이기도 하다. 다들 수도원과 숭공학교가 어려운 시절을 견디는 데 작으나마 보탬이 되었다.

올 한 해 동안은 고요한 수도원이 더욱 고요했다. 내방객도 거의 없었다. 그저, 정해진 시간에 한국인 교사나 일본인 교사가 조용히 이방 저방 들를 뿐이었다. 수업이 끝나면 사제는 다시 서책을 벗하며 한국어와 어려운 한자를 홀로 익혔다. 이런 노력이 다년간 지속되어 지식과 능력은 물론이요, 밖으로 뻗어 나려는 모종의 기운까지 넉넉히 축적될 수 있었다. 마치 긴 엄동설한을 견딘 꽃망울이 봄 햇살을 기다리고 있다가 억눌린 기운을 일거에 뿜어내려는 듯했다. 과연 이런 기운은 전쟁이 끝난 후 분출되었다.

---

3 Eugenius Ostermeier(1885~1949). 성 베네딕도회 오틸리아 연합회 소속 선교사. 한국명 오이근(吳利根). 1907년 2월 3일 첫 서원. 1912년 9월 1일 선교 파견. 백동수도원 농장 소임을 맡아 포도 재배 전문가로 알려졌다.

서울 전경 ②

1921년 5월 1일 서울, 주교성성식 기념 ②
드망즈 주교(대구), 카스타니에 주교(오사카)
콩바즈 주교(나가사키), 드브레 주교(서울), 뮈텔 주교(서울), 사우어 주교아빠스(원산), 숄레 주교(심양)

전쟁이 끝나자 독립 선교지에 대한 이관 협상이 시작되었고, 1921년 5월 1일에는 서울에서 큰 축제가 열렸다. 나는 이 비슷한 축제를 10년 전(1911년 6월 12일)에도 경험한 바 있다. 전쟁의 포화가 멎은 것을 기리는 장엄한 평화의 축제 같았다. 서울의 훌륭한 주교좌성당에서 프랑스인과 독일인 주교의 성성식이 열린 것이다. 한 분은 서울대목구장 뮈텔 대주교의 보좌주교로 임명된 드브레 몬시뇰[4]이고, 다른 한 분은 신설 원산대목구장으로 임명된 보니파시오 사우어 주교아빠스였다. 이날의 축하연에서 조

---

[4] Devred, Emile Alexandre Joseph(1877~1926). 서울대목구 보좌주교. 한국명 유세준(兪世埈). 1898년 파리 외방전교회에 입회한 후 이듬해 사제로 서품되었다. 1900년 입국과 함께 원주본당 3대 주임으로 부임하여 1904년 용소막(龍召幕)본당을 설립했다. 1906년 드망즈 주교의 뒤를 이어 용산 예수성심신학교를 맡았다. 제1차 세계대전 종전 후 뮈텔 주교에 의해 헤세본(Hesebon) 명의의 계승권을 가진 보좌주교로 임명되었다.

선 총독 사이토[5] 남작은 새로 임명된 두 주교님을 위해 건배사를 했다. 나는 그의 연설이 이 민족에게 필요한 것을 명쾌하게 이해하고 가톨릭 선교가 이 나라에서 지니는 의미를 인정하고 있다고 여겼으므로, 한국과 한국 선교에 대한 사랑으로 쓴 이 책에 옮겨 두고자 한다.

> 신사 여러분! 새로 임명된 두 분 주교님을 축하하는 자리에 초대해 주셔서 감사합니다. 서울에서 오늘처럼 이렇게 많은 신부님, 일곱 분의 주교님과 자리를 함께하는 것은 매우 드문 일입니다. 저는 여러분의 한국 선교 활동에 감탄을 금치 못하는바, 이런 심정을 충분히 표현할 수 있는 드물게 좋은 기회가 주어진 것 또한 기쁘지 않을 수 없습니다. 여러분은 이 땅에서 가장 연륜 깊은 선교사들이십니다. 여러분이 소박하게 선교를 시작하신 지도 어언 90년이 흘렀습니다. 그동안 이루 형언할 수 없는 난관과 고통을 참고 견디며 이겨 내야 했겠지만, 여러분의 노력은 성공을 거두어 이제는 한국 그리스도교 선교를 합당하게 대표하기에 가장 중요한 위치를 점했습니다. 국민들을 대하는 여러분의 지혜로운 태도는 물론이려니와, 여러분이 가르치는 종교의 기본 원리들도 이 민족을 성실하고 정직하게 만드는 데 이바지하고 있습니다. 하여, 국민의 정신적 · 물질적 풍요를 위해 여러분과 우리가 앞으로도 지속적이고 긴밀한 업무 협력을 할 수 있기를 진심으로 바랍니다. 이미 성취한 과업에 대해 축하드리면서, 여러분은 겸손과 용기라는 두 원칙에 따라 행하심을 제가 익히 알고 있음을 주저 없이 고백하는 바입니다. 이 축하의 자리에서 존경하는 두 분, 사우어 주교님과 드브레 주교님의 영광과 건강과 성공을 기원하면서 제가 축배를 드는 것을 허락해 주십시오.[6]

---

5 사이토 마코토(齋藤實, 1858~1936). 일본 해군 대장, 조선 총독(1919~1927, 1929~1931)과 내각 총리대신(1932~1934)을 역임했다. 3·1운동 후 총독으로 부임하여 종전의 무단 정치에서 '문화 정치'로 통치 방법을 전환, 식민 지배의 모순을 표면상 완화시키는 듯했으나, 1936년 2월 26일 일본 청년 장교들에게 암살당했다.

6 이 연설문은 라자리스트 수도회 플랑셰(Planchet) 신부의 저서 *Les Missions de Chine et du Japon*, Peking 1923, 509에서 인용했다 — 저자 주.

교황청 포교성성의 1920년 7월 26일 자 교령에 의해 함경도를 포함한 한국 북동부 지역이 원산대목구로 설정되어 상트 오틸리아 연합회에 이관되었다. 중국 지역인 북만주의 상당 부분도 이때 함께 이관되어, [상트 오틸리아 연합회 관할] 선교지는 한반도 또는 시실리를 뺀 이탈리아 정도의 크기에 이르렀다.

원산

새 대목구에 이름을 부여한 원산은 신흥 항구도시로, 북으로 넓게 뻗은 대목구 관할 구역의 최남단에 위치한다. 원산대목구는 좁은 띠 모양으로 동해안을 따라 북으로 뻗어 가다가, 두만강 너머 만주를 거쳐 동으로는 러시아 국경에 닿는다. 한국 측 선교 지역 주민들은 높고 험한 산맥 때문에 해안 쪽에 밀집해 있다. 산맥 사이에 많은 주민이 살 수 있을 만큼 비옥한 골짜기가 형성된 곳은 매우 드물다.

일본인들은 원산을 군항으로 확장시켰다. 훌륭한 항구 덕분에 원산은 기차로 다섯 시간쯤 걸리는 북쪽의 도청 소재지 함흥을 그 중요성이나 인구에서 이미 능가했을뿐더러, 계속 성장하고 있다. 함흥은 도청 소재지인데도 인구 2만 명에 불과하지만, 원산 인구는 일본인의 이주로 2만 7천 명에 이르고, 그중 가톨릭 신자는 약 300명이다.

항구에 맞닿은 도시는 한국인이 사는 구시가와 인구의 25%를 점하는 일본인 거주 지역으로 나뉘었는데 아직 정확히 반반씩은 아니다. 이 두 지역 사이, 해변에서 약간 뒤로 물러난 언덕 위에 우리 원산본당이 있다. 이 높은 데서 내려다보는 도시와 항구와 먼 바다의 경치가 장관이다. 뒤로는 가까운 산들이 아래를 굽어보고 있다.

이 아름다운 풍광과 대조적으로, 본당 시설은 더 이상 초라할 수 없었다. 오래 방치되어 지붕을 받치던 들보 몇 개가 이미 썩어 허물어진 본당 부설 학교, 벽돌로 투박하게 지은 약 60제곱미터의 성당, 방 두 개짜리 손님용 작은 목조 집, 한국인들이 '유리

방'(yuri-pang)이라고 부르는 3제곱미터짜리 사제관,[7] 그리고 '주교관'(das 'bischöfliche Palais')이 전부다. 주교관은 1층과 2층에 작은 방이 3개씩 있지만 집 안에 계단을 설치할 공간이 없어 2층으로 가려면 삐걱거리는 바깥 계단을 이용해야 했다. 형편이 이러니 일단은 사람이 살 수 있는 설비부터 갖추는 게 급선무였다. 그러나 곧 다른 걱정들이 엄습했다. 선교 활동이었다.

사제들은 가능한 한 빨리 사람들과 접촉하여 넓은 지역에 흩어져 사는 몇 안 되는 신자들을 수고롭게 찾아 모아야 한다. 안드레아 에카르트 신부는 원산에 제대로 적응도 못한 상태에서 한반도 북단까지 사목 여행을 하게 되었다. 그는 1921년 5월 22일 자 『연대기』에 이렇게 썼다.

> 오늘, 동해안 최북단의 큰 항구인 청진淸津에서 날아든 한 통의 전보 때문에 놀랐다. 전보에는 "신부님, 빨리 와 주십시오!"라고 쓰여 있었다. 5만 제곱킬로미터가 넘는 대목구 전역을 통틀어 나 혼자뿐이다. 어떻게 해야 하나? 원산에서 청진까지는 500킬로미터인데 지금은 열차 노선도 없다. 요행히 직항선이 있다 해도 빨라야 이틀, 일반 연안선으로는 거의 일주일이 걸린다. 전보가 오갔다. 원산에서 청진으로: "무슨 일입니까? 신부는 가기 어렵습니다." 청진에서 원산으로: "일본인 신자가 위중합니다. 다른 한 사람도 많이 아픕니다. 빨리 와 주세요!"

---

7 본디는 뒤채인데 안드레아 에카르트 신부가 여기 살아서 '사제관'(Pfarrhof)이라 했다.

다행히 저녁에 출발하는 급행선이 있었다. 여행용 제대, 성유聖油, 약간의 옷가지를 서둘러 챙겨 떠날 채비를 했다. 배는 만원이었다. 간신히 삼등실 배표를 끊어 출항 1분 전에 급히 승선했다. 선장과 안면을 텄더니 바로 이등실 소파와 일등실 침실을 제공해 주었다.

밤안개를 헤치며 열다섯 시간을 항해한 후, 성진城津에 도착하여 여덟 시간을 머물렀다. 나는 이참에 구세주를 본받아 길 잃은 어린양들을 찾아 나섰다. 8천 명 인구에 신자가 어디 한 사람도 없을까! 그러나 이름도 모르고 사는 집도 모른다. 시내를 무작정 걸어 다니다가 마침내 학교와 병원, 고급 주택이 있는 캐나다 장로교회의 선교 본부까지 왔다. 어디에도 천주교 신자의 흔적은 없었다. 돌아오는 길에 운 좋게 한국인 하나를 만나 말을 걸었다. 그 사람은 천주교회에 대해 아직 아무것도 들은 바가 없었다. 다만, 8년 혹은 10년 전쯤에 어느 지인이, 자기는 그리스도인이긴 하지만 개신교는 아니라고 한 것만 기억해 냈다. 뭔가를 알고 있는 것 같았다. 그렇다면 찾아 나서자! 다시

원산의 '주교관'(왼쪽)과 성당(오른쪽) ②

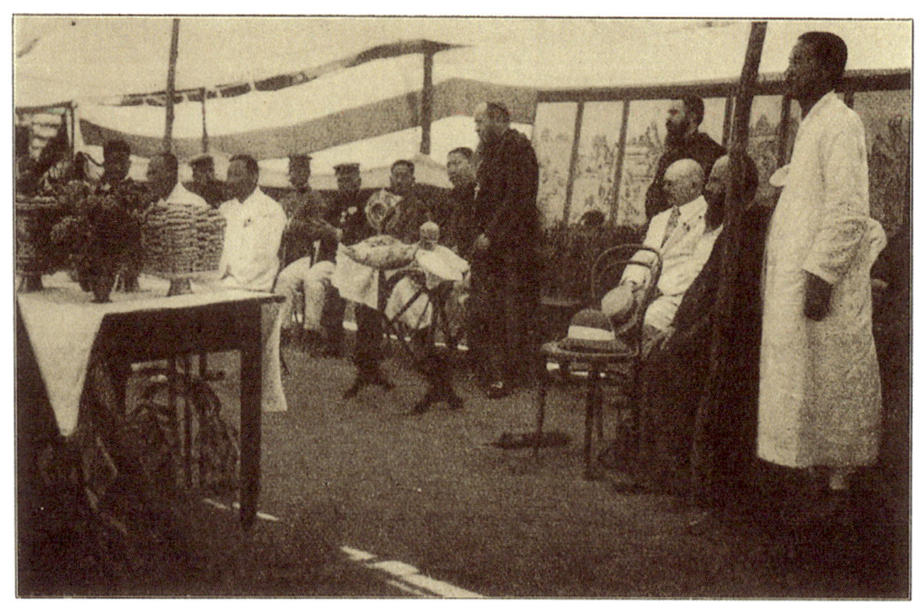

원산대목구: 보니파시오 사우어 주교아빠스 환영식. 카니시오 신부 촬영 ②

길게 늘어선 집들을 따라 걷다가 드디어 천주교 신자 집을 찾았다. 네 식구가 사는 가난한 집이었다. 매우 놀랍고 기뻤다. 이 집 남자는 또 다른 천주교 신자 집을 알고 있었는데, 이사를 가서 행방이 묘연했다. 나는 이름을 알려 달라고 했고 이들을 추적하기 시작했다. 두어 시간 물어물어 찾아다닌 끝에 나는 여섯 식구가 사는 신자 집을 찾아냈다. 찢어지게 가난했다. 지난 15년 동안 성사 받은 적도, 신부가 찾아온 적도 없고, 원산 갈 차비도 없다고 했다.

다행히 한국인 천주교 신자 집을 둘이나 찾아냈다. 그리스도인들이 사는 남부 일본에서 이리로 이주한 일본인은 없을까? 신자 찾기는 계속되었다. 나는 성진에서 30년을 산 일본 노인을 만났다. 그는 감리교 신자였고, 일본인 천주교 신자는 알지 못했다. 그런데 우리 대화를 들은 어떤 한국인이 나에게 "신부(Sinpu)님"이라고 말을 걸며 자신을 소개했다. 이 도시에 천주교 신자 친구가 있고, 자신은 몇 년 전에 교리 공부를 시작했지만 교리 수업을 받지는 못했다는 것이다. 그의 집에 가 보니 식구가 여섯이었다.

이처럼 하느님의 도움으로, 서로에 대해 전혀 모르던 천주교 신자 가정을 셋이나 찾아냈다. 나는 청진에서 돌아오는 길에 다시 들러 성사를 주겠다고 이 착한 사람들에게 약속했다. 이처럼 버림받은 어린양들이 목자를 고대하는 지역이 아직 여러 군데 있을 것이다.

우리가 탄 작은 연안선은 저녁에 성진을 떠나 열 시간의 항해 끝에 청진에 도착했다. 아름다운 항구 청진은 이탈리아의 트리에스테Trieste 항과 여러 모로 닮았다. 이 신도시의 인구는 약 7천 명인데, 대부분이 일본인이다. 그중 그리스도인 가정도 몇 있다. 나는 바로 환자 두 명을 방문하여 미사를 봉헌하고 성사를 주었다.

배는 28일 아침에 성진을 경유하여 원산에 도착했다. 거울처럼 반짝이는 뱃길을 따라 산과 섬이 어우러진 해안으로 돌아오는 수 시간의 여행은 형언할 수 없이 아름다웠다. [새 선교지에서의 첫 사목 여행을 마친 후 나는 자애로운 하느님의 부르심에 진심으로 감사드렸다.] 그러나 한편으로는 마음이 무거웠다. 함경남도 주민 122만 7,060명 가운데 가톨릭 신자는 600명이 채 되지 않는다. [인구 대비 3,000분의 1도 되지 않는 것이다.] 함경북도 주민 51만 8,538명 가운데 신자는 40명으로, [인구 대비 1만분의 1에도 못 미친다]. 정말 일거리가 넘친다.[8]

한국인들의 교육열은 우리의 소망과 일치한다. 지역 유일의 본당 부설 학교는 10년 전에 폐쇄되어 지금은 허물어져 가는 작은 집일 뿐이다. 신자와 외교인들이 매일 사제를 찾아와 학교를 다시 열어 달라고 청하고 있다. 소년 30명이 한꺼번에 등록 신청을 하고, 새로 산 교리문답 책을 보여 주며 그들의 굳은 의지를 드러냈다. 마침내 낡은 건물을 수리했다. 공사가 끝나자마자 생기발랄한 소년들이 신이 나서 입학했다.

---

8 *Chronik Wonsan* Mai und Juni 1921. 저자는 [ ] 안의 문장을 생략했다. 인구수도 우수리를 떼고 122만 7천 명과 51만 8천 명으로 기록했다.

첫 학년이 끝나고 방학 후 새 학년이 시작될 때는 100명이 넘는 지원자가 발길을 돌려야 했다. 학교가 110명 이상을 수용할 수 없어서였다. 소녀들도 물러서려 들지 않았다. 그들은 여성이 열등하다는 케케묵은 고정관념에 저항했다. 113명의 소녀들이 갖은 고생을 감수하고 매일 학교에 왔다. 1922년 1월 1일 자 『연대기』에는 이렇게 기록되어 있다.

어린 구경꾼들

> 이 추운 겨울에 여학교가 겪는 어려움은 이루 말할 수 없다. 여학생 교실이 따로 없어서 남학생 수업과 여학생 수업이 한 시간 간격으로 이루어졌다. 여학생들은 거의 한 시간 거리를 걸어오는데, 집에 시계가 없으니 시간을 알 수가 없다. 지각하지 않으려고 오히려 너무 일찍 등교하는 바람에, 남학생이 수업하는 동안 밖에서 기다리느라 몸이 꽁꽁 언다. 추운 날은 학교에 오지 말라고 아무리 말해도 소용없었다. 그들에게는 매일매일 수업이 소중하고, 다른 학생들이 배우면 자기도 배워야 한다고 생각했다.[9]

학교 문제에 관한 『연대기』의 기록은 이렇게 계속된다.

> 어느 날 외딴 골짜기의 외교인 마을에서 대표자 몇몇이 원산으로 사제를 찾아와 학교를 열어 주십사 청했다. 돈은 없으나 약간의 논밭과 노동력으로 사업을 지원할 것이고, 무엇보다 신앙에 대해서도 진지하고 열린 마음으로 생각해 보겠노라고도 했다. 그들

9 *Chronik Wonsan* Januar bis März 1922. 원산 해성학교(海星學校) 이야기다.

은 문평文坪이라는 마을의 이장과 원로들인데, 벌써 몇 차례 회의를 거쳐 신부에게 가기로 합의를 보았다는 것이다. 우리가 거절한다면 그들은 불안하고 메마른 정신으로 근근이 살아가게 될 것이다. 나는 놀란 눈으로 그들을 바라보았다. 얼굴에 흉터가 보였으나 눈빛이 선하고, 건장하고 자연스러운 모습들이었다. 머리와 수염이 허옇게 센 이도 더러 있었다. 법규가 까다로워 학교 설립이 쉽지 않으니 좀 더 심사숙고한 후 찾아뵙겠노라고 대답했다. […] 달포 후에 나는 산간 마을을 찾아갔다. 마을은 묘하게도 해변에서 가까운 숲과 바위 사이에 있었다. 사실, 처음 생각했던 것보다는 전망이 밝은 편이다.[10]

다시 한 달이 지난 후 학교를 지었다. 『연대기』의 보고다.

1922년 4월 17일, 부활 대축일 다음 월요일, 문평의 학교 설립에 관한 논의가 끝났다. 부지 확보가 쉽지 않았다. 이 사업에 동참한 13개 마을들은 각각 약 두 시간 거리로 떨어져 있었다. 문제는, 동참한 모든 마을의 중간쯤에 학교와 운동장이 들어설 넓은 땅을 찾는 것이었다. 여러 곳이 물망에 올랐지만 적합하지 않았다. 어떤 곳은 해변에 너무 가까워 파도 소리가 수업을 방해할 테고, 다른 곳은 사유지라 확보하기 어려웠다. 마침내 작은 숲 가운데서 적당한 땅을 찾았다. 예비신자인 땅 주인이 학교와 운동장 부지로 1,500주보Zubo(5,400제곱미터)를 기꺼이 희사했다. 즉시 말뚝을 박아 경계를 표시하고 나무를 베어 냈다. 첫 삽을 뜨는 데 잔치가 빠질 수 없기에, 조촐한 기공식을 열었다. 이웃 마을에서 급히 멍석을 빌려 와 깔고 가까운 나무에 깃발을 걸었다. 차와 막걸리, 떡으로 상도 차렸다. 이 지방 마을들뿐 아니라 그리스도교의 한국 진출 자체에도 큰 의미가 있는 이 행사에는, 지역 유일의 일본 최고위 관리인 경찰, 마을 이장과 유지들이

10 *Chronik Wonsan* Januar bis März 1922.

모두 참석했다. 부지를 말끔히 정리하고 소박한 십자가를 세웠다. 이제 십자가의 축복 아래 학교가 세워질 것이다.[11]

원산에서 선교 활동이 이렇게 활발히 전개되는 동안, 내평內坪에 두 번째 본당이 설립되었다. 서울행 기차로 그리 멀지 않은 남쪽이다. 여기도 학교를 세워 인근 넓은 지역까지 그리스도교를 전파할 토양을 마련했다.

한만 국경 너머의 광활한 지역도 빼놓을 수 없다. 그곳에는 7천 명이 넘는 한국인 신자와 500명가량의 중국인 신자들이 규칙적인 신앙생활을 도와줄 신부를 간절히 고대하고 있었다. 한국인과 중국인들에게는 풍요로운 수확의 땅이 펼쳐진 곳이었다. 국내 정세가 악화되자 한국인들은 여러 해 전부터 중국 지역의 비옥한 토지를 찾아 중국인이 비교적 적은 만주로 건너오기 시작하여, 결국 40만 명이나 그곳에 정착했다. 그러나 한국인들은 애국심을 잃지 않았고 중국인들 사이에 섞여 살면서도 나라말과 풍습을 지켰다. 특히 그리스도인들은 선조의 굳건한 신앙을 마음에 간직했다.

그리하여 1921년 6월 19일, 마침내 두만강, 즉 한만 국경을 넘어 저 광활한 지역에 그리스도의 나라를 건설할 원정 길에 나섰다.

북간도

원산대목구의 한국 지역과 중국 지역을 나누는 경계는 동해로 흘러드는 두만강 거센 물살만이 아니다. 샨얀Schan-yan[12] 줄기도 길게 뻗어 국경을 이룬다. '영원히 흰 산', 장백산은 한겨울 눈 속에서뿐만 아니라, 따스한 봄볕이 산꼭대기의 눈을 녹여 낼 때조

11 *Chronik Wonsan* Januar bis März 1922.

12 만주어 발음으로 장백산맥을 가리킨다.

두만강에서. 카니시오 신부 촬영 ②

차 순백으로 빛난다. 흰 석회 산벽이 햇빛을 반사하여 한여름의 열기가 온 산줄기를 하얗게 태울 것이기 때문이다. 장백산맥은 두만강 너머 한국 쪽으로는 급경사를 이루지만 만주 방면으로는 다소 완만하게 흐른다.

태곳적에 드넓은 발해 분지를 출발한 이주민들은 장백산을 넘어 한반도에 정착한 듯하다. 옛 전설에도 장백산이 나온다. 장백산 만년설에 '만주스리'Mandschusri라는 처녀가 살았다고 전설은 전한다. 사람들은 그녀를 장백산 산신으로 받들었다. 옛날에는 장백산에 그를 모시는 사당도 있었다.

만주인들은 장백산과, 해발 2천 미터에 형성된 화산 호수[천지天池]와, 흰옷 입은 처녀의 표상을 하나의 전설로 엮어 그들의 기원으로 삼았다. 전설은 이렇다.

> 먼 옛날 장백산 그늘에 천제天帝의 딸인 세 처녀가 살고 있었다. 눈 덮인 산마루가 호수 위에 비칠 때, 호숫가에 앉아 있던 그들에게 까치 한 마리가 핏빛 열매를 물고 왔다. 까치가 열매를 떨어뜨리자 막내가 치마로 받았다. 열매를 먹은 막내는 아들을 낳고 이름

을 '아이신교로Ai-sin-Chioro'[13]라고 지었다. 이는 '황금 가계家系'라는 뜻으로, 다름 아닌 중국 황족을 가리킨다. 어머니가 죽음의 얼음 동굴로 들어간 뒤 아이신교로는 작은 탈것에 몸을 의탁한 채 후르카Hurka 강[무단강牧丹江]을 따라 내려왔다. (후르카 강은 북으로 흘러 숭가리Sungari 강[쑹화강]과 합류한 뒤 아무르Amur 강으로 흘러들고, 한만 국경을 형성하는 압록강은 남으로 흘러 황해로 흘러든다. 두만강, 후르카 강, 압록강은 모두 장백산맥 최고봉 '흰 머리 산', 즉 백두산白頭山에서 발원한다.) 후르카 강을 따라 내려온 아이신교로는 세 개의 대부족이 사는 곳에 당도했는데, 오늘날의 만주 땅이다. 세 부족은 서로 싸우고 있었다. 고귀한 젊은이의 등장에 강렬한 인상을 받은 부족장들은 서로의 적대감을 버리고 그를 세 부족의 통합 족장으로 추대했다. 이 민족은 날로 번성하여 마침내 그들을 압제하던 중국인들에게 반기를 들었다(Griffis, *Corea*, 154).

바로 이 '장백산맥'이 1921년 6월 13일에 서울을 출발한 선교사 일행[14]의 다음 목적지였다. 산맥 저편에 그들의 일터가 있었다. 세 사제는 원산까지 일단 열차편을 이용했다. 철도가 오래전에 착공되었으나 해안을 따라 북쪽으로는 공사 진척이 느려, 청진까지는 일본 증기선 '입신마루'를 타고 갈 수밖에 없었다. 거기서 다시 열차로 갈아타고 두만강 변의 국경도시 회령으로 출발했다. 그 사연을 직접 들어 보자.

6월 18일: 청진발 회령행 열차는 함경도 산악 지대를 가로질러 북으로 내달렸다. 구불구불한 철길과 끊임없이 바뀌는 창밖 풍경이 신기했다. 오후 8시 회령에 도착하여 한 '훌륭한 호텔'에 여장을 풀었다. '지렁이구이'와 기타 '별미'에도 불구하고, 정통 중국 음식은 아주 맛있었다. 한밤중에 자고 있는데 경찰이 두 번이나 우리를 '보호하러' 와서 놀랐다. 소등하는 것을 보고야 그들은 우리가 안전하다는 것을 확신했다.

---

13 만주 왕실의 성(姓)인 애신각라(愛新覺羅).

14 칼리스토 히머(Callistus Hiemer) 신부, 카니시오 퀴겔겐 신부, 카누토 다베르나스 신부.

6월 19일: 밤에는 그리도 춥더니 낮에는 무더운 여름 날씨다. 우리가 묵는 호텔 앞에서 큰 운동회가 열렸다. 일본 아이, 한국 아이, 군인, 남녀노소, 강아지와 먼지, 그리고 그 위로 긴 줄에 매달려 나부끼는 각양각색의 깃발들 — 이 모든 것이 어우러져 실로 다채로운 장관을 연출했다. 클라리넷과 여러 개의 북이 흥을 돋우었다.

정오가 되어서야 짐을 찾았다. 한 대는 조랑말 세 마리가, 다른 한 대는 네 마리가 끄는 중국 화물마차 두 대를 구했다. 이 사륜마차에 짐을 전부 싣고 단단히 묶었다. 우리는 삼두마차 짐 상자 위에 높이 앉았다. 마부는 유쾌한 사람이었다. 노래하고 쿵쾅거리고 삐걱거리며 마부는 목소리와 채찍만으로 고삐 없는 마차를 거침없이 몰았다. 그렇게 반 시간을 달려 두만강 국경의 일본 세관에 도착했다. 통행은 불허되었다. 되돌아가야 할 판이었다. 통행 허가서가 필요하다는 것을 중국인들이 깜빡 잊고 알려 주지 않았던 것이다. 일행 중 한 사람이 회령으로 되돌아가 자유롭게 통행할 수 있는 허가서를 얻어 냈다. 서울에서 받아 온 추천서의 효과는 놀라웠다.

두만강을 건너는 것은 쉬운 일이 아니다. 마차 두 대에 실린 짐을 전부 나룻배에 옮겨 실어야 하는 번거로움이 있다. 먼저 말이 도강하고 우리는 짐과 함께 그 뒤를 따랐다. 나룻배가 천천히 강변에 닿았고 우리는 드디어 중국 땅을 밟았다. 풍요로운 일터를 허락하신 하느님께 뜨거운 감사를 드리면서도, 한편으로는 은근히 걱정도 되었다. 첫 독일인 선교사답게 이 새로운 고향에서 그리스도 신앙의 은총으로 온 백성을 복되게 할 능력과 끈기가 과연 우리에게 있을까.

마부들이 말먹이를 주는 동안 삭동이라는 마을에서 잠시 쉬었다. 어느 집에서 뙤약볕을 잠시 피하고 있는데 한 한국인 신자가 와서 인사를 했다. 여러 해 동안 사제를 볼 기회가 없었던 이 사람은 지금 그리스도교를 배우고 싶어 하는 친구까지 데리고 온 것이다. 이것이 우리가 시작하려는 선교 활동의 좋은 징조이기를!

한옥 안마당

이런 휴식은 꼭 필요한 것이었지만 세관에서 지체한 두 시간은 참으로 헛짓이었다. 그 바람에 전체 일정이 어긋나고 말았다. 오늘 가야 할 길이 80리(40km)인데 지금까지 겨우 10리를 왔고, 시간은 벌써 오후 4시 반이다. 동행한 한국인들은 풀이 죽어 다음 마을에서 묵어 가자고 했다. 그들은 우리가 넘어야 할 해발 1,700미터의 오랑캐(Orangke) 고개를 겁냈다. 길이 험준하고 위태로울뿐더러 고갯마루에서는 중국 세관도 통과해야 한다는 것이었다. 그러나 우리는 청명한 하늘과 달빛을 믿었고, 마부들도 야간 산행을 할 준비가 되어 있다고 했다. 그러니, 가자!

우리가 앞장서고, 마차 두 대가 "이랴, 이랴" 소리를 내며 뒤따라왔다. 협곡은 점점 좁아지고, 계곡의 급류를 스무 번 넘게 건너 가파른 비탈을 올랐다.

더러는 길도 끊기고 크고 작은 바위 조각들만 어지럽게 널려 있었다. 마부들은 고음의 가성으로 억양을 기막히게 조절해 가며 끊임없이 소리쳤다: "티르, 티르, 티르, 타이이, 타이, 타이, 타이이, 츄, 츄, 워 주, 코, 코, 코". 말들은 기를 쓰고 전진했다. 11시

삼원봉의 여학교. 카니시오 신부 촬영 ②

쯤에는 중국식 주막 관(Kan)에서 잠시 휴식을 취하며 뜨거운 차와 독한 중국 소주로 객고를 풀었다.

다행히 자정 무렵에는 고갯마루에 도착했다. 밤공기가 차긴 해도 아름다운 곳이었다. '야만인의 길'이라는 뜻인 오랑캐령(Orangke-ryong)은 타타르족의 침략에서 비롯된 이름이다. 오늘날까지 이 고개에는 당시의 흔적이 남아 있다. 중국 세관은 고갯마루 약간 아래쪽에 있었다. 세관원 중 하나가 신자였다. 그는 우리에게 봉사하는 것을 영광으로 생각하여 우리가 지체 없이 통과하도록 손써 주었다.

협로에서 빠져나와 쏜살같이 골짜기로 내달렸다. 중국 마차에는 제동 장치가 없다. 말 세 필이 앞줄에 나란히 가고, 마구에 매인 뒷줄의 한 필이 발굽으로 제동을 걸었다. 느리게 시작한 여정이었으나, 갈수록 비탈을 가파르게 오르내리며 걸음이 빨라졌다. (우리는 마차 꼭대기에 앉아 있다.) 심지어 굽은 길도 빠르게 치고 나갔다. 맨 뒤의 순한 말은 나무꾼처럼 노련하게 험한 산길을 누볐다. 그 조련된 기량은 서커스에 출연해도 경탄을 자아낼 만했다. 마부는 이따금씩 채찍으로 조용히 신호를 보낼 따름이었다.

새벽 3시, 삼원봉三元峰에 무사히 도착했다. 신자들은 낮부터 고갯마루 세관에서 우

일행이 늘어났다. 중국식 '고문마차'. 카니시오 신부 촬영 ②

리를 기다렸다. 학생들도 모두 나와 있었다. 요란한 마차 소리에 다들 뛰어나와 우리를 맞았다. 우리는 마차 두 대에 나누어 타고 본당으로 향했다. 본당까지는 멀지 않았다. 말, 마부, 여행자 할 것 없이 모두 단잠에 빠졌다.

6월 21일 5시 반, 소성당 제대에 오랜만에 사제가 섰다. 미사가 끝나고 신자들이 환영 행사를 열어 주었다. 학생들이 북을 치고 트럼펫을 연주하며 행진했다. 40리 떨어진 용정龍井에서도 대표단이 참석했다. 용정까지는 북간도 스타일의 의장용 마차를 이용했다. 이륜마차의 목재 차축에서 경쾌한 소리가 났다. 완충 장치는 없었지만 하얀 지붕이 우아했다. 마차에 세 명이 포개 앉으니 고문 기구가 따로 없었다. 꽤 오랜 시간을 참고 버텼다.

그 모습이 딱해 보였던지 한국인 일행이 우리를 짐마차에 옮겨 타게 했다. 짐 상자와 꾸러미 덕분에 오히려 충격이 덜했다. 그 대신 지체 높은 중국인 유지들이 '고문'을 당했다. 비명 소리를 들으며 마차가 달렸다. 4시에는 용정에 도착해야 한다.

울퉁불퉁한 꼬부랑길에 도랑도 많았지만, 우리는 먼지를 일으키며 용정으로 내달렸다. 용정을 20여 분 앞둔 곳에서 신자들이 연도를 가득 메우고 일행을 맞이했다. 우리

용정본당. 카니시오 신부 촬영 ②

는 마차에서 내려 환영 인파의 선두에 서서 시내를 지나 본당까지 걸어갔다. 인파는 먼지를 뒤집어쓰면서도 점점 늘어났다. 성당 종탑에서 종이 울렸다. 성당은 600명 정도 들어갈 만했다. 본당 회장을 비롯한 몇몇 공직자의 공식 환영 인사가 무난히 끝나고 우리는 사제관으로 들었다. 11시가 넘어서야 마지막 방문객이 사제관을 떠났다. 우리는 흐뭇한 마음으로 잠자리에 들었다. "이제 집에 왔구나."

북간도에는 용정 외에도 본당이 하나 더 있다. 팔도구八道溝본당이다. 이 두 곳을 중심으로 교육 운동이 활발히 전개되었다. 첫해 성과는 15개교 재학생 922명(남학생 641명, 여학생 281명)으로 나타났다. 학생 수가 이리 당당하니, 해마다 공립학교들이 주최하는 대운동회에 카니시오[15] 신부가 빠질 수 없다. 종목도 구기, 육상, 체조 등으로 풍성했다. 한국인들은 이런 행사를 참 좋아한다. 이런 학교 행사는 재학생과 졸업생이 나이 불문하고 다 함께 즐긴다. 카니시오 신부는 이렇게 썼다.

---

15 Canisius Kügelgen(1884~1964). 성 베네딕도회 오틸리아 연합회 소속 선교사. 한국명 구걸근(具桀根). 1907년 10월 20일 첫 서원. 1909년 7월 26일 사제 수품. 1911년 1월 6일 선교 파견.

성령 강림 대축일 전 수요일에 우리 구역에서는 대운동회, 정확히 말하면 구역 체육대회가 열렸다. 이 행사에는 인근 12개 학교가 참가했다. 나는 4개 학교를 대표했다. 운동장 분위기는 아주 대단했다. 학생 833명이 빙 둘러앉았고, 그 뒤로 5천 명의 관중이 앉거나 서서 경기를 관람했다. 4개 학교와 참가 학생 3분의 1의 교장인 내가 검은 수도복까지 입고 있으니 시선이 집중되는 건 당연했다. 오전에는 카누토 다베르나스 신부[16]와 테오도로 브레허 신부[17]도 다녀갔다. 오후에는 나 혼자 남아 있었다. 활기 넘치는 학생들이 지칠 줄 모르고 승리를 위해 달리는 동안, 우리는 참석한 중국과 일본 관리, 다른 학교 교사와 교장들과 담소하며 우호를 다졌다. 마침내 운동회가 끝나고 시상식이 열렸다. 행사의 대미大尾를 장식하는 달리기 결승전에서 우리 팔도구본당 부설 학교가 관중들의 환호 속에 우승기를 거머쥐었다. 앞선 경기에서도 우리 학교들이 우승과 준우승을 휩쓸다시피 했다. 특히 우리 여학교는 상을 19개나 받은 데다 경기 태도도 훌륭하여 단연 두각을 나타냈다. 우리 남녀 학생들은 흑백 유니폼을 착용했는데, 남학생은 검은 바지에 흰색 상의, 여학생은 검은 치마에 하얀 블라우스를 입고 그 위로 검은 머리를 길게 땋아 내렸다.

금년 우승자가 작년 우승기를 들고 교기가 펄럭이는 우리 학교까지 보무당당하게 걸어왔다. 모든 참가 학교가 거대한 사각형 대열을 이룬 가운데 폐회식이 시작되었다. 북 8개와 트럼펫 12개로 구성된 악대를 선두로, 우승기가 뒤따랐다. 우승자는 세 남자 위에 올라탄 채 자랑스럽게 우승기를 흔들었다. 다른 학교들이 차례대로 그 뒤를 따랐다.

공포가 순식간에 모든 것을 엉망으로 만들었다. "마적이 나타났다!" 중국 북부 지방에서는 오래전부터 마적이 다시 준동하고 있었다. 베이징 중앙 정부에 대한 무크덴[18]

---

16 Canutus Graf des Effants d'Avernas(1884~1950). 성 베네딕도회 오틸리아 연합회 소속 선교사. 한국명 나국재(羅國宰). 1912년 7월 28일 첫 서원. 1914년 8월 13일 사제 수품. 1921년 1월 16일 선교 파견.

17 Theodorus Breher(1889~1950). 성 베네딕도회 오틸리아 연합회 소속 선교사. 한국명 백화동(白化東). 1911년 10월 8일 첫 서원. 1915년 7월 16일 사제 수품. 1921년 6월 16일 선교 파견.

팔도구의 남학교와 여학교. 카니시오 신부 촬영 ②

총독의 항쟁에서 그의 군대가 궤멸되면서,[19] 그러지 않아도 횡행하던 마적 떼가 크게 증가했다. 팔도구본당의 카니시오 신부는 이렇게 보고했다.

> 이곳 정황은 편안하지 못합니다. 상점이 밀집한 시장과 유럽인 신부가 거주하는 교회는 마적들의 좋은 표적입니다. 유력 인사들을 인질로 삼아 거액의 몸값을 요구합니다. 마적들은 주로 새벽 2~4시에 습격합니다. 2년 전 한국인의 봉기가 있은 후 주민들은 완전히 무장해제되어 속수무책입니다. 저는 무거운 마음으로 테오도로와 카누토 두

---

18 무크덴(Mukden)은 현 랴오닝 성(遼寧省) 성도 선양(瀋陽, 심양)의 만주어 표기. 옛 봉천(奉天).

19 봉천성 독군(督軍) 장쭤린(張作霖)이 장제스(蔣介石)의 국민당 정권에 도발한 사건을 말한다. 장쭤린은 만주 군벌로 1913~1928년에 만주를 사실상 중국 내 자치국처럼 지배했다. 화북 지방까지 지배권을 넓히려던 그의 야심은 장제스의 국민당 군대에 의해 좌절되었고 1928년 만주로 퇴각하던 중 만주를 넘보던 일본 관동군의 열차 폭파로 암살당했다.

분 신부를, 의복이나 미사 도구처럼 값나가는 물건과 함께 용정으로 보내기로 결정했습니다. 저 자신도 외딴 사제관에서 밤을 보낼 수 없어 이웃 마을 신자 집을 떠돌아다니며 잠자리를 청하는 형편입니다. 낮에는 본당에서 지내다가 땅거미가 지면 집을 나와 슬며시 사라집니다.

마적단은 300명 이상의 강력한 조직으로, 좋게 시작한 선교 사업의 순조로운 발전을 도처에서 위협하고 있다. 그래도 그리스도 왕국을 위해 싸우는 전사들은 용감하게 제자리를 지킬 것이다. 복된 일을 시작하는 기쁨에는 많은 노고와 근심도 따르기 마련이다. 우리 선교사들의 삶과 일은 우리를 극동으로 보내신 하느님과, 우리가 사랑하는 민족들의 것이다.

보니파시오 사우어 주교아빠스, 교수신부와 신학생들. 카니시오 신부 촬영 ②

부록

초판 제19장_기로에 서서

노르베르트 베버 총아빠스 연보
여행 경로와 일정
인명 색인
지명 색인
사항 색인

초판 제19장

기로에 서서

선교의 국가 · 정치적 의미

아덴, 8월 20일

열흘 간의 아덴Aden[1] 체류는 일정에 없던 것이었다. 증기선은 우리를 이곳에 내려 놓고 출항지로 서둘러 돌아가 버렸다. 독일령 동아프리카[2]로 향하는 다른 증기선을 마냥 기다릴 수밖에 없다. 1905년 나의 정기 시찰이 현지 폭동 때문에 돌연 중단되었기로, 이번 기회에 계속할까 한다.

분화구 벽에 에워싸인 아덴의 열기는 마녀의 솥단지처럼 뜨거웠다. 심신이 늘어지고 지친다. 그래도 충분히 땀 흘릴 가치가 있는 시간이다.

저수지 석벽을 타고 올랐다. 갈라진 협곡의 분화구 벽을 따라 올라가며 계단식으로 지은 복잡한 건축물이었다. 나는 이 장엄한 건축물을 그림으로 남기고 싶었다. 벽 위로 빛이 쏟아져 내렸다. 빛의 홍수에 눈이 피곤하여 먼 바다 푸른 파도를 바라보았다. 눈이 다소 편안해지면서 사념도 먼 과거로 되돌아갔다. 이 기념비적 건축물에는 신비의 너울이 드리워져 있다. 대단한 문명을 누리던 민족이 설계하고 시공했을 텐데, 도대체 누구였을까? 고대 페르시아인? 로마인? 해답의 실마리가 보이지 않았다. 어쨌

1 예멘의 항구도시. 예부터 아시아 · 유럽 · 아프리카를 잇는 해상 교통의 요지로 유명하다.

2 동아프리카의 독일제국 식민지(1885~1919). 제1차 세계대전 후 베르사유 조약에 의해 벨기에 · 포르투갈 · 영국령으로 분할되었다. 현 부룬디, 르완다, 탄자니아의 대륙부인 탕가니카를 포괄한다.

거나 어느 문화민족이 이곳을 거점으로 그들의 문화를 전파하려 했을 것이다. 지금이야 강수량도 적고 때로는 5~7년 동안 가뭄이 지속될 때도 있으니 계곡 안쪽에 이처럼 거대한 저수지를 축조할 엄두도 못 내겠지만, 당시의 기후 조건은 지금보다 더 좋았을지도 모른다. 더는 파고들 단서가 없다. 어느 눈 밝은 이가 이곳의 가치를 알아내어 강인한 의지로 자연에서 삶의 조건을 창출해 냈다는 정도만 알 수 있을 뿐이다.

산허리를 뚫어 수로를 낸 무모한 발상쯤이야 현대 기술이 바닷물을 증류시킴으로써 간단히 극복해 버렸지만, 아덴을 국제 교역로의 거점으로 보는 시각은 변함이 없다. 이곳에서도 영국은 예리한 선견지명으로 [자국에] 유리한 상황이 무엇인지 파악했다. 이 도시를 거점으로 삼아 극동이나 아프리카의 여러 국가와 교역하려면 누구를 막론하고 이곳에서 영국의 허가증을 먼저 받아야 한다. 아프리카 쪽이 동양보다는 아무래도 쉬웠다. 영국은 이 문제를 혼자 조율하여 전리품을 독식하고 싶었겠지만, 운 좋게 의화단 사건을[3] 전후하여 우리 독일도 그런 기회를 딱 한 번 가진 바 있다.

독일이 세계 진출을 결정할 때까지는 너무 오랜 시간이 걸렸다. 유럽 열강들이 마지막 남은 식민 영토를 나누어 가지려는 찰나, 독일도 때맞춰 폐쇄성을 벗어던지고 동방으로 진출했다. 마침 동방도 국제사회에 문호를 개방하던 참이었다.

식민지가 소유할 가치가 있는 것인지에 대해서는 독일 내에서도 의견이 분분하다. "돈이 더 들기 전에 식민지를 청산해 버리는 게 낫지 않을까?"라는 조언은 점차 잦아들고, 지금은 대체로 용인하는 추세다. "애초에 식민지를 소유하지 않았더라면 더 좋았을 뻔했다. 그랬다면 식민지 관리와 해군력 증강에 드는 막대한 예산을 절감할 수 있었을 것이다. 그러나 일단 소유한 이상, 해외 점유물을 유지 · 발전시키는 데 총력을 기울이는 것이 우리의 신성한 의무임은 두말할 나위가 없다." 과연 그럴까?

---

3 청(淸) 왕조 말기인 1900년 비밀결사 의화단(義和團)을 중심으로 화북(華北) 일대에서 일어난 농민 투쟁. 영국 · 러시아 · 독일 · 프랑스 · 미국 · 이탈리아 · 오스트리아 · 일본 등 8개국은 연합군을 형성하여 관군과 의화단을 격파하고, 중국 내 양무파(洋務派)는 연합군에 협력하여 난을 진압했다. 그 결과 1901년 신축조약(辛丑條約)이 체결되고 서구 열강의 중국 식민지화가 급진전되었다.

식민지가 국가 재산의 일부이기는 하나, 결코 국익의 핵심은 아니다. 물론 국익 창출의 단초를 제공한 경우는 있었을 것이다. 식민지는, 독일이 제 손에 떨어진 지구 상의 어느 국가로 서둘러 진출하여 그곳에서 독일인의 역량과 끈기로 세계 문화의 한몫을 담당하도록 각성시키는 계기가 되었을 것이다. 성실과 정직, 신의와 양심으로 대변되는 민족성, 학문과 기술 분야에서 이룩한 고도의 성취, 우리가 누리는 정치적 명망에도 불구하고, 독일이 그동안 문화적 과제의 큰 몫을 할당받지 못한 것은 신의 섭리 때문인가? 바야흐로 세계 각국이 문호를 개방하고 유럽 문화를 받아들이는 이 마당에, 우리도 그 과제를 수행할 길을 개척해야 하지 않겠는가? 독일인들을 넓은 세상으로 나아가게 하는 동인動因은 태생적 방랑벽도 아니요, 적어도 삶의 한 시기쯤을 외국에서 보내고 싶은 본능적 충동도 아니다. 그것은, 의무감과 경제적 절박함이다.

아덴의 저수지 ①

의무감. 다른 민족들이 가지지 못한 문화적 자산을 그들과 나누는 것은 신성한 의무다. 중대사의 한 축이 문화 사업이라면, 다른 한 축은 절체절명의 필요성이었다. 국가 발전이 완전히 정체되어 민족이 병적 쇠약 상태에 빠지지 않으려면 독일도 해외로 진출할 수밖에 없었다. 해외로 나가지 않았다면 독일은 어떻게 되었을까? 당시, 독일제국 통합 후 4천만 명까지 증가한 인구 중 2,500만 명의 부양이 불투명해질 전망이었다. 식량 수입으로 벌충하자니 머지않아 국고가 바닥날 게 뻔했다. 그렇다면, 무역선과 열차가 식량을 싣고 올 때 돈도 함께 싣고 와야 한다. 세계시장에 독일 제품을 수출하기 시작했다. 우리의 산업과 수백만 노동자들은 그렇게 생존했다. 국내 생산이 불가능한 원자재들은 해외에서 대량 조달되었다. 공장이 돌아가기 시작했다. 독일의 국내 발전은 동시에 세계 진출의 원동력이 되기도 했다.

모든 것이 그리되지 않았더라면 해마다 늘어난 인구는 생존을 위해 미국으로든 다른 어느 나라로든 이주할 수밖에 없었을 것이고, 독일은 지금도 1870년 수준에 정체되어 있을 것이다. 오랜 세월 낯선 타국에서 이주민의 후예로 전락했을 1,500만 국민이나, 남은 2,500만 국민이나, 조국 독일을 영원히 잃을 뻔하기는 매한가지였다. 독일 이주민들이 영국인들처럼 타향을 고향처럼 편히 생각하고 세계를 바로 자신의 거대한 유산으로 여기면서도 '더 가까운' 조국과 끈을 놓지 않을 수 있다면야, 우리는 독일인 전체의 이익을 생각해서라도 참고 견디겠다. 그러나 목하目下 독일 이주민들은 조국과 절연하고 타국의 하수인 노릇이나 하고 있었다. 그들의 노력 봉사로 타국은 점점 강대해지는데, 그것이 독일에 위해危害가 되지 않는다고 말할 수도 없다. 그러니 이주민이 매년 2만 명까지 감소한다는 사실만으로도 일단은 고무적이다. 이것을 가능하게 한 것은 오직 독일의 대외적 발전이었다. 한편, 국내 인구 증가율의 둔화는 독일의 발전에 본질적으로 기여하여 독일은 합당한 열강의 지위를 얻게 되었다.

"배 한 척 보유하기 전에도 독일은 이미 명망 있는 세계 열강 가운데 하나였다"라고 [윈스턴] 처칠Winston L.S. Churchill 경이 말한 것은 아마, 독일이 현상 유지를 통해 그저 명망 있는 열강으로 머물러 주기를 원했기 때문일 것이다. 그러나 세계가 문을 활짝 열자 서구 문화는 거세게 밀어닥쳤다. 이제 독일 정신도 앵글로색슨과 나란히 세계 속에 한자리를 차지하게 될 터였다. '장사꾼 근성'(Krämergeist)[4]은 열강의 반열에서 소외되어 있던 독일이 세계시장에 진출하는 것을 좌시하려 들지 않았다. 아무리 제 사업이 번창해도 남의 사업이 잘되는 꼴은 못 보는 것이다. 독일의 교역이 일취월장하여 영국의 10년 전 수준인 170억 달러를 돌파하자 영국도 더는 가만히 있지 않았다. 지난 10년 동안 영국도 괄목할 만한 교역 확장을 이룩한 것이 사실이나, 그것은 전혀 위로가 되지 않았다. 30년 전만 해도 독일 국기 색깔이 낯설었던 홍콩 · 싱가포르 · 상하이와 아프리카 연안 항구의 배에서 독일 국기가 수도 없이 나부낄 때, 영국은 열강으로서의 위상을 흔들 수도 있을 이런 상황을 시샘했다. 독일도 물러설 데가 없었다. 우리 독일인들이 조국과 조국의 위대함을 가치롭게 생각하는 마음은, 영국인들이 그들의 조국을 생각하는 마음에 결코 뒤지지 않는다.

그러나 이런 패권 다툼은 경제 분야에만 국한되지 않는다. 정신적 영향력은 경제적 영향력 형성에 중요한 전제가 되기 때문에, 민족 간의 정신적 패권 다툼이야말로 관건이 아닐 수 없다. 이 점에서 독일의 정신은 경제적 발전을 따라가지 못했다. 독일인들은 경제 분야에서 제각기 탁월한 능력을 발휘했으나, 이 개인의 우월성을 국가적 이익을 위해 쓰는 방법을 제대로 배운 적이 없다. 독일적 철저성이 이룩해 낸 정밀과학을 토대로 삼아 독일의 기술은 거의 모든 분야에서 영국인의 전문 영역을 장악했지만, 독일 정신은 그에 미치지 못했다. 독일 정신이 확실한 우위를 인정받은 학문 분야에서조차, 성인교육 · 학교교육을 막론하고, 독일의 역량은 최근까지 좌절을 거듭했다. 교육이라는 이 강력한 수단의 도움을 받아, 민족들을 정신적으로 정복하고 문화적으로 복속시킬 즉각적이고 결정적인 공세를 취해야 한다. 우리보다 훨씬 뒤처져 있던 다른 나라들은 그간에 많은 식민지를 확보했다. 독일은 너무 늦게 출발했고 독일에게 세계는 너무 생경해 보였다. 독일인이 해외에서 도모하는 일은 개인 사업의 성격이 짙다. 독일인의 사업과 생산품에는 조국이라는 뒷배가 없다. 그래서 능력이 시

---

4 영국을 지칭한다. '크레머가이스트'('Krämergeist)는 나폴레옹이 영국인을 폄하하여 쓴 말이다.

들고 창업이 위축되었다. 독일이 여태 다른 나라들을 따라잡지 못하는 것은 이 때문이다. 그런 나라들은 동력은 미약하나 고도의 국가관을 표출하는 단결력으로 무장하고 국제무대에 등장했다. 진정한 애국심은 개인의 특권이 아니라 만인의 의무다.

국제 교역과 문화의 국가적 영향력 확보를 위한 식민지 개척에서, 전열戰列의 최선봉은 세계 어디서나 선교사들이다. 성조기가 휘날리는 곳이면 더욱 그렇다. 미국 선교사들은 실제로 다른 어느 나라보다 국가 시책과 기업 활동에 더 많이 관여되어 있는 것 같다. 실용주의적 미국인들은 선교사들을 자기네 해외 사업을 간접적으로 대행하는 인력으로 여긴다. 따라서 선교 활동을 장려하고 물질적 후원을 아끼지 않음으로써 거기에 상응하는 보수를 지급함이 마땅한 것이다. 영국인들도 선교의 이런 의미를 결코 과소평가하지 않는다. 프랑스조차 해외 선교와 그에 대한 보호 정책의 국가적 가치를 여전히 의식하고 있다. 물론 그리스도교에 대한 적대감과 해외 선교에 필요한 호의 사이에 적당한 타협점을 찾는 일은 프랑스에게도 쉽지는 않았다. 강베타[5]는, 반교권주의는 수출품이 아니라고 선언함으로써 해법을 발견했다. 이 말에 기대어 프랑스는, 국내에서는 교회를 약탈하고 수도자들을 추방하면서도, 터키에서는 수녀들에게 훈장을 수여하고 중국에서는 선교사들의 타고난 보호자로 행세할 수 있었다. 식민지에서 소유권 말고는 더 잃을 것도 없이 도산해 가는 포르투갈 같은 나라들은 자국 선교사들까지 식민지에서 쫓아내는 지경에 이르렀다.

이런 현상은, 국가가 대외적으로 영향력을 행사하는 데 선교가 발군의 요인으로 작용한다는 사실을 확연히 드러낸다. 독일에서도 이런 인식이 점차 확산되는 추세이나 [여론을] 아직 완전히 장악하지는 못했다.

칭다오에서였다. 오랜 항해 끝에 다시 독일 땅을 밟으니 기뻤다. 도시와 인근 지역을 둘러보고, 시내 뒷산의 수풀 우거진 오솔길에서 산책도 했다. 거기서 처음 독일어

---

5 Gambetta, Léon(1838~1882). 프랑스의 정치가. *La Republique Française* 창간인. 나폴레옹 3세의 전제에 반대하고 프로이센·프랑스 전쟁 때 강경한 항전론을 폈다.

를 들었다. 남자 둘이 스치듯 지나갔고, 우리는 하던 이야기를 계속했다. 우리가 지나가기 무섭게 한 남자가 다 들리는 소리로 말했다. "저 작자들은 여기서 뭐하는 거야?" 이건 독일 스타일이다. 자기 생각을 대놓고 거칠게 드러내서가 아니다. 영국인들이 잘하는 말로, '신사적'이지 못해서도 아니다. 단순한 실언失言인데, 마음에 담아 두고

칭다오 부두 ①

있는 게 옳지 않다는 생각도 들었다. 내가 그 남자한테 화가 났겠는가? 그 남자가 아니라, 그 남자가 드러낸 생각에 화가 난 것이다. 그는 선교사들의 종교 활동, 도덕적 승리와 진출에 대해 자기 마음대로 생각하고 싶었을 것이다. 그건 그럴 수 있다. 그러나 독일인으로서, 더구나 재외 독일인으로서, 선교의 국가적 의미에 대해 한 번이라도 애써 숙고해 보았다면 선교를 그리 평가할 수는 없었으리라. 적어도 미국인이나 영국인이었다면 그렇게는 하지 않았을 것이다.

선교가 정치적 목적을 추구하지 않는다는 것은 사실이다. 독일인 선교사는 식민정책이나 경제 계획에 종사하지 않는다. 선교 고유의 영역은 종교 영역으로 정확히 국한된다. 이 영역을 넘어서면 적어도 동아시아에서는 처벌을 면하기 어렵다. 선교사는 정부가 비밀리에 파견한 요원들이라는 둥, 자국 선교사들이 먼저 정신적 침략을 완수해 놓으면 정부가 등장하여 그 나라를 집어삼킨다는 둥, 이런저런 해괴한 풍문이 그곳 동아시아에서는 꽤 오래 영향을 끼친 듯하다. 이 악의적 정보가 1623년 일본의 핏빛 그리스도교 박해[6]를 야기했고 한창 꽃피던 그리스도교를 말살하는 데 한몫했다. 적어도 이런 의혹 때문에 중국도 선교를 크게 신뢰하지 않는다. 그러므로 선교는 어떤 정치적 목적도 좇아서는 안 된다. 선교는 스스로 포기하거나 그 효과를 문제 삼지도 말아야 한다.

그럼에도 독일 선교사는 독일인으로서 자신의 존재와 활동과 성취를 통해 조국에 바람직한 이득을 창출할 수 있지 않을까? 이 이득이 선교사에게 수고와 노력을 배가시킬 추동력이 되지는 않을까? 그리하여 선교 사업에 조국이 베푼 도움을 더욱 감사히 여기게 되지는 않을까? 선교사나 상인이나 사정은 매한가지다. 상인에게는 단연코 개인의 이익이 무엇보다 강력한 추동력이다. 애국적 열정 때문에 장사를 망각하는 상인은 드물다. 그런 건 도리어 국가 이념에 도움이 안 된다. 그들에게 중요한 것은 조국이 그들을 필요로 할 때 제자리를 지키는 것이다.

선교도 이와 비슷하다. 가장 고귀한 이상理想인 종교를 부동의 목표로 상정하는 것이 선교의 보편적 능력을 침해하는 약점은 아니다. 오히려, 그리스도교를 더 널리 전파하는 의무에 충실할수록, 선교는 국가 이념의 구현에 더 큰 업적을 남길 수 있다. 선교가 자신의 의무 영역에서 방향 전환을 시도한다면, 스스로를 포기하여 자신의 힘과 존재 이유와 존재 자체마저 잃게 될 것이다. 이것은 시인의 말 한마디로 넉넉히 표

6 120여 명의 선교사와 개종자들이 순교한 1622년의 겐와(元和) 대 순교 사건을 가리킨다.

현된다. "먼저 신에게, 그다음 조국에"("Erst gehörst du deinem Gotte, ihm zunächst der Heimaterde"). 독일 정신을 세계에 널리 전파함으로써 조국을 이롭게 하겠다는 올곧은 소망과 진정한 의지는 당연히 선교 활동의 의무에 포함된다. 독일 정신이 완벽히 가치로운 문화적 의미로 무장하고 세계로 뻗어 나가려 할 때, 이 원칙은 환영받을 만하다.

독일이 세계무대에 공식 등장하여 다른 민족들에게 전달하는 문화는, 문화적 가치들의 단순한 집적물이 아니다. 말하자면 세계시장에 내놓았을 때, 품질을 이모저모 따져 보고 쓸 만하면 사 가는 원목 같은 것이 아니다. 그것은 오히려 푸르게 살아 있어서 늘 새로운 열매를 맺고, 그 열매를 베풀어 다른 곳에서도 같은 생명이 자라기를 바라는 튼실한 나무와 같다. 썩은 가지들은 떨어져 부서진다. 더는 맥동하는 생명을 느낄 수 없다. 나무는 뿌리 깊은 곳에서 생명을 얻고 자란다. 그 뿌리가 그리스도교와 서양 문화이며 삶의 원칙도 그 안에서 지켜진다. 민족 간에 교류되는 문화 가치는 외적 현상일 뿐 문화 그 자체가 아니다. 문화 자산을 쓸모 있고 복되게 만드는 것은 엄격한 도덕성, 숭고한 내면, 강건한 정신, 고귀한 세계관이다. 이를 통해 문화는 '고압 전류'가 흐르는 문화적 산물을 '상용 전기'로 바꾸는 정신의 변압기 구실을 한다.

생활양식의 전제 조건을 형성하는 것은 삶 그 자체다. 흑인이나 남태평양 섬사람의 원시적 습속에 강압적으로 개입하든, 기술적 성취 때문에 동양 민족들이 요청하든, 정치적 위세 때문에 본보기로 각광받든, 모름지기 서구 문화가 축복처럼 큰 걸음을 내딛는 곳이라면 어디서나 그리스도교가 삶의 토대를 구축해야 할 것이다. 또한 우리 식민지에서처럼 확고한 영토 점유가 중요하든, 정신적 · 문화적 · 경제적 · 상업적 자산이 중요하든, 그것은 어디까지나 문화 진출의 후속타에 지나지 않는다.

중국에서나 일본에서나, 그리스도교 사상이 불교와 국가 통치 이념인 유교의 부흥 기도企圖를 극복하고 동서양의 정신적 격차를 해소시켜 주든지, 아니면 동양 민족들이 서양 문화의 몇몇 산물과 유럽 헌법 몇 조항을 조악하게 모방하는 선에서 만족하고 서양과의 모든 교류를 다시 중단하든지, 둘 중 하나일 것이다.

일본에서는 불교와, 중국에서는 유교와 대결해야 한다. 중국은 지금까지 속국인 조선에서조차 통용되던 과거제도를 폐지하는 특단의 조치를 단행했다.[7] 그 기상천외한 방식 때문에 우리는 중국의 학문 풍토에 고개를 갸우뚱할 수밖에 없지만, 그래도 과거제도는 2천 년 동안 전 중화제국을 공자의 세계관으로 결집시킨 정신적 권력을 대변해 왔다. 유교 사상에 기반한 이 시험을 통과하지 못하면 누구도 고위 관직에 오를 수 없다는 근본 원칙이 붕괴되었다. 이 국가적 원칙은 황제의 옥좌를 지탱해 주었고, 황제는 공자의 가르침을 국교로 보호했다. 이 원칙의 포기는 황제의 위상에 영향을 미칠 것이며 그 반작용이 국교에도 가해질 것이다. 전진이냐 후퇴냐, 중국은 양자택일의 기로에 서 있다. 물론 중국은 유교를 근본으로 한 근대화를 추구한다. 과거의 문화적 삶을 온전히 보존하면서 서구 문화의 성과물만 취하려는 것이다. 그러나 그것은 불가능해 보인다. 그들에게 삶을 부여하는 것은 정신인바, 정신이 결여된 외형적 문화의 산물은 오래가지 못하기 때문이다. 문화의 산물이 삶의 원칙인 그리스도교를 벗어나 낯선 존재에 접목되면, 수액樹液이 동화되지 않은 채 줄기에서 전혀 다른 종류의 생명력을 뽑아내야 하는 접붙인 가지처럼 마르고 시들게 된다.

이것이 선교가 문화 사업에 개입하는 이유다. 선교가 앞장서지 않으면 동양에서 독일 문화의 약진도 멈춘다. 독일 정신도 퇴행할 것이고, 독일의 이권과 그로부터 창출되는 이득도 고갈될 것이다.

앵글로색슨인이 우리 독일인보다 훨씬 먼저 세상 물정에 눈뜰 수 있었던 건 선교와 문화, 문화와 교역 간의 연관성을 명확히 간파하고 있었기 때문이다. 그들은 요동치는 동양의 사회 변동 과정을 오랫동안 추적하다가, 결정적인 순간을 노려 다른 나라보다 먼저 모습을 드러냈다. 지구의 반인 동양에서 강력한 식민 작업이 어떻게 추진되는지, 그 과정을 우리는 한국에서 일목요연하게 압축적으로 관찰했다.

---

7 과거제도 폐지는 1905년에 결정되어 1906년부터 시행되었다.

한국은 일본의 융성을 목격하고, 그것이 서양 문화와 접촉한 덕분이라 여겼다. 밀어닥치는 이민족들에 맞서 국가로서의 자신을 지킬 희망이 그나마 남아 있었을 때는, 철저한 학교교육을 통해 서양 문화를 자기 것으로 만듦으로써 스스로를 구할 희망의 닻에 절망의 힘으로 매달렸다. 적어도 백성들은 그랬다. 그러나 너무 늦었다. 이미 정치적 · 경제적 정복이 진행되고 있었다. 한쪽으로는 미국이 들이닥쳤다. 전위부대는 선교였다. 미국은 이 나라를 정신적 · 경제적으로 정복한 후 미국과의 통상에 묶어 둘 작정이었다. 다른 한쪽으로는 일본이 들이닥쳤다. 그들은 대륙에 작전 기지를 구축할 필요가 있었다. 자국의 재정 능력을 상회할 정도의 강력한 문화 정책으로 서구 문화를 격퇴하는 한편, 동양 정신을 되살려 그들의 원대한 국가 계획을 완수하려는 것이었다. 이 계획의 범위는 한국을 훨씬 벗어난다. 한국을 만주 정벌의 교두보로 삼았듯이, 일본은 우리 칭다오를 중국 정벌의 교두보로 삼고 싶었을 것이다.

우리와 가까워질수록 극동은 엄청난 규모의 문화를 수용했지만 성향과 분위기는 바뀌지 않았다. 중국에서 과거제도가 폐지되고 근대식 교육과정이 설치되자(1905년), 중국의 젊은이들은 도쿄로(1910년에 3천 명 이상), 미국으로(약 600명), 영국과 유럽 각국으로(500명 이상) 유학을 떠났다. 곳곳에 초등학교와 전문학교가 설립되었다. 베이징 한 곳에만도 200개교에 이르고 재학생이 1만7천 명이다. 많은 것에서 너무 서둔다는 느낌이 들어, 혹여 허상을 좇는 건 아닌가 싶다. 일본은 지금까지 외형적 문화만 수용했을 뿐 그 문화를 지탱하고 보존하는 정신은 거부했거니와, 그럼에도 중국의 노력은 정신적 혁명을 통해 일본을 따라가려는 특징이 있다. 그러나 이것이야말로 중국이 갈망하는 유일한 길이기도 하다.

유럽 문화에 대한 이런 입장 표명을 통해 불타는 민족의식이 명료하게 드러났다. 이런 민족의식은 전에 없던 것이었다. 우선적 유럽식 교육제도를 통해 정신의 능력을 고양시킬 필요성을 분명히 인식했다. 학교와 학문을 매개로 서구 문화에 의존하는 현 상황은 과도기에 불과하다. 이 민족들은 서구에서 차용한 정신적 제도를 활용하여 외국 교사와 그 영향력에서 벗어나든지, 아니면 서구 문화에 순응하여 그 영향력 아래 안주함으로써 서양과의 관계를 지속할 것이다. 후자의 경우는 학교에 그리스도교 정신이 스며들어 그리스도교 문화가 학교로부터 대중들에게 전파될 때만 기대해 봄직하다. 그게 아니라면 동양에서 서구 문화는 한순간 빛나다가 사라지는 유성처럼 허무하게 명멸하고 말 것이다.

영국과 미국은 현실적으로 물질적 자원 획득에 주안점을 두는 경향이 있다. 우리는 그들의 회계장부를 들여다보지 못한다. '학교'와 '선교'라는 계좌에는 수입이 숫자로 기재되지도 않는다. 그러나 이 계좌로 지출된 막대한 금액으로 미루어, 영국과 미국의 재계가 선교와 선교 학교의 활용 가치를 얼마나 높이 평가하는지 추론할 수 있다. 거액의 재단들이 명문 대학을 설립했다. 한커우漢口[8]에 대학을 설립하면서 앵글로색슨 정신은 상하이上海를 넘어 중국 내륙으로 치고 들어갔다. 영국 · 미국 · 캐나다 대학들의 합작품이다. 상하이에서 번창하는 독일 의과대학으로 학생들이 유입되는 것을 차단하려고, 일부러 상하이로 가는 교통의 요지인 양쯔 강 유역에 설립 부지를 마련한 듯하다. 중국인들에게 무엇보다 시급한 것은 서양 의학이다. 한국이 중국에서 받아들인 중국 의술과, 상하이 연안의 증기선에서 중국인 치과 의사가 녹슨 의료 기구로 수상쩍은 시술을 구사하는 장면을 내 눈으로 목격한 마당에, 의사가 턱없이 부족한 중국의 절박함을 입증할 무슨 증거가 더 필요하겠는가.

홍콩은 대영對英 무역의 중국 측 창구다. 영국은 홍콩에 대학을 설립했다. 이 대학의 임무는 명백히, 그곳에서 무역을 통해 당당하게 세력을 확보한 독일의 영향력을 약화시키는 것이었다. 산둥山東 지역에는 미국 장로교와 영국 침례교가 함께 대학을 설립했는데 재학생이 벌써 400여 명이다. 칭다오에서 150킬로미터밖에 떨어지지 않은 웨이 현을 설립 부지로 정했다. 웨이 현은 칭다오와 내륙 지방을 연결하는 철도 노

---

8 중국 후베이 성(湖北省) 동쪽, 한수이(漢水) 강과 양쯔(揚子) 강이 합류하는 북쪽 기슭에 있는 도시.

선 상에 있다. 내륙 지방 학생들이 열차를 타고 칭다오 독일 대학까지 계속 가야 하는 수고를 덜어 줄 심산임이 분명하다. 미국은 독일의 계획 때문에 교육 분야에서 불이익을 당할까 봐 불안해한다. 이 걱정이 극명하게 드러나는 곳이 도쿄다. 독일 예수회가 독일 전역에서 어렵게 모은 건축 기금을 투자하여 도쿄에 웅장한 대학 건물 첫째 측량을 착공하기 무섭게, 록펠러라는 사람이 420만 마르크를 쾌척하여 미국의 경쟁력을 북돋았다. 40만 마르크짜리 독일 예수회 대학과는 차원이 다른 사업이다.

앵글로색슨의 경영인들은 국가 이념의 확산과 국가적 영향력의 증대를 위해 일하고, 선교를 후원하는 세련된 방법을 알고 있다. 영국이나 미국과 경쟁하고 비난하기에 앞서, 그들이 국가적 목표와 종교 사업, 이상의 추구와 물질적 희생의 내적 합일을 이룬 것을 묵묵히 경탄하고 인정해야 한다.

이들 대학이나 학교에서 정신을 매개하는 언어만 해도 엄청난 선전과 광고효과를 지닌다. 나룻배에서 증기선을 향해 "일 실링!"을 외치고 상어와 경찰이 있든 말든 돈을 주우러 물 속으로 뛰어드는 포트사이드Port Said[9]나 아덴의 남루한 흑인 소년들부터 일본과 한국의 대신大臣들에게까지, 영어는 영국의 명성을 홍보한다. 영국의 문화적 영향력과 경제적 성취가 이 명성에 달려 있다. 국제무역에서 언어는 조국에 유리한 노선을 취하라고 명한다. 언어 속에는 동양을 경제적으로 정복하려는 원대한 계획이 들어 있다. 국제무역이 우선적으로 영국과 미국에 얽매이게 되는 것도 언어 때문이다. 그리고 그 전위前衛에 선교가 있다.

식민 사업이 승승장구하면, 중국은 정치적 종속이 아니라 경제적 종속 때문에 인도와 운명을 함께하게 될지도 모른다. 인도에서는 카스트 제도에 기인한 내적 분열 때문에 정치적 식민화가 보다 용이하게 유지되었다. 마찬가지로 천 년 동안의 융합 과정을 거치면서 관념적 통일을 이룩한 중국도, 현재 내부 개혁에 지적 추동력을 제공

9 수에즈 운하 북쪽 끝, 지중해 연안에 있는 이집트의 항구도시.

하고 교역의 '기중기'를 성공적으로 작동시킨 나라에 경제적으로 종속되고 말 것이다. 그 '기중기'는 중국의 무진장한 지하자원을 영국으로 가져갈 것이다.

프랑스가 지금 중국의 선교 보호국으로서 올린 투자 수익은 우리를 아덴에 내려놓고 떠난 그 배가 가져다준 수익을 상회한다. 그 배는 중국에서 약 4천만 프랑에 상당하는 생사生絲를 프랑스로 싣고 갔는데, 정부와 공장은 높은 관세와 두둑한 이익배당으로 임금을 지불했다. 이때 프랑스가 고급스런 취향의 대표국이라는 것이 크게 도움되었다. 그러나 영국제 상품들이 판치는 세계시장에 진출할 때는, 독일도 자국 제품에 일제히 'Made in Germany' 딱지를 붙여 내놓을 수는 없겠는가. 영국 무역업자들이야 'Made in Germany'가 독일제이니 당연히 불매할 작정이었다. 그러나 극도로 복잡한 기계, 고강도 특수강, 물리학적 정밀기계, 순도 높은 화학 시료 등을 막론하고 견고한 독일제 공산품들이 일단 한 번 영어로 소개된 뒤부터는 독일어로 인쇄해도 장인들의 수공업은 물론, 독일의 공업과 과학의 명성이 전 세계로 퍼지게 되었다. 새로운 관계를 맺되, 일단 맺은 관계는 끝까지 유지하는 것이 중요하다. 이 점에 있어 영국과 미국의 대기업들은 그들의 선교를 높이 평가하는데, 독일의 무역과 산업은 왜 선교에 그리도 무심한가?

지금 동양에서는 모든 것이 변하는 추세다. 무슨 일이든 일어날 수 있다. 만화경 속에서 색깔과 형태가 섞이듯, 인류의 4분의 1이 지난 4천 년 동안 전혀 다른 원리에 따라 문화생활을 영위해 온 어느 한 세계의 완고한 원칙을 뚫고 새로운 서구 문화와 다양한 외교적 복안들이 파고들었다. 변화의 격랑이 가라앉고 어느 정도 꼴이 갖추어졌을 때, 동양이 독일이라는 나라에서 얻은 부가가치는 얼마나 강력할까? 독일의 선교사업이 전반적인 국가 발전에 미친 영향력은, 독일이 차지할 몫의 비율을 결정하는데 상당 부분 관여할 것이다.

동양에서는 독일의 참여를 점증적으로 요구하는 중요한 과제가 있어 불안하고 조급한 마음으로 분투노력했지만, 우리 아프리카 식민지의 양상은 첫눈에도 전혀 달랐다. 나는 수평선 너머 저 멀리 북아프리카 해안의 불타는 절벽을 떠올렸다. 그곳도 여기 아덴의 암벽처럼 헐벗은 채 여행객들을 맞이했고, 가엾은 염소들이 풀을 찾아 헛고생만 하다가 고작 바닷물이 증발하여 쌓인 소금딱지나 핥고 있었다. 계속 남하하면 비옥한 지대가 나온다. 우리 독일령 동아프리카다. 과거의 모습도 떠오르고, 기억 속에 각인된 색채도 금방 선명하게 되살아났다. 선은 고요하고 색은 청명했다. 그러나 이곳에서의 문화적 과제와 국가적 목적도 큰 틀에서 보면 우리가 방금 떠나온 곳[동양]의 불안정한 모습과 크게 다르지 않았다. 동양의 오랜 문화민족들 속에서나 아프리카의 미개민족들 속에서나 독일은 늘 하나의 문화적 과제에 직면하고 있었다. 맡겨진 의무에 선택의 여지가 없었기에 그 과제는 더욱 엄중한 것이었다. 우리의 흑인 민족에게 미치는 영향이 명백할 터이므로 더 확실한 결실을 얻을 것 같았다. 식민정책의 목적은 분명했다. 원주민의 문화적 개선과 채산성 있는 식민지 조성이었다.

우리 식민정책의 첫째 과업은 문명국으로서 간과할 수 없는 것이나, 착수 당시 다소 불안한 탐색 단계를 거치고야 그 성격이 명료하게 드러났다. 이슬람교가 흑인들에게 더 유용한 종교라고 심심찮게 추어올리던 목소리들은 차츰 잦아들기 시작했다. 강성해지는 이슬람에서 점증하는 위험을 간파하고 제어할 필요를 느낀 정치적 고려 때문이든, 우리 아름다운 식민지를 가만히 들여다보고 자연히 알게 된 이슬람의 문화역량에 대한 불신 때문이든, 어쨌거나 그리스도교 선교는 문화 사업에 착수했다. 이슬람을 밀어내면 이슬람과 그리스도교 간에 정신적 투쟁이 야기될 것이 분명하다. 마호메트 교도들은 그리스도교와 불가분의 관계인 문화 사업의 후원자가 결코 되려 하지 않을 것이다. 그러나 독일은 식민지에 독일 정신을 각인시켜야 한다. 그리스도교가 독일을 위대하게 만들었다면, 식민지도 복되게 만들어야 한다.

하지만 성공할 수 있을까? 미국은 자국 흑인들에게 자유를 주려 했지만 실패했다. 이를 참고하건대, 어떤 '노예 인종'을 그리스도교의 자유로 인도하는 건 포기해야 할지도 모른다. 미국은 유색인종에 대한 교육을 금지함으로써 그들을 문화적으로 개선하는 것을 불가능하게 만들었다. 미국이 그랬던 것처럼 흑인종의 교육을 포기해 버린다면, 우리도 같은 실패를 반복하고 한탄할 게 뻔하다. 의사가 맹인의 시력을 겨우 회복시켜 주자마자 그 맹인에게 눈부신 햇빛을 똑바로 쳐다보게 하는 것은 바보짓이다. 그렇다고 맹인은 만날 눈을 감고 살아야 하나? 부패한 로마제국의 대규모 농장에서 일하던 노예들에게도 그리스도교는 성공적으로 받아들여졌다.

"맞다. 그러나 아프리카 흑인종들의 발전은 끝났다. 그리스도교가 유입될 당시, 로마인이나 유럽 민족들은 발전의 출발점에 있었다." 고대 그리스라고? 로마라고? 문화의 정점을 구가하던 그들은 깊은 나락으로 떨어져, 문화 발전의 절망적 종말을 향해 내닫는다는 인상밖에는 줄 게 없을 만큼 타락하고 부패했다. 게르만인은? 당시 그들의 문화 수용 능력은 그리 후한 평가를 받지 못했다. 그리스의 성 요한 크리소스토무스[10]가 고트인들에게 교회를 지어 주자고 제안했을 때 들은 대답이라고는 고작, "그 금발의 야수들은 제대로 배운 게 없어서 교회의 가치를 알지 못한다"는 것이었다. 성공 여부를 묻기 전에, 우리의 의무가 과연 무엇인지 먼저 물어야 한다. 그리고 이 질문도 지금의 성과들이 본질적으로 깊고 포괄적인 내적 영향력을 진정으로 갈구할 때 던져질 수 있는 것이다.

흔히들 이렇게 말한다. "학습 능력에 관한 한 흑인도 유럽인에 뒤지지 않는다. 그러나 흑인에게는 배운 것을 자발적으로 활용하는 지적 능력이 부족하다. 흑인은 유럽인이 만드는 것을 유심히 보고 있다가 기계적으로 따라 만들 수는 있지만, 그것을 '조합'하여 '독창적 제품'을 만들 줄은 모른다." 이런 현상은 겉으로 언뜻 보이는 흑인의 특징에 실제로 부합하기도 한다. 그렇다고 이 때문에 미래의 헌신적인 흑인 교육에 대한 기대를 접을 필요는 없다. "흑인 교육은 확실히 어렵지만 전혀 불가능한 것도 아

---

10 Johannes Chrysostomus(349~407). 초기 교회 교부. 제37대 콘스탄티노플 총대주교. 성경의 진리를 설교하고 교회의 도덕적 쇄신에 주력하다가 적대 세력의 박해로 유배 중 사망했다. 가톨릭교회 · 동방정교회 · 성공회에서 성인으로 추앙받는다. 사후에 얻은 이름 '크리소스토무스'는 그리스어로 '황금의 입'(金口, 금구)이라는 뜻이다.

니다"(마인호프Meinhof 교수). 우선 흑인의 심성을 깊이 이해하고 사랑으로 보살펴라! 그러고도 성과가 없다면 그때 가서 이렇게 말하라! "그것은 우리 탓이 아니다."

"흑인종의 능력과 아프리카의 기후 조건으로 미루어, 흑인이 과연 백인과 동등한 성취를 이룰 수 있을지는 의문이다. 그러나 뭐라도 할 수 있는 수준까지 그들을 발전시키고 우리 문화를 되도록 많이 소개하는 데는 그리스도교 선교보다 더 좋은 방법이 없다"(군의관 뎀프볼프Dempwolff 소령). 아프리카에서나 독일에서나, 눈앞의 이익을 앞세운다면 이 목표는 투명성을 잃게 될 것이다. 그곳 열대의 태양 아래서 물질적 희생과 투자의 열매가 무르익기를 원하는 정당한 기대도 오직 이 목표가 달성되는 한에서만 충족될 것이기 때문이다. 무분별한 개발을 통해 식민지에서 일시적인 이득을 취하는 것이 아니라, 내적 변혁을 통해 진정한 독일의 식민지로 만드는 것이 주된 과제요 방법이다. 식민 영토의 보존을 우선적으로 생각해야 한다는 것은 의심할 여지가 없지만, 이것이 다는 아니다. 최선의 보존책은 모든 것에 그리스도교적 · 독일적 정신이 스며들도록 전심전력하는 데 있다. 괴첸Goetzen 백작의 말이 맞다. "한 민족의 정신적 · 경제적 발전 단계와 백인종이 도입한 고등 문화와의 괴리는 결국 저항을 초래한다. … 문명화를 관철시키는 데는 외부 권력 수단이 반드시 필요하나, 이를 미리 준비하려는 모든 시도는 불완전하다는 것을 자각하고 최대한 자연스럽게 유도하는 것이 고등 문화 전파자들의 과제다." 맞는 말이긴 한데, 이게 전부는 아니다. 장기적으로 볼 때, 정신적 권력은 — 이는 대개 외국인과 외국 문물에 대한 물리적 저항에 수반되기도 하고 심지어 거기 내재하기도 하거니와 — 오직 정신의 힘으로만 극복된다. 식민지의 평화적 점유를 보장해 주는 것이 있다면, 그것은 문화 전파자에 대한 감사의 마음이 종교를 통해 성화聖化된 자각이며 거기서 생성된 시민적 의무감이다.

발전은 느리고 눈에 띄지 않게 진행될 것이다. 그것은 생명의 유기적 성장처럼 안에서 밖으로, 조용하고 확실하게 이루어진다. 식민지의 경제적 성숙에서도, 일개 부분일지언정 우리의 인내력은 혹독하게 시험받는다. 우선, 경제적 채산성 때문에 설익은 과실을 따는 정원사의 잔꾀 따위는 필요 없다. 수요를 창출하거나 우리의 해외 영토에서 풍성한 열대작물을 생산함으로써 무역 판로를 억지로 개척하지 않도록 특별히 유의할 일이다. 또한 문화적 개선, 도덕적 강화, 민족의 종교적 기반, 생동하는 국민 저력의 형성 등에 각별한 주의를 기울여야 한다. 다른 것들은 저절로 이루어진다.

우리 식민지에서 획득하게 될 엄청난 물질적 이득을 원주민 문화에서 구할지, 이주와 대규모 식민지 영농에서 구할지, 아니면 두 정책의 성공적 결합에서 구할지는 전혀 상관이 없다. 원주민이 우리 식민지의 광범위한 부분을 구성할뿐더러 오직 그들의 문화를 통해서만 수익 창출에 이용될 수 있다. 아무리 형편이 좋아도 유럽인은 원주민의 협조 없이 지내기 어렵다. 그럴진대, '원주민 자체가 식민지 최고 자산'이며, 우리 식민지의 이익 창출을 위한 가장 중요한 전제가 바로 원주민 교육이라는 사실은 확고부동하다. 자신의 사업에 어떤 사람들을 고용할지는 이주민에게나 농장 관리자에게나 대단히 중요한 사안이다. 게으른 주민들이 넓은 땅을 놀리고 있는지, 각성한 주민들이 그 땅을 합목적적으로 경작하는지는 정부로서도 중요할 수밖에 없다.

선교가 수준 낮은 문화민족에 대한 교육 사업을 기왕에 떠맡은 바에야 전력을 다해야 한다. 선교의 가장 고유한 관심사는, 선교가 추구하는 종교교육의 강력한 기반을 체계적이고 사려 깊고 성실한 노동교육에서 찾는 것이다. 선교에 무엇보다 도움 되고 호평받는 한 가지 방법이 우리 열대 지역 거의 모든 경제활동에서 신중히 고려되고 있다. 솔선수범의 교육적 위력이다. 경영이 물질적 이윤만 추구할 경우 우리 열대 지방에서 유럽인의 사업은 채산성이 없다. 유럽인의 노동력은 너무 비싸고 너무 빨리 소진된다. 선교사에게 노동은 무엇보다 교육의 수단이다. 선교사가 솔선하여 노동에 착수한다면, 이 육체노동은 노동교육 입문 격으로 주요 교육의 큰 틀에 편입되어, 결국 흑인들에게 그리스도교 문화와 노동과 노동의 가치를 알게 하고 그리스도교에 더 가까이 다가가 그 안에서 안정을 누리게 할 것이다.

그 이득은 흡사 잘 익은 과일처럼 저절로 식민지의 수중에도 떨어지게 된다.

카를 페터스[11]는 독일 식민지 가운데 가장 멋진 독일령 동아프리카를 획득한 사람이다. 그의 회고록은 신랄한 서술 방식 틈새로 가끔 우호적 표현도 내비친다. "가톨릭 선교는 흑인들에게 노동을 어떻게 가르쳐야 하는지에 대한 고전적 전형을 보여 준다. 그들의 거주지는 아프리카 내륙에서 문화의 중심지였다. …" 그리고 덧붙이기를: "제국이 이 가톨릭 선교회를 힘닿는 데까지 지원하는 것은 좋은 일이다. 선교회는 어디서나 농경을 즉시 산업 시설로 발전시키기 때문이다. 선교회는 땅에서 이윤을 창출하는 비법을 참으로 잘 알고 있다." 그때부터 무슨 일이 일어났는가! 적어도 당시의 작은 시작이 어떻게 발전되었는지 본다면, 또 이 모든 것이 실은 선교사나 수녀들에게뿐만 아니라 그들이 삶을 바치고 일하고 새 삶으로 인도했던 식민지 백성들에게도 이로운 것이었음을 생각한다면, 독일 국민은 선교가 힘겹게 이룩한 문화적 성과에 감사해야 한다.

관심이 높아진 우리 식민지 경제계는 더 많은 노동자를 불러들였다. 수입 물량은 충분히 소화할 수 있고 수출 물량은 충분히 생산할 수 있을 정도의 복리 수준을 달성하여, 식민지 백성들이 행복하게 성장하는 것을 보고 싶은 소망도 있었다. 그러나 '전염병 부자' 아프리카의 위생 상태가 이런 노력과 소망의 걸림돌이 되었다. 자연히 아프리카의 위생 상태에 관심이 쏠렸다. 식민지의 이해관계가 얽힌 분야든 이런 분야든, 선교사들은 그리스도의 이웃 사랑을 가슴에 담고 일했다. 여기에 마음을 열고 그리스도교를 받아들이는 사람이 많았다. 선교 본부의 가계부가 이를 증명해 줄 것이다. 대부분의 우리 선교 본부에 딸려 있는 대규모 나환자촌은 말할 나위도 없다. 그곳의 환자들은 정부 정책에 따라 강제로 들어온 것이 아니라, 사랑으로 돌봐 주기 때문에 한데 모여 사는 것이다. 예를 들어 마헹게Mahenge 고원[12]▶ 퀴로Kwiro의 아늑한 골

11 Peters, Karl(1856~1918). 독일의 탐험가 · 정치가 · 작가. 1884년 '독일 식민지 협회'를 설립하고 탕가니카를 독일령 동아프리카로 귀속시키는 일을 진척시켰으며, 1885년 '독일 동아프리카 회사'를 세워 독일의 영향력을 확장시켰다.

짜기에는 740명이 넘는 환자가 선교 수녀들의 보살핌에 의탁하고 있다. 심지어 선교 본부에도 매일 환자들이 한 무리씩 찾아와 상처를 치료받고 고통을 덜었다. 그러므로 환자의 치료와 간호에 계몽을 더하여, 위생 관념을 가르침으로써 점차 주민들에게 길을 열어 주어야 한다. 식민지는 이렇게 엄청난 가치를 지니고 있다. 이곳에서 가장 큰 소명 의식을 지니고 헌신하는 투사는 의사들이다. 그들의 희생과 성취는 결코 과소평가될 수 없다. 그러나 수가 부족하여 의사들의 활동 영역은 극히 제한적이다. 따라서 전 지역에 퍼져 있는 선교회가 돕는다면, 질병을 포함하여 백성을 쇠진하게 하는 각종 해악과 맞서 싸울 수 있을 것이다. 유아 사망 · 영양실조 · 조혼 · 성인식 · 음주 · 주거 환경 등의 문제에 산적한 어려움이 얼마나 많은지 모른다. 주민들에게 돌아가는 경제적 가치가 너무 커서, 사랑과 이해심으로 이 가치들을 지켜 주는 모든 역량을 기꺼이 환영하지 않을 수 없다.

흑인들에게는 더 큰 가치가 잠재되어 있다. 아직 눈뜨지 못하여 각성되고 고양되어야 할 정신적 힘이다. 원주민의 수준이 낮으니 상급 학교 설립 계획은 어디서도 제기되지 않는다. 더 중요한 것은 초등학교다. 독일 선교회만큼 초등학교의 중요성을 절감하고 선교와 미개민족의 문화적 교육을 위한 생동력으로 활용할 줄 아는 선교회도 없다. 이는 그리 놀랄 일도 아니다. 독일 민족은 학교교육의 지고한 가치를 의식하고 있는데, 이 의식이 자연스럽게 발현되었을 뿐이다. 독일 선교사들이 개인의 희생과 노력과 막대한 비용을 학교에 투자하면서까지 노심초사하는 것도 이 때문이다. 독일령 동아프리카 남부 우리 지역의 흑인 보조 교사 연봉이 4만 마르크가 넘는다. 이들 학교에서는 자상한 손들이 유연하고 무구한 동심 속에 그리스도교 정신과 독일식 사고를 부쩍부쩍 성장시키고 있다. 선교뿐 아니라 식민지도 이 '종묘원'의 열매들을 함께 수확하면 될 일이다. 학교와 학교교육의 가치를 깨닫고 그들의 농장 구역 내에 선

◀12 독일령 동아프리카 식민지 탄자니아의 고원지대.

교 학교를 설립해 달라고 선교회에 요청한 농장 관리인들도 제법 있다. 그 동기가 원주민 노동자들을 이렇게라도 농장에 묶어 두겠다는 속셈에 지나지 않는다 할지라도, 이것만으로도 선교의 경제적 의미는 인증된다. 그럼에도 더 깊은 의미는 오히려 불확실한 분야에 있다. 원주민의 정신적 수준 향상을 등한시한다면 식민지 농장은, 우리의 주거 지역은, 우리 식민지 전체는 어떻게 될 것인가? 주위에서 유입되는 약간의 외부적 문화 자산으로 먹고사는 정신적 프롤레타리아는 결국 모든 중대한 사업과 선의의 계획들을 와해시키고 말 것이다.

식민지와 선교 간의 의미심장한 관련성과 선교 활동의 지대한 영향력이 우리 식민지의 성공적 발전을 기약한다는 생각을 당시 식민국 장관 솔프Solf 박사는 한마디로 정리했다: 식민화는 선교화다.

기로에 서서. 독일 정신은 기로에 서 있다. 독일 정신은 세계로 과감히 뻗어 갔다. 세계는 '문을 열었고', 광대하고 자유로운 일터가 눈앞에 있어 용감히 발을 내디뎠다. 계속 전진하고 일할 것인가, 아니면 이민족들에게 베푼 문화 사업의 보람과 명성을 다른 나라에 넘기고 조용히 물러날 것인가? 열대의 태양 아래 뿌린 씨앗이 열매를 맺고 천천히 익어 가고 있다. 아시아의 문화민족들 가운데 독일 정신이 출현했다는 것 자체가 이미 위대한 성취다. 더욱 위대한 성취가 이루어져야 한다.

독일 선교 운동은 기로에 서 있다. 독일 정신의 각성과 더불어 선교도 활발히 진척되어, 이미 많은 곳에서 확고한 기반을 다졌다. 그럼에도 세계 정복에로 본격적인 진군을 시작하기 전에 강력한 보루를 구축해 두어야 한다. 업적에 만족하면 안 된다.

비석의 머릿돌 ①

독일 정신과 선교 정신의 동반은, 같은 역에서 잠깐 마주친 두 여행자가 동행을 결정하는 것 같은 시간적 만남의 우연성에 기대지 않는다. 그 둘은 내적 연대를 이루어 상호 보완한다. 서로에게서 힘을 얻고 물질적 · 정신적 자산을 교환한다. 하나가 용기를 잃고 포기하면 다른 하나도 생기와 열정을 잃을 것이다. 모든 것은 이 하나 된 독일 정신이 해외에서도 국내와 같은 기반을 꾸준히 구축하느냐에 달려 있다. 우리가 실제로 소유한 식민지의 문화적 과제를 해결하려고 애쓰는 것만으로는 충분하지 않다. 아프리카와 남태평양에 독일 영토가 있고, 독일 선단이 극동까지 진출하고 있음을 국내에 알리는 것만으로도 충분하지 않다. 강력한 공동 관심사를 일깨워야 한다. 여기서도 선교 정신이 앞장서서 독일 정신을 진흥시켜야 한다. 광범위한 국민 계층이 선교 정신으로 무장하여 그리스도교의 위대한 문화적 과업에 동참한다는 의무감을 더 깊이 각성할수록, 위대하고 영향력 있는 독일에 대한 국민적 요구권은 더욱 지속적으로 대중들에게 유포될 것이다. 그런 독일은 세계를 설계하는 일에 관심을 기울일 뿐더러 또 그리할 의무도 진다.

내가 동양으로 떠나기 직전에 열린 베를린 식민지 회의(1910년 10월)에서도 이 하나 된 정신은 생생하게 표출되었다. 식민지 선교의 문화적 사명에 관한 논쟁에서 한 가지 성가신 명제가 대두되었는데, 그것은 바로 '교회와 국가의 분리'였다! 각기 상이한 노선에 따라 종교적 · 정치적 견해가 엇갈렸다. 그러나 식민지를 고려하건대 긴밀히 협력하고 결속하지 않으면 안 된다는 공공연한 요구를 받아들여, 전체 회의는 합의점에 도달했다. 바깥세상에서나, 영국의 국가 정신이 황량한 바위 성채를 지키며 비상할 시점을 노리는 이곳 아덴에서나, 우리 독일의 단결이 얼마나 절실한지 거듭 깨닫는다. 그만큼 분리되어 있었으면 됐다. 이제, 힘을 합치자(Viribus unitis)! 하나 된 힘이면 우리도 위대한 것을 이룩할 수 있다

| 노르베르트 베버 총아빠스 연보 |

1870.12.20.	독일 바이에른 주 랑바이트Langweid am Lech에서 출생
1886~1895.	딜링겐Dillingen an der Donau 신학교에서 수학
1895.07.25.	아우크스부르크Augsburg 교구 소속 사제로 수품
1895.08.31.	성 베네딕도회 상트 오틸리엔 수도원 입회
1896.11.01.	노르베르트Norbert라는 수도명으로 수도서원
1900.08.	상트 오틸리엔 수도원 부원장으로 임명
1902.06.28.	상트 오틸리엔 수도원, 아빠스좌 수도원으로 승격
1902.12.18.	상트 오틸리엔 수도원 초대 아빠스로 피선
1903.02.01.	아빠스 축복식
1905.04~12.	동아프리카 선교지 방문
1908.	『온 세상으로 가라』*Euntes in mundum universum* 출간
1908.09.14~09.20.	상트 오틸리엔 수도원에서 뮈텔 주교와 선교 파견 논의
1909.02.25.	파견 선교사 도미니코 엔스호프 신부 · 보니파시오 사우어 신부 서울 도착
1909.12.11.	서울 백동수도원 설립
1911.02~06.	한국 선교지 방문
1911.07~1912.06.	독일령 동아프리카 선교지 방문
1914.03.12.	상트 오틸리엔 수도원, 총아빠스좌 수도원으로 승격
1915.	『고요한 아침의 나라』*Im Lande der Morgenstille* 출간
1919.	『거룩한 초원』*Die heilge Weide* 출간
1925.05~10.	한국과 연길 선교지 방문
1927.	『금강산』*In den Diamantenbergen Koreas* 출간
1927.	뮌헨에서 무성영화 『고요한 아침의 나라』 제작
1927.08~12.	남아메리카 선교지 방문
1931.04.14.	총아빠스직 사임
1931.06.24.	탄자니아 리템보Litembo로 파견
1952.	아빠스 축복 금경축 참석차 상트 오틸리엔 수도원 방문
1956.04.03.	리템보에서 선종, 페라미호Peramiho 수도원에 안장

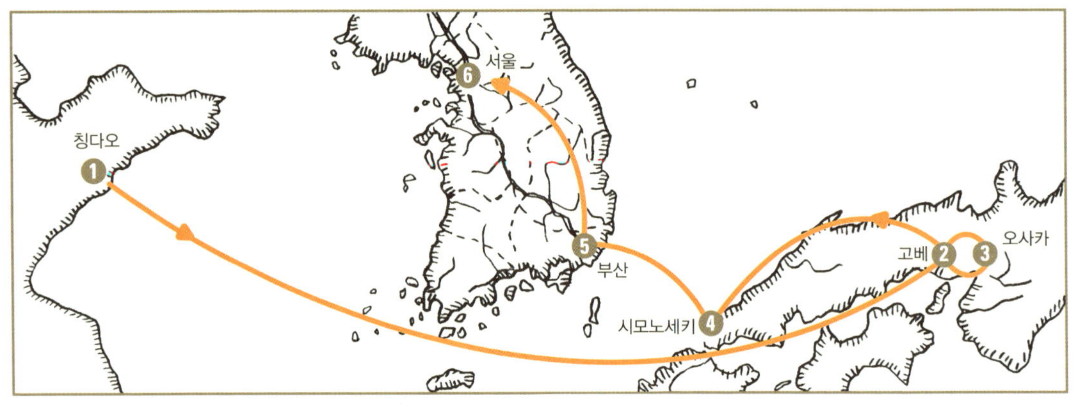

칭다오
1
서울
6
5
부산
4
시모노세키
고베
2
3
오사카

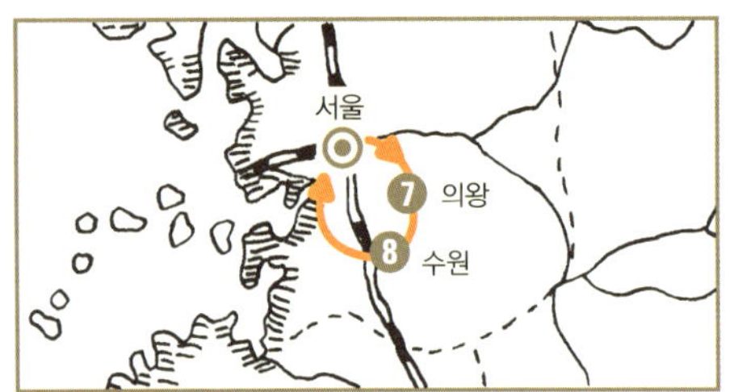

서울
7
의왕
8
수원

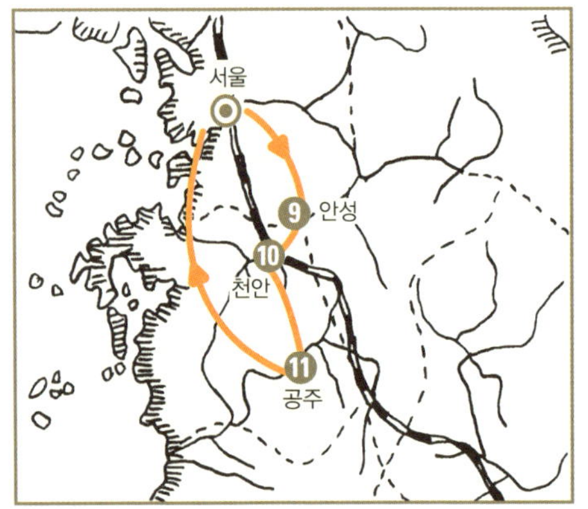

서울
9
안성
10
천안
11
공주

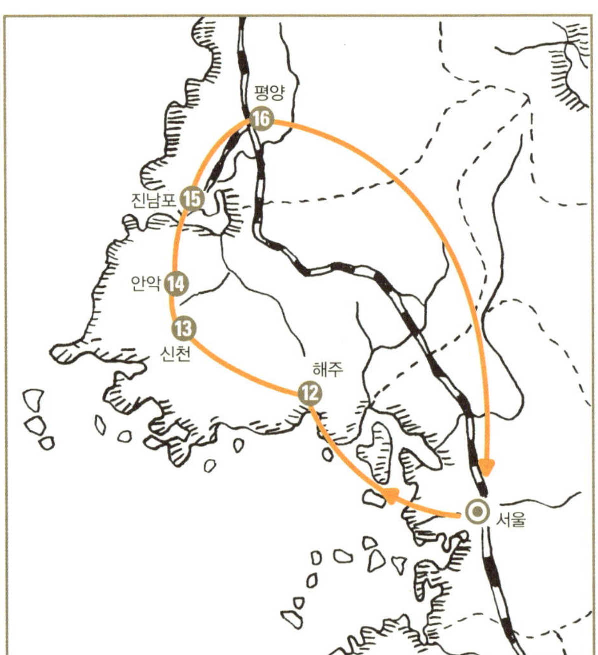

평양
16
진남포
15
안악
14
13
신천
해주
12
서울

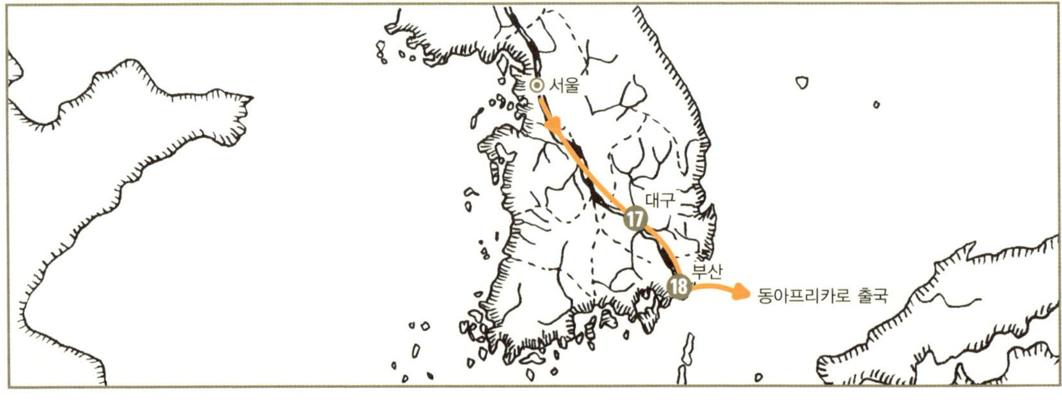

서울
대구
17
부산
18
동아프리카로 출국

2월 17일 이전 ① 칭다오 출항
18일 ② 고베 난코 신사 답사, 성당 방문
19일 ③ 오사카 대성당, 시텐노지 답사, 마리아 형제회 방문
20일 ④ 시모노세키에서 출항
21일 ⑤ 부산으로 입국
⑥ 서울 백동수도원 도착
22일 뮈텔 주교와 독일 영사 방문, 동소문 외곽 산책
23일 독립문 답사
25일 홍릉 답사
3월 4일 경복궁 답사
7일 용산 새남터 순교 성지, 용산성당 성직자 묘, 예수성심신학교 방문
8일 샬트르 성 바오로 수녀회 고아원, 약현성당, 가명학교, 대한의원 방문
11일 프란츠 폰 에케르트 음악학교 방문
13일 공예 공방 방문
14일 북묘 답사
15일 동묘 답사
24일 ⑦ 의왕 하우현본당 방문
27일 볼리외 신부 은신 동굴 답사
28일 ⑧ 수원 갓등이본당 방문
29일 수원 화성 답사
30일 수원 농림학교 답사
4월 1일 갓등이 마을 방문
2일 융건릉, 용주사 방문
3일 갓등이본당 교우촌, 옹기 마을 방문
4일 귀경
17일 ⑨ 안성본당, 안성 향교 방문
18일 미리내본당 방문
19일 페레올 주교 무덤, 김대건 신부 빈 무덤 참배
20일 사찰 방문
21일 ⑩ 천안 직산 광산, 모너미 공소 방문
22일 ⑪ 공주본당 방문
23일 공주 공산성 답사
25일 공주 감옥, 순교자 형장 답사
26일 귀경
5월 2일 뚝섬 원예모범장 답사
6일 일제 공업학교 방문
10일 제물포에서 해주행 증기선 승선
11일 ⑫ 해주본당 방문
14일 해주 신광사, ⑬ 신천 청계동본당 방문
22일 팔송(팔상) 공소 방문
26일 ⑭ 안악 매화동본당 방문
27일 봉삼학교 방문
28일 ⑮ 진남포본당 방문
30일 ⑯ 평양본당 방문
31일 마츠나가 도지사 방문, 대성학교 방문
6월 1일 귀경
5일 독일 총영사 크뤼거 박사와 북한산 소풍
8일 크뤼거 박사와 조선 총독 데라우치 방문
12일 드망즈 몬시뇰의 주교 성성식 참석
24일 ⑰ 대구 주교좌성당 방문
24일 이후 ⑱ 부산에서 출국

인명

지명

사항

노르베르트 베버P. Norbert Weber OSB

1870년, 독일 바이에른 주 랑바이트Langweid am Lech에서 철도 건널목지기의 2남 1녀 중 둘째로 태어났다. 딜링겐Dillingen an der Donau 신학교를 졸업하고, 1895년 아우크스부르크 교구 소속 사제로 서품되지만, 선교를 소명 삼아 수품 한 달 만에 성 베네딕도회 상트 오틸리엔St. Ottilien 수도원에 입회했다. '노르베르트'는 일 년 후 수도서원을 하며 받은 수도명이다.

1900년 상트 오틸리엔 수도원의 부원장으로 임명되었고, 1902년 32세에 초대 아빠스로 선출되었으며, 1914년 초대 총아빠스로 축복되었다. 30년 가까이 수도회를 이끌며 스위스, 오스트리아, 한국, 중국, 베네수엘라, 아르헨티나 등 11개국에 12개 수도원을 설립했다. 1931년 총아빠스직을 사임한 후에는 탄자니아 리템보Litembo에 파견되어 1952년 아빠스 축복 금경축으로 상트 오틸리엔을 한 차례 방문한 것을 빼고는 모국 땅을 밟지 않은 채 선교 소명에 헌신하다가 1956년 선종했다.

1911년에는 칭다오와 일본을 거쳐 서울 · 공주 · 안성 · 수원 · 해주 · 평양 등을 두루 방문하고, 1925년에는 촬영기사와 함께 함경도 · 북간도 · 금강산 등을 여행하면서 한국의 문물과 풍속과 전통을 글과 영상으로 기록하여 『고요한 아침의 나라』*Im Lande der Morgenstille*(1915/23)와 『금강산』*In den Diamantenbergen Koreas*(1927) 등의 저술을 통해 서양에 소개했다. 1927년 뮌헨에서 무성영화로 제작된 이때의 영상 기록을, 2009년 '베네딕도미디어'가 DVD로 만들었다.

박일영

가톨릭대학교 신학대학을 졸업하고, 스위스 프리부르 대학교에서 신학과 종교학으로 석사와 박사학위를 받았다. 가톨릭대학교 종교학과 교수, 김수환추기경연구소 소장, 한국종교학회 부회장, 한국종교문화학회 공동대표, 한국무속학회 회장, 한국종교인평화회의(KCRP)의 종교간 대화위원을 역임했다. 『종교들의 대화』(공저) 『한국 무교의 이해』 『한국 무교와 그리스도교』 『한국의 종교와 현대의 선교』 등을 저술하고 『현대의 선교. 선교인가 반선교인가』 『사회라는 울타리』(공역) 『인간학』 등을 번역했으며, 「민족화해를 위한 종교의 역할」 외 150여 편의 논문을 발표했다.

장정란

서강대학교와 동 대학원을 졸업하고, 독일 본 대학 박사과정을 수료했다. 성신여자대학교에서 동양사를 전공으로 박사학위를 받았다. 가톨릭대학교 인간학연구소 전임연구원과 문화영성대학원 교수, 덕성여자대학교 평생교육원 교수를 역임했다. 『그리스도교의 중국 전래와 동서 문화의 대립』 『한국 근 · 현대 100년 속의 가톨릭교회』(공저) 『천주교와 한국 근현대의 사회문화적 변동』(공저) 『조선 여인 강완숙, 역사를 위해 일어나다』(공저) 『여성, 천주교와 만나다』(공저)를 저술하고, 『분도통사』(공역) 『天主實義』(공역)를 번역했다.